李双元法学文丛

21世纪法学大视野

——国际经济一体化进程中的国内法与国际规则

李双元　李赞　著

WUHAN UNIVERSITY PRESS
武汉大学出版社

图书在版编目(CIP)数据

21世纪法学大视野:国际经济一体化进程中的国内法与国际规则/李双元,李赞著.—武汉:武汉大学出版社,2016.8
李双元法学文丛
ISBN 978-7-307-18190-8

Ⅰ.2… Ⅱ.①李… ②李… Ⅲ.法学—研究—21世纪 Ⅳ.D90

中国版本图书馆CIP数据核字(2016)第135917号

责任编辑:林 莉 辛 凯　　责任校对:汪欣怡　　版式设计:韩闻锦

出版发行:**武汉大学出版社** (430072 武昌 珞珈山)
(电子邮件:cbs22@whu.edu.cn 网址:www.wdp.com.cn)
印刷:虎彩印艺股份有限公司
开本:720×1000 1/16　印张:18.5　字数:332千字　插页:4
版次:2016年8月第1版　2016年8月第1次印刷
ISBN 978-7-307-18190-8　定价:58.00元

作者简介

李双元，男，1927年生，湖南新宁人。湖南师范大学终身教授，武汉大学国际法研究所教授，博士生导师，中国国际私法学会名誉会长，《时代法学》和《国际法与比较法论丛》主编。曾任武汉大学国际法研究所副所长、中国国际私法学会副会长、湖北省国际法研究会总干事、中国法学会理事和中国国际法学会理事、国务院学位委员会（第三届）学科评议组成员、全国高等教育自学考试指导委员会委员、中国国际经济贸易仲裁委员会委员和仲裁员、中国博士后流动站管委会专家组及该管委会基金委员会专家组成员、武汉市政协委员及其法制委员会副主任、湖南省政府参事等学术与社会职务。先后主持完成国家社科基金项目、教育部哲学社会科学博士点基金项目、司法部项目、湖北省及湖南省社科基金一般及重大项目20余项；在《中国社会科学》、《法学研究》、《中国法学》等刊物上发表学术论文100余篇。独著、主编的经典著作主要有《国际私法（冲突法篇）》（已出第3版）、《国际民事诉讼法概论》（第2版为教育部审定的研究生教材）、《中国与国际私法统一化进程》（已出第2版）、《市场经济与当代国际私法趋同化问题研究》、《国际民商新秩序的理论建构》、《中国国际私法通论》（已出第3版）、《比较民法学》、《走向21世纪的国际私法——国际私法与法律的趋同化》（中国法学家自选集）、《国际私法》（全国高等教育自学考试统编教材，已出第3版）、《国际私法》（“十一五”国家级规划教材，已出第4版）、《法学概论》（“十一五”和“十二五”国家级规划教材，已出第11版）等，合译《戴西和莫里斯论冲突法》、萨维尼《现代罗马法体系（第八卷）》和《牛津法律大辞典》等世界法学经典著作。著述中获国家级及省部级一、二、三等奖及湖北省特别奖等奖励十余项。

李赞，男，湖南长沙人，北京大学法学博士，中国社会科学院国际法研究所副研究员，中国社会科学院研究生院研究生导师，北京大学港澳研究中心特邀研究员。兼任长沙市爱与陪伴老人呵护中心理事长，北京十方缘公益基金会创始人、理事，北京十方缘老人心灵呵护中心理事。主要研究领域包括国际法基本理论、国际组织法、国际老年人权保护与中国养老事业、宗教与国际法。

出版说明

为了庆祝我国著名法学家和法学教育家李双元教授90华诞，湖南师范大学法学院组织出版了《李双元法学文丛》。本套丛书共有15本，其中1本为新书。另外的14本皆为已经出版过的，因出版年代跨度较大，我们以保持原书原貌为原则，仅对一些文字标点符号的明显错误做了订正；书中有一些资料和引文因年代久远，已无法一一核查的，仍保持原样。

在已经出版过的14本书中，有8本书作者未做修改的，版次不予增加，所涉的法律法规也基本保持原样；另6本书作者予以了一定的修改，版次予以增加。

武汉大学出版社

2016年8月

总　序

2016年中秋，我们将迎来我国著名法学家、法学教育家李双元教授90华诞。

李先生历任武汉大学教授(已退休)、湖南师范大学终身教授、博士生导师、中国国际私法学会副会长和名誉会长，国务院学位委员会学科评议组(法学组)成员、中国博士后流动站管委会专家组成员、全国高等教育自学考试指导委员会(法学组)委员、中国国际经济贸易仲裁委员会委员和湖南省政府参事等学术与社会职务，为新中国法学教育、研究和实践作出了重要贡献。

李先生在青年时代，即积极参加反对国民党统治的学生运动和湖南新宁县的武装起义。但是在1957年却因言获罪，被划为右派分子，在大学从教的权利被完全剥夺。然而他对马克思主义法学理论的探求，却矢志不衰。1979年武汉大学恢复法律系，他即从华中农学院马列室迅速调回武汉大学，协助韩德培、姚梅镇先生等参加法学院的恢复与发展工作，并在国内最早组建的国际法研究所任副所长。由韩德培教授任主编的第一部《国际私法》国家统编教材，也是在他的积极参与下，迅速完成并出版。在两位老先生的直接领导下，中国国际私法学会和中国国际经济法学会成立大会与它们的第一次研讨会也在武汉大学同时召开。

1993年，李先生出任湖南师范大学终身教授，负责组建湖南师范大学法律系、法学院以及国际法研究所、环境法研究所。现在，我院已经拥有法学一级学科博士和硕士学位授权点、法学博士后科研流动站和法律硕士专业学位授权点以及教育部首批卓越法律人才教育培养基地和国家级大学生校外实践教育基地，法学学科在第三轮全国学科评估中名列第21位。李先生学术视野开阔，在法理学方面也有他个人的理论贡献，其中，他先后提出“国际社会本位理念”、“法律的趋同化走势”和“国际民商新秩序的构建”等理论观点，均在法学界受到重视。

为庆祝李双元教授九十华诞，在武汉大学和湖南师范大学的大力支持下，我们特别选取了李先生的十五本著作，集结为《李双元法学文丛》，隆重推出，以弘扬李先生的治学精神和学术思想，并恭祝李先生永葆学术青春。为保持原书的风格，其中《比较民法学》、《国际民商新秩序的理论建构》、《市场经济与当代国际私法趋同化问题研究》、《中国与国际私法统一化进程》、《21 世纪法学大视野——国际经济一体化进程中的国内法与国际规则》、《现代国籍法》、《国际民事诉讼程序导论》和《法律冲突与法律规则的地域和时间范围》未作修改。

鉴于李先生长期在武汉大学执教，加之这套丛书中有六种原来就是由武汉大学出版社出版，因此，我们仍然选择由对法学界出版事业长期提供大力支持的武汉大学出版社出版这套丛书。在此，特别感谢武汉大学出版社和武汉大学法学院的鼎力支持！

湖南师范大学法学院

2016 年 6 月 18 日

目 录

引　言

人类已经进入了21世纪，和平与发展依然是时代的主题，市场经济作为资源配置方式的合理性已经在全球范围内达成共识，已经并正在成为世界各国经济体制普遍的存在方式，国际经济一体化程度也越来越高，并已成为了整个世界的主要趋势。换言之，国际经济一体化已事实上存在，无论人们承认与否都丝毫不能影响其存在。事实上，国际经济一体化已使得整个国际社会不得不对原来的行为方式和理念作出检讨。

国际经济一体化的表现形式是以市场经济为特点的跨越国界的经济交流与交往。其条件是国际社会的成员或绝大多数成员都实行市场经济制度，通信及运输技术和设备能够满足大规模、高频率、高速度的跨国经济交易，从而促成各国相互依赖关系的进一步加强。随着全球市场经济的迅速发展，使各国被强劲的经济和金融链条紧密地联结在一起，全球范围内各国经济的相关性和互动性因之空前强化，那种在空间上试图自行其是的孤立主义或自我中心的倾向显然都难以为继。事实上，今天各国经济的相互渗透、相互依存、相互融合日益加深，任何一个国家都不可能脱离世界经济体系而单独繁荣。此外，全球范围内信息传播方式的高度现代化，在客观上为世界各国在经济、政治、文化上的相互依存、相互交流与融合提供了全球性互动的物质技术基础，从而加速了全球经济、政治、文化的一体化进程。所有这一切充分表明，如果仍然停留在以往的国别思维方式上，那么将难以适应时代的要求，有必要用"一体化"、"趋同化"等范畴来重新统摄政治、经济、科技、文化和法律的发展。①

经济基础决定上层建筑。经济同样是法律制度的基础。有什么样的经济关系就会有什么样的法律制度。在国家经济和市场独立存在的情况下，各国的法律制度相对独立。国际社会和国家社会的法律规范也相对独立。然而，在国际经济一体化的趋势下，"国家的"经济发展与"国际的"经济发展密不可分。一国

---

① 李双元、徐国建：《国际民商新秩序的理论建构——国际私法的重新定位与功能转换》，武汉大学出版社1998年版，第54页。

的经济问题很难说完全是自己的问题，它涉及的范围越来越大。如果不注意从全球的格局来考虑问题，认识不到各国经济相互渗透、相互依存的关系，那么其结果将是十分危险的。①因此，国际经济一体化要求有与之相适应的法律规范；否则，跨国经济交易便不可能在有序的条件下进行。于是，全球范围的法律理念、法律价值观、执法标准与原则乃至法律和法制正在向趋同化的方向迈进。从理论上讲，调节国际经济一体化的法律规范仍然可分为国际社会的法律规范和国家社会的法律规范两种。然而，在国际经济一体化的进程中，主权国家的国内法与国际社会的法律规范已很难截然分开。事实上，在各国相互依赖的经济关系日益加深的情况下，各个国家的法律规范和国际社会的法律规范之间亦相互作用、互为补充、交相融合。② 国际社会或者国家只能选择符合国际经济一体化要求的制度和规范，否则便会为之付出可能是十分巨大的代价。

在国际经济一体化进程中，任何一个国家在参与国际经济交往时都不得不积极参与国际间的法律合作。这种合作不仅要求各国积极参与国际统一立法活动以便为各种跨国问题提供妥善的解决办法，而且要求各国克服其国内法的狭隘性与民族性以减少国际交往中的法律障碍。这种国际经济关系在空间范围的扩张并打破国界，极大地推动了国际社会法律的趋同化发展。③ 这一趋势是通过多边条约使国际社会的规范进入国家社会的范畴的。在国际经济一体化的冲击下，虽然国际条约从整体上讲仍然只是针对国家的义务，然而经过相关国家的认可，其已对各国的法律制度、经济体制、社会结构、社会价值乃至民主政治制度等都产生直接和间接的影响。国际经济一体化还强化了国际社会的法律规范，使传统上被人们认为是"软法"的国际法律规范具有了更大的拘束力。④ 从而，使传统概念上的国家主权遭遇了巨大挑战，国家主权原则的相对弱化实乃不可避免。总之，国际经济一体化的直接效果就是使得以国家领土为主要界限的、分割的国家市场有效地连接在了一起，使之成为世界性的大市场，同时使得原有的国家市场的经济体制日趋相近。经济体制上的相近势必要求与之相适应的法律

① 李双元、徐国建：《国际民商新秩序的理论建构——国际私法的重新定位与功能转换》，武汉大学出版社 1998 年版，第 63 页。

② 王贵国：《经济全球化与中国法制兴革的取向》，载陈安：《国际经济法论丛》第 3 卷，法律出版社 2000 年版，第 3 页。

③ 李双元：《走向 21 世纪的国际私法：国际私法与法律的趋同化》，法律出版社 1999 年版，第 515～516 页。

④ 王贵国：《经济全球化与中国法制兴革的取向》，载陈安：《国际经济法论丛》第 3 卷，法律出版社 2000 年版，第 11 页。

制度和执法原则与标准的趋同。

目前，在国际经济一体化进程中，国际社会的基本法律框架是，以世界贸易组织、国际货币基金组织、世界银行等为主体，以一些区域性国际组织，如亚洲开发银行、国际清算银行等为辅助，共同构成了国际金融和国际贸易方面的国际法律规范。在国际投资方面，目前尚无像世界贸易组织一样的全球性国际组织，但关于投资保护和争端解决的多边条约和双边条约以及区域性国际组织如欧洲联盟、北美自由贸易区、东南亚国家联盟等亦形成对国际投资活动有直接作用和影响的国际规范。同时，世界贸易组织的服务贸易总协定、与贸易有关的知识产权协定事实上既涉及贸易问题，又涉及投资事项。与贸易有关的投资措施协定则直接规定世界贸易组织各成员与投资相关的义务。这些国际组织和条约、协定加上传统的国际习惯便构成规范国际经济一体化的法律规范，并对各国的法律制度产生直接的影响。

综上所述，对国际经济一体化进程中的国内法与国际规则及其相互之间的关系与发展情况进行研究，无疑将极大地促进国际经济一体化进程中各国法律的协调和趋同化发展，有效地消除国际经济交往中的法律冲突与障碍，为谋求世界经济健康、稳定、平衡、协调发展提供良好的法律环境，从而实现全人类的共同繁荣与全面可持续发展。同时，通过对国际经济一体化进程中的国内法与国际规则的研究，可以理清国际法发展的时代脉络，为国际法在国际经济一体化进程中的新发展作出理论的概括与总结，从而既维护了国际法的权威，又为国际法的发展注入新的因子。

第一章　国际经济一体化的存在形式及其相互关系

国际经济一体化是当今世界经济发展的潮流与趋势，它对国际社会的政治、文化、法律等的影响将是全面的和深刻的。研究国际经济一体化进程中的国内法与国际法则，必须首先对国际经济一体化的概念、基本内涵、历史演进及其组织化的法律制度框架有一些基本的了解，才能进一步探究国际经济一体化进程中经济与法律、经济与政治、法律与政治、国内法与国际法律规则之间的关系以及国际法律规则的新发展。

国际经济一体化的说法在学界其实并不完全统一，有人说是世界经济一体化，有人说是全球经济一体化，但其所表达的含义却是与国际经济一体化相差无几的。但是，国际经济一体化的说法是被更普遍地接受的。事实上，国际经济一体化包含了两个层面的含义：一是全球范围的经济一体化，二是区域范围的经济一体化。它们同属于国际经济一体化范畴的两个不同的发展阶段或曰不同的发展形式。为了行文上的方便，作者对全球范围的经济一体化和区域范围的经济一体化作出区别，称前者为全球经济一体化，后者为区域经济一体化。

一、全球经济一体化及其发展状况

（一）全球经济一体化的概念

全球经济一体化开始时并非法律概念，而是一个经济学上的概念。因此，到目前为止，大部分的学者都是从经济学的角度对其予以抽象和概括。如在 1979 年，工业发达国家组织曾对“经济一体化”下过一个定义：“一种以生产国际化为主要内容的国家之间的经济相互依存现象。大工业在多个国家和地区中趋于统一化，大企业在一些地区甚至世界范围内统一调配和利用劳动力、原料和资金。”而我国学者认为，“经济一体化，一般指不同国家和地区之间的经济生活或其他某些重要方面，在生产国际化和资本国际化的基础上，逐渐发生内部关系，从而结成整体的过程。所指一体化,实际上是整体化的意思”①。这两个定义都认为全球经济一体化是在世界范围内生产和经济生活的其他重要方面紧密联系,并结合成一个整体,这无疑是正确的。而把全球经济一体化与生产国际化和资本国际化联系起来,则颇值得商榷。因为生产国际化和资本国际化是在经济全球化之前,那时还没有出现经济全球化,更何谈全球经济一体化。

外国有学者,如贝拉·巴拉萨给全球经济一体化下的定义是:资本与劳动力在国际间流动的人为障碍的完全消除。② 并认为经济一体化“既是一个过程,又是一种状态”,“就过程而言,它包括旨在消除各国经济单位之间的差别待遇的种种举措;就状态而言,则表现为各国间各种形式的差别待遇的消失”③。可见,这是从动态的角度出发,认为国际经济一体化是经济联合的动态发展过程。当然,也有学者从经济一体化的静态的角度出发,认为经济一体化是一种联盟状态,如经济学家平德认为“一体化是达到一种联盟状态的过程”,为此,“不仅要消除各成员国经济单位之间的歧视,而且要形成和实施协调的、共同的政策,其范围应足以保证实现主要的经济与福利目标”④。还有学者从经济一体化的内容入手来阐述经济一体化,如马克鲁普认为,一切在市场上供应的商品、服务、资本、劳动力等的充分的流动性以及无差别待遇,是一体化定义的必要条件而非本质特征,经济一体化的本质特征是劳动分工。⑤ 而我国学者张幼文的定义是:再生产过程各阶段上国际经济障碍的消除。⑥

从以上关于国际经济一体化的定义可以看出,学者们都是从经济学的角度来思考的,有其合理的、正确的成分。确实,全球经济一体化是世界各国经济在相互融合的基础上形成的一个整体的发展过程,它表现为各国经济障碍的消除和世界经济整体性的加强,它要求世界各国在社会再生产过程中实行经济联合与共同的经济调节,从而把各个国家的经济整合成一个单一经济实体。然而,全球经济一体化并不是一个单纯的经济问题,虽说它因经济而生,循经济而发展,但当经济全球化发展到经济一体化的阶段,就不能完全依赖市场配置资源的基础作用了,而必然要求国家政府为了共同利益而让渡部分国家主权,由参与者通

① 李琮、徐葵:《经济全球化、地区化与中国》,中共中央党校出版社 2000 年版,第 13 页。

② 张幼文:《世界经济一体化的历程》,(上海)学林出版社 1999 年版,第 2 页。

③ 李彩英、竺培芬:《当代国际关系》,上海交通大学出版社 2001 年版,第 30 页。

④ 李彩英、竺培芬:《当代国际关系》,上海交通大学出版社 2001 年版,第 30 页。

⑤ 李彩英、竺培芬:《当代国际关系》,上海交通大学出版社 2001 年版,第 31 页。

⑥ 张幼文:《世界经济一体化的历程》,(上海)学林出版社 1999 年版,第 2 页。

过一定的组织形式集体行使部分经济主权,甚至政治权利,实行国际经济的有效调节。从而,全球经济一体化无疑便是一个政治问题、法律问题。要实现全球经济一体化,需要具备以下几个条件:一是要有超国家的权威性的国际机构来协调一体化下的国家关系;二是各国之间要做出更大的主权让渡;三是国家和地区之间的经济差距应大大缩小,使“生产要素价格均等化”;①四是要在国际上建立一套各国共同遵守、行之有效的具有法律约束力的制度,消除国际经济活动的人为障碍。② 因此,我们认为,全球经济一体化是由各国政府签订一系列的协议和条约并建立相关的具有法律约束力和行政管理能力的经济合作组织,将各国之间形成的经济融合关系从法律上和组织上确定下来。一体化所表示的是各国经济在高度融合基础上的协调统一,各国经济在相互联系中各种障碍的消除。从这个意义上来说,目前在世界范围内,尚没有真正实现全球经济一体化,甚至有人认为“全球经济一体化则顶多只是处于萌芽期,或尚在襁褓之中”③。但是毫无疑问,在区域经济一体化取得巨大发展和成功的同时,全球经济一体化也正以前所未有的态势加快发展,世界贸易组织的成就不失为一个很好的例证。

(二)全球经济一体化的发展状况

作为对当今世界的政治、经济、法律、文化产生革命性影响的全球发展趋势,全球经济一体化不过是近一个世纪以来才逐步发展起来的,尤其是在第二次世界大战以后才引起了广泛的关注与思考。但是,其思想的源流甚至可以追溯到古罗马时代。古罗马的历史贡献之一就是发展了一种宇宙秩序和天下大同的思想。④这种思想无疑有助于各民族国家,尤其是欧洲的民族都能接受超越国家的文明,从而更容易联合成一个大的同盟以解决关系共同利益的问题。后来,这种思想进一步发展,到了16世纪前后,国际法之父格老秀斯在阐释荷兰与东印度的自由贸易权时,主张由于各国资源的丰缺不同,根据上帝的旨意和自然法,各国间的自由贸易不可避免。⑤他指出,“上帝让某些国家在某一方面占据优

---

① 张幼文:《世界经济一体化的历程》,(上海)学林出版社1999年版,第2页。

② 姜桂石、刘会清:《经济全球化、区域化与发展中国家的对策》,载人大复印资料《世界经济导刊》2004年第7期,第12页。

③ 李琮、徐葵:《经济全球化、地区化与中国》,中共中央党校出版社2000年版,第15页。

④ 李道刚:《欧洲:从民族国家到法的共同体》,山东人民出版社2003年版,第6页。

⑤ 马忠法:《〈海洋自由论〉及其国际法思想》,载《复旦学报(社会科学版)》2003年第5期,第125页。

势，而让另一些国家在另外一个方面居优”①。并且说“贸易并非仅为了少数人谋取利益的，而是为公平的资源平衡，某一地资源富余而另一地匮乏，则通过运输等完成贸易”②。这种观点不仅符合当时的需要，在今天也是具有积极意义的。格老秀斯是主张“贸易自由化”的先驱之一，他提出的这种迎合当时时代需求的贸易自由的思想对今天的国际经济一体化不能不说影响深远。人们在从经济角度进行研究的同时，也从法律制度方面进行研究并贯彻到实务之中。今天世界贸易组织规则及其前身的关贸总协定规则无不是为了促进贸易自由化而努力的结果。到了19世纪的马克思、恩格斯时代，他们更是预见：随着资本主义经济的迅速发展，必然形成统一的世界市场。不同的地区、民族、国家将“结合为一个拥有统一的政府、统一的法律、统一的民族阶级利益和统一的关税”③的集合体。应该说，这种思想已经跟全球经济一体化的发展进程十分吻合了。

19世纪，世界经济的初步形成促成了世界生产力的发展，而世界生产力的进一步发展又要求确立与之相适应的“生产的国际关系”，即世界经济体制。当时，西欧发达资本主义国家曾通过签订双边协定或实行单边的自由贸易政策来实现其自由贸易的愿望，但最终被以邻为壑的保护贸易政策所取代。④ 由于贸易保护主义的盛行，国际社会缔结恢复自由贸易的多边协议的愿望落空，不久后爆发的两次世界大战以及其间的种种政治、经济斗争在一定程度上可以看做是关于建立世界经济体制的主导权的争夺。人们逐渐认识到，正是以邻为壑的保护贸易的政策是导致世界大战爆发的重要原因，必须建立起适应时代发展要求的国际经济制度。这成为第二次世界大战以后国际经济重建的重要内容。

1946年，为建立一个国际多边贸易组织，应美国的要求，联合国经社理事会召开了一次国际贸易与就业会议，并着手起草一个国际贸易组织公约草案。1947年11月至1948年3月在古巴哈瓦那召开会议通过了这个国际贸易组织章程，通称《哈瓦那宪章》。但是，由于宪章未获得欧美一些主要贸易国家的接受而导致国际贸易组织的流产。作为替代的是本来准备作为《国际贸易宪章》的附

---

① Hugo Grotius：The Freedom of the Seas，1916，p. 12. 转引自马忠法：《〈海洋自由论〉及其国际法思想》，载《复旦学报（社会科学版）》2003年第5期，第125页。

② Hugo Grotius：Commentary on the Law of Prize and Booty，1995，p. 50. 转引自马忠法：《〈海洋自由论〉及其国际法思想》，载《复旦学报（社会科学版）》2003年第5期，第125页。

③ 《马克思恩格斯选集》第1卷，人民出版社1972年版，第256页。

④ 伍贻康、张幼文等：《全球村落：一体化进程中的世界经济》，上海社会科学出版社、高等教育出版社1999年版，第63页。

属协定的《关税与贸易总协定》。该协定依据《关税与贸易总协定临时适用议定书》而自 1948 年 1 月 1 日开始正式“临时适用”。

《关税与贸易总协定》的这一“临时适用”一用竟是 40 多年。虽然它推动和领导了国际贸易自由化的发展，但它在名义上毕竟只是个临时适用的贸易协定，随着国际经济一体化的日益发展，贸易自由化的一些问题逐渐凸显，如地位不明确、对世界贸易适用范围较窄、规则不够严密、贸易争端解决机制不够完善等。所以，建立国际贸易组织的呼声一直不绝。“关贸总协定”生效后，前后共经过 8 次较大的多边国际贸易谈判，终于在 1986 年至 1994 年的乌拉圭回合签署了《关于建立世界贸易组织的协定》，将乌拉圭回合谈判所修改的《关税与贸易总协定》和新达成的各项协议以及东京回合谈判所达成的部分协议统归世界贸易组织管辖。世界贸易组织于 1995 年 1 月 1 日正式成立并试运行，1996 年 1 月 1 日已彻底取代了原关税与贸易总协定。① 世界贸易组织对国际社会有极大的影响，其名虽为贸易组织，其实则涉及国际社会经济领域的各个方面。它不仅规范货物贸易，而且规范服务贸易；不仅规定知识产权的保护，而且设计投资保护的标准；不仅在国际层面规范各成员的义务，而且要求各成员就国内法的制度与执行作出承诺。同时，世界贸易组织的争端解决机制亦将原“关贸总协定”的机制向前推进了一大步，是对国际社会的一大贡献。② 世界贸易组织多边贸易体系不仅适应了全球经济一体化发展的要求，它本身作用的扩大和地位的提高也有力地推动了全球经济一体化的进程。这主要表现在：第一，世界贸易组织继续推动世界各国贸易自由化的进程；第二，世界贸易组织的争端解决机制促进了国际贸易活动正常平稳地发展，为全球经济的稳定作出了独特贡献；第三，积极筹划新一轮多边贸易谈判，以使多边贸易体制为促进世界经济贸易的发展发挥其应有的重要作用。③

全球经济一体化产生这样的需求，那就是：克服主权国家疆界划分的障碍，通过协调国内政策使各国从经济交换获得的利益最大化。这反过来导致更强有力、更集权和以规则为基础、职能范围更广泛的国际组织的发展，国际组织正日

① 综合引自：梁西：《国际组织法（总论）》，武汉大学出版社 2001 年第 5 版，第 309～316 页；伍贻康、张幼文等：《全球村落：一体化进程中的世界经济》，上海社会科学出版社、高等教育出版社 1999 年版，第 63～65 页。

② 王贵国：《国际投资法》，北京大学出版社 2001 年版，第 54 页。

③ 李彩英、竺培芬：《当代国际关系》，上海交通大学出版社 2001 年版，第 48～50 页。

益在许多方面行使某种政府性管理职能。世贸组织取代关贸总协定便是一个例证。① 除此之外，国际经济一体化组织还有国际货币基金组织和世界银行等重要的国际机构。国际货币基金组织的由来，可以追溯到 1929 年华尔街股市暴跌引起的 20 世纪 30 年代大危机。失业、银行倒闭和生产下降，导致对当时纸币、国际及国内贸易的极大冲击。这场危机萌发了人们建立一个常设机构的念头。② 1944 年 7 月，44 个参加筹建联合国的国家，在布雷顿森林召开国际货币基金会议，通过了《国际货币基金组织协定》，国际货币基金组织于 1945 年 12 月 27 日成立。世界银行（即国际复兴开发银行）也是在 28 个国家的代表于布雷顿森林会议所拟订的国际复兴开发银行协定上签字之后，同国际货币基金组织同时成立，该行于翌年 6 月开始营业。国际货币基金组织不仅推动了金融国际化，而且更有力地促进了国际贸易自由化。在 1970 年布雷顿森林体系崩溃后，该组织受到削弱，在 1997 年至 1998 年的全球金融动荡中更是显露出其机构及运行机制的缺陷，其推动全球经济一体化的作用减小。人们认识到必须对其进行重大改造，这已成为共识。③ 世界银行主要在促进国际贸易的长期平衡和维持国际收支平衡方面发挥了一定的作用，它对全球经济一体化的推动作用主要表现为促进国际贸易自由化。当然，这两个组织的作用是没法跟世界贸易组织相比的了。

综上所述，从全球经济一体化的发展轨迹中，我们不难发现全球经济一体化趋势形成与发展的原因主要有以下几个方面：其一，科技革命是全球经济一体化的基础和动力。当今世界，信息技术和交通技术的发展大大降低了国际间的交易成本，使世界市场各组成部分的时间和空间距离大为缩短，为全球性的贸易、投资和金融业务的开展提供了便捷的手段，有力地促进了世界经济在全球范围内的融合，提高了贸易自由化程度，加强了金融国际化和生产一体化趋势，从而加速了全球经济一体化的进程。其二，国际经济组织的发展和完善是全球经济一体化的重要促进因素。关贸总协定及后来的世界贸易组织、国际货币基金组织和世界银行三大国际经济组织在全球经济一体化进程中发挥了重要作用，它们在协调各国经济、地区经济和全球经济发展，应对全球性突发性事件，稳定国

---

① 饶戈平、黄瑶：《论全球化进程与国际组织的互动关系》，载《法学评论》2002 年第 2 期，第 12 页。

② 梁西：《国际组织法（总论）》，武汉大学出版社 2001 年第 5 版，第 301 页。

③ 饶戈平、黄瑶：《论全球化进程与国际组织的互动关系》，载《法学评论》2002 年第 2 期，第 13 页。

际金融秩序和国际金融市场等方面的作用，极大地推动和保障了全球经济一体化的发展。尤其是世贸组织的建立，更是在服务贸易领域、知识产权和投资领域进一步消除壁垒、消除限制，使全球经济一体化在统一制度和规则的基础上朝着自由、公平、健康和有序的方向发展。其三，各国的市场化改革也在很大程度上消除了全球经济一体化的国内制度障碍。世界各国，尤其是原社会主义体系各国和广大发展中国家相继推行经济和政治体制改革，使本国经济日益融入世界经济发展体系，极大地推动了全球生产要素的自由流动，使贸易和投资自由化成为时代的主流。在全球范围内形成统一、规范的市场经济的过程，实际上就是全球经济一体化的过程。

二、区域经济一体化及其发展状况

（一）区域经济一体化的概念

当今的世界经济是以贸易、生产、金融乃至经济政策趋向全球一体化为特征的，而这种一体化又首先以区域经济一体化的形式表现出来。区域经济一体化过程在全球展开，形式日益发展，排他性日益减少，合作领域日益扩大，从而形成国际经济一体化的重要组成部分，或者说是推动国际经济一体化纵深发展的基本载体。

"区域经济一体化"是20世纪50年代开始流行的一个词语，最早在经济学界得到认可，后来才被法学界等逐渐接受。① 因此，关于区域经济一体化的定义，更多地体现出经济学的特征，重重地打上了经济学的烙印。有学者认为，区域经济一体化是指地理区域上比较接近的两个或两个以上的国家之间所实行的某种形式的经济联合或组成的区域性经济组织。它们为谋取共同的利益与经济发展，以对内加强经济合作，对外增强竞争实力为目的，在社会再生产领域进行合作，并在有关经济政策上进行协调。② 与此大同小异，还有学者将其定义为：区域经济一体化指在世界生产力发展的客观推动和各国谋求国民经济持续发展的主观努力的综合作用下，特定区域内的国家或地区通过达成经济合作的某种承诺或组建一定形式的经济合作组织，谋求区域内商品流通和要素流动的自由化以及生产分工的最优化，直至形成各国经济政策和区域经济体制某种程度的

① 刘世元：《区域国际经济法研究》，吉林大学出版社2001年版，第3页。

② 李彩英、竺培芬：《当代国际关系》，上海交通大学出版社2001年版，第56页。

统一。[①]而《贸易术语词典》则将区域经济一体化描述为“政府在区域的基础上，有时借助于自由贸易区或关税联盟而采取的贸易自由化或便利贸易的行动”[②]。也有法学界人士基本沿袭经济学界的观点，认为区域经济一体化是指地理区域上比较接近的两个或两个以上的国家为了谋求共同的经济贸易发展，通过缔结条约而建立起来的经济贸易联合的过程。[③]

上述定义对区域经济一体化的描述从经济的角度看，应该是可取的，当然，它们都比较强调地理区域范围内的国家的联合，则明显已不符合区域经济一体化的发展现实了，北美自由贸易区、亚太经合组织等的成功发展是对其再明显不过的否定。但是，我们更应该注意到，经济全球化之所以向经济一体化发展，一个重要的原因就是经济全球化主要依赖市场自发地对资源起基础性配置作用，当经济全球化发展到较为成熟的阶段，这种市场的自发作用就很难满足世界经济规避风险、协调发展的要求，而必然要求实现经济一体化。那就是有必要由各国政府出面协商，在区域范围内建立超国家的决策和管理机构，形成共同的内在管理机制，制定共同的政策措施和制度规范，实施共同的行为准则，达成较为具体的共同目标，为市场提供有效的制度保证和持续一体化的动力。这就必然要求参加区域经济一体化组织的国家让渡部分国家主权，由该经济一体化组织行使这一部分主权，实行经济的国际干预和调节。[④] 可见，组织化和法制化是区域经济一体化的基本特征。因此，我们把区域经济一体化的概念大致表述如下：特定区域内的或有共同利益诉求的两个或两个以上的国家（包括某些特定的地区）一般在平等、自愿、互利的基础上联合起来，通过制定机制化的条约、法规，建立相应的执行机构，彼此约束、让渡或对等地分享部分经济主权，甚至政治、文化主权，以期不断降低妨碍各种生产要素在彼此间自由流通的壁垒，不断优化生产要素在本地区的配置，实现所有合作成员共同繁荣的目标，并逐步实现更大范围内的一体化发展。

区域经济一体化根据其目标高低和发展程度的不同而有不同的组织模式。根据《关贸总协定》第 24 条的规定，所允许的区域经济一体化形式只有三种或三个层次，即关税联盟、自由贸易区、自由贸易区性质的“临时协议”（interim

① 张幼文等：《世界经济一体化的历程》，（上海）学林出版社 1999 年版，第 150 页。

② WTO Secretariat：Regionalism in the WTO，2000。转引自韩龙：《论 WTO 与区域经济一体化》，载《中外法学》2003 年第 2 期，第 209 页。

③ 刘世元：《区域国际经济法研究》，吉林大学出版社 2001 年版，第 3 页。

④ 综合参见：伍贻康、张海冰：《经济全球化与经济一体化》，载《求是》2004 年第 1 期，第 57 页；李彩英、竺培芬：《当代国际关系》，上海交通大学出版社 2001 年版，第 56 页。

agreement,或译“过渡性协议”)①。这是世贸组织意义上区域经济一体化的组织形式,作者将在后面的有关章节予以详述。当然,《关贸总协定》第24条的规定并没有穷尽区域经济一体化的所有组织形式。有学者认为,区域经济一体化可大致划分为六个层次,即某种特定经济部门的一体化、自由贸易区、关税同盟、共同市场、经济和货币联盟以及完全的经济一体化。② 另有学者认为经济一体化的多种表现形式有:自由贸易区、关税同盟、共同市场、货币联盟、经济与货币联盟以及完全的一体化。③ 可见,在此问题上学者们没有根本性的分歧,能基本达成共识,只是表述上有些差异。鉴于区域经济一体化的各种组织模式一般是由低级向高级不断推进,以反映一体化的深度和广度的不同的,并且,国际经济和政治问题总是相互影响、密不可分的,经济一体化的过程不可避免地会掺杂对政治一体化的要求,因此,综合起来看,区域经济一体化的组织模式大致可作如下划分:(1) 自由贸易区(Free Trade Zone)。在这一组织形式下,区域内各国取消内部关税和非关税贸易壁垒,成员国的对外贸易等各项经济政策仍保持独立。(2) 关税同盟(Customs Union)。它是在自由贸易区基础上发展起来的,指成员国相互间完全取消关税和其他贸易壁垒,并对非成员国实行统一的关税税率而缔造的同盟。(3)共同市场(Common Market)。除了统一贸易政策外,各国间还实行各种生产要素,包括劳动力、资本、技术等的自由流动,并在区内逐步实行统一的货币制度,规定各国货币相互间的交换比例和允许波动的幅度。(4)经济同盟(Economic Union)。将协调机制延伸至成员国国民经济的几乎所有领域,在财政、金融、贸易、产业、区域发展、社会保障等政策方面达成广泛一致,并谋求建立基于成员国部分主权让渡的超国家协调管理机制。(5)完全的经济、政治一体化(Full Economic & Political Integration)。最终形成一套放大至区域尺度的“国民经济体制”,超国家的管理机构享有相当充分的国家主权,从而拥有区域内各国所认可的经济、政治、社会诸多领域的立法、行政和司法权。最后一个层次的“完全的经济、政治一体化”可以理解为形成了一个新的国家,目前还没有这样的实例,④只是欧洲联盟比较接近于这样一个目标。另外,上述区域经济一体化的发展模式并不意味着所有的区域经济一体化一定都要按此顺序和模式发

---

① 赵维田:《世贸组织(WTO)的法律制度》,吉林人民出版社2000年版,第84页。

② 戴德生:《世贸组织区域经济一体化法律规则与中国的对策》,载《国际贸易问题》2003年第4期,第27页。

③ 伍贻康、张海冰:《经济全球化与经济一体化》,载《求是》2004年第1期,第57页。

④ 戴德生:《世贸组织区域经济一体化法律规则与中国的对策》,载《国际贸易问题》2003年第4期,第27页。

展，并不是每个低级阶段必然向另一个高一级阶段发展和过渡。每一个一体化组织究竟采取什么形式，向什么方向发展，完全取决于该组织各成员国的态度。一般说来，成员国的经济利益和对外经济贸易政策是决定本组织方向的决定因素，但政治关系、国际环境等，往往也是不可忽略的条件。① 实际上，随着世界各国之间经济合作的加深和协作内容的拓宽，出现与上述区域经济一体化组织形式不同的模式也是不足为怪的。如亚太经合组织（APEC）就是另一类更关注功能性目标的区域一体化组织形式，即所谓"开放的地区主义"的合作方式。其特征首先是开放性，即在谋求区域内的经济合作、经济互补和经济融合中反对对区域外的国家"以邻为壑"；其次是非体制性安排，即支持为达成经济一体化开展国家政府间合作和设立一体化的辅助性常设机构，但反对组建超国家的管理机构和让渡主权。②

（二）区域经济一体化发展的总体状况

从人类交往的历史过程中，我们可以看到经济交往总是从国家到地区，再到全世界，即从局部扩向整体。③ 区域经济一体化也正是经历了这样一个发展过程。一国之内经济一体化的历程也大体如此。19 世纪初期，封建割据、邦国林立的德国逐步统一国内市场，实现国内的经济一体化，从而向政治一体化过渡并最终建立统一的民族国家的全过程就是一个生动的例证。④ 其实，在人类发展的历史长河中，人们很早就设想建立起国家之间的联盟。由于希腊哲学文化、罗马法与基督精神一直是欧洲历史前进的共同文化基础，所以，一体化的进程最早也是发端于欧洲。在《荷马史诗》中甚至就记载了阿加梅蒙（AGAMEMMON）联合成一个大同盟，发动对特洛伊的战争，参与大同盟的各国国君及其诸侯彼此

① 刘世元：《区域国际经济法研究》，吉林大学出版社 2001 年版，第 6 页。

② 张献：《APEC 的国际经济组织模式研究》，法律出版社 2001 年版，第 15～30 页。

③ 姜桂石、刘会清：《经济全球化、区域化与发展中国家的对策》，载人大复印资料《世界经济导刊》2004 年第 7 期，第 13 页。

④ 19 世纪初，德国还是一个农奴制盛行、封建割据的国家，38 个邦国之间关卡林立，商业法规、货币和度量衡制度极不统一，商品经济的发展和国内统一市场的形成严重受阻。1818 年，普鲁士首先废除内地关税，并于 1826 年由 6 个邦国组成北德关税同盟。在此影响下，南德关税同盟、中德关税同盟相继于 1828 年和 1829 年成立。1834 年，3 个关税同盟合并为包括 18 个邦国的德意志关税同盟，在内部取消关税，统一货币和度量衡制度，对外部统一关税制度和税率，实行关税壁垒。德意志关税同盟的建立可以说是典型的市场利益驱动的经济一体化进程。可参见胡瑾、王学玉：《发展中的欧洲联盟》，山东人民出版社 2000 年版，第 48～49 页。

之间都是所谓伙伴(HETAIROI),法律地位大致平等。① 由于当时尚无系统的国际概念,很难说这种同盟就是准确意义上的一体化。15 世纪,波西米亚国王波迪希拉德提出把周围邻国结合在一个联盟里的设想。16 世纪,法国国王亨利四世的大臣萨利公爵根据国王的旨意制定了一个由 15 个欧洲国家组成欧洲联邦的计划。不过,这些想法实际上是出于组成战争联盟的目的。真正为了建立永久和平的联合计划则始于法国的圣·皮埃尔(1658—1743)。他提出了建立欧洲联邦的具体设想,诸如各国派代表组成常设会议,制定共同的仲裁程序等,目的是建立维护欧洲和平的有效机制。18 世纪的卢梭和康德以及 19 世纪的圣西门都讨论过欧洲联邦的问题,其中康德从哲学角度对欧洲联合的政治观念作了总结,并提出了建立"世界联邦"的设想,对后世的欧洲甚至全世界都产生了重要影响。② 欧洲的一体化运动从非官方活动成为政府活动始于 20 世纪 30 年代。1930 年 5 月,法国政府向国际联盟提交了"关于组织欧洲联邦体系"的备忘录,即以当时法国外长的名字命名的"白里安计划"。该计划主张欧洲国家在"绝对主权和政治上完全独立"的基础上建立"欧洲联盟",以消灭欧洲国家之间的战争,同时提出建立共同市场,取消成员国关税。该方案正式交由国联一个研究委员会评价之后,就石沉大海音信全无。第二次世界大战带来的更大浩劫才使欧洲人痛定思痛,终于下了统一的决心。③ 1950 年,法国外长舒曼提出成立欧洲煤钢联营的计划,欧洲经济一体化的进程正式启动,同时也拉开了世界性的区域经济一体化进程的大幕。

经过半个多世纪的发展,区域经济一体化继 20 世纪 50 至 70 年代的勃兴、20 世纪 80 年代的沉寂后,20 世纪 90 年代开始再次获得迅猛发展。按照世贸组织的统计,到 2002 年底,向世贸组织及其前身关贸总协定通告的区域贸易协定数量已达 259 项,其中尚在实施的有 176 项;此外,有 70 多项协定虽未向世贸组织通告,但已开始实施;大约还有 70 项协定正处于谈判中。依据区域贸易协定生效的时间划分,有一半是在世贸组织时代即 1995 年以后完成的,而在关贸总协定时代的另一半中,尚在实施的仅有 51 项。区域经济一体化迅速发展的最直接影响体现在贸易领域。目前全球已有 45%以上贸易属于区域内贸易,预计 3～5 年后会超过 50%。这意味着全球贸易的一半以上将不再属于多边贸易体

---

① 李道刚:《欧洲:从民族国家到法的共同体》,山东人民出版社 2003 年版,第 6 页。

② 李华:《浅析欧盟模式之争》,载《国际问题研究》2002 年第 2 期,第 43 页。

③ 综合参见:李道刚:《欧洲:从民族国家到法的共同体》,山东人民出版社 2003 年版,第 14 页;《浅析欧盟模式之争》,《国际问题研究》2002 年第 2 期,第 44 页。

制管辖范围。①

20 世纪 90 年代以来，区域经济一体化迅速发展与两个因素直接相关：一是长期以来一直作为全球多边贸易体制推动者的美国，开始告别“孤立主义”，转而寻求区域贸易合作，1988 年与加拿大签署自由贸易协定后，又于 1994 年完成了美、加、墨北美自由贸易区的建设；二是冷战结束后，经互会瓦解，中东欧国家除了相互间签署了大量双边贸易协定外，还纷纷与欧盟签署了自由贸易区协定，并申请加入欧盟。

尽管目前区域经济一体化在全球范围内获得了长足发展，但地区间的不平衡却十分严重。欧洲是区域经济一体化发展得最好的地区，它的区域贸易协定目前已占全球已实施数量的 50%以上。20 世纪 80 年代末期以来，美洲是区域经济一体化发展得最快的地区，自 1994 年完成北美自由贸易区的建设后，美洲自由贸易区的谈判也已初步完成，若 2005 年协定目标能够如期实现的话，则整个美洲大陆将成为一个统一的自由贸易区。这些成果都是在美国改变态度，转而成为区域经济一体化的主要推动力量之后而取得的。除此之外，美国还与以色列、约旦、新加坡、澳大利亚、巴林、新西兰、东盟、非洲国家和地区之间已经或正在商谈缔结自由贸易区协议。伊拉克战争结束后，美国提出了在 2013 年与中东国家建立自由贸易区的建议，与欧盟已经决定的在 2010 年与这些国家建立自由贸易区的目标针锋相对，体现了大国与国家集团利用区域经济一体化实现其竞争战略的倾向。②

北非和中东地区以“欧洲—地中海伙伴关系”为基础，该地区各国正通过第二代双边区域贸易协定加强与欧盟的联系，其目标是在 2010 年建立自由贸易区。目前，欧盟已与土耳其签署了关税同盟条约，与地中海国家、中东欧国家、南非以及美洲的墨西哥、智利缔结了自由贸易区协定，与南方共同市场、新加坡的谈判也已开始进行。通过 2000 年的“科托努协定”，欧盟将用自由贸易区协定替代原有的“洛美协定”③。

另外，非洲的主要区域经济一体化组织也已经提出在 2028 年建立非洲经济与货币联盟的目标，以实现非洲经济一体化。尤其是在 1999 年非统组织通过

① 李向阳：《全球区域经济合作发展趋势及其对策》，载《求是》2004 年第 7 期，第61 页。

② 综合参见：李向阳：《全球区域经济合作发展趋势及其对策》，载《求是》2004 年第 7 期，第 61～63 页；Neil King Jr，Zoellick：Trade-Deal Could Undermine the WTO，The Wall Street Journal，25OCT，2002；李双元、曾炜等：《世贸组织规则研究的理论与案例》，人民法院出版社 2004 年版，第 110 页。

③ 李向阳：《全球区域经济合作发展趋势及其对策》，载《求是》2004 年第 7 期，第62 页。

《苏尔特宣言》决定成立非洲联盟后，非盟已于2002年7月9日正式成立并开始运作，成为统管非洲经济、政治、军事、文化、社会等的政治实体，以加快非洲大陆的政治、经济、社会的一体化进程。值得一提的是，非盟将建立非洲中央银行、非洲货币基金组织、非洲投资银行等一系列财政机构和专门组织。① 可以想见，非洲的区域经济一体化已经起步，并将获得较快发展。

相比之下，亚太地区的区域经济一体化发展水平则还相当落后，与该地区的经济发展要求和世界经济发展趋势极不相称。目前，该地区公认为发展得较好，并已取得成果的区域经济一体化组织当数东南亚国家联盟。② 而覆盖面更广的亚太经合组织则由于其开放性和非约束性特征被有些学者定义为并非一个严格意义上的区域经济一体化组织。③ 当然，作者的观点并不能与此苟同，其实亚太经合组织毫无疑问是区域经济一体化组织，只是它更关注功能性目标，即所谓"开放的地区主义"的合作方式。这在前文已有述及。可喜的是，当前在东南亚地区开始形成了东盟与中、日、韩的"10＋3"模式和"10＋1"模式，尤其是"10＋1"模式的形成，标志着东亚区域经济一体化开始向着制度化、体制化的有利方向发展。④ 东亚自由贸易区将是东亚经贸合作的最终趋向。⑤ 更有学者判断，区域经济一体化虽然在东亚起步很晚，但发展迅速，高潮迭起，将成为当今世界区域经济一体化发展最活跃和最快的地区，并将在相当一段时期中，成为这个地区未来发展的主要趋势。而印度作为泛东亚经济一体化的先锋，其行动将会对俄罗斯和其他南亚及中亚国家起重要示范作用，随着印度的加盟，泛东亚经济一体化进程将会加速到来。而澳大利亚、新西兰，甚至美国的加盟，可能会使亚太经合

---

① 综合参见：夏吉生：《从非盟成立看非洲应对全球化》，载人大复印资料《国际政治》2004年第7期，第99～100页；夏吉生：《继往开来话非盟》，载人大复印资料《国际政治》2004年第4期，第105页；李向阳：《全球区域经济合作发展趋势及其对策》，载《求是》2004年第7期，第61页。

② 观点可参见：程信和、呼书秀：《东盟自由贸易区的发展模式及其启示》，载人大复印资料《国际法学》2004年第5期，第36～40页；尹承德：《东盟外交新走向——兼论中国与东盟关系》，载人大复印资料《中国外交》2004年第9期，第26～30页；杨丽艳：《关于东盟的几点国际组织法思考》，载《法学评论》2000年第5期，第122～128页。

③ 李向阳：《全球区域经济合作发展趋势及其对策》，载《求是》2004年第7期，第63页。

④ 姚大学、李芳洲：《全球化与东亚区域经济一体化》，载人大复印资料《世界经济导刊》2004年第4期，第59页。

⑤ 陈小文等：《浅析东亚多层次合作现状及趋向》，载人大复印资料《世界经济导刊》2004年第1期，第53页。

组织成为泛东亚经济共同体的最大载体。[①] 当然,我们乐观其成。

同20世纪90年代以前的区域经济一体化相比,目前的区域经济一体化发展呈现出许多新的变化和特征,这将对区域经济一体化本身以及全球经济的一体化发展产生重大而深远的影响。这些变化和特征主要有:

第一,静态经济收益正让位于动态经济收益和非经济收益。传统的区域经济合作理论强调对成员国的静态收益,包括改善成员国的贸易条件,获取规模经济收益,强化竞争,吸引外国投资等。但经验研究显示,这些静态收益并不大。近年来,民族国家参与区域经济一体化的动因更多的是寻求动态收益和非经济收益。其一,多边贸易体制无法满足一部分国家在贸易自由化方面的需求,由此导致一些相似的国家撇开世贸组织开展区域经济合作。由于在多边贸易谈判中无法达成的协议却经常能够在双边或诸边贸易谈判中达成,所以区域贸易协定能够充当多边贸易谈判的实验场。其二,一些大国把区域贸易协定作为增强其市场影响力或规避世贸组织非歧视性要求的一种手段。通过区域贸易协定,实施一些在多边贸易协定中尚未存在的规则,并向贸易伙伴施加压力。其三,一些发展中国家和转轨国家把区域贸易协定作为锁定贸易自由化或国内制度改革进程的机制。它们利用区域贸易协定向外部世界发出一个清晰而可靠的信号:本国的贸易自由化体制和制度变革具有长期稳定性。其四,为了保障市场准入,被排除在区域贸易协定之外的国家要么加入已有的区域贸易协定,要么创建新的区域贸易协定。其五,扩大对国际经济规则的影响力。随着国际经济一体化发展的深入,国际经济规则对民族国家的约束力越来越大,任何国家都不再会忽视规则的制定过程。但在实践中,没有一个国家(包括美国)能够单独决定规则的制定过程。通过区域贸易协定,一国的呼声更容易在多边谈判中得到放大。无论对大国还是小国都是如此。其六,寻求区域经济合作的非经济收益。由于区域贸易协定把其成员的经济客观上融为一体,各成员之间的政治、安全、外交领域的共同利益必然会增加。同时,区域贸易协定通常能够提供区域内的公共产品,如环境保护、共同资源开发、打击跨境犯罪等。此外,近年来的区域贸易协定涵盖的领域越来越广,从关税减让扩展到非关税壁垒减让,从贸易扩展到投资,从经济领域扩展到非经济领域,如劳工标准、民主制度等。

第二,南南合作逐渐让位于南北(发展中国家与发达国家)合作。在20世纪

---

① 李罗力:《对东亚区域经济一体化发展趋势的十个判断》,载人大复印资料《世界经济导刊》2004年第7期,第62页。

60至70年代第一次区域经济一体化发展浪潮中，南南合作曾经一度辉煌。而随着20世纪90年代以来的区域经济一体化，南北合作以及北北合作已占据主导地位。许多早期南南型区域贸易协定已是名存实亡，有的甚至干脆解散。其主要原因是它们对其成员的收益有不同的影响。经验研究显示，在南南型贸易组织内，成员之间的经济绩效在逐渐拉大；而在南北型贸易组织内，成员之间的经济绩效在逐渐缩小。例如，在欧盟内部，20世纪80年代中期，爱尔兰、西班牙和葡萄牙的人均收入分别只相当于欧盟最富裕国家（德、英、法、意）平均水平的61%、49%和27%，到20世纪90年代末期分别上升到91%、67%和38%。相反，在东非共同市场、中美洲共同市场、西非经济共同体中，因成员国内部收益分配不均衡而陷入困境，其中东非共同市场无法满足两个落后国家（乌干达和坦桑尼亚）的要求而在1977年被迫解散。一项针对区域经济一体化与经济增长之间关系的研究也发现了类似的趋势：南北型经济一体化有助于各成员的经济增长，南南型经济一体化这种功能不明显。

第三，大国之间的竞争正让位于区域经济一体化组织之间的竞争。20世纪80年代以前，美国在全球经济中的地位决定了它一直是全球多边贸易体制的主要推动者。在多边贸易体制内部，尽管当时欧共体的发展对美国是一个挑战，但并没有威胁到美国的霸权地位。当1986年欧共体决定在1992年与欧洲自由贸易区合并建立欧洲统一大市场时，美国第一次感到霸主地位受到了威胁，因为新的欧洲统一大市场的市场规模将首次超过美国。面对这一挑战，美国放弃了拥有悠久历史的"孤立主义"传统，着手推进美加自由贸易区的建设。1992年，欧盟签署《欧洲统一法》，美加自由贸易区也同步扩展为北美自由贸易区。北美自由贸易区的产生和欧洲统一大市场的形成，标志着美欧之间的竞争进入一个新的阶段。大国之间的竞争由此开始演变为区域经济一体化组织之间的竞争。此后，欧盟积极开展"东扩"，美国致力于美洲自由贸易区建设。到2004年，欧盟"东扩"完成接纳首批10个新成员之际，也是美洲自由贸易区正式谈判结束之时。①

前文已述及的欧盟与美国在中东、非洲、拉丁美洲等地区争相实施的目标相同的经济一体化措施，也正体现了大国或国家集团之间的竞争更多地围绕区域经济合作而展开。

---

① 李向阳：《全球区域经济合作发展趋势及其对策》，载《求是》2004年第7期，第62页。

（三）世贸组织意义上的区域经济一体化

根据《1994年关贸总协定》第24条的规定，所允许的区域经济一体化形式有三种或三个层次，即关税联盟、自由贸易区、自由贸易区性质的“临时协议”(Interim Agreement)。① 在某种意义上，区域经济一体化规则同世贸组织的基本法律原则——最惠国待遇原则是相矛盾的。因为最惠国待遇原则要求：任何世贸组织成员方在关税或国内贸易规章方面给予任何另一成员方产品的优惠待遇，应当立即无条件地给予其他所有成员方同类产品的优惠待遇。② 而区域经济一体化规则的目的就是为了在有关国家间建立一种较为紧密的集团关系，在集团内部确立一套优惠贸易的规则和制度，促进相关国家间的贸易自由化和经济一体化。它作为比最惠国待遇还要优惠的体制，具有明确的歧视性，即特惠只限于其成员之间，对不是其关税同盟或自由贸易区的成员，实行另一种较高税率和贸易政策。那么，为什么世贸组织允许这种最惠国待遇原则的“例外”呢？原因有二：一是尊重缔结《关贸总协定》时普遍存在的特惠安排。在关贸总协定之前就已存在了英联邦国家根据1932年《渥太华协定》建立起来的“帝国特惠制”(Imperial Preferential System)等关税同盟组织。③《关贸总协定》的文件起草者们若不考虑这一历史事实，不允许这些业已缔结的区域合作条约继续存在的话，许多重要国家都不会加入到建立世界多边贸易体制的行动中来。二是《关贸总协定》的起草者们认为关税同盟消除了成员国间的贸易壁垒，已经朝着全球贸易自由化方向前进了一步，只要它不损害非成员国的贸易利益，就应允许它们存在，即希望借助区域一体化来扩大贸易自由化。④ 因此，世贸组织不仅允许区域经济一体化的存在，而且把它作为一项重要的法律制度，其法律意义在于符合世贸组织规定条件和要求的区域经济一体化构成世贸组织最惠国待遇的例外。可见，世贸组织意义上的区域经济一体化有其独具的特色和功能，忽略世贸组织意义上的区域经济一体化来谈区域经济一体化无疑是不全面的。

世贸组织的区域经济一体化制度主要由三个部分规则所构成：(1)《关贸总协定》第24条第2款至第10款，主要是规范货物贸易领域中的关税同盟和自由

---

① 赵维田：《世贸组织(WTO)的法律制度》，吉林人民出版社2000年版，第84页。

② 《1994年关税与贸易总协定》第1条第1款。

③ 李双元、曾炜等：《世贸组织规则研究的理论与案例》，人民法院出版社2004年版，第95页。

④ 戴德生：《世贸组织区域一体化法律规则与中国的对策》，载《国际贸易问题》2003年第4期，第27～28页。

贸易区。另外,《对“关税与贸易总协定”第 24 条的谅解》对此作了进一步的明确。(2)《服务贸易总协定》第 5 条,主要解决服务贸易领域的区域一体化问题,同时适用于发展中成员和发达成员。(3)“授权条款(Enabling Clause),即 1979 年关于对发展中国家的不同和更优惠待遇、互惠和更充分参与的决定,主要解决的是世贸组织的发展中成员在货物贸易领域的优惠贸易安排问题。① 下面将分别予以详述:

1.《关贸总协定》第 24 条的内容及《对“关税与贸易总协定”第 24 条的谅解》对其所作的重大修改

《关贸总协定》第 24 条首先规定了所允许的区域经济一体化的三种形式,即正如前文已有述及的关税同盟、自由贸易区和自由贸易区性质的“临时协议”。GATT24 条还为这三种区域经济一体化形式规定了相当严格的条件与规则。对于关税同盟,第 5 款(a)项规定:关税同盟对非成员的 GATT 缔约方征收的关税以及实行的其他贸易规章,“大体上关税不得高于,规章不得严于该同盟成立前……税率的总体水平”;对于自由贸易区,第 5 款(b)项要求“各组成区成员保持的关税及其他贸易规章……不得高于或严于该自由贸易区成立之前,同一组成区成员现有的相应关税及其他贸易规章”;对于为建立关税同盟或自由贸易区而签订的“临时协议”,第 7 款规定了缔约方全体的监督职责,即有关当事各方应将各个订立临时协议的情况通知 GATT 缔约方全体,并向之提供拟加入同盟或贸易的资料。缔约方全体在研究了该临时协议的计划与进程表后,经与该协议当事各方协商和充分考虑,若认为所拟期限未必能导致关税同盟或自由贸易区的成立,或者该期限不合理,有权对它提出建议。如果该当事各方不打算据此建议作修改,那么他们就不能保持该协议或使之生效。再者,要求对该计划或进程表作任何重大变动,均应通知缔约方全体,如果该变动足以危及或不当地推迟该关税同盟或自由贸易区的成立,那么缔约方全体可以要求与有关各缔约方进行协商。

GATT 第 24 条的规定并不成功,存在较多缺陷:第一,其为设立关税同盟和自由贸易区而规定的标准以及表述这种标准的语言都是模棱两可的,存在相当严重的语意不明问题。在诸如什么是“大体上所有”的贸易[第 8 款(a)项]、如何确定关税同盟成立后对非成员的 GATT 缔约方征收的关税或实行的贸易限制总体水平是否比成立前“大体上”更高[第 5 款(a)项]、或者导致关税同盟或自

---

① 韩龙:《世贸组织的区域经济一体化制度刍议》,载《国际贸易问题》2003 年第 3 期,第 9 页。

由贸易区成立的临时协议中规定的“合理长的期限”[第5款(b)项]究竟有多长等问题上，依然存在着解释上的分歧。第二，GATT第24条赋予缔约方全体的监督职责不能落实。第24条赋予缔约方全体某种程度的管理或监督权力，甚至有制止不合乎标准的临时协议生效的权力，但是并未构成强制性管理与监督所需权限，一旦受审议的缔约方不予理睬或拒不执行，GATT缔约方全体就处于软弱无力的状态。由于第24条的这些先天不足，导致其在实践中经常被滥用，结果是各种不合标准的区域一体化集团泛滥成灾，极大地削弱了最惠国待遇原则的地位。①

面对这种区域一体化集团遍布的既成事实，为使最惠国待遇原则的基石地位不至于因此而动摇从而导致贸易自由化的终极目标不能实现，GATT缔约方全体在乌拉圭回合谈判中经过周密考虑，制定了《对“关税与贸易总协定”第24条的谅解》，对第24条进行修改，严格了标准和条件，主要体现在以下几个方面：

第一，关于对关税同盟成立前后所适用的关税和贸易规章的评估问题。该谅解的第2段规定：关税水平的评估，先由有关关税同盟在关税基础界限、价值、数量的基础上，提出先前代表性时期的进口统计数据，再由总协定秘书处根据乌拉圭回合关税减让评估所采取的方法，估算加权平均税率和所征关税；非关税贸易限制水平的评估，要检查关税同盟成员国单独措施的规定、所涉及产品及受影响的贸易流量。这为衡量关税同盟建立后对第三方国家的贸易限制水平是否高于或严于其建立之前的水平提供了可参照的量化指标。

第二，关于临时协定过渡到关税同盟或自由贸易区的“合理长期限”。该谅解将“合理长期限”明确界定为10年，如果有关缔约方认为10年期限不够，需要更长的时间，则应向缔约方全体作出充分解释。

第三，关于关税同盟和自由贸易区的审查问题。为了增强缔约方全体审查的权威性和责任感，该谅解强调：对所有已签订临时协定并已通知缔约方全体的关税同盟和自由贸易区，均由一个工作组按《关税与贸易总协定》和本谅解第1段的有关规定进行审查。工作组应把它在这方面的裁定向GATT货物贸易理事会提出报告。这里的措辞，很有些司法审核的味道。尤其应予指出的是，该谅解的第12段明确规定，GATT争端解决程序可被援引于因适用GATT第24条而引起的任何争议，这也意味着如果拟成立关税同盟或自由贸易区的GATT缔约方拒不执行或理睬GATT工作组的审查裁定而强行成立关税同盟或自由贸

① 对《关贸总协定》第24条的失败进行的剖析还可参见：赵维田：《世贸组织(WTO)的法律制度》，吉林人民出版社2000年版，第85～88页。

易区、或使有关临时协议生效，则其他有关缔约方可援引GATT第22条、第23条规定的争端解决机制，中止实施关税减让义务，对上述“不听话”的缔约方恢复较高的关税或实施较高的关税，以此作为报复。很明显，这一司法手段，改变了GATT第24条软弱无力的状态。

上述种种修改，强化了世贸组织对关税同盟和自由贸易区的管理，在一定程度上遏制了对区域经济一体化规则的滥用和无政府状态。但同时我们也应注意到，经过修改后的区域经济一体化规则仍有进一步改进和完善的余地。①

2.《服务贸易总协定》第5条的内容

对服务贸易领域一体化的规定主要体现在GATS第5条规定之中。GATS首先承认成员方有权缔结区域性的服务贸易一体化协定，不阻止成员方订立在该协定成员彼此间实行服务贸易自由化的协定或成为该协定的成员。然后，GATS为服务贸易区域一体化规定了一系列的约束性条件，从服务贸易区域一体化内在条件、与外部的关系和对服务贸易区域一体化的监督等方面对服务贸易区域一体化实行一定的约束。

从对服务贸易区域一体化本身所需要具备的内在条件来看，GATS的主要要求是，首先，服务贸易区域一体化需要涵盖众多的服务部门。这一标准应根据部门数量、受影响的贸易量和提供方式来理解，且服务贸易区域一体化协定不应预先排除任何服务提供方式。② 其次，在服务贸易区域一体化协定生效或一段合理的时间内，在该协定所涵盖的部门，在协定的成员之间通过取消与国民待遇不一致的现有歧视性措施和/或禁止新的或更多的与国民待遇不一致的歧视性措施，达到取消或不实行对国民待遇的实质上的所有歧视。③ WTO的这些要求主要是为了防止WTO的有关成员方在其相互具有优势的少数部门相互给予利益，而拒绝将该利益给予其他成员方，从而利用区域经济一体化这一例外性规定将多边服务贸易体制分割为双边或区域性的贸易结构，妨碍WTO多边服务贸易体制的运行。不仅如此，而且WTO还根据服务贸易的特点，规定WTO任何其他成员的服务提供者如果是根据区域协定参加方的法律所建立的法人，只要其在协定参加方领土内从事实质性商业经营，就有权享有该协定所给予的待遇。这一规定对区域协定参加方将WTO其他成员排除在区域性协定之外的贸

① 戴德生：《世贸组织区域一体化法律规则与中国的对策》，载《国际贸易问题》2003年第4期，第28～30页。

② 世界贸易组织：《乌拉圭回合多边贸易谈判结果法律文本》，法律出版社2000年版。

③ 《1994年服务贸易总协定》第11条、第12条、第14条及第14条之二下允许的措施例外。

易保护主义行为具有限制作用。

GATS对于服务贸易区域一体化协定与外部贸易关系所施加的约束主要是服务贸易区域一体化协定应当旨在便利协定参加方之间的贸易,并且与订立该协定之前的适用水平相比,对于该协定外的任何成员,不得提高相应服务部门或分部门内的服务贸易壁垒的总体水平。GATS规定区域性协定参加方的WTO成员不得对任何其他成员从此类协定中可能获得的贸易利益寻求补偿。

服务贸易区域一体化协定对外部贸易关系影响的一个不可忽视的方面是,区域一体化协定可能会影响协定的参加方GATS项下所作出的承诺包括金融承诺,因为区域一体化协定的订立、扩大或重大修改有时会使得成员方撤销或修改服务承诺表中作出的具体承诺。对此,GATS第5条规定意欲对WTO项下的服务承诺进行撤销或修改的成员方应当至少提前90天通知该项修改或撤销,并且适用GATS第21条所规定的减让表修改程序,即修改成员在受影响的成员的要求下应与之进行谈判,以期就任何必要的补偿性调整达成协议。如果二者未在规定的谈判期限结束之前达成协议,则受影响成员可将该事项提交仲裁。修改成员在作出符合仲裁结果的补偿性调整之前,不得修改或撤销其承诺。如果修改成员未遵守仲裁结果,则受影响成员方可以修改或撤销实质相等的利益。

WTO对服务贸易区域一体化的约束还体现在对区域一体化协定的监督。首先,WTO成员方有义务将其所参加的区域性贸易协定通知WTO。GATS第5条规定,服务贸易区域性协定参加方的成员应将此类协定及其扩大、重大修改通知服务贸易理事会,由服务贸易理事会对其进行审查。服务贸易区域性协定参加方的成员还需要在规定的时间内就协定的实施提出报告,在必要时理事会设立工作组对报告进行审查。理事会在其认为适当的情况下可以向参加方提出建议,并就其与GATS规定是否一致提出意见。

对发展中国家给予优惠待遇是WTO区域一体化制度的又一项重要内容,是针对发展中国家的实际状况而采取的一项公平的措施。它具体体现在GATS第5条3款的规定之中。据此,在发展中国家是服务区域一体化协定的参加方的情况下,应当按照有关国家总的发展水平和具体部门、分部门发展水平,在对服务区域一体化协定的内在条件的要求方面给予灵活性,尤其是在取消与国民待遇不一致的现有歧视性措施和/或禁止新的或更多的与国民待遇不一致的歧视性措施的要求上给予灵活性。也就是说,发展中国家之间所订立的服务贸易区域一体化协定不必严格遵守GATS对区域一体化协定所规定的一般性的内在条件。GATS在给予发展中国家灵活性时不仅要考虑发展中国家的总的发展水平,而且也需要考虑具体部门甚至是分部门的发展水平。

不仅如此，GATS 还规定，在只有发展中国家参加区域一体化协定的情况下，参加方自然人所拥有和控制的法人可以获得更优惠的待遇。这意味着，发展中国家的区域一体化可以背离 GATS 有关根据区域协定参加方的法律所建立的、在参加方领土内从事实质性商业经营的法人有权享有该协定所给予的待遇的规定，可以资本控制为标准，对由区域内发展中国家自然人拥有或控制的法人和由区域外国家自然人所拥有或控制的法人实行不同待遇。此类区域一体化中的发展中国家可以对商业存在这种服务提供方式给予区别对待，彼此使对方自然人拥有或控制的法人享有区域一体化的利益，而可以拒绝将此利益给予其他法人。①

3. “授权条款”的规定

“授权条款”即指《1979 年关于发展中国家的不同和更优惠待遇、互惠和更充分参与的决定》，对发展中国家之间签订区域性贸易协定的有关问题作了规定。根据该决定，这类区域协定必须符合两个条件：(1)促进和增加发展中国家之间的贸易，不得对其他缔约方的贸易增加壁垒或造成不必要的困难。(2)不得构成依据最惠国待遇原则进行的削减或取消关税的障碍或者对贸易的其他限制。协定当事方必须通知缔约方全体，提供其认为适当的信息，且应任何有利害关系的缔约方的要求，提供及时进行磋商的适当机会。该决定是在东京回合谈判期间作出的，地位并不十分明确，但被推定在世贸组织成立之后继续有效。②

三、全球经济一体化与区域经济一体化的关系

（一）问题的提出——全球经济一体化与区域经济一体化关系各论

全球经济一体化与区域经济一体化是当今世界经济发展的两大潮流，是国际经济一体化在两个不同层面上的发展形式。其中，区域经济一体化的发展尤为迅速。目前世界上的绝大部分国家都是不同的区域经济一体化组织的成员。而且，在一般情况下，区域经济一体化组织内部所实行的优惠待遇不论在广度还是深度上都超过全球经济一体化组织如世贸组织的标准。许多区域经济一体化

① 韩龙：《世贸组织与金融服务贸易》，人民法院出版社 2003 年版，第 186～189 页。

② 李双元、曾炜等：《世贸组织规则研究的理论与案例》，人民法院出版社 2004 年版，第 105 页。关于世贸组织意义上的区域经济一体化制度对发展中国家的优惠待遇问题，还可参见韩龙：《论 WTO 与区域经济一体化》，载《中外法学》2003 年第 2 期，第 217～218 页。

安排涵盖了迄今被排除在世贸组织多边谈判之外或多边谈判没有充分讨论的问题，如政府采购、环保标准、投资与竞争政策、劳工标准等。总之，区域经济一体化与全球经济一体化并存的局面将长期存在。它们之间是一种什么样的关系，是长期并存、互相促进、互为补充，还是南辕北辙、势同水火？这引起了人们的广泛关注并深入探讨。

探讨全球经济一体化与区域经济一体化的关系，其核心其实就是区域经济一体化对促进全球经济一体化、推动全球贸易自由化的影响问题。对此，人们的观点主要可分为泾渭分明的两派：一派是区域经济一体化的反对者或曰怀疑论者，一派是区域经济一体化的赞同者或曰鼓吹者。各说各的理，莫衷一是。

先来看区域经济一体化的反对者的观点。他们认为，区域经济一体化是一种新型的集团式贸易保护主义，与传统的单边贸易保护主义相比，其方式因为有了合法的外衣而变得更为隐蔽，因而其对全球贸易自由化的危害性更大；随着区域经济一体化的繁衍及其活力的与日俱增，多边贸易体制势必走向崩溃，甚至全球经济与政治稳定将受到威胁。因此，区域经济一体化是推动全球经济一体化、实现全球贸易自由化的“阻碍物”(Stumbling-blocks)。① 更有学者在题为《区域化：全球化的阻力》的文章中直截了当地指出：“分析全球各国区域合作的动因和效应，不难发现，区域化未必能真正推动全球化的合作，恰恰相反，区域化已经成为全球化的阻力。”②并认为，北美自由贸易区、欧盟、亚太经合组织等区域经济一体化组织的逐步形成与完善，彻底改变了世界经济贸易往来的格局，各国对区域内经济依赖的加强和各区域对外合作谈判能力的提升，无疑将给世界经济发展带来更加剧烈的竞争局面。区域合作的增强，还在相当程度上加剧了全球经济发展的不平衡性，近年来南北经济发展差异进一步扩大就是明显例证。从长远看，支离破碎的全球经济格局将意味着全球性经济福利的减少，并可能导致政治冲突。③ 而且，区域化创造了新的贸易壁垒。还认为，就在世界贸易组织为消除全球贸易壁垒进行积极努力的同时，区域化则以区域合作为名为贸易保护提供了一种新的手段。区域化在强化内部利益的同时，对其他国家或地区的产品采取了

---

① 曾令良：《欧共体对多边贸易体制的影响》，载邵沙平、余敏友：《国际法问题专论》，武汉大学出版社 2002 年版，第 110 页。

② 薛誉华：《区域化：全球化的阻力》，载人大复印资料《世界经济导刊》2003 年第 4 期，第 8 页。

③ 薛誉华：《区域化：全球化的阻力》，载人大复印资料《世界经济导刊》2003 年第 4 期，第 11 页。持相同观点的学者还有斯蒂格利茨等，可参见斯蒂格利茨：《全球化的另一面》，载《国际金融研究》2002 年第 5 期。

更加严格的防范政策和措施，不惜采取一切手段建立贸易壁垒，阻止他国产品进口。最后，更是从意识形态角度担心，一旦欧盟实现了政治一体化目标，北美自由贸易区及东盟、非盟等走向政治一体化将不可避免。届时，各区域之间将由经济合作与较量转向政治合作与较量，而规模更大的政治较量和利益冲突必将给全球政治、经济发展带来意想不到的后果。总之，不管是从区域化的动机和内部协调机制分析，还是从区域化对全球化的影响程度分析，区域化对全球化的发展并不能具有多数人所想象的促进作用，其结果将是数量更多的、规模更大的、更加难以协调和处理的冲突。① 不难看出，上述的许多忧虑不过是硬币的两面，换一个角度思考，也许其正是区域经济一体化的独特优势。还有人通过经济研究的方法得出结论：区域经济一体化逐渐提高，但各个区域之间经济联系逐渐减弱，导致全球经济一体化程度减弱。他同样认为，全球贸易往来、资本流动的迅速扩展，并没有带来如同人们预期的全球经济一体化程度的提高，而是恰恰掩盖了全球化进程中愈发突出的区域经济一体化趋势。② 很明显，这种观点忽视了各区域经济一体化组织日益加强开放性，朝跨洲、跨区域发展，相互渗透和融合的事实。

与此完全相反，区域经济一体化的赞同者认为，区域经济一体化的最基本的目标是通过建立自由贸易区实现贸易自由化，这与全球经济一体化所要建立的多边贸易体制的基本目标是一致的，而且区域经济一体化无不将实现全球贸易自由化作为其最高宗旨；在全球经济一体化不可能在短时期内实现的情况下，区域经济一体化是一种务实的选择，并可为全球经济一体化积累经验。因此，区域经济一体化是推进全球经济一体化和实现全球贸易自由化的“营造物”(Building-blocks)。③ 更有学者乐观地预期，区域经济力量很可能代替为数众多的主权国家，构筑起国际经济结构的新框架，从而向着全球经济一体化的方向不断迈进。④ 应该说，目前赞同或者支持区域经济一体化的观点占主流，在一定程度上反映了区域经济一体化与全球经济一体化的现实状态。

鉴于当前区域经济一体化与全球经济一体化相伴而生、蓬勃发展的现实，以及区域经济一体化安排作为世贸组织法律制度的重要内容的法律事实，探讨它们之间的关系，唯有从世贸组织对区域经济一体化的态度和作为区域经济一体

---

① 薛誉华：《区域化：全球化的阻力》，载人大复印资料《世界经济导刊》2003年第4期，第12页。

② 马春林等：《全球经济一体化还是区域经济一体化——经济全球化的发展趋势分析》，载人大复印资料《世界经济导刊》2004年第2期，第33页。

③ 曾令良：《欧共体对多边贸易体制的影响》，载邵沙平、余敏友：《国际法问题专论》，武汉大学出版社2002年版，第110页。

④ 张幼文等：《世界经济一体化的历程》，(上海)学林出版社1999年版，第187页。

化组织成功典型的欧洲联盟与世贸组织的法律关系两个方面来加以分析，才可望得出较为客观、更符合实际情况的结论。

（二）从世贸组织的区域经济一体化安排看全球经济一体化与区域经济一体化的关系

世贸组织意义上的区域经济一体化制度反映了世贸组织对区域经济一体化的态度，而这一态度则取决于区域经济一体化对世贸组织多边体制的影响和区域经济一体化发展的现状。区域经济一体化安排有促进多边贸易和多边贸易体制发展，从而推动全球经济一体化进程的作用，但也的确存在对多边贸易体制造成损害的威胁。然而，许多国家由于难以舍弃区域经济一体化带来的巨大经济利益，因而在全球范围内区域经济一体化蓬勃发展，面对这一现实，世贸组织需要具备应有的灵活性。因此，区域经济一体化是世贸组织在现实条件下不能不接受的经济一体化形式，并希望其有助于推动全球经济一体化。这决定了世贸组织会允许区域经济一体化的存在，同时尽量避免和防范其对世贸组织多边贸易体制造成损害。世贸组织首先肯定了区域经济一体化对多边贸易体制的积极影响，承认成员有权缔结区域经济一体化协定和作出区域经济一体化安排，不阻止成员订立在彼此间实行区域经济一体化的协定或成为该协定的成员，①如《关贸总协定》第 24 条第 4 款、第 5 款和《服务贸易总协定》第 5 条第 1 款都有类似的规定。②

---

① 韩龙：《世贸组织的区域经济一体化制度刍议》，载《国际贸易问题》2003 年第 3 期，第 9 页。

② 《关贸总协定》第 24 条第 4 款规定："缔约各方承认，经自愿协议，以发展该协定成员区经济之间的紧密一体化的方式，增加贸易自由的愿望。"他们还认为，"关税联盟与自由贸易区的目的，在于促进各组成区之间的贸易，而不是在该区与 GATT 其他缔约方之间贸易中构筑壁垒"。第 5 款规定为：因此，本协定的规定不妨碍缔约方领土之间成立关税同盟或自由贸易区，或者为成立关税同盟或自由贸易区而订立临时协议；但是(a)对于关税同盟或导致成立关税同盟的临时协议来说，成立该关税同盟或订立该临时协议时，对非其成员国的缔约各方征收的关税与实行的其他贸易规章，大体上关税不得高于该联盟成立或该临时协议订立之前的税率总体水平，视具体情况而定；(b)对自由贸易区或导致成立自由贸易区的临时协议来说，各组成区方保持的关税与其他贸易规章，以及该自由贸易区或该临时协议成立或订立时适用于对非该区或该协议成员的缔约各方贸易的关税与其他贸易规章，不得高或严于在该自由贸易区成立或该临时协议订立之前同一组成区现存的相应关税与其他贸易规章；(c)在(a)、(b)项中提到的任何临时协议，均应包括在合理长的期限内成立该关税联盟或该自由贸易区的计划与进程表。

区域经济一体化对全球经济一体化和世贸组织多边贸易体制的影响,一直是一个备受关注也充满争议的问题。众多的区域协定形成了覆盖全球的复杂的贸易网络。因此一个不可回避的问题是区域经济一体化安排是有助于还是有损于世贸组织多边贸易体制的发展。1995 年世贸组织在一项研究中得出结论认为,区域经济一体化与多边经济一体化的行动在追求更加开放的贸易方面是相互补充的,而非二者必择其一。① 得出这个结论的一个重要理由是,区域性协定使得有关国家能够商定在当时多边范围内无法达成的规则,作出在当时多边范围内不能作出的承诺。而其中的一些规则如服务贸易和知识产权的有关规则反过来又为乌拉圭回合有关协定的达成铺平了道路或提供了经验。例如,面对一些国家变换出口策略,欧共体于 1988 年 7 月 11 日公布了第 2423/88 号反倾销反补贴规则,规定将含有进口零件或原材料而由共同体厂商生产的产品也纳入应受反倾销调查的范围,而且可以对此类产品征收反倾销税。乌拉圭回合谈判所形成的"关于执行《关税与贸易总协定》第 6 条的协议"就吸收了欧共体的做法,规定将"旨在在进口国进行加工装配的进口产品的那些零部件包括在适用现有的最终反倾销税的范围之内"②。另如,美、加、墨达成的北美自由贸易协定的有关规定和欧共体在服务贸易方面所做的探索为《服务贸易总协定》的达成提供了重要借鉴。又如,有些区域组织在环境保护、劳工标准、投资和竞争政策等问题上达成了协议,而这些问题日益受到重视,正在世贸组织的新一轮谈判中得到回应。

世贸组织承认区域经济一体化对多边经济一体化的互补性的原因还在于世贸组织一向宣称以促进贸易自由化并以此提高人类福利为己任,而区域性安排特别是那些在组织内部取消或削减贸易壁垒的组织是在现实条件下增进国际经济合作、为成员国带来利益的有效形式,因而符合世贸组织通过追求贸易自由化提高公众福利的目的。因此,尽管区域经济一体化安排如建立关税同盟或自由贸易区违反世贸组织的最惠国待遇原则,但世贸组织允许区域贸易协定和组织的存在,并将其作为最惠国待遇的例外来处理。但是,作为一种特殊的例外,必须符合某些严格的标准。尤其重要的是,这些安排应该帮助贸易在集团内国家间自由流动,不增加对集团外国家的贸易壁垒。换言之,区域经济一体化应该是

① WTO Secretariat:Regionalism in the WTO,2000.

② 刘世元:《区域国际经济法研究》,吉林大学出版社 2001 年版,第 526 页。

多边贸易体制的补充，而不应对其造成威胁。① 因此，世贸组织的一位副总干事曾表示，区域经济合作将促进世界贸易组织系统的改善，促进区域内国家的贸易自由化，世贸组织完全支持区域贸易协议。区域贸易协议与世贸组织协议，两者之间可以互相补充，可以促使世界市场的更加开放。②

在肯定区域经济一体化的积极作用的同时，世贸组织也承认在一定条件下区域性的贸易安排也可能损害其他国家的贸易利益和多边贸易体制，进而损害全球经济一体化的发展。如果区域一体化安排的伙伴所达成的关税减让导致贸易主要来源于其内部即发生贸易转移效果，那么，第三方就会丧失市场份额。此外，区域经济一体化安排中的原产地规则等对来源地的要求也会把本来可能流向第三方的贸易与投资转移到区域经济一体化安排的伙伴。另外，由于区域性组织的成员并不是将经济面对所有的国际竞争，而仅对其区域内的成员开放经济，引入竞争，而区域内成员的货物或服务的提供者可能不是有效率和最有效率的，从而限制了全球资源的有效配置，损害福利的最大化。因此，不仅妨碍参加区域经济一体化安排的成员方的自身利益，而且影响国际贸易和国际竞争的公平开展，对其他国家的贸易利益造成损害。③

从区域经济一体化安排对多边贸易体制的影响来看，区域经济一体化安排通常包含的管理程序可能导致对非成员歧视的增加，从而损害多边贸易体制。尤其值得注意的是，对区域性贸易组织若缺乏有效的约束，则会构成国际贸易的严重壁垒，威胁国际贸易多边体制的存在，进而出现区域经济一体化反对者所担心的那样：最终将强化国际政治对抗。④ 第二次世界大战前各贸易集团的相互封闭和争斗就是前车之鉴。此外，由不同的区域经济一体化安排而建立的贸易组织之间的摩擦也可能在多边层面上导致贸易谈判复杂化。在用于贸易谈判的资源十分稀缺的情况下，如若这一资源被用于区域经济一体化层面，多边谈判将会遭受损失。⑤

---

① 程信和、呼书秀：《东盟自由贸易区的发展模式及其启示》，载人大复印资料《国际法学》2004 年第 5 期，第 39 页。

② 转引自韩龙：《论 WTO 与区域经济一体化》，载《中外法学》2003 年第 2 期，第 211～212 页。

③ 韩龙：《论 WTO 与区域经济一体化》，载《中外法学》2003 年第 2 期，第 212 页。

④ 薛誉华：《区域化：全球化的阻力》，载人大复印资料《世界经济导刊》2003 年第 4 期，第 12 页。

⑤ 韩龙：《论 WTO 与区域经济一体化》，载《中外法学》2003 年第 2 期，第 212 页。

（三）从欧洲联盟与世贸组织的法律关系看全球经济一体化与区域经济一体化的关系

在讨论欧洲联盟与世贸组织法律关系时，有必要首先澄清一下欧洲联盟与欧共体的关系问题。虽然目前人们普遍习惯地不将欧共体与欧盟作严格的区分，但实际上它们具有不同的法律含义。欧盟是在三个共同体的基础上建立起来的，原来的三个共同体各自依然是独立的法律人格者，而目前欧盟并不具有法律人格。三个共同体是作为欧盟的三大支柱之一而存在的。所以，尽管欧盟在组织结构上实现了一体化，但并没有完全取代欧共体的法律地位。而且从《建立世界贸易组织协定》第11条的规定来看，享有世贸组织正式成员资格的也明确为欧共体。① 所以有学者主张在阐述欧共体与世贸组织的法律关系时不可用欧盟作替代。② 鉴于欧盟是在欧共体的基础上发展起来的和欧共体依然是作为欧盟的三大支柱之一的事实，此处作者讨论欧盟与世贸组织的法律关系时，其实也即是侧重于欧共体与世贸组织的关系。

《建立世界贸易组织协定》第11条明确规定："凡是在本协定生效之日已是1947年关贸总协定的缔约方和欧共体，接受本协定和各项多边协定，并在1994年关贸总协定中附有承诺和减让表以及在服务贸易总协定附有具体承诺表者，均为世贸组织的创始成员。"借此世贸组织取代关贸总协定的契机，欧共体终于取得了该组织的正式成员资格。而此前，欧共体在关贸总协定体制中是逐步取代其成员国并发展为关贸总协定的一种"事实成员"，而其各成员国是一种"法律形式上的成员"。③ 可见，从关贸总协定体制时期开始就采取了对欧共体的包容和务实的态度。

自1960年狄龙回合谈判以来，均由欧共体委员会代表其成员国与其他各缔约方举行多边或双边谈判。自肯尼迪回合以来，历次回合所产生的多边协定，绝大多数由欧共体单独签字和缔结，只有个别协定（如东京回合的技术性壁垒协定和航空贸易协定）由欧共体与其成员国一起以混合缔约方的形式缔结。除预算委员会等个别机构外，欧共体几乎行使了其成员国在关贸总协定的所有权利。

① 关于欧共体与欧盟的关系问题，还可参见曹建明：《欧洲联盟法——从欧洲统一大市场到欧洲经济货币联盟》，浙江人民出版社2000年版，第26～32页。

② 曾令良：《欧共体及其成员国在WTO中的双重地位及其对中国的影响》，载《法学评论》1999年第2期，第35页，注释1。

③ 曾令良：《欧洲共同体法与现代国际法》，武汉大学出版社1992年版，第260页。

而且,凡涉及欧共体成员国的争端,不论其是原诉方还是被诉方,在 1974 年以前绝大多数将欧共体作为争端方,此后则均由欧共体作为争端方。①

可以看出,在欧共体还不是关贸总协定的正式成员的时候,它在实际上就在绝大部分领域和活动中取代了其他成员国。而在其正式结束"事实成员"状态成为世贸组织的缔约方之后,就更可以与其他正式成员一起以平起平坐的身份全面参与世贸组织的活动,而它的成员国(目前欧盟的成员国已增至 25 个)并不因此而丧失它们在世贸组织中的正式成员地位。② 不难认为,关贸总协定/世贸组织的多边贸易体制对欧共体/欧盟的区域经济一体化组织的包容和务实远远超出了其本身有关条款如关贸总协定第 24 条、服务贸易总协定第 5 条的规定。多边贸易体制对区域经济一体化安排的包容是允许其作为合法的例外予以建立和发展的,而在实践中,欧共体可谓是"得寸进尺",在充分利用多边贸易体制逐步在成员资格、缔约资格及活动与决策权等领域获取特权的同时,还利用多边贸易体制的容忍与务实在其外围加速区域经济一体化的发展,造成既成事实而不断对多边贸易体制进行"逼宫"。这一点,从关贸总协定/世贸组织体制对欧共体的审议与监督中亦可看出。

根据世贸组织的规定,世贸组织成员方有义务将其所参加的区域一体化协定通知世贸组织。世贸组织成员方若决定建立关税同盟、自由贸易区或加入为此目的而达成的协议,或决定建立服务贸易的经济一体化组织,或对以上计划或日程进行重大变动时,应立即通知世贸组织,并提供相关信息,以便世贸组织能够提出其认为适当的报告或建议。世贸组织收到有关通知后,根据 1994 年关贸总协定、关于解释 1994 年关贸总协定第 24 条的谅解和服务贸易总协定等进行审查,并作出适当的建议。③ 世贸组织的审议与监督制度是关贸总协定的继承与发展。在关贸总协定的历史上,对欧共体的审议与监督也一再表现了其务实与宽容的态度。

1951 年《欧洲煤钢共同体条约》④签署后即通知关贸总协定进行审议。由于该条约只涉及两项主要产品而非"实质上所有贸易",故关贸总协定认为它符合 1947 年关贸总协定的第 24 条。当然,最后关贸总协定全体缔约方还是根据

---

① 胡瑾、王学玉:《发展中的欧洲联盟》,山东人民出版社 2000 年版,第 247～248 页。

② 曾令良:《欧共体及其成员国在 WTO 中的双重地位及其对中国的影响》,载《法学评论》1999 年第 2 期,第 39 页。

③ 韩龙:《论 WTO 与区域经济一体化》,载《中外法学》2003 年第 2 期,第 216 页。

④ 有些学者称之为《欧洲煤钢联营条约》。

第 25 条的规定对煤钢共同体作出了免责决定。① 后来，罗马条约的签署、欧共体的历次扩大、欧共体与其海外国家和领地间建立优惠贸易制度的联系协定等，往往与关贸总协定有不一致的地方，但考虑到有关历史与经济的因素，关贸总协定没有采取行动，而把宽容与务实态度发挥到了极致。值得注意的是，1996 年 2 月世贸组织总理事会对审查各区域贸易协定的各工作机构的力量进行整合和集中，建立了区域贸易协定委员会（Committee on Regional Trade Agreement，RTA），由其负责世贸组织整个框架内区域贸易协定的审查监督。原来分别由货物贸易理事会、服务贸易理事会、贸易与发展委员会对区域经济一体化实施监督的职能也转移到了区域贸易协定委员会。一方面，它对区域贸易协定进行核查，评判其是否符合世贸组织规则；另一方面，对区域性安排对多边贸易体制所可能产生的影响以及区域安排与多边安排之间的关系进行审视和探讨。② 这些措施无疑是对审议监督机制的完善，有利于提高审议工作的效率，但出于利益的权衡与考虑，世贸组织对欧共体等区域经济一体化组织的包容与务实恐怕将成为一项"基本国策"。

（四）总结——构建全球经济一体化与区域经济一体化协调、共同发展的法律制度

在国际经济一体化的进程中，人们关于区域经济一体化与全球经济一体化的关系的争论一直都没有停止过，这种争论恐怕也会贯穿于整个 21 世纪之中。从表面上看，区域经济一体化似乎是与全球经济一体化背道而驰的，因为它是把世界经济分割成一块块相对独立的区域，而不是整合世界。但实际上，区域经济一体化与全球经济一体化是矛盾统一体，既有相互矛盾的一面，也有相互促进的一面。③ 从近 20 年来，全球经济逐步走向一体化的发展情势可以看出，离开了区域经济一体化也就不可能有全球经济一体化。区域经济一体化是全球经济一体化的基础和动力，是追求全球经济一体化过程中的次优选择和阶段性准备。事实表明，区域性的经济一体化的深度和广度都大大高于全球性的经济一体化。没有区域经济一体化的推动，就不可能出现今天如此发展势头的全球经济一体化趋势。④ 欧盟、北美自由贸易区、亚太经合组织等区域经济一体化组织的正常

① 邵沙平、余敏友：《国际法问题专论》，武汉大学出版社 2002 年版，第 113 页。

② 韩龙：《论 WTO 与区域经济一体化》，载《中外法学》2003 年第 2 期，第 217 页。

③ 李彩英、竺培芬：《当代国际关系》，上海交通大学出版社 2001 年版，第 86 页。

④ 伍贻康等：《三足鼎立：全球竞争体系中的欧美亚太经济区》，上海社会科学出版社 2001 年版，第 394 页。

运行和向深度、广度的扩展，形成了一定程度的区域经济一体化向全球经济一体化趋同的趋势，减少了全球经济一体化的困难，推动了全球经济一体化的进程。但即使这种趋同性长期存在，却没有迹象表明全球经济一体化在目前和可预见的将来完全取代区域经济一体化。从前文世贸组织对区域经济一体化的安排和欧盟与世贸组织的法律关系的分析中不难作出上述判断。

从理论上分析，现实世界中区域经济一体化比全球经济一体化表现更加显著的原因是，在特定区域内的和有共同利益关系的各国之间比全球范围内各国之间更容易达成经济一体化协议，因而经济融合程度更高；在区域外看就表现为一定程度的封闭性，这其实是一体化造成区域内福利的增长高于区域外的反映。① 区域内各成员因数量较少、经济实力相当、经贸利益互补性强、法律制度较容易协调等原因使得这些国家形成协调的意志相对容易，所以国际经济一体化在区域范围内的推进要比在全球多边体制下推进更快。② 这种差异导致经济一体化在区域层面和全球层面上表现为不同步性。近年来，随着跨国公司的发展，国际贸易、国际金融和国际化生产的规模不断扩大，国际分工的深化加速推进，同时世贸组织的建立与其他各领域的协议、制度的实施，使世界上更多国家之间经济关系中的障碍得以更快消除，从而使彼此间经济融合的程度更加深化。因此，全球范围的经济一体化发展也在不断推进。

从世界范围来看，区域经济一体化与全球经济一体化并存的局面的另一个原因是世界经济发展的不平衡。这种不平衡包括发达国家与发展中国家在经济体制、发展水平方面的不平衡以及发达国家之间的不平衡。在这样的国际经济环境下，要求各国同等程度地消除经济障碍是困难而不现实的，而在发展水平接近和有共同利益诉求的国家间开展经济一体化运动则成为现实选择。③ 而且，发达国家与发展中国家的不平衡现象在21世纪将十分突出，如何促进和加快发展中国家特别是最不发达国家的发展，仍将是各国政府、各种国际体制和人类面临的最棘手的问题之一。从法律和政策的角度看，继续坚持和贯彻世贸组织的区域经济一体化安排，实现对发展中国家的优惠待遇和对最不发达国家的特别优惠待遇仍然是这一难题的解决之道。④ 实践证明，多边贸易体制在解决这一

---

① 伍贻康、张幼文等：《全球村落：一体化进程中的世界经济》，上海社会科学出版社、高等教育出版社1999年版，第33页。

② 邵沙平、余敏友：《国际法问题专论》，武汉大学出版社2002年版，第118页。

③ 伍贻康、张幼文等：《全球村落：一体化进程中的世界经济》，上海社会科学出版社、高等教育出版社1999年版，第34页。

④ 邵沙平、余敏友：《国际法问题专论》，武汉大学出版社2002年版，第118页。

问题时显得是“语言的巨人，行动的矮子”，而以欧盟为代表的区域经济一体化组织则采取了一些实际的步骤，如历次“洛美协定”以及欧盟 2000 年签订的打算用自由贸易区协定替代“洛美协定”的“科托努协定”①等。可以认为，各种区域经济一体化组织，特别是发达国家与发展中国家之间的优惠贸易安排和特别优惠措施，将是解决发展问题的重要途径之一。

从经济目的来看，区域经济一体化与全球经济一体化的根本动因都是经济主体在市场自发力量驱动下追求利益的最大化。两者实现各自目标的基本要求都是消除各经济主体之间的贸易投资障碍。没有一个区域经济一体化组织是为了对外设立壁垒而设立的，它们的对外保护性是保障区域内国家总体利益的表现，其本质是为了区域内所有成员的国民福利增加而采取使各国经济在原有基础上融合得更加紧密的措施，这也完全符合世贸组织一向所宣称的以促进贸易自由化并以此提高人类福利的目标，只不过区域内国家经济融合的进程要比区域外国家经济融合的进程更快、程度更高而已。现实情况是，至今没有数据表明任何一个区域经济一体化组织在组成一体化组织后加大了对外经济壁垒。实际上，一国在经济一体化进程中，与它所参加的经济一体化组织伙伴国之间的经济一体化程度要高于它与非伙伴国。② 因此，有学者认为，不能因为区域经济一体化所呈现出的集团排他性倾向而对其推动世界经济一体化的贡献加以否定。事实上，呈现出的所谓集团排他性在一定程度上不过是由于区域经济体制形成使成员国的向心力增强，这正是一体化所引致的系统优势的表现。③ 关税联盟或自由贸易区在其成员间相互贸易中消除壁垒，是朝着普遍的贸易自由化迈出的一步，因此只要其特惠安排无损于非成员的贸易，就应得到允许。只要自由贸易原则正确实施，由一个区域内自由贸易所产生的增加生产的福利裨益，完全能增加对从其非成员方面的购买力。④ 而且，区内贸易限制的减少或取消，不仅使区内外的贸易机会增加，而且也为全球范围内抵御贸易保护主义作了示范。从这个意义上说，贸易集团化能促进总协定下多边贸易的发展，它将成为实现全球贸

① 李向阳：《全球区域经济合作发展趋势及其对策》，载《求是》2004 年第 7 期，第 62 页。

② 伍贻康、张幼文等：《全球村落：一体化进程中的世界经济》，上海社会科学出版社、高等教育出版社 1999 年版，第 34 页。

③ 张幼文等：《世界经济一体化的历程》，（上海）学林出版社 1999 年版，第 186 页。

④ John H. Jackson & William J. Davey: Legal Problems of International Relations (1986, 2nd ed.) p. 455. 转引自赵维田：《世贸组织（WTO）的法律制度》，吉林人民出版社 2000 年版，第 98 页。

易经济一体化的重要阶段。①

从区域经济一体化的发展来看，北美自由贸易区和亚太经合组织的成功否定了早期一体化理论中不同类型国家间无法结成经济一体化组织的论断。亚太经合组织首创的“开放的地区主义”是区域经济一体化的一个新特色。所谓开放的地区主义，是指成员之间的所有优惠性的措施或安排，也适用于非成员。这既有助于区域内部各国之间的合作，也有助于全球各国之间的平等经济交往。②同早期区域组织具有排他性相比较，这使得区域经济一体化组织的开放性表现得更加鲜明。跨国公司作为各区域经济一体化组织间渗透的主角，其全球化经营促进了区域经济一体化组织间的交流，以至于现在很难指出哪一个一体化组织是纯粹的排他性集团。相当部分国家同时成为多个区域经济一体化组织的成员。如美国既是北美自由贸易区的成员，又是亚太经合组织的成员。在拉丁美洲和非洲这样的例子就更为普遍。这都是否定区域集团排他性的直接证据。另外，一体化安排的跨区域性进一步淡化了区域经济一体化的“区域性”色彩。如欧盟同非洲马格里布国家和东盟国家的联系国关系，与地中海国家、中东欧国家、以色列、南非、墨西哥、智利等缔结自由贸易区协定；北美自由贸易区与其下一个成员——秘鲁在空间上的分离状态以及北美自由贸易区向整个南美洲的拓展以期建立一个完整的美洲自由贸易区；前面提到过的美国与以色列、约旦、新加坡、澳大利亚、巴林、新西兰、东盟、非洲国家已经或正在商谈缔结自由贸易区协议并于伊拉克战争后提出的与中东国家于2013年建立自由贸易区的建议，以及种种亚太区域经济一体化方案在空间上的大跨度，都反映出一体化进程中区域藩篱的淡化和向全球经济一体化的渐变。③ 目前，区域经济一体化发展呈现出的开放性、交叉性、扩展性和全方位性等新特点告诉我们，区域经济一体化的参与国家在不断增多，而且区域经济一体化组织间在对外经济政策、经济活动规则等领域中积极谋求共识，这种被已经扩大了的成员国整体接受的经济规则和运行模式将成为全球经济一体化内在运行机制的雏形。从这个意义上说，区域经济一体化在走相互融合的道路，这将成为全球经济一体化持续、加速发展的重

① 金祥荣：《世界区域经济一体化浪潮及其影响》，载《国际贸易问题》1995年第6期，第22页。

② 姜桂石、刘会清：《经济全球化、区域化与发展中国家的对策》，载人大复印资料《世界经济导刊》2004年第7期，第14页。

③ 综合参见：李向阳：《全球区域经济合作发展趋势及其对策》，载《求是》2004年第7期，第62～63页；张幼文等：《世界经济一体化的历程》，（上海）学林出版社1999年版，第168页。

要推动力。①

总之,国际经济一体化不可能是一个直线发展的过程,在其发展进程中出现各种矛盾、挫折甚至反复都是正常的。无论人们能够举出多少事实来说明一体化过程中的矛盾,也无论这些矛盾如何尖锐,如何在短时期内看不到解决的希望,都不能否定国际经济一体化在不断推进这一事实。"青山遮不住,毕竟东流去。"实际上,当前世界经济中存在的各种矛盾,不是与一体化相反的发展趋势,而恰恰是一体化进程中产生的矛盾和由一体化新的运行机制所引起的矛盾,即是发展中的矛盾而不是一体化的倒退。正是因为各国国民经济之间高度的相互依存,才产生利益摩擦;正因为有一体化不断向前发展提出的要求,才产生了与之不相适应的现行制度的矛盾。② 而且,有学者预言,区域经济一体化与全球经济一体化双轨并行的局面只是历史性的过渡形式,多边这条"大鱼",终归会吃掉各个区域这类"小鱼"的。③ 区域经济一体化对全球经济一体化的影响任何人都不可轻易断言是绝对的积极或是绝对的消极,应该说是利弊并存,利大于弊,关键是要研究如何扬其利、避其弊,其核心就是要构建一个区域经济一体化与全球经济一体化协调共同发展的法律制度。

一是要加强国际法制的建设,尤其重要的是要争取在世贸组织新一轮的多边谈判中修订其协定,明确规定世贸组织规则的效力应优先于各成员方的国内措施和相互间达成的各种区域贸易协定。另外,要完善世贸组织区域一体化安排的制度设计,其中包括:建立统一的区域一体化审议规则和程序,改变目前不同的区域贸易安排分别依照不同的协定或规定④进行审议的混乱状态,以提高审议的速度、效率和质量;尽快研究制定界定区域经济一体化是否阻碍多边贸易体制的一般标准,以便及时断定拟议中的或已通知世贸组织的区域经济一体化安排是否符合多边贸易规则;加强世贸组织体制对区域经济一体化的审议力度,改变其"审而不决、决而无果"的局面,切实解决区域贸易协定委员会审议难、执行更难的问题,树立起世贸组织对区域经济一体化审议的权威和信心。⑤

① 伍贻康、张幼文等:《全球村落:一体化进程中的世界经济》,上海社会科学出版社、高等教育出版社1999年版,第35页。

② 伍贻康、张幼文等:《全球村落:一体化进程中的世界经济》,上海社会科学出版社、高等教育出版社1999年版,第18页。

③ 赵维田:《世贸组织(WTO)的法律制度》,吉林人民出版社2000年版,第100页。

④ 如关贸总协定第24条程序、关贸总协定第四部分程序、1979年东京回合"授权条款程序"、服务贸易总协定第5条程序等。

⑤ 邵沙平、余敏友:《国际法问题专论》,武汉大学出版社2002年版,第119页。

二是要加强国内法制的建设。各国必须摒弃过去那种画地为牢、各行其是的思维模式，顺应国际经济一体化趋势和推动这种趋势健康、稳步发展的法律趋同化趋势，以国际社会本位理念来对待国际国内的经济发展政策和法律制度建设。具体说来，就是要废除或修改国内已存的不适合国际经济发展要求的法律或法律内容，按照世贸组织等的法律制度的要求制定一套新的法律制度，以适应国际经济一体化的发展趋势，推动国际经济合作和自身的经济发展。各国必须认识到，当前没有哪个国家能够完全脱离与世界经济的联系而实现繁荣与发展；融入了世界经济体系的各国经济从此与整个世界经济形成了一种唇齿相依、你中有我、我中有你的关系，在很大程度上将是唇亡齿寒、一损俱损、一荣俱荣的局面。因此，加强国内法制的建设既是发展本国经济的需要，也是推进国际经济一体化进程的需要。

第二章　国际经济一体化与经济全球化的关系

一、经济全球化的基本内涵

经济全球化和国际经济一体化作为当今世界经济发展的重要特征，是世界经济发展中并行不悖的两股潮流，猛烈地冲击着现有的世界经济体系，并将对未来世界经济格局的形成和走势产生重大影响。这两股潮流既密切相关，又并不相同。研究它们之间的关系，有必要首先弄清楚什么是经济全球化，它的基本内涵是什么。

当前，人们对什么是经济全球化(Economic Globalization)并没有取得完全一致的看法，大多从各自的理解和关注的角度对其进行描述和定义。首先，某些国际经济组织所发表的官方观点是比较权威的。如国际货币基金组织1997年在其发表的《世界经济展望》报告中提出了经济全球化的定义：经济全球化是“通过贸易、资金流动、技术涌现、信息网络和文化交流，世界范围的经济高速融合。亦即世界范围各国成长中的经济通过正在增长中的大量与多样的商品劳务的广泛输送，国际资金的流动、技术被更快捷广泛地传播，而形成的相互依赖现象。其表现为贸易、直接资本流动和转让”。① 并且，国际货币经济组织解释说，世界经济所涉及的范围变得更广，独立国家更多，高新技术使交通、通信、信息的成本锐减，各国市场在全球水平上融合更为容易，随着贸易、直接投资、技术转让和高效的工业组织的发展，越来越多的国家互相依赖于对方的技术、制造方法、组织方法、市场与生产设计。② 可以看出，上述对经济全球化的表述主要是从一种静态的角度，把经济全球化描述为一种状态。很多学者对经济全球化的定义也像

---

① 转引自：李长久：《经济全球化与世界形势》，载《国际问题研究》2002年第2期，第15页。相同的观点还有一种更简洁的表述：“全球化是指跨国商品与服务贸易及国际资本流动规模和形式的相加，以及技术的广泛迅速传播使世界各国经济相互依赖性增强。”参见国际货币基金组织：《世界经济展望》，康以同译，中国金融出版社1997年版，第45页。

② 李长久：《经济全球化与世界形势》，载《国际问题研究》2002年第2期，第15页。

国际货币基金组织一样，把它描述为主要的是一种状态。如有学者认为，经济全球化是指“经济增长要素特别是资本要素、技术要素乃至人力要素在市场法则的驱动下出现的全球性流动和组合，以至于国别经济和区域经济越来越多地被纳入一个一体化的全球经济体系之中，人类社会经济发展的互补性、关联和依赖性也由此增强；各种商品互通有无，竞价出售，为人类所共享”。① 还有学者认为，经济全球化指的是生产、贸易、投资、金融等经济行为超越一国领土界限的大规模活动，是生产要素的全球配置与重组，是世界各国经济高度相互依赖和融合的表现。②

针对上述把经济全球化描述为主要是一种状态的观点，许多学者提出了不同的看法，认为经济全球化的内涵是不断延伸的，它是市场经济发展的历史进程，因此，经济全球化本质上是世界经济的全球市场化，而全球市场化是一个漫长、渐进的过程。③ 尽管人们对经济全球化这一概念的理解并不完全一致，但却存在着两点共识，即经济全球化是一个过程；经济全球化是经济增长要素在世界范围内更为自由的流动。④ 因此，有更多的学者从动态的角度，认为经济全球化是一种“进程”或曰“过程”，而并非是一种已经完成的“状态”。经济全球化这一基本特点的含义有两层：一是人类不断打破地域、民族、制度、文化障碍的进程；二是各国经济形成不可分割的全球有机整体的进程。⑤ 从下面中外学者的不同定义当中，不难发现这一共同的特点。

有学者认为：经济全球化是在生产力水平和生产国际化水平达到一个新的高度，在实现了全球市场化、自由化、信息化的条件下，在国际分工空前深化，以及国际生产、国际商品和资本流通规模空前扩大，各国经济关系空前密切的基础上，世界经济发展成全球经济整体的过程。⑥ 也有人认为经济全球化反映了当

---

① 穆光宗：《经济全球化与中国人口》，载《当代世界与社会主义》1998 年第 3 期。转引自[德]赖纳·特茨拉夫主编：《全球化压力下的世界文化》，吴志诚等译，江西人民出版社 2001 年版，第 100 页。

② 饶戈平、黄瑶：《论全球化进程与国际组织的互动关系》，载《法学评论》2002 年第 2 期，第 4 页。

③ 李长久：《经济全球化与世界形势》，载《国际问题研究》2002 年第 2 期，第 15 页。

④ 车丕照：《经济全球化趋势下的国际经济法》，载人大复印资料《国际法学》2001 年第 3 期，第 51 页，注释 1。

⑤ 周敏凯：《马克思“世界历史观”与全球化问题的理论思考》，载人大复印资料《世界经济导刊》2003 年第 3 期，第 26 页。

⑥ 李琮、徐葵：《经济全球化、地区化与中国》，中共中央党校出版社 2000 年版，第 11 页。

前世界经济发展的基本趋势和过程:所谓经济全球化,就本质来说是由于生产力的迅猛发展,使国际分工达到前所未有的新阶段,人类经济活动开始大规模地突破国家、民族界限,各国经济逐渐融为一体的历史进程。这种观点的另一种表述是:经济全球化是指资本、信息、技术、劳动力、资源在全球范围内进行流动、配置、重组的过程,是生产、投资、金融、贸易使世界各国、各地区经济相互融合、相互依赖、相互竞争和制约的趋势。① 更有学者把经济全球化与经济一体化联系起来,认为经济全球化是指商品、服务、生产要素与信息的跨国界流动的规模与形式不断增加和通过国际分工和全球市场配置经济资源加速经济一体化的进程和趋势。其主要体现为市场全球化、资本全球化、跨国公司经营全球化、信息全球化、人员流动全球化等,所有这些方面都对国家的权力构成了严重的冲击。② 国外的不少学者也持相同或相似的观点。一般认为,"全球化"(当然包括经济的全球化)是指一种进程,在这种进程中,原来局限于各个不同国家疆域内的诸多活动、制度正在冲破国界的局限,而成为全球性的。③ 还有人把这种进程称为"非国家化"(Denationalization)的进程,即一种国家、国界等与主权相关联的范畴的作用不断减弱的过程。④

上述把经济全球化描述为一种动态的过程的观点应该是占主流的。除此之外,还有些人从纯粹的意识形态的角度认为经济全球化就是美国化、资本主义化。如美国左派学者詹姆斯·彼得拉斯认为全球化是美国作为世界主宰性的经济大国倡导的。⑤ 还有学者认为,"全球化作为一种话语似乎变得越来越普遍,但是对它最热情的宣传却来自旧的权利中心,尤其来自美国,因此更加剧了对霸

---

① 侯水平:《经济全球化研究观点综述》,载人大复印资料《世界经济导刊》2003 年第 6 期,第 8 页。

② "全球化与国家的权力",来源于 www. chinainnovations. org/readinfo. asp? typeol=5&type02=2。

③ Jost Debruck:Globalization of Law,Politics and Markets—Implications for Domestic Law—A European Perspective,Indiana Journal of Global Legal Studies 9,1993. 转引自焦津洪:《经济全球化及其对国际经济法的挑战》,载陈安:《国际经济法论丛》第 3 卷,法律出版社 2000 年版,第 16 页。

④ Gordon Walker: The Concept of Globalisation, 14 Company and Securities Law Journal 59,1996. 转引自焦津洪:《经济全球化及其对国际经济法的挑战》,载陈安:《国际经济法论丛》第 3 卷,法律出版社 2000 年版,第 16 页。

⑤ 程虎:《国家主权及其当代命运——一种全球化的分析范式》,载高鸿钧:《清华法治论衡》,清华大学出版社 2002 年版,第 446 页。

权企图的怀疑”。① 这是一种典型的反经济全球化的观点。但实际上，经济全球化是个客观的过程，不能说它是姓“社”还是姓“资”。因为，首先，既然经济全球化是生产力大发展的结果，也是生产力发展推进的过程，它就是一种客观的必然，不管是什么社会制度，只要社会生产力发展到这样高的水平，就会出现经济全球化。其次，经济全球化是市场经济的全球化，而当今世界不单发达资本主义国家是市场经济，几乎所有其他国家，包括社会主义国家，无不在发展市场经济，因此，不能说经济全球化是资本主义的全球化。再次，经济全球化为世界各国都提供了同样的客观条件，发达国家之所以能获得更大的利益，只是因为它们的经济力量强大，而不是因为它们是资本主义，而发展中国家之所以往往要受到损害，只是因为它们弱小，这与资本主义没有什么关系。② 而且，更重要的是，发达资本主义国家一般拥有更为完善的民主制度，和广大民主制度很不健全的发展中国家，尤其是与社会主义国家相比，它们的政府更能代表民意，充分利用人民智慧抓住发展的机遇，作出正确的抉择。

还有人从一种本体论和认识论的视角，认为全球化归根到底是一个人与世界社会的关系，也就是说全球化是人的活动在全球范围内得到展现和沟通。全球化并不是一个新问题，实际上从抽象意义上讲是从突然向应然转变的过程，只是由于视野和能力的局限，人类关于社会生活的范围并没有扩展到全球，即人们有一种合群的欲望，这是一种心理动力也是潜在意义上的全球化。③ 当然，也有个别学者把经济全球化与经济一体化混为一谈。如有学者认为，经济全球化不仅是指商品、货币、资本、资源等要素在国际市场的有效配置和合理流动，而且是世界各国的利益在整体磨合的过程中，所达成的能够在最大程度上体现各国之

---

① [美]阿里夫·德里克：《后革命氛围》，王宁等译，中国社会科学出版社 1999 年版，第 4 页。

② 侯水平：《经济全球化研究观点综述》，载人大复印资料《世界经济导刊》2003 年第 6 期，第 8～9 页。另外，关于经济全球化是否只对美国等发达国家有利，2001 年分享诺贝尔经济学奖的三人当中的两位：约瑟夫·斯蒂格里茨和迈克尔·斯宾塞的观点完全相左，颇为有趣，在此不妨简要介绍一下。斯蒂格里茨反复强调，自由贸易只对大国有利，而且，现存的自由贸易体系还制度性地加深了发展中国家现存的贫困和依附模式。而斯宾塞倾向于认为，从长远看，美国将是自由贸易的输家。这与另一位诺贝尔经济学奖得主萨缪尔森的观点相契合。萨氏认为，随着中国、印度这样的低工资国家不断在技术领域内提高生产力，美国在该领域的比较优势将缩小。

③ 章伟、赵可金：《全球化及其政治后果》，载《国际观察》2002 年第 3 期，第 23 页。

间协调意志并且可以弥补市场缺陷的原则、规则、机构和程序的国际性的制度安排。① 这就把世界经济的全球化发展完全提升到了一体化的发展阶段了，因为对国际经济的制度性安排应该已是属于国际经济一体化的范畴了。

综上所述，我们认为，把经济全球化描述为一种动态的趋势和过程应该是对客观现实的更准确的反映。经济全球化的内涵应是：在生产力发展，特别是在科技革命的推动下，市场经济不断深化的体现，是生产要素、商品和服务交易加速在全球范围内的流动与扩散，从而使世界各国的经济交往不断扩大，相互依赖关系日益增强，全球经济形成一个不可分割的有机整体的过程和趋势。这具体包括以下几个方面的主要内容：第一，经济全球化是生产力发展，特别是科技革命推动的结果。第二，经济全球化是市场经济不断深化的体现。各种经济交往只有借助于市场配置资源的基础性作用才能得以展开。随着市场经济的不断深化，世界市场逐步形成和完善，各种经济活动也才具有全球性。第三，经济全球化是一个客观的发展过程。在这一过程中，它必须经历不同的发展阶段，这些阶段既相互关联，又各具特点。经济全球化的程度是一个不断加深的过程。第四，经济全球化主要体现在各国的经济活动跨越国界和地区在世界范围内展开，生产要素在全球范围内的流动与组合，各国经济之间的相互依赖与融合不断深化。在这种大背景下，任何一个国家都不可能完全脱离世界和他国经济的影响而封闭、孤立地运行，全球经济形成了一个不可分割的有机整体。经济活动的无国界性、生产和消费的世界性、各国经济的相互依赖性是其显著特点。② 第五，经济全球化发展到较为成熟的阶段，必然提出国际经济一体化发展的要求。由于完全依靠市场机制的自发的作用已越来越不能满足世界经济全球化发展的要求，而必须由各国政府的主导作用代替市场机制的主导作用，由各国政府通过签订协议的方式，成立国际性的经济组织，建立一套完整的规范各国经济活动的原则、规则、程序的制度性、组织化的安排，以弥补市场的缺陷与不足，因此，经济全球化必然提升到它的更高级的发展阶段，即国际经济一体化阶段。可以说，经济全球化只是国际经济一体化过程中的一个必不可少的阶段，不是国际经济一体化必然导致经济全球化，而是经济全球化的深化导致国际经济一体化。关于经济全球化与国际经济一体化的关系，作者将在后面的有关章节予以详述。第六，

---

① 慕亚平、代中现：《论经济全球化进程中的国家经济主权问题》，载陈安：《国际经济法论丛》第 6 卷，法律出版社 2002 年版，第 215 页。

② 姜桂石、刘会清：《经济全球化、区域化与发展中国家的对策》，载人大复印资料《世界经济导刊》2004 年第 7 期，第 11～12 页。

经济全球化又是一把双刃剑。它既反映了当前世界生产力发展的客观状况，又是资本主义生产关系向全球扩张的集中表现。作为人类现代社会生产力发展的一个必然阶段，在一定历史范畴内，它在更加广阔的空间实现资源的优化配置，直接推动了包括国际贸易、跨国投资、国际金融和高新技术的迅猛发展，有利于劳动生产率的提高和社会生产力的显著进步。但是，参与经济全球化并非免费的午餐，对于经济上处于弱势地位的发展中国家来说，机遇与风险并存，必须注意趋利避害。①

总之，现在的世界比以往任何时候都更加相互联系和相互依存。它既有光明的一面，又有阴暗的一面。而不论我们是否喜欢，全球化是一个无法阻挡的历史趋势。"你能逃走，但你不能躲避"或许是这个时代的咒语。② 所以，经济全球化是由生产力发展决定的世界经济必然趋势，这是不依人们意志为转移的。对于这样的历史趋势，正如对待任何客观规律一样，我们不能改变它，也不能违背它，而应该认识它、利用它，并防止它的不利方面。③ 毕竟，当今世界，任何一个国家都不可能独立于世界经济之外而孤立地实现发展与繁荣的目标。

二、经济全球化的产生与发展

由于国际经济一体化在某种程度上具有对经济全球化的历史继承性，而后两者之间逐步实现转化，向着更高级的阶段发展，所以，从历史的角度分析经济全球化的演进历程，有助于我们对国际经济一体化与经济全球化之间所具有的先后继起、共同发展、逐步转化的关系的认识。

"全球化"一词的由来，可以追溯到 1943 年。当时，Wendell Willkie 在其一本名为《一个世界》的富有远见的书中，就提及全球化的概念。④ 然而，该词"成

---

① 何秉孟：《近年来我国经济学界的三个误区》，载《真理的追求》2001 年第 4 期；转引自侯水平：《经济全球化研究观点综述》，载人大复印资料《世界经济导刊》2003 年第 6 期，第 8 期。

② Richard N. Haass & Robert E. Litan：Globalization and Its Discontents：Navigating the Dangers of a Tangled World，Foreign Affairs，Vol. 77，No. 3，1998，p. 6.

③ 周新城：《全面认识经济全球化》，载人大复印资料《世界经济导刊》2003 年第 6 期，第 4 页。

④ 饶戈平、黄瑶：《论全球化进程与国际组织的互动关系》，载《法学评论》2002 年第 2 期，第 3 页，注释 1。

为国际经济中难以回避的和被公认有用的格言"①则至少是 20 世纪 70 年代以来的事情。在 1972 年，Dennis Meadows 等人合著了《发展的极限：罗马俱乐部关于人类困境的课题报告》一书，②该书呼吁人们注意因生态危机产生的全球挑战。该书发表后，"全球化"一词成为了常见词。③ 明确提出这一概念的是经济学家西奥多·莱维(Theodore Levitt)。他在 1983 年用这个概念说明此前 20 年间国际经济的巨大变化，即商品、服务、资本和技术在世界性生产、消费和投资领域中的扩张。因此，当人们讲全球化时，其原意是指经济全球化。④

经济全球化一词的出现虽然只是近半个多世纪以来的事情，但经济全球化的历史无疑比这要早得多。在奴隶社会和封建社会时期，当然是不可能有经济全球化的，当时虽然国与国(而且并非是现代意义上的主权国家)之间就已经开始了商品交换，但这种简单的经济交往是自发的、局部的、偶然的，尚未形成全球规模的市场体系。⑤ 当时也缺乏生产力发展的物质基础和适应全球化需要的生产关系，因此，前资本主义时代的商品交换还不能被称为世界经济，因而也就更无所谓经济全球化了。很多人认为，经济全球化进程的开端可以追溯到 1492 年哥伦布发现美洲大陆，而且用马克思和恩格斯的话作为印证："美洲的发现、绕过非洲的航行，给新兴的资产阶级开辟了新的活动场所"，"资产阶级，由于开拓了世界市场，使一切国家的生产和消费都成了世界性的了"。⑥ 因此，经济全球化

---

① 吴兴南、林善炜：《全球化与未来中国》，中国社会科学出版社 2002 年版，第 8～9 页。

② 在焦津洪的《经济全球化及其对国际经济法的挑战》一文中，说："'全球化'(Globalization)一词可以追溯到 1978 年罗马俱乐部发表的《增长的极限》一书。"(载陈安：《国际经济法论丛》第 3 卷，法律出版社 2000 年版，第 16 页)

③ 饶戈平、黄瑶：《论全球化进程与国际组织的互动关系》，载《法学评论》2002 年第 2 期，第 3 页，注释 1。

④ 姜桂石、刘会清：《经济全球化、区域化与发展中国家的对策》，载人大复印资料《世界经济导刊》2004 年第 7 期，第 11 页。所引用原文中的年份标为 1985 年，想必是打印错误，故作者将其纠正为 1983 年。此处所引，在别的学者著述中则为："一般认为经济全球化(Economic Globalization)这个概念最早是由美国经济学家奥多尔·拉维特 1983 年在他题为《市场全球化》的文章中提出的。他是用这个词形容前 20 年间国际经济的巨大变化，即商品、服务和技术在世界生产、消费和投资领域中的扩散。"(参见侯水平：《经济全球化研究观点综述》，载人大复印资料《世界经济导刊》2003 年第 6 期，第 7 页)正确的表述似可参见：李巍《"法律全球化"是不以人的意志为转移的历史趋势》，载陈安：《国际经济法论丛》第 4 卷，法律出版社 2001 年版，第 27 页。

⑤ 伍贻康、张幼文等：《全球村落：一体化进程中的世界经济》，上海社会科学出版社、高等教育出版社 1999 年版，第 1 页。

⑥ 《马克思恩格斯选集》第 1 卷，人民出版社 1995 年版，第 276 页。

进程应与资本主义进程“属于同一过程”，两者有着“时间的契合性与历史的同步性”。① 但是，当时欧洲人是通过巧取豪夺的方式而不是建立在生产发展的基础上的市场行为，是一种资本原始积累的手段，充其量算做为世界市场的建立做了准备，因而也可以说是为经济全球化作了准备，而它本身，还远远不是经济全球化。②

与这种经济全球化很早就已开始的观点大相径庭的是，一种观点认为世界经济真正进入全球化阶段，是 20 世纪 80 年代中后期开始的。如果从 20 世纪 80 年代末算起，经济全球化至今刚刚 10 多年。③ 这种观点很明显地是把经济全球化与国际经济一体化混为一谈了。20 世纪 80 年代中后期，尤其是继欧盟和世贸组织成立后，经济全球化进入到一个相对成熟的发展时期，而此时，以市场自发调节为特征的经济全球化已完全不能满足和适应世界经济的发展要求，而必然提出国际经济一体化的要求并付诸实践。应该说，从这一时期开始，是经济全球化全面向国际经济一体化转化、国际经济一体化加快发展的时期。上述观点的错误的根源就是把经济全球化看成是一种静止的、现成的状态，而不是一种动态的、发展的过程，因此，把经济全球化的成熟阶段当成了它的开始。还有学者把“全球化”分为在布雷顿森林体系崩溃和新的全球通信技术发展之前的“早期的称谓”的“全球化”和现代意义的“全球化”，认为现代意义的“全球化”概念应当出现于 20 世纪 70 年代末期和 80 年代早期，因为作为全球化先决条件的宏观经济(指布雷顿森林体系的崩溃，尤指转用浮动汇率制)与高新技术(指信息技术、电信)的发展才得以确立。④ 这种略微不同的表述方法似乎也犯了与前面相同的错误，大概可理解为真正意义上的“经济全球化”也是 20 世纪 70 年代以来的事情了。持相同观点的某些外国学者更是干脆：“全球化”却是近几十年才出现的。⑤ 更有甚者，国际货币基金组织在关于经济全球化的说明中认为，“在

---

① 宋士昌、李荣海：《全球化与建设中国特色社会主义》，载《中国社会科学》2001 年第 6 期，第 4、5、11 页。

② 李琮、徐葵：《经济全球化、地区化与中国》，中共中央党校出版社 2000 年版，第 4 页。

③ 李琮、徐葵：《经济全球化、地区化与中国》，中共中央党校出版社 2000 年版，第 8 页。

④ 饶戈平、黄瑶：《论全球化进程与国际组织的互动关系》，载《法学评论》2002 年第 2 期，第 3～4 页。亦可参见：Gordon R. Walker & Mark A. Fox：Globalization：An Analytical Framework，Indiana Journal of Global Legal Studies，Vol. 3，No. 2，Spring 1996，p. 2，http://www. law. indiana. edu/glsi/vol3/no/. html.

⑤ Jost Delbruck：Globalization of Law，Politics and Markets—Implication for Domestic Law：A European Perspective，Indiana Journal of Global Legal Studies，Vol. 1，No. 1 Fall 1993，p. 10，Note3.

多数情况下,全球化现象被人们看做是从 19 世纪中叶到第一次世界大战时期一体化的再启动"。对于这种近乎荒谬的观点,有学者立即提出批判,认为经济全球化的内涵是不断延伸的,第二次世界大战结束后的经济全球化正是从 19 世纪中叶到第一次世界大战时期经济全球化的再启动和延续。① 这无疑是正确的。

事实上,经济全球化进程,并没有在 15 世纪地理大发现时就已开始那么早,也没有到 20 世纪 80 年代以来国际经济一体化加速发展阶段才本末倒置似的开始那么迟。经济全球化进程启动的标志是各国经济形成不可分割的全球有机整体。因为各国经济形成不可分割的全球有机整体,只有到资本主义世界市场形成时才有可能。而统一的商品、劳动力、世界市场,直到工业革命进入高潮之时的 19 世纪中叶才形成。而工业革命却是在 15 世纪地理大发现之后两个半世纪才开始的。既然资本主义世界市场要到 19 世纪中叶才形成,这时各国经济才形成不可分割的全球有机整体,因此,经济全球化的启动,也应在 19 世纪中叶。②

经济全球化进程,受历次工业革命的推动,并且与市场经济制度安排在全球范围内逐渐铺开相关联。就此而言,经济全球化进程一般可分为三个阶段。第一阶段即经济全球化进程开始启动的阶段。这一阶段以 19 世纪中期为时间分界,此后工业化进入高潮,世界市场日渐形成,商品、劳动力和资本的全球性流动是这一阶段的主要特征。并且,在这一时期里,资本主义开始全面向垄断阶段,即帝国主义阶段发展。所以,"自从帝国主义这个怪物出世以后,世界的事情就联成一气了,要想割开也不可能了"③。尽管当时世界各国或多或少地被卷入了经济全球化的进程,但西方少数工业化国家已经完全依赖世界市场,大多数非工业化国家仍没有完全依赖世界市场,因此这一阶段的经济全球化程度较低,可以称之为"低级阶段的或初始阶段的经济全球化"。

第二阶段是经济全球化发展成熟阶段。这一阶段以第二次世界大战为时间分界线。"二战"以后,新科技革命将工业化引向新的高潮。20 世纪 50 至 60 年代资本主义生产力进入快车道发展的黄金时期,经济全球化程度提高。不仅制度安排基本完成,包括国际金融及国际贸易机构与体制建立并完善,而且经济全球化的物质载体已具备,跨国公司大量涌现。④ 在此阶段,开始在经济全球化的

① 李长久:《经济全球化与世界形势》,载《国际问题研究》2002 年第 2 期,第 15 页。

② 周敏凯:《马克思"世界历史观"与全球化问题的理论思考》,载人大复印资料《世界经济导刊》2003 年第 3 期,第 26 页。

③ 《毛泽东选集》第 1 卷,人民出版社 1991 年版,第 161 页。

④ 周敏凯:《马克思"世界历史观"与全球化问题的理论思考》,载人大复印资料《世界经济导刊》2003 年第 3 期,第 27 页。

母体内孕育了国际经济一体化的萌芽，而国际经济组织和跨国公司的涌现既是经济全球化的结果，更推动了这一萌芽的快速破土、分蘖、成长。但是，由于长期存在斯大林所提出的资本主义和社会主义"两个平行市场"理论以及冷战下的两极世界格局，经济全球化进程出现挫折。但正是这种发展中的挫折，直接导致了经济全球化的第三阶段的历史性到来。

经济全球化的第三阶段，即经济全球化发展成熟并全面向国际经济一体化进程转化的新阶段。这一阶段应该始于 20 世纪 80 年代初期，尤其是在冷战结束以后，世界进入信息时代和知识经济时代，工业化向后工业化转化。社会主义阵营瓦解，市场经济体制在全球范围内实行，全球的制度创新与扩散，跨国公司在全球经济中的更大规模的渗透，企业经营国际化程度普遍提高，新自由主义思潮盛行，在互联网的推动下，经济全球化程度达到了前所未有的水平。世界经济体制已越来越明显地适应不了经济全球化的需要，以世贸组织和欧盟为代表的新的国际组织应运而生，顺应了成熟阶段经济全球化必然要求向更高层次的经济一体化发展的客观规律，并将成为推动国际经济一体化向纵深发展的组织、制度和法律基础。当然，至今完全意义上的经济全球化仍未实现，非洲撒哈拉沙漠以南地区以及亚洲的某些国家如朝鲜等，仍处在经济全球化的"边缘地带"。但是，在未来相当长的时期内，经济全球化将与国际经济一体化并行不悖，直到最终实现完全国际经济一体化。

三、经济全球化与国际经济一体化的关系

（一）经济全球化的发展方向是国际经济一体化

经济全球化和国际经济一体化是两个不同的概念，但是两者之间既存在逻辑上的联系，又有本质上的差别。因此，弄清楚两者之间的关系有助于我们更好地认识国际经济一体化以及在此进程中各国国内法和国际法律规则的演进规律，从而促进各国的法律决策更加符合一体化发展的国际经济潮流，提高整个人类社会的共同福利。

经济全球化是国际经济交往的自然结果，经济一体化则是国家对外战略选择的产物。跨国贸易带动了资本和技术的跨国流动，信息技术的发展也为各种要素的流动提供了更广阔的平台。日益密切的各国经济联系带动了彼此的经济交流与融合，从而形成经济全球化的局面。因此，经济全球化是社会发展的客观结果，是资本和市场扩张的内在要求。经济全球化导致全球经济总体的形成，但

这个经济总体是不受任何约束、没有任何法律依据、缺乏各国间契约的基础，因而是不牢固、不固定的。经济全球化以高度发达的数字信息、电子通信及高效物流等手段为基础，以经济要素在全球范围内的自由配置为主要内容，推动着国际经济一体化的进程。① 为了适应经济全球化发展的成熟阶段的要求，就必须由各国政府以协议的方式建立起一种条约机制和组织机制。为了保证和监督这些条约的遵守和执行，还必须建立某种全球性超国家权力机构，这就意味着各国的部分主权将不可避免地受到某种约束和限制，这部分权力转移到超国家机构中去了。② 总之，国际经济一体化离不开一个维系整体的制度因素，从这个意义上讲，国际经济一体化更多地表现为新机制、新体制的不断形成与完善。在制度形成过程中，成员国家的对外经济战略选择起着至关重要的作用，没有彼此的妥协、让步就无法实现实质意义上的国际经济一体化。③

因此可以说，与经济全球化相比，国际经济一体化是世界经济更高更深化的表现。它意味着世界经济不仅在形式上而且在运行机制上已逐步融为一个整体。因而，经济全球化只是实现了各国经济表层上的相互依存，国际经济一体化则在本质上达到了各国经济相互渗透、相互交织的充分融合。当然，这是一个漫长的、渐进的过程。④ 实际上，一体化和全球化的方向和目标是趋同的。⑤ 经济全球化的最终目标是国际经济一体化，也就是说，经济一体化是经济全球化的最高形态。在国际经济一体化阶段，各国经济已不仅仅是一般地相互联系和交往，而且相互交织、相互融合，以至于形成了全球性经济统一体。⑥

国际经济一体化还包含以世贸组织等为代表的全球范围的经济一体化和以欧盟等为代表的区域范围的经济一体化两种不同层面的一体化形式。作者将分别以对欧盟和世贸组织与经济全球化的关系的分析来进一步阐述国际经济一体化与经济全球化的关系。

---

① 慕亚平、代中现：《亦谈经济全球化与国家经济主权》，www.chinalawedu.com/news/2003121510952217768.htm（2004 年 11 月 10 日访问）。

② 李琮、徐葵：《经济全球化、地区化与中国》，中共中央党校出版社 2000 年版，第 14～15 页。

③ 伍贻康、张海冰：《经济全球化与经济一体化》，载《求是》2004 年第 1 期，第 58 页。

④ 伍贻康、张幼文等：《全球村落：一体化进程中的世界经济》，上海社会科学出版社、高等教育出版社 1999 年版，第 10 页。

⑤ 李华：《浅析欧盟模式之争》，载《国际问题研究》2002 年第 2 期，第 45 页。

⑥ 焦津洪：《经济全球化及其对国际经济法的挑战》，载陈安：《国际经济法论丛》第 3 卷，法律出版社 2000 年版，第 16～17 页。

（二）从欧盟的发展看经济全球化与区域经济一体化的关系

欧洲经济一体化是在生产与资本国际化加速发展、各国之间的经济联系和相互依赖日益密切的基础上形成的。欧盟尽管在与外部国家和集团的竞争中采取内外有别的政策措施，具有一定程度的排他性，与外部存在着这样那样的矛盾，但总的来说更多的是联合、协作的关系，是对外开放而不是自我封闭的体系。开放型的区域经济一体化是经济全球化向更高层次发展的推动力量，是经济全球化的区域性体现。欧洲一体化促进了欧洲经济的发展和稳定，通过贸易创造和取消内部关税使得欧盟成员国间的贸易比重获得巨大提高。虽然理论上区域经济一体化产生贸易转移的效应伴随有一定程度的对外贸易壁垒，但欧盟通过联系国协定和普惠制等，也促进了欧盟与其他国家，尤其是发展中国家的经济联系。① 可以说，欧盟的建立和发展是对多边自由贸易体制的补充和推进，并没有牺牲多边自由贸易关系，贸易创造大于贸易转移，总体上有利于自由贸易和经济全球化的发展而不是与之相悖。随着欧盟的扩大与深化，无疑其内部成员国间的贸易将会获得更大的增长，但同时对外贸易也会有较快增加，并且快于同期世界贸易的平均增长速度。从实践来看，欧盟内部贸易的增长并没有使对外贸易的地位下降。从长期发展来看，欧洲统一大市场的实现，欧盟向着完全政治、经济一体化目标的逐渐接近，在更有利于扩大欧盟内部贸易的同时，同样也更有利于更广泛的国际贸易。由于欧盟内部各国间关税和非关税壁垒的拆除，使第三国更易于进入共同市场。外国商品只需满足欧盟的统一指令而不必再分别适用欧盟各国(现在包括 25 国)的不同的技术标准。外国的跨国公司也能以相同条件进入共同市场，享受国民待遇。欧盟只有对内对外同步推进自由化和便利化，适应经济全球化的要求，才符合欧盟的整体利益和长远利益。②

从以上对欧盟与经济全球化的分析中可以看出，第一，欧盟的一体化与经济全球化都是推动生产要素跨国优化配置的强大力量。它们大大推动了国际贸易、金融、投资以及其他国际经济关系的加速发展，从而促进了整个世界经济的繁荣。经济全球化为欧盟一体化进程提供了必要的前提和条件，而欧盟的一体化又为经济全球化提供了重要的补充、动力和经验，它们是相互促进、密切相关

---

① 施学光：《经济全球化与欧洲一体化》，载胡瑾、王学玉：《发展中的欧洲联盟》，山东人民出版社 2000 年版，第 36 页。

② 曹文振：《经济全球化浪潮中的欧洲一体化》，载胡瑾、王学玉：《发展中的欧洲联盟》，山东人民出版社 2000 年版，第 42～43 页。

的。第二，由于历史发展阶段的限制，欧盟一体化与经济全球化在合作的方式、范围、程度等方面存在较大差异，在当今的历史条件下，欧盟的一体化尚不能完全取代经济全球化，而是两者并行不悖、相互推进，因而它们是相辅相成的。第三，欧盟一体化与经济全球化的并行发展，极大地促进了各国经济的相互依赖与相互渗透，在一定程度上减少了世界市场上的国际经济活动的混乱和无序状态，使国家间的经济贸易冲突、摩擦受到了一定的约束。欧盟的一体化与经济全球化还是消除不了国家及国家集团之间的各种利益矛盾和冲突。要真正实现国际经济一体化的大同世界，必然要有更高形态的社会制度在全球范围内代替它。第四，欧元的产生导致国际货币格局的重新洗牌。国际货币储备中，欧元储备将增加，国际储备将呈多极化发展趋势。国际汇率制度将受到欧元的影响，引发国际货币体系的变化与革新。欧元将成为主导货币，作为国际贸易的计价和清偿手段将逐步增加，从而撼动美元的霸主地位。这将有助于维持国际货币体系的相对稳定，对世界经济的稳定增长和经济全球化的发展具有重要意义。第五，欧盟的一体化有助于经济全球化的均衡发展。欧盟生产的扩张与内部市场狭小的矛盾迫使其不断开拓国际市场，争夺势力范围，争取国际经济的主导权。新兴的市场经济国家将成为欧盟寻求新的发展机遇的重要战场。这将有利于推动北南合作，有利于发展中国家对欧盟的资金、技术、管理体制等方面的引进和利用，争取在建立国际政治经济新秩序的进程中，使经济全球化向着有利于自身的方向发展，从而促进全球经济的全面均衡发展。①

把欧盟与经济全球化的关系大而化之，我们可以从整体上总结出区域经济一体化与经济全球化之间的关系。那就是：(1)经济全球化与区域经济一体化具有共同的内容，都是指生产要素、商品与服务交易跨越国界的流动与配置。因此，经济全球化与区域经济一体化两者从本质上讲有共同的方面，只是合作的范围、方式、深度上不同而已。但是，经济全球化是以市场为导向，多属于自然流动方式，而区域性组织是人为地把世界划分为不同的部分，多属于人为的流动方式。若区域性组织采取“以邻为壑”的封闭式取向，则会阻碍全球性的经济交往，有悖于经济全球化的历史潮流。(2)当前区域经济一体化组织之间更多的是相互联系和互动，而非封闭。各区域组织由于在内部实行更加开放和优惠的政策，促进了区域组织经济的发展，而区域经济的发展必然要求其经济活动向全球扩展，这就使区域组织中的各成员能够以一个整体面向世界，为经济全球化奠定基

① 曹文振：《经济全球化浪潮中的欧洲一体化》，载胡瑾、王学玉：《发展中的欧洲联盟》，山东人民出版社2000年版，第43～44页。

础。因此，经济区域化(如前述的欧盟)并不是贸易和生产全球化的障碍，而是推动。① 而且，当前各区域经济一体化组织相互重叠，出现了我中有你，你中有我的局面。像亚太经合组织包括了北美自由贸易区、东盟等。这种跨地区的区域组织有助于彼此间的交往，成为联系各区域组织之间的桥梁和纽带。北南合作模式和开放的地区主义有助于把各国经济活动拓展到全球，有利于打破全球经济交往的思想障碍。事实上，区域经济一体化的发展，没有影响而是促进了经济全球化的发展。而区域经济一体化由封闭型向开放的地区主义的发展又是经济全球化影响和带动的结果。因此，经济全球化与区域经济一体化两者之间是相互联系的互动关系。②

（三）从世界贸易组织机制看经济全球化与全球经济一体化的关系

经济全球化有助于全球福利的增进，因为经济全球化扩大了世界市场的规模，促进了国际分工和国际竞争，从而使得所有参与经济全球化的国家都可以在更大范围的国际分工与贸易中获利。但是，在现实经济生活中，经济全球化发展的后果并非都是积极的与正面的。造成这种后果与市场机制本身固有的特性有关，经济全球化是一个自发的市场机制起作用的过程，市场机制的作用具有随机性，而且往往是强者获利、弱者受损。面对经济全球化的这一现实，采取反全球化的做法是不可取的，这样不仅会降低全球福利，而且对于决意推行这种反全球化做法的国家、集团或个人也是不利的。当然，听凭市场机制在经济全球化进程中不受控制地发挥作用亦非上策。而借助于经济一体化来化解经济全球化所必然要产生的消极影响，使经济全球化真正成为一种促进全球福利的过程则是可取的。经济全球化是一个自发的市场机制起主导作用的过程，而经济一体化则是一个国家起主导作用的进程。在经济全球化状态下，风险很难规避，而在经济一体化状态下，风险是可以得到控制与化解的。③ 东南亚金融风暴和拉美部分国家的货币危机正是经济全球化之祸，却也正好说明了经济一体化发展的不足。

经济全球化不会必然地发展为全球经济一体化。全球化的发展并非一帆风顺。经济全球化造成不同层面的贫富两极分化，全球力量对比极不均衡。发展

---

① [英]戴维·赫尔德：《全球大变革——全球化的政治、经济与文化》，社会科学文献出版社 2001 年版，第 1 页。

② 姜桂石、刘会清：《经济全球化、区域化与发展中国家的对策》，载人大复印资料《世界经济导刊》2004 年第 7 期，第 15 页。

③ 韩龙：《论 WTO 与区域经济一体化》，载《中外法学》2003 年第 2 期，第 219 页。

中国家与发达国家间的差距有进一步扩大的趋势，穷国和富国间的矛盾有激化的趋向，加剧了全球化的离心力和反抗力。在全球化的大背景下，国家作为独立的主体，其行为的出发点首先是维护和争取自身利益，没有政府间合作的主动行为而单靠市场的力量，是不可能为经济一体化的形成创设必要的管理机构和制度体系的。① 在这样的经济大背景下，世贸组织制度的产生绝不是一种偶然，而是一个与经济全球化的产生和发展的客观要求相吻合的产物。不同社会制度、不同发展水平的国家为了参与经济全球化活动并分享利益，都把自己纳入到全球统一的制度体系，实行全球通行的市场经济规则。作为全球多边贸易体制，世贸组织统一、规范的一套法律规则正是为了适应经济全球化的发展需要而诞生的，它为世界诸国参与国际经济事务提供了重要的行为准则。世贸组织的本质就在于保障资源在全球范围内的自由流通，提高资源配置效率，从而增加全球福利。换句话说，以跨国公司和信息技术为主要推动力的经济全球化是世贸组织产生和发展的最重要的力量源泉，世贸组织是经济全球化进一步谋求向全球经济一体化的更高级阶段发展的产物。世贸组织是经济全球化发展的结果，它更是推动世界经济朝全球经济一体化迈进的组织力量。主要体现在以下几个方面：

首先，世贸组织的非歧视性原则为消除贸易摩擦，建立持久、稳定的贸易关系提供了法律依据。为了确保国际经济贸易秩序的稳定性和有效性，自世贸组织的前身关贸总协定建立时起就致力于通过最惠国待遇和国民待遇两个核心条款来实施和体现非歧视性的多边经贸关系和体制。最惠国待遇和国民待遇的相互配合与共同实施，有助于实现各国间平等和无差别的贸易，可以避免贸易歧视和摩擦，保证多边贸易体系的稳定和成员对全球贸易制度安排的信心，从而促进贸易自由化的发展。

其次，世贸组织遵循市场准入、公平竞争和谈判机制，使参与经济全球化活动中各国市场开发更具可预见性，为全球贸易的发展规定了方向。世贸组织极力倡导各成员削减关税、取消非关税壁垒和实行非关税措施关税化，要求成员国分阶段逐步实行自由化，以此扩大本国的市场准入程度。世贸组织反对成员在对外贸易活动中采取倾销和补贴等方式进行不公平的竞争。谈判机制是世贸组织制度的核心。通过谈判，在协商一致的基础上制定统一的规则处理国际经贸事务，扩大市场准入水平，在无扭曲和公正的环境下竞争，由此增强国际市场开放的可预见程度和各个成员之间经贸合作的意识和信心，为贸易自由化乃至经

---

① 伍贻康、张海冰：《经济全球化与经济一体化》，载《求是》2004 年第 1 期，第 58 页。

济全球化的未来发展指明清晰的前进方向。

再次,世贸组织的争端解决机制为全球经济的稳定作出了独特贡献。该机制遵循平等、迅速、有效和双方可接受原则,倡导以合作态度解决矛盾,防止单边报复行为和爆发贸易战,保障了国际多边经贸体系和经济全球化发展的稳定,促进了各国公平竞争与共同发展。

最后,世贸组织规定的贸易政策法规透明度原则和提供的贸易政策审议机制,可以改善国际贸易环境,促进成员遵守多边贸易体制规则和制度,有效预防政府间贸易争端,为实现要素的自由流通和以市场配置资源的目标奠定坚实的制度基础,从而促进全球经济一体化的顺利实现。①

综上所述,可以看出,经济一体化存续的基础是追求共同福利的最大化,而不是少数方的福利最大化,同时借助于国家间的合作和相互约束实现单个国家不能实现的福利。在追求共同福利最大化的过程中,主权国家不可避免地要让渡部分主权,实现主权共享,为彼此利益的协调提供制度保障。② 就目前的实际情况来看,实现全球经济一体化所面临的困难要比实现区域经济一体化复杂艰巨得多。经济全球化只有上升到机制上的约束和规范,才可能发展成为全球经济一体化。世贸组织目前还只是一个全球范围的(目前有约 140 个成员)贸易领域的一体化组织,但经济全球化所带动的全球经济一体化已端倪尽显,必将迅速朝多领域、宽范围、高水平的全球经济一体化方向发展。

四、结　　语

从上面的分析不难看出,要实现经济全球化向国际经济一体化的迈进有两种途径:一种是区域经济一体化;另一种是全球经济一体化。在世界经济发展的经济全球化阶段,区域经济一体化有可能发展到全球高度一体化的程度,人们从中看到了国际经济一体化的雏形(如欧盟)。当区域经济一体化的基本特征成为全球经济的总体特征时,世界经济的发展便从经济全球化阶段进入国际经济一体化阶段。随着世界经济全球化的深入发展,一方面,区域经济一体化程度不断提高;另一方面,各区域经济一体化组织之间又实行经济一体化,区域经济一体化组织将越来越少,其范围将越来越大,亦即越来越接近国际经济一体化。另一

① 陈泰锋:《WTO、入世、经济全球化三位一体的思考》,载《世界贸易组织动态与研究》2003 年第 2 期,第 16～18 页。

② 伍贻康、张海冰:《经济全球化与经济一体化》,载《求是》2004 年第 1 期,第 58 页。

种途径就是全球经济一体化的推动作用。全球性国际经济组织，如世贸组织、国际货币基金组织、世界银行等制定的一系列经济政策、条约、公约、协定等对国际经济走向一体化发挥着越来越大的促进作用。① 它们既是经济全球化的产物，更是国际经济一体化的推动力量。

经济全球化和国际经济一体化是两个相互联系、相互作用、相互促进，又有本质不同的概念，其区别也是显而易见的，可归纳如下：(1)二者的内涵不同。经济一体化所表述的是各国经济内在机制上的统一，而经济全球化所表述的是世界经济在范围上的扩大。全球化所揭示的现象是客观的和正确的，尤其是这一概念反映了各个相对独立的国家经济之间的联系越来越密切的事实。国际经济一体化所揭示的是另一方面的事实，即世界各国经济关系的高度融合；各国经济不仅联系日益紧密，而且联系中的障碍日益消除；各国通过协议建立某种超国家的机构，从而形成一种稳固的协调与合作机制。② (2)行为主体不同。经济全球化中的行为主体主要是以跨国公司为代表的经济实体；而国际经济一体化中的行为主体则是国家政府和一体化经济组织。(3)经济活动的内容和目标不同。全球化经济活动中以跨国企业获取利润为主，各企业为了自身的经济利益而参与经济全球化；而一体化经济活动中的一体化组织主要强调参与国的共同利益，最后的目的是共同增进各国福利。(4)二者在时间上先后继起。经济全球化过程在先，国际经济一体化进程在后。目前，经济全球化已经发展到成熟阶段，成为经济生活中的现实，并正在向国际经济一体化转化，而这一转化过程将是渐进的、漫长的。经济全球化为国际经济一体化提供了客观基础，只有在全球化的基础上，各国间才能产生签订一定的协议，并在协议的基础上加强国际经济合作的意愿，而一体化合作协议的签订，又会大大促进经济全球化的加强。③ (5)国家间关系表现不同。经济全球化中国家间的经济联系虽然越来越紧密，但没有固定的组织形式，是自由的联系；而一体化中国家间的积极联系是固定的，相对全球化来讲更加紧密，它有固定的组织形式和部分或全部共同的经济政策、经济制度等。(6)二者的表现形态不同。经济全球化以资本的流动为方式，即人、财、物等要素在全球范围内配置，表现为国际贸易、金融、投资、生产的国际化，把各国、

---

① 王广生：《经济国际化、经济全球化、经济一体化的区别与联系》，载人大复印资料《世界经济导刊》2003年第11期，第10页。

② 张幼文等：《世界经济一体化的历程》，(上海)学林出版社1999年版，第46～47页。亦可参见伍贻康、张幼文等：《全球村落：一体化进程中的世界经济》，上海社会科学出版社、高等教育出版社1999年版，第14页。

③ 李琮、徐葵：《经济全球化、地区化与中国》，中共中央党校出版社2000年版，第15页。

各地区更紧密地联系在一起，各国经济的相互依存性大大加强；而一体化是世界各国经济活动及生产要素的逐步联合、趋向一致和统一，其形式按发展程度可分为自由贸易区、关税同盟、共同市场、经济同盟和完全的政治、经济一体化。(7)二者的实现方式不同。经济全球化的实现方式是各国经济联系越来越紧密的客观的自然发展过程，其动因在于资本的逐利性，始终靠市场配置资源的基础性作用的自发推动得以完成；而一体化则是以谈判方式不断推动的，是对生产方式的自觉的人为调节或制度性安排。(8)二者对国家主权的挑战程度不同。经济全球化是在没有凌驾于政府之上的组织给予干预的情况下实现的；而一体化则是通过凌驾于政府之上的组织要求参加一体化的各成员让渡出部分甚至大部分国家主权。① 所以，国际经济一体化对传统国际法的影响更大，对国际关系和各国国内法的发展影响更深刻。

总之，经济全球化是国际经济一体化的客观基础，国际经济一体化是经济全球化基础上的更高层次的经济融合。两者之间存在着内在的必然联系。一方面，经济全球化是国际经济一体化的基础和必要条件，只有在经济全球化的客观基础上，才会有国际经济一体化；另一方面，国际经济一体化通过建立一定的联合组织又进一步推动了各国经济的联系，在协议上和组织上把全球化固定下来，从而又大大推进了全球化的进一步发展。正如2001年度诺贝尔经济学奖获得者之一的迈克尔·斯宾塞所言："欧洲的国家和人民，还有欧洲各国的领导人正在建立起一个经济和政治的统一体……他们拥有共同的货币，强大和独立的中央银行，有统一的经济、贸易和外交政策，而且欧盟内部的劳动力市场越来越开放，流动越来越大。这对欧洲提高经济效率、获得经济成功非常重要。"②很明显，这一切都是建立在法制的基础之上的，离开了组织上和制度上的保证，这一切都是不可想象的。这在区域层面揭示了经济全球化必然要向经济一体化的更高级阶段转化。对经济全球化持消极评价的人士更多地关注经济全球化对国家主权造成的威胁，全球化进程不平衡而造成的贫国与富国之间对立的加深，对人类环境的破坏。③ 而这一切都是由于目前尚未建立起有效的全球治理机制而产生的各种国际矛盾和冲突。所以说，从全球层面来看，全球经济面临的一个核心

---

① 王广生：《经济国际化、经济全球化、经济一体化的区别与联系》，载人大复印资料《世界经济导刊》2003年第11期，第10页。

② 邓瑾：《美国是全球化的输家?》，载《南方周末》2004年11月18日，C18版。

③ 焦津洪：《经济全球化及其对国际经济法的挑战》，载陈安：《国际经济法论丛》第3卷，法律出版社2000年版，第20页。

挑战就是，全球经济的政府架构落后于市场的发展。① 我们现有的世界贸易组织、国际货币基金组织、欧洲中央银行等国际组织，还不足以应对一个不断一体化的全球经济。这就提出了在全球层面建立经济一体化组织或加强已有的全球经济一体化组织的要求。因此，可以说，经济全球化是国际经济一体化的外在形式，国际经济一体化是经济全球化的内在机制。经济全球化是国际经济一体化的前提条件，国际经济一体化是经济全球化的发展趋势。

① 邓瑾：《美国是全球化的输家?》，载《南方周末》2004年11月18日，C18版。

第三章　国际经济一体化进程中的法律趋同化

恩格斯在论述法的起源思想时曾说:“人们往往忘记他们的法权起源于他们的经济生活条件,正如他们忘记了他们自己起源于动物界一样。”①这就强调了经济对法律的重要决定性。社会经济活动是人类一切活动的基础。人类社会经济生活的展开,总是需要有一定的秩序来保障;秩序则通常通过一定的规则体系来确立。作为社会经济关系调整器的规则体系的基本功能,就在于把扑朔迷离、千变万化、充满大量偶然现象的社会生活,纳入一个既定的轨道或模式之中,以便使社会经济活动按照一定的方向或目标运行。而法律则正是社会调整规则体系中的一个重要组成部分。社会经济生活的发展变化必然要求法律作出相应的反应和调整。

当人类社会经济生活发展到经济全球化和国际经济一体化阶段时,其直接的效果是使以国家领土为主要界限的、分割的国家市场有效地连接在一起,使之成为世界性的大市场,同时使得原有的国家市场的经济体制日趋相近。正如马克思所说的:“社会的迫切需要必须而且一定会得到满足,社会必然性所要求的变化一定会给自己开辟道路,而且迟早总会使立法适应这些变化。”②经济体制上的相近势必要求与之相适应的法律制度和执法原则与标准的趋同。国际经济一体化要求与之相适应的法律规范,否则,跨国经济交易便不可能在有序的条件下进行。在国际经济一体化进程中,各国相互依赖关系不断加深,各个国家的法律规范和国际社会的法律规范之间亦相互作用、互为补充、交相融合。全球范围的法律理念、法律价值观、执法标准与原则乃至法律和法制正在向趋同的方向迈进。③ 全球化的法律特征不仅是对经济等方面变化的一种回应,而且对这些变化起着一种形塑与规范的作用。④ 而今天,构建我国现代化建设的和谐社会与维护整个国际社会的和

---

①　《马克思恩格斯全集》(第 18 卷),转引自李光灿、吕世伦:《马克思恩格斯法律思想史》(修订版),法律出版社 2001 年版,第 602 页。

②　《马克思恩格斯全集》(第 18 卷),转引自李光灿、吕世伦:《马克思恩格斯法律思想史》(修订版),法律出版社 2001 年版,第 658 页。

③　王贵国:《经济全球化与中国法制兴革的取向》,载陈安:《国际经济法论丛》(第 3 卷),法律出版社 2000 年版,第 3 页。

④　程虎:《国家主权及其当代命运——一种全球化的分析范式》,载高鸿钧:《清华法治论衡》(第二辑),清华大学出版社 2002 年版,第 434 页。

平稳定的要求则是法律趋同化发展的现实需要。

法学理论界早已敏锐地捕捉到了经济全球化和国际经济一体化的发展对法律影响的课题，进行了深入的研究，并展开了热烈的争论。法律趋同化理论就是这一时期重要的学术研究成果。近几年争论最多的还是法律全球化的问题，并因此而形成了泾渭分明、观点迥异的两派，即法律全球化的赞成派①和法律全球化的反对派②。大约三四年前，学界对此的争论犹炽，而近来似鲜有人提起。既然大家争论得少了，便有必要平心静气地坐下来作一下梳理，孰是孰非，孰优孰劣，也该总

① 法律全球化赞成派的主要观点可参见：王贵国：《经济全球化与中国法制兴革的取向》，载陈安主编：《国际经济法论丛》第 3 卷，法律出版社 2000 年版，第 1～14 页；江平：《全球化、现代化与本土化》（比较法学会 2002 年会议主旨发言），载江平主编：《比较法在中国》，法律出版社 2003 年版，第 1～6 页；车丕照：《法律全球化——是现实？还是幻想？》，载陈安主编：《国际经济法论丛》第 4 卷，法律出版社 2001 年版，第 30～41 页；《法律全球化与国际法治》，载高鸿钧等：《法治：理念与制度》，中国政法大学出版社 2002 年版，第 792～837 页；朱景文：《关于公法的全球化》，载夏勇：《公法》第 2 卷，法律出版社 2000 年版，第 188～198 页；《欧盟法对法律全球化的意义》，载《法学》2001 年第 12 期，第 57～61 页；李巍：《"法律全球化"是不以人的意志为转移的历史趋势》，载陈安主编：《国际经济法论丛》第 4 卷，法律出版社 2001 年版，第 26～29 页；谢岚：《"法律全球化"问题初探》，载陈安主编：《国际经济法论丛》第 4 卷，法律出版社 2001 年版。第 50～77 页；邓建中、刘磐：《法律全球化与共同法发现的思考》，载《法制日报》2004 年 10 月 28 日，第 11 版，记者：谢庆；曾炜：《论经济一体化对国际法和国内法的影响》，载《时代法学》2004 年第 5 期，第 52～59 页；曾炜：《经济一体化进程中的法律全球化——兼论国际法和国内法的互动》，载《中国国际经济法学会 2004 年年会暨学术研讨论文集》，2004 年 11 月 5～8 日，中国厦门，第 69～75 页；刘颖：《从美国〈统一商法典〉第 4A 编的"全国化"看法律全球化》，载陈安主编：《国际经济法论丛》第 4 卷，法律出版社 2001 年版，第 42～43 页；李会：《法律全球化、本土化与法律多元》，载张文显：《新视野 新思维 新概念——法学理论前沿论坛》，吉林大学出版社 2001 年版，第 354～365 页；陈正伟：《法律全球化的前瞻和展望》，载张文显：《新视野 新思维 新概念——法学理论前沿论坛》，吉林大学出版社 2001 年版，第 366～371 页；张文显：《新视野 新思维 新概念——法学理论前沿论坛》，吉林大学出版社 2001 年版，第 372～378 页；朱景文：《比较法社会学的框架和方法——法制化、本土化和全球化》，中国人民大学出版社 2002 年版，第 561～738 页。

② 法律全球化反对派的观点亦可参见：赵维田、王海英：《评"法律全球化"的呓语》，载陈安主编：《国际经济法论丛》（第 4 卷），法律出版社 2001 年版，第 11～14 页；沈宗灵：《评"法律全球化"的理论》，载陈安主编：《国际经济法论丛》（第 4 卷），法律出版社 2001 年版，第 1～10 页；韩天森：《谈法律全球化——兼谈经济全球化》，载陈安主编：《国际经济法论丛》（第 4 卷），法律出版社 2001 年版，第 15～19 页；慕亚平：《评"法律全球化"概念的科学性》，载陈安主编：《国际经济法论丛》（第 4 卷），法律出版社 2001 年版，第 20～25 页；《论经济全球化进程中的国家经济主权问题》，载陈安主编：《国际经济法论丛》（第 6 卷），法律出版社 2002 年版，第 219 页。

结一下了。

一、国际经济一体化下对法律趋同化理论的再认识

（一）法律趋同化能更好地为构建和谐社会提供民主法治保障

当前，我国正在贯彻科学发展观，着力构建和谐社会。我们所要建设的和谐社会应该是民主法治、公平正义、诚信友爱、充满活力、安定有序、人与自然和谐相处的社会。而这一切美好社会目标的实现都有赖于完善的法律对社会关系的全面有效的调整。因此，民主法治是构建和谐社会的前提与保障。构建和谐社会，必须充分发扬民主，切实落实依法治国基本方略，把和谐社会的关系牢固地建立在民主法治的基础之上。人类社会的发展实践证明，和谐社会的构建必须借助于法律制度的推动与保障，法律在构建和谐社会的进程中居于支配地位，起着关键作用。就此而言，社会能否实现和谐主要取决于是否具有完备的法律。另外，构建和谐社会不但需要完备的法律，而且法律的制定必须坚持以人为本、遵循客观规律、符合理性精神。理性是和谐社会的精神支柱，而法律应当成为理性的最权威的载体。

当今时代，由于国家经济职能的普遍加强，各国经济依存关系日益密切，不同社会制度的国家，受发展经济的客观需要的驱动而纷纷采用市场经济的运作模式。人类在经济、政治、文化等方面的日益广泛的交流和沟通促成了区域和全球经济的逐步一体化。但是，投资的全球化、贸易的自由化、金融的全球化等国际经济一体化发展的成果若没有法律的保障，就必然失去制度和秩序的调控和规范。因此，各种国际性的贸易条约和调整特定领域法律关系的公约，国家间的各种双边条约等，充分表明各个民族国家之间、整个人类社会之间越来越重视法律的协调。任何一个国家在参与国际经济技术合作与交流时都不得不积极参与国际间的法律合作，这种合作不仅要求各国积极参与国际统一立法活动以便为各种跨国法律问题提供妥善的解决办法，而且要求各国克服其国内法的狭隘性与民族性以减少国际交往中的法律障碍，从而实现国际关系的和谐发展。这一切都是人类社会进一步发展的共同需要，这种共同需要其实是法律趋同化存在的基础及其发展的内在动力。可以说，法律趋同化的强劲走势是“二战”，尤其是冷战结束后出现的，经济上市场经济的确立和政治上民主法治的选择是两个必不可少的助推器。

我们认为，所谓“和谐社会”应该内在地包含着国内和谐社会和国际和谐社会两个层面的基本含义。国内和谐社会，正如前面所言，应该是民主法治、公平

正义、诚信友爱、充满活力、安定有序、人与自然和谐相处的社会。而国际和谐社会,则应该是世界各国和平共处、共同繁荣、全面可持续发展的社会。构建国内和谐社会与构建国际和谐社会是互为表里、互相制约、互相影响、互相促进的关系。构建国际和谐社会是实现国内社会和谐的外部条件和重要保障,只有实现国际社会的和谐,才能实现国内社会的持久和真正的和谐;构建国内和谐社会是国际和谐社会的组成部分和坚实基础,国内社会实现和谐,才能更好地促进国际社会的和谐发展。而国内和谐社会与国际和谐社会的构建都有赖于国内法治和国际法治的发展与完善。我们认为,提升国际社会本位理念能更好地实现构建国际和谐社会的目标,此一观点我们将在其他地方作深入地阐述;从根本上讲,法律趋同化理论是一种尽可能消除法律冲突,维护社会各方面的利益平衡,进而实现和谐法治社会的理论,因而,推动法律的趋同化发展则能更快更好地完善我国的法律制度,实现我国法律的现代化,从而为构建和谐社会提供民主法治保障。

（二）法律趋同化是实现我国法律现代化的必由之路

法律趋同化是指不同国家的法律,随着国际交往日益发展的需要,逐渐相互吸收、相互渗透,从而趋于接近甚至趋于一致的现象。一方面,它表现在各国国内法律的创制和运作过程中,越来越多地含纳国际社会的普遍实践或国际惯例;另一方面,表现在越来越多的国家积极参与国际法律的统一活动。① 法律的趋同是一个复杂的吸收、移植与本土化的过程,法律趋同化的形式也是多种多样的。法律趋同化不可单纯地理解为法律规则的趋同化发展,实际上它具有更广泛的含义,除法律规则外,还包括法律价值、权利、习惯法、正义的观念以及法律文化等。法律趋同化是法律走向现代化的必由之路,是法律理念现代化的核心内容。总之,我们所强调的法律趋同化走势,是一个向着更先进的、更完善的法治目标不断接近的历史过程,它的基本价值取向完全是以有利并服务于全面建设小康社会与构建和谐的法治社会为出发点和最终归宿。

法律现代化,不仅包括法律制度和法律运作方式的现代化,而且必然内含法律理念的现代化。无论是立法,还是司法、执法和守法,要达到最理想的现代化效果,都离不开现代法律理念的导引。精神理念上的择优决策,直接影响着法律制度的创设、存废及具体运作的优化。可以说,没有现代法律理念导引的法律现

---

① 李双元、徐国建:《国际民商新秩序的理论建构——国际私法的重新定位与功能转换》,武汉大学出版社1998年版,第139页。

代化是盲目的,不可能实现真正意义上的现代化。① 中国法律至今尚未实现现代化,除了政治、经济原因外,其中一个最重要的原因可以归结到忽视了法律理念的现代化建设。② 现代化不等于西方化,但中国 100 多年法律现代化的进程是离不开向西方先进国家学习和引进先进的法律制度的。我们绝不否认我们祖先的法律制度和我们自己 50 多年来创造的法律制度仍有不少方面是先进的、有益的,但不能否认的是,法律现代化的主要内容是法律理念的现代化。要实现理念的现代化,必须摒弃传统的、保守的法律观念。③ 目前,国际经济一体化浪潮如火如荼,为了适应这种情况,对于国际社会经济活动中的一切公平、合理的行为规范,要"趋同",要"接轨",④力求最大程度地避免冲突并获得最普遍的和谐。不借鉴现存的行之有效的先进的西方法律理念和制度,而事事得从自己的实践(摸石头过河)中提出并加以验证以定取舍,那无疑就等于认为人只能依靠自己的直接经验来生活。但人类几千年的历史早已证明,现代化步伐之所以越来越快,间接经验的积累正是其中最重要的基础。巨人是站在前人的肩膀上而出现的,一个进步最快的民族或国家也是最善于学习其他民族或国家的长处的。因此,我们这个曾经是老大帝国的国家,对此应该是有着比任何其他民族和国家更深刻的体会的。

在中国法律现代化进程中,法律趋同化是不可回避的趋势。这既是中国法律发展史演绎出的科学结论,同时也是国际社会法律统一化运动与实践的理论概括,更是构建和谐的国内国际社会和人类社会共同可持续发展所必需的。如果我们以主观上的短视和误断来拒斥国际社会法律趋同化的思想,那么,不仅会使我国法律现代化丧失利用"后发性优势"的势能,而且有可能使我国法律发展在与国际社会的相互依存中丧失趋利避害的机遇,甚至阻碍全球法律趋同化的进程乃至侵蚀全球政治、经济、科技和文化一体化的基础。⑤ 中国改革开放 20

① 李双元、徐国建:《国际民商新秩序的理论建构——国际私法的重新定位与功能转换》,武汉大学出版社 1998 年版,第 20 页。

② 李双元、徐国建:《国际民商新秩序的理论建构——国际私法的重新定位与功能转换》,武汉大学出版社 1998 年版,第 28 页。

③ 江平:《全球化、现代化与本土化》(比较法学会 2002 年会议主旨发言),载江平:《比较法在中国》(2003 年卷),法律出版社 2003 年版,第 4 页。

④ 朱学山:《经济全球化与中国的国际经济法学》,载陈安:《国际经济法论丛》(第 5 卷),法律出版社 2002 年版,第 6 页。

⑤ 李双元、徐国建:《国际民商新秩序的理论建构——国际私法的重新定位与功能转换》,武汉大学出版社 1998 年版,第 55 页。

多年来的实践告诉我们，改革开放实质上就是现代化，不仅是经济制度的现代化，而且也是政治、法律制度的现代化。只有经济制度的现代化而没有政治、法律制度的现代化，不仅经济制度不可能真正走向现代化，而且也不可能有整个国家的现代化。①

（三）法律趋同化发展的逻辑步骤

从对法律趋同化概念的界定中不难发现，法律趋同化其实逻辑地、内在地涵盖了法律趋同化发展趋势的三个层次，即世界各国各地区的法律在内在精神、原则和主要标准及重要程序上越来越多地相互吸收和相互渗透，此为法律趋同化的第一个层次；第二个层次是指法律在相互吸收和相互渗透的基础上向逐渐接近、相互协调的方向迈进，在一些切实可行的领域内通过国际社会法律的相互吸收、相互融合的方式创造出普遍的法律，将法律的冲突降低到最低限度，从而更好地适应经济、社会发展的需要；第三个层次是指法律的部分统一或同一，也就是“共同法”的发现阶段。

在国际经济日益走向一体化的情况下，世界各国都开始站在世界的角度来审视其国内立法，因为它们面临着一致的致力于解决彼此均面临的共同利益问题的迫切需要，以驱动世界法律环境的改善，尽可能消除或调和那些足已导致对立与冲突、妨碍国际合作与交流的法律制度之间的重大差异。在各国国内法律制度严重歧异和抵触的情况下，要在人类面临的诸多共同的重大问题上采取比较协调一致的行动，是完全不可能的。这便提出了法律趋同化的第一个层次的要求，即各国法律的相互吸收与相互渗透以减少国际交往中的障碍和不便。法律的协调发展是一种以法律的国别性、多样性为基础的协调发展，它既承认法律有国别性、多样性的一面，也认为法律有共同性、可协调发展的一面。它借助于比较法的研究和运用，寻找出各国法律制度间的内在联系和结合点，以减少国际社会法律制度的冲突、对抗和斗争，实现法律的最优发展。② 在法律相互吸收与渗透的基础上，在一些切实可行的领域内通过国际社会法律的相互借鉴、移植他国的法律制度，创造出普遍的法律，以便利国际经济交往和减少交往的障碍，从而实现法律向逐渐接近、相互协调的方向迈进的第二个层次。

---

① 江平：《全球化、现代化与本土化》（比较法学会2002年会议主旨发言），载江平：《比较法在中国》（2003年卷），法律出版社2003年版，第4页。

② 李双元：《走向21世纪的国际私法：国际私法与法律的趋同化》，法律出版社1999年版，第569～570页。

在法律趋同化的第二个层次中，往往在一部法律中某些制度是从大陆法系来的，而另一些是从英美法系来的。这样的例子在中国和日本的立法实践中已极为常见。① 以中国为例，从整体上讲，《公司法》与美国、香港等普通法国家和地区的规定极为相似，但关于公司监事会和监事的安排则显然是借鉴了德国等大陆法系国家的制度。《合同法》中关于要约、承诺、标的物的提存等规定都与大陆法系的契约法一致，而关于缔约前责任的规定则与普通法系的侵权责任的相关规定雷同。《证券法》亦直接受到香港法律的影响，并对香港在亚洲金融风暴中暴露出来的法律漏洞或不当之处作了防范性的安排。② 在法律向逐渐接近、相互协调的方向迈进这一个层次，它既有与他国法律相一致的方面，但又内含着不同的因子。在法律趋同化的两种实现形式中，③间接的形式或途径是法律向趋同化方向迈进的主要实现形式，即通过把国际社会的普遍实践纳入本国的国内立法，从而对有关国内法进行改造，使之与国际社会的普遍实践相协调、相接近或者相一致。在这种间接的实现形式中，有关国家在吸收、借鉴或移植外国法时难免要针对本国的具体情况进行必要的改造，因而往往不尽彻底，但却较为便捷。以中国为例，目前《公司法》、《证券法》、《商业银行法》、《合同法》等都比较详尽且能反映国际社会，特别是发达国家法律的主流。无论从立法技术上还是从法律本身的规定来讲，都使中国的立法和法律更接近发达市场经济国家和地区的习惯，无疑对于促进中国同境外的经济交易与交流以及提高交流的层次都将颇有裨益。

从以上分析可见，法律趋同化的第一个层次即法律的相互吸收和渗透与其第二个层次即法律向逐渐接近、相互协调的方向迈进是前后相继，你中有我，我

① 邓建中、刘磐：《法律全球化与共同法发现的思考》，载《法制日报》2004 年 10 月 28 日，第 11 版。

② 王贵国：《经济全球化与中国法制兴革的取向》，载陈安：《国际经济法论丛》(第 3 卷)，法律出版社 2000 年版，第 6～7 页。

③ 法律趋同化的实现形式可分为两种，除下述的间接形式或途径外，还有一种直接的形式或途径，即通过缔结或参加有关国际条约或援用有关国际惯例，在缔约国之间或有关法律关系中实现法律的统一。相较而言，直接的实现形式由于实现了缔约国有关法律的统一，因而较为彻底，但难度也较大。这种法律趋同化的直接实现形式也是共同法发现的主要途径之一。关于法律趋同化的实现形式的详细论述可参见：李双元：《国际民商新秩序的理论建构——国际私法的重新定位与功能转换》，武汉大学出版社 1998 年版，第 153～154 页；《走向 21 世纪的国际私法：国际私法与法律的趋同化》，法律出版社 1999 年版，第 600～603 页。

中有你，彼此难以截然分开的。虽然我们现在仍处在民族国家的时代，民族国家作为主权国家制定的法律必然具有较独立的体系，但主权的独立与独立的主权国家所制定的具有共同性的规则以及对共同法律价值的吸纳并不矛盾。也就是说，法律趋同化的发展将不可避免地在某些条件成熟的领域或部门实现法律的统一或同一，即共同法的发现。这是法律趋同化的第三个层次，即实现法律协调的更理想的阶段。

共同法之说其实古已有之。因为共同法(ius commune)根据人类理性更长久、更普遍的价值而创制，因此具备一种延展力，使之可以应用于任何特殊法未作规定的场合，同时使之成为判断特殊法解决问题之适当性的标准。① 共同法的这种普遍主义要素曾经广泛存在于古代和中世纪的许多法律制度之中，而蕴含着普遍主义要素的罗马万民法在欧洲法律史中扮演了极其重要的角色。盖尤斯在《法学阶梯》中说："根据自然原因在一切人当中制定的法为所有的民众共同体共同遵守，并且称为万民法，就像是一切民族所使用的法。"②所以，"罗马人民所适用的，一部分是自己特有的法律，另一部分是全人类共同的法律"。③ 查士丁尼甚至认为，自然法是大自然传给一切动物的规则，也就是说，这个法不是人类所特有的，而是生活在陆地和海洋的动物包括飞禽所共有的。④ 可以说，罗马万民法堪称是共同法的滥觞。罗马万民法成了罗马世界普遍适用的法，它是古代社会唯一能够比较圆满地调整商品货币关系的法，是罗马世界各民族共通的交易法规则。⑤ 从 11 世纪开始，欧洲又发生罗马法的复兴，逐渐形成了以罗马法为内容的"欧洲共同法"。

人们一般都说，对罗马法的接受仍是根据欧洲当时发展中的经济生活模式而进行的。接受罗马法的那些世纪(主要在 13～16 世纪)事实上是市场经济和欧洲货币制度发展的初期阶段。这种新型的经济关系在法律的层面上需要三种东西，即一种稳定的法律，它足以确保司法和制度的安全，用于防范不测和市场

① [葡萄牙]叶士朋(A. M. Hespanha)：《欧洲法学史导论》，吕平义等译，中国政法大学出版社 1998 年版，第 73 页。

② [古罗马]盖尤斯：《法学阶梯》，黄风译，中国政法大学出版社 1996 年版，第 2 页。

③ [罗马]查士丁尼：《法学总论——法学阶梯》，张企泰译，商务印书馆 1989 年版，第 7 页。

④ 转引自[英]B. 尼古拉斯：《罗马法概论》，黄风译，法律出版社 2000 年版，第 55 页。

⑤ 何力：《从罗马万民法到 WTO 规则——对法律的普遍主义要素的历史考察》，载《复旦学报(社会科学版)》2004 年第 4 期，第 94 页。

风险；一种唯一的法律，它为欧洲内部市场之间贸易的建立提供可能性；再有，就是一种个人主义的法律，它为企业家的活动提供一种适当的法律基础。① 而古代罗马法正好是构成了具备所有这些条件的一种法律体系。由于罗马法系的伟大原则与市场关系的资本主义观念基本吻合，于是它作为协调所有欧洲市场的替补性的共同法律而被接受。当时，“在欧洲多数地方，更产生一种理论，谓古代罗马法系一种尚生存于当时之有效法律(living law)，凡当一问题发生时，如不能参考采用任何既成之中世法制以资解决者，则可采用最后之手段，诉诸罗马法以解决之。”②

西欧中世纪后期的商业复兴不但促进了罗马法的复兴，而且还导致另一个普遍性法律“商人法”(Lex Mercatoria)的诞生。当时的商业实际上类似于现在的国际贸易。复兴的罗马法能够填补商品经济方面中世纪法律的空白，但不能解决国际性的商事契约的要求。于是这里的商人、手工业者和海运业者成立了行业协会，拟订了商业习惯法。开始时各个城市各不相同，但是在不断繁荣的商业交往中逐渐趋于一致，形成了共通的商业习惯法，③亦未尝不可称为“商业共同法”。

共同法源于理性的事实并不能确保这些规则具有更高的效力，因为从同样的理性之中产生出这样的权能，即每个城市或每个民族均有按照具体的情况来修正或适用理性所普遍建立起来的原理的权利。所以，事实上，在共同法的时期，在欧洲诸社会空间共存着各种各样自主的法律体制，不仅每一种体制的效力不取决于另一种体制，而且其内容各不相同甚至相互抵触。在这些共同法中，并非全部和谐一致，它们之间有相互矛盾的原则存在。④ 因此，与各国法律的趋同化并不否认各国法律差异性一样，共同法并不意味着有一套共同的法律体系和统一的法典，共同法决不能取代各国的国内法。

随着国际经济一体化的逐步推进，共同法的普遍主义要素开始复活，并更加充分地体现在世贸组织和欧盟法等一体化组织的法律规则中。这些规则是当今

---

①　[葡萄牙]叶士朋(A. M. Hespanha)：《欧洲法学史导论》，吕平义等译，中国政法大学出版社 1998 年版，第 73 页。

②　[美]E. N. 斯密：《欧洲法律发达史》，姚梅镇译，中国政法大学出版社 1998 年版，第 7 页。

③　何力：《从罗马万民法到 WTO 规则——对法律的普遍主义要素的历史考察》，载《复旦学报(社会科学版)》2004 年第 4 期，第 94～95 页。

④　[葡萄牙]叶士朋(A. M. Hespanha)：《欧洲法学史导论》，吕平义等译，中国政法大学出版社 1998 年版，第 83～85 页。

世界最重要的法律规则，并将对 21 世纪世界法制发展发挥巨大的作用。比如，世贸组织的法律规则事实上已经深深介入到国际性和国内性法律关系之中，成为绝大多数国家的法制和经贸活动必须考虑的因素，影响着国际经济组织的活动和国家之间的贸易、投资、金融等方面的活动。在与世贸组织相关的法律领域，以世贸组织规则为核心的统一法律规则已经存在，并起着类似于古罗马万民法的作用。这个领域内的相关国内法部分还保留在主权国家的法律框架内，但在很大程度上已经失去了实质性自主发展的可能性。一个国家在加入世贸组织，融入国际经济一体化潮流后，更多的将是被动地履行义务，按照国际经济一体化的要求和国际上通行的做法对本国的法律制度，甚至包括涉及国家根本利益的事项，作出相应的改革。否则，在与国际社会其他成员，特别是世贸组织的成员交往的过程中便会有许多争端和麻烦。① 各国的国内法规则也就正在趋于相当程度上的完全一致，这在反倾销、反补贴、保障措施等领域内我们已十分清楚地看出。但是在与世贸组织法律规则无关的领域则仍然是国内法的专有领地……国家法仍然健在。② 这就像中世纪社会生活中以罗马法为主的共同法、教会法和各个别性法律等各种法律体系的共存一样，国际经济一体化进程中世界各国的法律在差异性的逻辑前提下不断接近、协调、吸收甚至部分统一或同一，朝着趋同化的方向不断向前发展。

（四）正确认识作为法律趋同化发展高级形式的“共同法”

当然，我们认为，全球化了的法律只是法律趋同化的高级形式，即具备了“共同法”的形式，但直到现在，仍都只能在“相对的意义”上来理解它们。因为，真正被全球各个国家、各个民族（或整个国际社会）共同一致接受并赋予其约束力的法律，还很难有这样的例证与实践。故而，这类被称之为全球化的法律或共同法，大致包括以下几种：

（1）就国际习惯而言，现在可以说具有全球化意义的是现代商人法或国际商人法。首先，由于它们是在现代国际商事活动中形成各种共同习惯法（虽然中世纪商人法对它的产生也不无渊源上的关系），它们固然为大多数国家或大多数从事国际商事活动的商人们所接受，但因其具有任意性的性质，无疑也允许商人

① 王贵国：《经济全球化与中国法制兴革的取向》，载陈安：《国际经济法论丛》（第 3 卷），法律出版社 2000 年版，第 12 页。

② 何力：《从罗马万民法到 WTO 规则——对法律的普遍主义要素的历史考察》，载《复旦学报（社会科学版）》2004 年第 4 期，第 97 页。

们不予采用而另行选用地方性习惯。其次,构成这种具有“国际性”(或称全球性)的商事习惯法,有的也可能不只是一种,而可能有多数并行,究竟采其中哪一种,抑或受国家或受个人自主意志所支配。例如,与适用得最为广泛的经国际商会多次修订的《国际贸易术语解释通则》(*INCOTERMS*)并行的尚有《美国1941年对外贸易定义》、《1932年华沙—牛津规则》以及国际商会1997年6月出版的《国际销售示范合同》等。而且即使就 *INCOTERMS* 来说,它现在虽已推出第2000版,但仍允许商人们在合同中约定使用早先的版本。

(2) 各种具有普遍性效力的国际条约。首先,即使目前有了几乎覆盖全世界的《联合国宪章》与世界贸易组织法,但它们目前终究尚未能覆盖全世界,而都只对缔约国具有约束力。其次,这类国际条约虽不允许缔约国或加入国(方)作出“保留”,但如世界贸易组织法,它的基本制度的具体实施,也还给各成员方留下了制定和通过各自的国内立法的活动空间。其他如《1980年联合国国际货物销售合同公约》不但只适用于成员国间当事人的商事合同,而且它在法律效力上只是具有“替补性”的作用,即只在缔约国间当事人未指定合同适用的法律时才加以适用;而在当事人约定适用于他们之间的合同时,还允许依据其第12条之规定,对买卖双方当事人的权利义务作出减损。

(3) 狭义的现代共同法(ius commune)。尽管过去有 jus gentium(万民法,后又被称为万国法),但始初它只是罗马法中专门适用于处理在罗马的外来人之间及罗马市民与外来人之间的纠纷的法律,后来虽被用来指称万国法乃至国际法,但无论上述二者的任一意义,我们都认为现在因法律的趋同化而出现的“共同法”,乃专指除了前面已讲到的两种具有(可能的)全球适用性的法之外,还有表现在各国国内法中的(或被各国国内法普遍采用)的法律规则。我们主张不把共同的或普遍采用的法律制度纳入“现代共同法”的范畴。因为比如合同法律制度、侵权法律制度等是目前各国民法中都采用的,乃至宪法、行政法、民法、刑法、诉讼法等各种基本法律制度,都构成各国成文法的不可缺少的部分,但不能说它们都是各国的“共同法”。只有在各国这些法律制度中共同采用的法律规则才属于共同法的范畴。

与原来的罗马法在相当长时期成为欧洲国家的共同法不同的是,现在我们所称的共同法,虽也有一些具有罗马法遗传下来的性质,另外一些则是由前述国际惯例或国际公约所构成的,但更多的应该认为是因现代商业的发达、经济全球化和国际经济一体化趋势的日益强劲,各国都致力于消除自己的法律与国际社会较通行的或更先进有效的法律制度的抵触而改革自己的既有的法律所形成的，即是由于法律的新时期的趋同化发展而形成的。因此，我们认为，既不宜完全根据过去对作为欧洲共同法的罗马法的理解来进行理解，也不宜把它完全理解为由现代商法或经国际公约而被共同遵行的行为规则所构成的具有普遍适用性的法。因为以上两类具有普适性的法律，我们在法律分类上既已归入以上两类，故而我们这里所讲的现代共同法应该专指由于法律的新的趋同化而产生的出现在各国国内法中的共同法。

二、法律全球化与法律趋同化的理论渊源

（一）从学者们的论述看法律全球化与法律趋同化的关系

有学者指出，法律全球化这一概念在我国学界中的使用只是最近几年的事情。① 但是最早就经济全球化和国际经济一体化对法律的影响提出深刻见解的却是在 1989 年的下半年。当时，本书第一作者在武汉大学的一次学术报告中正式提出了法律趋同化这一科学命题，②并在 1991 年《中国与国际私法统一化进程》一书的序言中，向学界发表了这一观点。应该说，这才是研究经济全球化和国际经济一体化对法律影响的滥觞。但是，学界有些人不愿意使用现成的、经过实践检验是科学的法律趋同化的提法，但又实在是在法理上和实践上离不开法律趋同化理论，而把“法律趋同化”纳入“法律全球化”的范畴③；或者以“法律全

---

① 车丕照：《法律全球化——是现实？还是幻想？》，载陈安：《国际经济法论丛》（第 4 卷），法律出版社 2001 年版，第 30 页。

② 那还是 1989 年 10 月、11 月间的事，当时武汉大学法学院正为我国国际法前辈学者周鲠生先生诞辰 100 周年、武汉大学国际法研究所创始人韩德培教授 80 华诞以及武汉大学国际法研究所成立 10 周年举行隆重纪念活动。作为庆祝活动的一项内容，本书第一作者给学生作了一次学术报告。以“当代国际私法趋同化倾向正不断加强”为题，首次阐述了法律趋同化的观点。在随后几年的一系列论文和著作中，对整个法律领域的趋同化问题进行了多次深入的论述。相关的论文多已分别收入《21 世纪的国际私法：国际私法与法律的趋同化》，法律出版社 1999 年版；《国际民商新秩序的理论建构——国际私法的重新定位与功能转换》，武汉大学出版社 1998 年版；《市场经济与当代国际私法趋同化问题研究》，武汉大学出版社 1994 年版。近年复有《趋同之中见差异》、《从中国入世后法律的立、改、废再谈法律的趋同化问题》等文发表。

③ 代表性的学者观点可参见：车丕照：《法律全球化——是现实？还是幻想？》，载陈安主编：《国际经济法论丛》（第 4 卷），法律出版社 2001 年版，第 30～41 页；车丕照：《法律全球化与国际法治》，载高鸿钧等：《法治：理念与制度》，中国政法大学出版社 2002 年版，第 792～837 页。

球化”之名，言“法律趋同化”之实①；也有学者把“法律趋同化”与“法律全球化”等同起来使用，②或两者兼用③，由此便产生了“法律全球化”的各种赞成者和反对者。以下不妨先谈谈“法律全球化”赞成者的各种理论。我们从中似乎能够找到法律全球化与法律趋同化有某种渊源上的关系。

把法律趋同化纳入法律全球化以开展其论述者，认为法律全球化可归为两大学派，即“非法治化”学派和“法治化”学派。其中，“法治化”学派将法律全球化看作是法律在全球范围内更有效地实现其调整社会关系的功能的过程。但属于这一学派的有的学者仍将法律全球化表述为“法律趋同化”。显然，相比之下，“法治化”学派的观点是更接近世界范围内变革的现状及近期发展趋势的。④

不难理解，“法律全球化”赞成者是赞同法律趋同化的。只是他们认为，全球范围内法律规范的趋同化仅为法律全球化的一方面，其另一方面为法律的一体化。并进一步明确，法律趋同化是法律一体化的基础，法律一体化是法律趋同化的高级表现形式和必然发展结果。⑤

以法律全球化之名，言法律趋同化之实者，坚持认为“法律全球化”概念本身就表明这一社会现象以社会经济全球化为物质基础和思想基础的性质，反映其与人类社会正在进行的全球化的进程相吻合的特征。⑥ 因此，“法律全球化”是不以人的意志为转移的历史趋势。⑦ 但从他们对法律全球化的表述中，似乎找

---

①　代表性的学者观点可参见：邓建中、刘磬：《法律全球化与共同法发现的思考》，载《法制日报》2004 年 10 月 28 日，第 11 版；李巍：《“法律全球化”是不以人的意志为转移的历史趋势》；陈建：《“法律全球化”小议》；刘颖：《从美国〈统一商法典〉第 4A 编的“全国化”看法律全球化》，均载陈安主编：《国际经济法论丛》(第 4 卷)，法律出版社 2001 年版；朱景文：《欧盟法对法律全球化的意义》，载《法学》2001 年第 12 期，第 57～61 页；《关于公法的全球化》，载夏勇：《公法》(第 2 卷)，法律出版社 2000 年版，第 188～198 页。

②　代表性的学者观点可参见：江平：《全球化、现代化与本土化》(比较法学会 2002 年会议主旨发言)，载江平：《比较法在中国》2003 年卷，法律出版社 2003 年版，第 1～6 页。

③　王贵国：《经济全球化与中国法制兴革的取向》，载陈安主编：《国际经济法论丛》第 3 卷，法律出版社 2000 年版，第 1～14 页。

④　车丕照：《法律全球化与国际法治》，载高鸿钧等：《法治：理念与制度》，中国政法大学出版社 2002 年版，第 793 页。

⑤　车丕照：《法律全球化与国际法治》，载高鸿钧等：《法治：理念与制度》，中国政法大学出版社 2002 年版，第 795 页。

⑥　谢岚：《“法律全球化”问题初探》，载陈安《国际经济法论丛》(第 4 卷)，法律出版社 2001 年版，第 68 页。

⑦　李巍：《“法律全球化”是不以人的意志为转移的历史趋势》，载陈安：《国际经济法论丛》(第 4 卷)，法律出版社 2001 年版，第 26 页。

不出与法律趋同化表述的差异。① 且看二例。例一："(法律)全球化反映的是世界各国各地区的法律在内在精神上、原则上和主要标准上以及重要程序上越来越多地接近、协调、吸收甚至部分统一或同一的现象。"②例二："……我本人的观点，就是把法律全球化描述为正在发生的各国法律走向趋同化……的一种趋势，表现为一方面各国法律在更多领域相互借鉴吸收，形成共识，即制度上一致的方面逐渐增多；另一方面是各国普遍的参与制定、接受国际公约、协议。使本国法在更大范围与国际惯例相衔接，服从于普遍的国际规则和标准，这意味着各国在主权上需要作出更多的让步。"而且，作者特别强调："相信这也是能够被更多人接受的关于法律全球化的正确理解。"③这表明，坚持法律全球化观点的人认为，若要正确理解法律全球化，仍只能回到法律趋同化上来，用法律趋同化的理论来论证法律全球化说之正确。当然，法律全球化的反对者中，有些人不直接讲法律趋同化，而是强调"也应看到所谓的法律全球化并不是在一切法律领域都发生，在其他领域，法律仍然受到国内的经济、政治和文化条件的制约，是主权国家意志的体现"。④ 但法律趋同化理论早就指出"这一概念本身内含着承认各国法律制度差异性或多样性的逻辑前提"。⑤ 把法律趋同化与法律全球化等同起来使用者则认为"趋同化也就是一体化，一体化也就是全球化。只不过全球化这一名词使一些人或是基于意识形态原因，或是基于其他原因，更难接受罢了"。⑥ 法律趋同化与法律全球化两者兼用者则认为"在国际经济一体化的大潮中，各国法

① 虽然前文作者已经较详细论述了法律趋同化问题，但为了便于读者两相对照，不妨摘录一段有关法律趋同化的论述，以飨读者："所谓法律的趋同化是指不同国家的法律，随着社会需要的发展，在国际交往日益发达的基础上，逐渐相互吸收、相互渗透，从而趋于接近甚至趋于一致的现象，其表现是在国内法律的创制和运作过程中，越来越多地涵纳国际社会的普遍实践与国际惯例，并积极参与国际法律统一的活动等。"(见李双元：《市场经济与当代国际私法趋同化问题研究》，武汉大学出版社 1994 年版，第 3 页)

② 邓建中、刘磬：《法律全球化与共同法发现的思考》，载《法制日报》2004 年 10 月 28 日，第 11 版。

③ 李巍：《"法律全球化"是不以人的意志为转移的历史趋势》，载陈安：《国际经济法论丛》(第 4 卷)，法律出版社 2001 年版，第 27 页。

④ 朱景文：《欧盟法对法律全球化的意义》，载《法学》2001 年第 12 期，第 61 页。

⑤ 李双元、徐国建：《国际民商新秩序的理论建构——国际私法的重新定位与功能转换》，武汉大学出版社 1998 年版，第 151 页。

⑥ 江平：《全球化、现代化与本土化》(比较法学会 2002 年会议主旨发言)，载 江平：《比较法在中国》2003 年卷，法律出版社 2003 年版，第 3 页。

律的趋同或法律全球化是正在进行的一个过程”。“它是国际社会根据经济一体化发展的需要所进行的第二代改革的一部分，是当今国际社会的大潮”。① 不难看出，持有这两种观点的学者不纠缠于法律趋同化与法律全球化两个概念的异同，却以“法律一体化”为中介，而试图把“法律趋同化”与“法律全球化”作为三个不同质的阶段联系起来。

最后，还有学者把法律全球化描述为法律的世界化，认为世界经济在逐步一体化是世界法（全球法）产生的物质基础。世界法是在经济一体化所产生的共同需要和利益之上产生的。世界经济一体化是世界法的根本，法律只是经济的记录而已。② 这种观点似乎更难令人接受，在学界招人诟病，也就在所难免了。

（二）法律趋同化理论对法律全球化理论的修正和补遗

从反对法律全球化的学者们的论述中，不难总结出他们反对法律全球化的理由，或曰他们所担心的问题主要有两个：一是“法律全球化的倡导者刻意抹杀了法律的本质特征，试图借助经济全球化的进程，将法律描述成各国一体遵行的规则，淡化各国法律之间质的差异”，③“即使实现法律在全球范围的统一或同一，不等于全球、全人类任何地方的法律和一切有法律约束力的规范都完全一样了”，④从而认为法律全球化理论抹杀了各国法律制度的多样性和差异性。二是先把“法律全球化”描述为“这种法律来自‘不受任何国家控制的经济或政治势力’、是‘超国家的法律’、是‘独立于国家之外的立法过程’，即由‘私政府’制定的”，⑤“将各国引入‘以实现人类共同利益为目的的市场、法律和政治的非国家化进程’”，⑥“就是想有一个全球统一的法律，形成一种超国家的法律，并由凌驾

---

① 王贵国：《经济全球化与中国法制兴革的取向》，载陈安主编：《国际经济法论丛》第 3 卷，法律出版社 2000 年版，第 14 页。

② 潘抱存：《国际条约与国内法关系的科学认识》，载人大复印资料《国际法学》2000 年第 6 期，第 33 页。

③ 慕亚平：《评“法律全球化”概念的科学性》，载陈安：《国际经济法论丛》（第 4 卷），法律出版社 2001 年版，第 21 页。

④ 陈建：《“法律全球化”小议》，载陈安：《国际经济法论丛》（第 4 卷），法律出版社 2001 年版，第 48 页。

⑤ 沈宗灵：《评“法律全球化”的理论》，载陈安：《国际经济法论丛》（第 4 卷），法律出版社 2001 年版，第 3 页。

⑥ 慕亚平：《评“法律全球化”概念的科学性》，载陈安：《国际经济法论丛》（第 4 卷），法律出版社 2001 年版，第 21 页。

于各国政府之上的强制机构保证其实施”,①所以,法律全球化必然导致主权丧失,“国将不国”。这两种担心虽是有必要的,反对法律全球化的理由也不可谓不充分,但是,对法律全球化的这两种担心或曰理由在“法律趋同化”理论中都可以获得解释,得到解决。

1. 法律趋同化承认各国法律制度的差异性或多样性的逻辑前提

对于“法律全球化”的提法,有学者提出,“因为从逻辑推导分析,法律全球化的结果应当是得到一个全球化了的法律”,②但实际情况是,世界法律不可能实现“天下大同”。有学者指出,撇开法律理论定义,仅就目前全世界情况而论,也不可能有什么“法律全球化”,最明显的例子就是被伊斯兰国家奉为最高法典的《古兰经》,其中有一个男子可娶四个妻子,男人休妻只要连说三声“不要你了”就具有离婚的法律效力。试问,这类法律能全球化吗?③

也有学者进一步指出,各国政治体制与经济体制不一样,所产生的法律也就不一样,尤其是文化发展、民族信仰、习惯的千差万别,加之地区不同,它们制定的法律,自然也千差万别。从国家的结构形式看,有的国家实行单一制,有的国家实行联邦制,还有的国家间实行邦联。即使是实行单一制的国家,法律也存在地区性差异,更何况实行联邦或邦联制的国家,内部还存在着联邦或邦联体系及作为其成员的共和国或者州的法律体系,它们之间有绝对独立与相对独立的主权,其差异很难消除。④

还有外国学者认为,当我们讲法律全球化时,我们必须意识到我们是在讲地球上一个很狭小的、有限的和特定的法律现象……我们几乎总会发现,我们所讲的全球化实际上是在讲北美、欧洲、澳大利亚和新西兰。日本有时算在内,有时则不算。其他亚洲和非洲国家则绝不在内。对我们大多数人来说,墨西哥以南部分的拉丁美洲也是无关的。⑤

---

① 韩天森:《谈法律全球化——兼谈经济全球化》,载陈安:《国际经济法论丛》(第4卷),法律出版社2001年版,第17页。

② 慕亚平:《评“法律全球化”概念的科学性》,载陈安:《国际经济法论丛》(第4卷),法律出版社2001年版,第22页。

③ 赵维田、王海英:《评“法律全球化”的呓语》,载陈安:《国际经济法论丛》(第4卷),法律出版社2001年版,第12页。

④ 韩天森:《谈法律全球化——兼谈经济全球化》,载陈安:《国际经济法论丛》(第4卷),法律出版社2001年版,第18页。

⑤ M. Shaprio. The Globalization of Law. Indiana Journal of Global Legal Studies, Vol. 1, 1993, pp. 37-38.

以上这种种反对法律全球化的观点我们都是同意的，我们过去在分析法律的“国际化”和“世界法”的观点的不当之处时也从不同的角度表述过类似的意思。正因为如此，在总体上说，我们认为“法律全球化”的提法是不够周延的，这主要还是由于主权国家还将长期并存，它们各自都还得从自己的国家利益和民族、文化的特质需要出发在很大程度和范围上保存乃至保护自己法律的自主权和特殊需要。但各种国际社会组织在经济全球化的推动下，试图架构各种重要领域统一法律制度（全球化的）的努力已在不断地取得不同程度的进展和成果，也是有目共睹的。比如，1958 年的联合国《关于承认与执行外国仲裁裁决公约》（纽约公约）已经有近 150 个国家和地区加入，而且世界上经济贸易比较发达的国家基本上都在其中，这一公约是诸多国际公约中最成功的范例之一，就这一部分法律而言，全球化的统一基本上要接近实现了。另外，如 1985 年联合国国际贸易法委员会制定的《国际商事仲裁示范法》已被许多国家和地区的国内法所采纳，仲裁法规范在全球范围内的统一取得令世人瞩目的成就。① 更不用说像《联合国宪章》与《世界贸易组织法》这些更成功的例证。但即使这些统一法，也仍给各成员国的立法留下很大的空间，离真正的“法律大同”还有遥远的距离。

因此，作为一种科学理论的概括，法律全球化则显然无法从全局的、总体的、宏观的角度来解释和归纳虽然某些法律已经全球化或一体化，而范围更广、数量更大的法律之间存在的巨大差异性，甚至趋异的现象。而一种高度概括的理论抽象恰恰不应该是专为某几个法律或法律部门准备的，而应当是在宏观上能描述、解释、概括某一种法律现象的真实内涵的科学结论，并指导各个法律领域的研究与实践。而法律趋同化理论无疑正是这样一种理论。法律的趋同化原则上可以说是全面的、覆盖整个公法、私法与社会法等各个领域的。

法律趋同化从来不否认法律的差异性，反而认为法律趋同化这一概念本身内含着承认各国法律制度差异性或多样性的逻辑前提。没有差异性或多样性，也就无所谓趋同化。在 21 世纪，由于各国法律文化的进一步交流和渗透以及它们在国际社会所追求的和平、交流、合作与发展的目标的一致性，虽然不同法系、不同国家的法律思想、法律制度的历史的和民族的特点，在国内法和国际立法活动中，依然会受到重视，但寻求彼此间均可接受的结合点的努力会大大加强；相互融合、相互吸收，以至于达成一致的地方会越来越多。这首先是各国国内法中

---

① 陈建：《“法律全球化”小议》，载陈安：《国际经济法论丛》（第 4 卷），法律出版社 2001 年版，第 45 页。

相近似或相一致的内容会继续增加。一些法律发达国家和社会的经济实践证实是先进的、完善的立法体例将进一步被各个国家所仿效，而各国国内法中那些难以求得协调和一致的法律制度之间的冲突，也将通过国内立法和国际统一立法，找到种种变通处理的途径和方法。国内立法和国际立法之间的协调性也将进一步加强，并将通过国际条约或国际组织的章程和各国自己法律中的有关规定，来促进这种协调性不断发展。这样势必使国际社会在 21 世纪法律的趋同化中走得更远，取得更加辉煌的成果。① 世界贸易组织和欧盟法制的统一进程就是最好的例证。

但同时也必须承认，无论怎样强调国际社会法律在国内立法上的趋同化和在国际立法上的统一化运动，由于受不同意识形态的影响，受不同发展水平和不同国情的制约，法律的分歧和对立并不可能完全消除，②世界法律在交融过程中将始终贯穿着种种冲突和纷争。③ 与经济全球化和国际经济一体化相伴随的则是实际经济、文化、法律、生活等方面的多样化。市场经济虽然正在成为世界的抽象，但各国的市场经济体制却不尽相同，其差异并不见得随着市场经济的发展而缩小：德国的市场经济体制被称为是社会市场经济，极不同于英美的自由放任经济；东亚的市场经济则由于严重的政府干预而又有别于其他的市场经济。民主政治也一样，世界上找不出两个政治制度完全一样的国家。④ 这些差异性必然要在法律上反映出来。

因此，我们所主张的法律趋同化，并不是说各民族、各国家、各阶级的法律的差异会完全消失，更不是说它们会完全同一，而达到“法律的国际化”、“世界法”和“法律的全球化”。恰恰相反，我们只是在承认法律的民族特色、国情差异的基础上，指出国际社会法律将出现减少冲突、求同存异、协调发展的趋势。⑤ 更何况，在不同的法律领域和不同的国家以及同一国家的不同历史发展阶段，趋同化

---

① 李双元、徐国建：《国际民商新秩序的理论建构——国际私法的重新定位与功能转换》，武汉大学出版社 1998 年版，第 17～18 页。

② 李双元、徐国建：《国际民商新秩序的理论建构——国际私法的重新定位与功能转换》，武汉大学出版社 1998 年版，第 54 页。

③ 邓晓俊等：《国际私法的趋同化及其障碍》，载《中国法学》1995 年第 1 期。

④ [德]赖纳·特茨拉夫：《全球化压力下的世界文化》，吴志成等译，江西人民出版社 2001 年版，第 97 页。

⑤ 李双元、徐国建：《国际民商新秩序的理论建构——国际私法的重新定位与功能转换》，武汉大学出版社 1998 年版，第 18 页。

的进程并不一致。① 无论从当前的现实情况还是逻辑推理来看,经济的全球化或经济的一体化并不必然导致法律的一体化和法律的全部的全球化。这主要是因为,事实上,经济全球化和国际经济一体化是一个矛盾综合体。在科学的意义上,即使是国际社会的主流意识,目前都已注意到,不能让经济的全球化或一体化损害各个国家、各个民族和各个地方的特殊性和独立性。全球化也是国际化和本土化(Internationalization/Nativism)的统一。全球化冲破传统的民族国家壁垒,随之而来的是越来越多的国际性标准和规范为世界各国所共同接纳和遵守,"与国际接轨"成为许多国家共同的口号。但是,各国在接纳和遵守这些普遍的国际准则时,始终没有忘记本国的传统和本国的特征,而是将国际准则与本国传统结合起来,使国际准则本土化。可以说,即使是开放化程度最高的国家,也不可能完全没有本民族的胎记。② 此种法律与民族的存在和性格(Being and character of the people)的有机联系,亦同样展现于时代的进步中。对于法律来说,一如语言,并无决然断裂的时刻;如同民族之存在和性格中的其他的一般性取向一般,法律亦同样受制于此运动和发展。③ 因此,应该清醒地认识到法律趋同化不可能是法律在全球范围内的完全统一。这在我们提出这一理论的时候就加以强调了。

为了更充分地说明全部法律全球化的不现实性,不妨以世界贸易组织的有关规则为例予以分析。在世贸组织体系内,要打破非关税壁垒的种种阻力,实行多边的共同法律规则,十分艰难和复杂。例如,统一原产地规则问题,从 20 世纪 50 年代初迄今,几经谈判和周折,才把美国和加拿大传统的、弊端众多的"实体转换制"融合、统一到"协调税则制"上来,到乌拉圭回合才产生了第一个国际化《原产地规则协议》,而这还只是个基本没有实体规则的程序性协议。该协议第 9 条第 2 款要求世贸组织成立后 3 年内完成原产地实体法统一规则。而具体负责此项任务的世界海关组织所主持的"技术委员会"召开了 20 次会议,争争吵吵,难有结果。光一个原产地规则的问题,已耗费半个多世纪的光阴。至于乌拉圭回合开拓的新领域——服务贸易,要把多达 31 大项的各种服务贸易统统纳入国际统一法律规则范围内,则要等到何年何月啊?更何况,世贸组织体制中的许

① 李双元、徐国建:《国际民商新秩序的理论建构——国际私法的重新定位与功能转换》,武汉大学出版社 1998 年版,第 154 页。

② [德]赖纳·特茨拉夫:《全球化压力下的世界文化》,吴志成等译,江西人民出版社 2001 年版,第 97～99 页。

③ [德]弗里德尼希·卡尔·冯·萨维尼:《论立法与法学的当代使命》,许章润译,中国法制出版社 2001 年版,第 9 页。

多比较成熟的协议，如反倾销协议等，多边统一规则并不完全，给各成员方留下相当大的空间，由各成员方按本国特点或主张，另立国内法。例如，允许欧盟等自行订立“反规避”条款，即通常所说的“改锥规则”(Screwdriver Rules)。由此可见，即便在较为成熟的领域，国际统一规则也不可覆盖一切，它总要给各国留有自主裁断的空间和余地。① 因此，奢谈法律的全球化或一体化，无异于与虎谋皮。而世界各国出于便利交往和追求共同利益的需要，在尊重各国差异性的前提下不断推进法律的趋同化发展则是水到渠成之举。

2. *法律趋同化是建立在国家主权和国家利益基础上的法学理论*

对于法律全球化的理论，反对者也不乏其人。如有人担心它无异于主张法律的“非国家化”(Denationalization)，从而导致主权丧失和出现超国家法的问题。法律全球化论者认为在推行法律全球化的不同主张中，确实描述了一个纯而又纯的“世外桃源”，“没有国家的”，“不受任何国家控制的”，由“私政府制定的”大一统的法律世界。具体来讲，就是主张法律全球化是私法主体创设的、介于各国国内法与国际法之间的无国家的全球化法律现象。② “私自创法”(Private-lawmaking)制度就是指独立于主权国家以外的全球化法律的创立。对全球化法律来说，一般的立法机构是不重要的，它是在全球化过程中由自我组织的法律结构构成的。所以有学者指出，“西方不少学者仿佛有一种职业上的偏爱：鼓吹一种凌驾于全世界的法律”。并且举出了一串这样的西方学者：法国新托马斯主义哲学家马里旦(J. Maritain)主张为了建立持久和平，就应抛弃国家主权和建立世界政府；奥地利法学家凯尔森(H. Kelsen)鼓吹“国际法凌驾于国内法之上”；美国法学家庞德(R. Pound)主张建立一种“新的万民法”，即“世界范围的法律秩序”。总之，“法律全球化”基本上是一种不切实际的幻想。③

上述担心确实不无道理，但是“法律趋同化”理论也与“法律全球化”理论迥然不同。因为，在我们看来，国际法是国家之间而非国家之上的法律；国家主权在国际社会之中至高无上的地位，仍将是 21 世纪处理国际关系的基本观点。人们不应奢望：21 世纪会出现国家之上的“世界法”、“全球法”，但是，由于人类面临许多共同问题，以人类拥有的科学技术、信息为物质基础，以国际社会组织化

① 赵维田、王海英：《评“法律全球化”的呓语》，载陈安：《国际经济法论丛》(第 4 卷)，法律出版社 2001 年版，第 12～14 页。

② 沈亚平：《评“法律全球化”概念的科学性》，载陈安：《国际经济法论丛》(第 4 卷)，法律出版社 2001 年版，第 24 页。

③ 沈宗灵：《评“法律全球化”的理论》，载陈安：《国际经济法论丛》(第 4 卷)，法律出版社 2001 年版，第 3～8 页。

为有效途径，以国家社会的理解与共识为思想基础，在许多问题都不可能由哪一个国家用国内法来自行解决的客观要求下，各国国内立法都必须采取一些共同准则，每个国家在立法中只顾及自己或本民族的局部的暂时利益的做法将会受到限制或制约。因此，这就意味着国家主权作为国际社会至高无上的实体的局面在21世纪将会有新的发展，国际社会的法律在某些方面会产生一些必须得到共同遵循的规范，国家行为将会受到一些基于维持全人类共同利益而产生的国际法规范的制约。①

就法律趋同化的实现形式而言，大体可分为两种：其一是直接的形式或途径，即通过缔结或参加有关国际条约或援用有关国际惯例，在缔结国之间或有关法律中实现法律的统一。② 这丝毫无损于国家的主权。国家主权是法理学上的一个抽象概念，在国际社会现实中则以各种不同的丰富多彩的形式存在。一个主权国家在平等互利等原则的基础上签署或加入一个国际公约，将某一部分主权让渡出去，实质上是以一种特殊的方式行使了这一部分主权。国际公约、条约的缔结是各有关国家行使主权，表达自己意志的结果，如有与本国意志相抵触之处，还允许有保留条款，必要时还可退出公约，收回这一部分主权。

加入公约、让渡部分主权的目的一定是为了实现更大的利益。比如，欧盟各主权国家将发行货币的权利让渡给欧盟这一国际组织，为的是换取经济上的更大的利益。各国争相加入世界贸易组织也是相同的情况。加入该组织，就得受其规则的约束，让渡出一部分主权，以换取国内经济的大发展和国内社会的全面进步。③ 因此，即使是通过直接途径实现法律趋同化亦是无损于国家主权的，而恰恰是国家主权在经济全球化和国际经济一体化进程中的特殊实现形式。

其二是间接的形式或途径，即通过把国家社会的普遍实践纳入本国的国内立法，从而对有关国内法进行改造，使之与国际社会普遍实践相协调、相接近或者一致。④ 各国相互借鉴某些法律中的先进制度，甚至制度的内容都相同，这也是各国根据自己的需要而采取的行动，是各国主权意志的体现，都必须经过各国

① 李双元、徐国建：《国际民商新秩序的理论建构——国际私法的重新定位与功能转换》，武汉大学出版社1998年版，第12～14页。

② 李双元：《走向21世纪的国际私法：国际私法与法律的趋同化》，法律出版社1999年版，第600页。

③ 陈建：《“法律全球化”小议》，载陈安：《国际经济法论丛》（第4卷），法律出版社2001年版，第47～48页。

④ 李双元：《走向21世纪的国际私法：国际私法与法律的趋同化》，法律出版社1999年版，第600页。

政府的制定或认可。有关国际组织如世贸组织、国际货币基金组织、世界银行等制定的一些国际经济贸易规则,也往往是根据各成员国之主权意志予以遵循的结果。① 再比如欧盟,一方面,其内部目前已出现了一种共同体法,即直接在欧盟各国国内共同适用的法律,尤其是它的一些"指导原则",它们与欧盟各国的国内法一并存在,有时甚至还对欧盟各国的国内法起着变通处理的重要指导作用;另一方面,欧盟各国自己的国内立法工作并未停顿下来。这是由于共同体法目前还不能覆盖更多的领域,它的有限性和局限性也给各国国内立法留下巨大的空白,需要在充分考虑这些"指导原则"的基础上,由各国的国内法来填补。②

从法律趋同化的实现途径也不难看出,离开了各主权国家政府的参与,法律的趋同化则无从谈起,正所谓"皮之不存,毛将焉附"?③ 更不存在一个超越各主权国家之上的世界政府来掌管法律趋同化的各项事务。所以,宁可通过对"法律全球化"的批判来反对"法律趋同化"的理论也是站不住脚的。

另外,还想顺便提到的一点是,有些学者在论述反对法律全球化的理由时,运用了马克思主义关于国家与法的消亡的原理。"国家和法都是历史的范畴。它们在历史发展的一定阶段上产生,也将在历史发展的一定阶段上消失",④因而得出结论,认为"法律和国家是同步的,只要有国家就会有法律,假如'非国家化'了,自然也就'非法律化'了,而不是法律全球化了"。⑤ 如果说"法律全球化"了,就是指各主权国家制定或认可的法律的差异消除了,最终统一了,凌驾于各国之上的法律出现了……如果法律统一了,则国家也就不存在了。当然无国便无法;反之,无法也无国,国家与法都消亡了,那还有什么"法律全球化"可言呢!⑥

我们现在还无法预见世界范围的无产阶级革命将会在何时到来,以及国家

① 韩天森:《谈法律全球化——兼谈经济全球化》,载陈安:《国际经济法论丛》(第4卷),法律出版社2001年版,第17~18页。

② [意]桑德罗斯奇巴尼:《意大利民法典》,中国政法大学出版社1997年版,序言。

③ 《左传·僖公十四年》。

④ 《马克思恩格斯全集》(第18卷),转引自李光灿、吕世伦:《马克思恩格斯法律思想史》(修订版),法律出版社2001年版,第822页。

⑤ 慕亚平:《评"法律全球化"概念的科学性》,载陈安:《国际经济法论丛》(第4卷),法律出版社2001年版,第21页。

⑥ 韩天森:《谈法律全球化——兼谈经济全球化》,载陈安:《国际经济法论丛》(第4卷),法律出版社2001年版,第18页。

与法会否在同时消亡。至少到现在我们还必须承认，“国家消亡论”只是建立在“共产主义理论”基础上的新的乌托邦。不论是从法（规则）原初的产生，还是法律趋同化的未来发展，我们都认为，国家即使可以消亡，但法律（或曰规则）将是永恒存在的，随着国家的消亡，调整和规范国与国之间关系的法律可能将不复存在了，但是人与人（包括法人）之间的交往将永恒存在（除非人类也消亡了）。为了保证这种交往的正常和有序进行，至少调整和规范人与人之间关系的法律规则将依然是需要的，充其量到那个时候，法律不叫法律，而叫做其他规则什么的。我们无法想象，遥远的未来的某一天，人们开着车可以满大街跑而不用遵守交通规则，飞行员驾驶飞机可以不按照指令而随意飞行！认为法律可以消亡或曰必然消亡，那是把法律仅理解为“阶级斗争的工具”和“统治阶级意志的表现”等狭隘的观点所得出的结论。

法律趋同化是最先关注经济全球化和国际经济一体化对法律的影响的理论研究成果，十多年来，国际社会法律发展的实践反复证明了它的科学性和理论价值。虽然这一段时间学界提出了诸如法律全球化等对经济全球化和国际经济一体化进程中法律发展趋势的不同的理论观点，但最终都难以跳出法律趋同化的理论范畴，而必须回到法律趋同化理论才能对这种法律发展趋势作出有说服力的解释。从下文对法律全球化的赞同者和反对者都将法律趋同化作为其立论基础的进一步分析中更是可以深切地感受到这一点。

（三）法律趋同化理论对法律全球化的正反双方论争的调和

在对经济全球化和国际经济一体化进程中关于法律发展趋势的各种观点进行比较研究时，我们发现了一个非常有趣的现象，那就是不管是赞同法律全球化的人还是反对法律全球化的人，几乎都把法律趋同化作为其立论基础。只是他们之间的区别在于：法律全球化的赞同者主要关注于法律规范适应经济全球化和国际经济一体化发展的世界趋势而作出相应的调整，从而各个国家的法律规范和国际社会的法律规范之间相互作用、交相融合、彼此协调，甚至出现部分统一或同一的现象，但他们往往也不抹杀各国法律之间的差异性；而法律全球化的反对者主要关注于世界各国法律存在巨大差异性的现实和实现法律统一化的艰难，但他们却往往也表明并不反对某些法律领域或法律部门在一定程度上实现趋同乃至全球的统一。

赞同法律全球化的学者认为，国际经济一体化要求建立与之相适应的法律规范，否则，跨国交易便不可能在有序的条件下进行。在国际经济一体化的大势之下，全球范围的法律理念、法律价值观、执法标准与原则乃至法律和法制正在向趋同的方向迈进。经济一体化将最终导致国际社会各国法律制度和法律规范上的趋同化。这一趋势是通过多边条约使国际社会的规范进入国家社会的范畴。① 各种国际性的贸易条约和调整特定领域法律关系的公约、国家间的各种双边条约等，充分表明各个民族国家之间、整个人类社会之间进一步发展的共同需要。② 随着经济全球化和国际经济一体化的发展，当今各国不仅在民商等私法领域相互借鉴和吸收，在经济法、刑法、人权法等公法或公私法混合法中也具有趋同性，各国法律的融合、渗透并不仅仅局限于个别领域。③ 也有学者通过对美国《统一商法典》第4A编的“全国化”的分析后认为，作为经济发展重要推动力的科学技术的发展，既然能推动美国商事法律的“全国化”，那么在21世纪，也一定能推动不同国家的法律，在国际交往日益发达的基础上，逐渐相互吸收，相互渗透，从而趋于协调、接近，甚至一致，达到“全球化”。④ 也还有人把“法律全球化”与“法律全球趋同化”相提并论。⑤

但是，不管学者们是如何地强调法律之间的接近、协调、吸收甚至部分的统一或同一，但他们都同意，各国法律的趋同性并不否认各国法律的差异性，法律全球化并不意味着有一套共同的法律体系和统一的法典。⑥ 并以中国为例认为“承认全球化的趋势不等于要把中国法律都和国际接轨，谁也不会愚蠢到要把中国的法律都和国际接轨，谁也不会天真到将来世界大同会大同到所有各国的法律都统一到一个规则上。但是，既然我们承认全球化是个趋势，中国的现有法律也将适应这一趋势，那么……一个重要任务就是要弄清哪些领域我们要‘趋同’，

---

① 王贵国：《经济全球化与中国法制兴革的取向》，载陈安：《国际经济法论丛》（第3卷），法律出版社2000年版，第3、4、5页。

② 邓建中、刘磬：《法律全球化与共同法发现的思考》，载《法制日报》2004年10月28日，第11版。

③ 李巍：《“法律全球化”是不以人的意志为转移的历史趋势》，载陈安：《国际经济法论丛》（第4卷），法律出版社2001年版，第29页。

④ 刘颖：《从美国〈统一商法典〉第4A编的“全国化”看法律全球化》，载陈安：《国际经济法论丛》（第4卷），法律出版社2001年版，第43页。

⑤ 陈建：《“法律全球化”小议》，载陈安：《国际经济法论丛》（第4卷），法律出版社2001年版，第44页。

⑥ 邓建中、刘磬：《法律全球化与共同法发现的思考》，载《法制日报》2004年10月28日，第11版。

哪些领域要‘存异’，甚至‘趋异’”。① 反对法律全球化的学者们在历数世界各国在政治、经济、文化、历史、习惯等诸多差异必然反映到法律上，即表现为法律的差异性之后，认为法律全球化的“逻辑错误在于将经济全球化的现象与法律趋同化的趋势混为一谈”。② 学者们声明，“当然，我们不赞成‘法律全球化’的理论，并不表明我们反对经济全球化必然要求在法律制度、尤其是国际经济法规则上，作出相应的反应：尽可能多地在全球实行统一的规范。这与‘法律全球化’完全是两个不同范畴的概念。”③世界上各国都共同面临人类生存与发展的一系列全球性问题，如生态环境恶化、资源浪费、贫困失业、人口膨胀、疾病流行、国际犯罪和恐怖主义活动猖獗等等。“就法律手段而论，这些问题都迫切需要主权国家之间协议创制的国际法和各主权国家分别创制的国内法的共同努力。”④

综上所述，不管学者们是认同法律趋同化的提法，还是独辟蹊径，另立他说，但他们自觉或不自觉地、内在地、必然地使用法律趋同化理论作为其立论的基础，舍此别无他途。上述分析并不意味着我们对法律全球化的完全否定。

如果说法律全球化是指“法律影响的全球化”，在这一层意义上，我们也真是这样来阐释的。毋庸说国际立法当然具有全球性的影响，即使是一国的许多国内立法也已然产生全球性的影响，这一点是显而易见的。比如，一国国内的环境保护立法对该国环境保护标准的制定，对二氧化碳、氟化物等破坏大气臭氧层的有害气体的排放的控制，直接对整个世界的人类生存环境产生重要影响。又如，一些重要国家通过国内法律法规对该国的外汇政策作出的调整，不可避免地也会对国际外汇市场带来或大或小的波动。

如果说只把法律全球化理解为各国法律逐渐接近、协调、融合、趋同，甚至部分地统一或者同一的过程，那么在这一层意思上，我们也是可以接受的。正如某些外国学者所言：“‘全球化’是指一种复杂、动态的法律和社会过程，它并不是，至少并不必然是‘普遍性’或‘同一性’的同义语，它也并不必然是‘全世界’的同

---

① 江平：《全球化、现代化与本土化》(比较法学会 2002 年会议主旨发言)，载江平：《比较法在中国》2003 年卷，法律出版社 2003 年版，第 3 页。

② 慕亚平：《评“法律全球化”概念的科学性》，载陈安：《国际经济法论丛》(第 4 卷)，法律出版社 2001 年版，第 24～25 页。

③ 赵维田、王海英：《评“法律全球化”的呓语》，载陈安：《国际经济法论丛》(第 4 卷)，法律出版社 2001 年版，第 12 页。

④ 沈宗灵：《评“法律全球化”的理论》，载陈安：《国际经济法论丛》(第 4 卷)，法律出版社 2001 年版，第 10 页。

义语，全球化进程可以真正是地方的或地区的”。① 无疑，这种表述内涵着法律趋同化的某些理论逻辑，因而具有合理的成分。

“如果说法律全球化恰如某些学者所言是‘法律全球趋同化’的同义语，那么，它是一种现象、一种事实，正在发生，而且将继续进行下去。”②这更加是可以接受的，更没有反对的理由。

如果说法律全球化乃至法律一体化是法律趋同化发展的终点，法律趋同化的终极表现形式可能是法律在全球范围的统一。那么，在这一层意义上，我们也不打算反对，就像我们不能反对人们对共产主义美好图景的描画一样。但有一点必须明确，法律趋同化发展将是一个十分漫长的过程，在这个过程中，我们难以预料将来还会出现什么变量，还会有什么新的因素发挥作用，还会出现什么复杂的情况和变化，这一过程中可能出现反复和曲折将是难以完全避免的。所以，对于法律趋同化发展的终极目标，现在下结论似乎为时尚早。

在此我们还想特别指出的是，法律的趋同化固然主要表现为发展中国家主动、自觉并有选择地(并不当然地排除部分情况下不得不)向发达国家已有的法律制度的学习、吸收和移植，但在本质上它是双向的，也有其他发达国家借鉴和吸收我国等发展中国家的成功的立法和司法经验的例证。故而法律的趋同化不等于承认带有浓重的意识形态色彩的“法律的殖民化”和“法律的西方化”，更不是鼓吹“西方中心主义”。法律趋同化的要义在于确立一种正确的法律理念，这种理念有助于人类认识隐藏在其所使用的法律工具背后的思想，正确地运用周延的态度来审察法律问题，避免在立法、司法、执法和守法中作出流于偏执的、武断的结论。只有确立这样的法律理念，才有可能在更高的层次上提升现代法律价值，构筑现代法律精神，营造出一个民主法治、自由平等、公平公正、可持续发展的现代和谐社会。

用古罗马西塞罗《论共和国》中一段话来共勉：“因为我们总是渴望不断增强人类生存所需的能力，努力运用自己的智慧和劳动使人们的生活变得更安全、更富裕，并且我们的这种欲望是自然本身激发的，因此，让我们循着所有最优秀的人们一向遵循的这条道路循行不怠吧……”③

---

① A . C . Aman, JR. Introduction Indiana Journal of Global Legal Studies, Vol. 1, 1993, No. 1, p. 1.

② 陈建：《“法律全球化”小议》，载陈安：《国际经济法论丛》(第 4 卷)，法律出版社 2001 年版，第 44 页。

③ [古罗马]西塞罗：《论共和国 论法律》，王焕生译，中国政法大学出版社 1997 年版，第 13 页。

三、从欧洲联盟与世界贸易组织法律制度的理论与实践看法律趋同化发展

（一）欧盟法的直接效力和优先地位对各成员国法律统一的影响

欧盟是国际经济一体化在区域范围内实现的样板，它的法律制度的趋同化发展的成就是其他区域性经济一体化组织所无法比拟的，甚至也是世贸组织所无法比拟的。随着欧盟的扩大和向完全的政治、经济一体化的迈进，其法律趋同化发展的步伐势必加快，影响的范围势必更广，取得的成果势必会更丰硕。在欧盟的基础性条约当中，对法律趋同化作出了直接的规定。比如，1957年的《欧洲经济共同体条约》第100条规定，经共同体委员会建议并同欧洲议会及经济与社会委员会协商后，欧共体部长理事会应以一致同意发出指令，以使各成员国对共同市场的建立和运转发生直接影响的法律、规定和行动规则趋于一致。这成为欧盟（欧共体）国家实现法律趋同化乃至统一化的主要法律依据。

欧盟法律的趋同化的动力来自于许多方面，比如，它常见诸欧共体的各项政策，虽然这些政策表面上不具有法律特性，但它们的目标都是要求各成员国采用统一的法律。甚至在一些更加明确的法律领域中，如有关欧盟内货物、资本、人员及服务自由流动的条款明确要求各成员国实现法律的趋同乃至完全统一。从更深一层含义来看，各成员国法律的协调和统一是推进欧盟实现最终目标的重要工具。各国独特的法律制度和体系阻碍了欧盟各国间与国际间交往的发展，强化了主权的界限和权力，也弱化了共同体建立的宗旨和意图。欧盟的长远目标是要将其视为一个单一的法律整体，而不是由若干成员国组成的相互独立又互有联系的单位①。欧盟法律的趋同化发展主要体现在它的直接效力和优先地位上。我们将通过对欧盟法律的直接效力和优先地位的介绍，结合成员国法与欧盟法关系的协调的实践和欧盟法与世贸组织法在实践中趋同的案例，来分析欧盟法律在不同层面上的趋同化发展趋势。

在欧盟条约中并没有明确规定“直接效力”（Direct effect）原则。《欧共体条约》第189条规定，“条例具有普遍适用性。它具有完全的约束力，并在所有的成员国中直接适用”。但基础性条约仅赋予条例直接适用性，并未赋予指令和决定

① 肖永平：《欧盟统一国际私法研究》，武汉大学出版社2002年版，第22页。

这种法律属性。而且，基础性条约也未解释“直接适用”的含义，它主要是欧洲法院在司法实践中阐述和发展起来的。也就是说，欧洲法院对于欧盟法律直接适用于各成员国，是不断地在其判决中加以讨论，并发展出许多新的观念。

欧洲法院在考察了条约的精神、体系及其具体规定后，在 Van Gen en Loos 一案中，第一次确立了欧共体法的直接效力原则。① 欧洲法院在判决中指出：欧共体条约的目标是建立一个共同市场，这一共同市场的运行与共同体内当事各方直接相关，条约的目标表明，条约不只是一个缔约国间创设相互权利义务的协议。《罗马条约》第 177 条赋予了欧洲法院的权利是为了确保各国法院对条约的一致解释，这也证实了各国承认共同体法有被国民在国内法院直接援引的权利。因此，不仅成员国，而且其公民，都可以成为欧共体法的主体。欧共体法律秩序直接赋予诉讼人以对其所属国提出主张的个人权利，而且成员国国内法院的任务是为了维护这些权利或利益而适用共同体法。从欧盟法的直接效力这一意义上来讲，该判决是欧洲法院的许多判决中最重要的一个。② 欧洲法院先后通过一系列的判决全面阐述了直接效力原则，并确认欧共体法的有关规定，包括条例、指令、决定具有直接效力。

关于欧盟法的优先地位，也即欧盟法的最高效力问题，欧共体的几个条约都没有明确规定欧共体法律具有高于各成员国国内法律的效力。此后，欧共体条约的那些修正案也没有改变这种状况。事实上，在欧共体的实践中，多数情况下欧共体法与成员国法是相互补充的，但两种法律制度也可能同时规范相同情况。此时，如果有直接效力的欧共体法与成员国法规定不一致而发生冲突，究竟何种法律优先呢？欧洲法院在司法实践中回答了这一问题，确立了欧共体法律的优先地位，即最高效力原则。

在 1960 年第 6/60 号案中，欧洲法院首次确立了欧共体法优先于成员国法原则。欧洲法院在判决中指出：“如果法院在其判决中认为，一成员国当局的立法或行政行为违反了共同体法，根据《欧洲煤钢共同体条约》第 86 条，该国有义务撤销这一立法，并修正其造成的不法影响。成员国的这一义务源于条约和换文，条约和换文经成员国批准后，即在成员国内产生法律效力，并优于国内

---

① 曹建明：《欧洲联盟法——从欧洲统一大市场到欧洲经济货币联盟》，浙江人民出版社 2000 年版，第 85 页。

② [日]大谷良雄：《欧洲共同体法概论—欧洲新法律秩序的形成》，蔡秀珍译，群众出版社 1986 年版，第 66 页。

法。”①在1964年的COST V ENEL这一具有里程碑意义的案件中，欧洲法院也赋予了欧共体法高于意大利国内法的效力，同时对欧共体的性质作了奠基性的说明。判决指出：“由于共同体制定的规定，尤其是欧洲共同体条约中更原则的规定和精神与各成员国法律的融合，这就使得各成员国最终不可能把一个单方面的后来采取的措施置于一个它们在互惠基础上已经接受了的法律制度上。”②欧盟法的最高效力原则在各成员国的实践中都得到确认。如英国在加入欧共体前夕制定的《1972年欧洲共同体法案》(*The European Communities Act of* 1972)确认了所有英国的法律法规，无论是在该法案之前或者之后通过的，具有的效力都要服从欧共体法的直接效力。欧盟其他成员国如德国、法国、比利时、荷兰等，均通过宪法的直接规定或对宪法的解释以及有关判例确认了欧盟法的最高效力原则。③

综上所述，欧盟法的直接效力和优先地位的确立，无疑从法律制度上保证了各成员法律的趋同化发展的方向，有力地促进了欧盟法律制度的统一。这也是欧盟一体化进程不断深化的法制保障。

（二）成员国法与欧盟法关系协调的方法④

在成员国法与欧盟法关系的协调上，一些学者根据协调的方法和范围，总结出了这种协调的六种形式，即在欧盟或欧共体层次上制定法律和政策、全面协调、选择性协调、部分协调、相互承认国家标准和最低限度的协调。

成员国原来没有制定规则的领域，就在欧盟或欧共体层次上制定法律和政策，如1988年欧共体发布的关于破坏臭氧层而产生的某些有害气体的条例。⑤但这种完全无成员国法调整的情况比较少见。

即使成员国已经有了相关的法律，也必须执行共同体的规定，谓之全面协调。比如，1970年11月23日欧洲理事会发布的有关饲料添加剂的指令，明确地说明了动物饲料添加剂的种类，使用的目的和在什么条件下允许使用，不允许

---

① European Court Reports, 1960, p. 559.

② 王世洲：《欧洲共同体法律的制定与执行》，法律出版社2000年版，第184页。

③ 具体论述可参阅：王世洲：《欧洲共同体法律的制定与执行》，法律出版社2000年版，第187～198页。

④ 朱景文：《欧盟法性质的法理学思考——欧盟法与成员国法之间关系的理论与实践及对法律全球化的意义》，载《人大法律评论》(2000卷第一辑)，中国人民大学出版社2000年版，第200～203页。

⑤ Regulation 3322/88, (1988) O. J. L 297/1.

成员国有任何选择的余地。这类协调是共同体早期协调成员国法律时经常使用的方法,共同体试图通过指令取消成员国之间的贸易障碍。后来,这类协调只限于产品标准领域。

选择性协调的情况出现在共同体的指令给生产者提供一种选择:要么遵从共同体所协调的规则,要么遵从成员国的规则。但是跨国界的产品则必须遵从共同体的规则或目的地国的规则。这类协调既照顾到了跨国的生产者,使他们能够按照共同体的标准建立统一的生产线,又照顾到以本地消费者为对象的本地生产者,他们只须遵从国家的标准。例如,1970 年 2 月 6 日欧共体理事会发布的有关汽车可允许的声音限度和排气系统的指令就规定,任何成员国都不得拒绝执行欧共体或国家的上述标准。选择性协调也是欧共体早期所使用的协调成员国法律的方法,特别是前述的全面协调的方法使成员国缺乏灵活性,缺乏在国家层次上进行管制的权力而受到成员国越来越多的反对时,这类协调的好处就在于为成员国法在自己国土的领域内发挥作用提供了更多的灵活性。

部分协调只适用于跨国界的交易,而不适用于国内交易。对跨国界的交易只能适用共同体规则,无选择可言。例如,1964 年 7 月 26 日欧共体理事会关于共同体内部鲜肉贸易所引起的健康问题的指令规定,成员国应该确保只有符合所附标准的鲜肉才能从自己国家的领土运送到另一成员国的领土。又如,1984 年 12 月 6 日欧共体理事会关于境外装载有毒废物的指令。但共同体并不经常使用这种协调的方法。

相互承认国家标准的协调方法的基本思想是,在欧共体范围内究竟什么构成健康和卫生的产品或其他类标准在成员国之间原则上不存在很多差别。严格地说,这不算是法律协调的方法,而是取消贸易障碍的技术,但通过使用这一技术,可以最终导致国家法律的实际协调。例如,1988 年欧共体理事会发布的 89/48 号命令规定,成员国相互承认完成至少 3 年的职业教育和培训取得的高等教育证书。①

在最低限度的协调的情况下,共同体制定最低限度的规则,而成员国可以个别地或联合地制定更高标准的规则。这类协调存在于消费者保护、环境和卫生领域。这类协调在欧盟法院 1993 年关于烟草产品的标识的判决中有生动的体现。② 该案涉及欧共体理事会 89/622 号关于烟草产品标识的命令,规定焦油和

---

① (1989)O. J. L. 19/16.

② Case C—11/92 R. v . Secretary of State for Health, ex. P. Gallaher Ltd(1993)E. C. R. I.-3545.

尼古丁的含量必须印在香烟盒的侧面，覆盖相应表面至少4%，并规定成员国不得因为标识的原因而禁止或限制销售符合该命令的产品。但英国的有关规则规定了至少覆盖香烟盒表面的6%，但同时规定对于进口香烟盒如果它们符合欧共体命令所规定的标准则视为符合英国的规则。该案原告提出由于共同体命令的目的在于取消贸易障碍，这就不允许英国政府制定更高的标准。原告还提出，欧共体内部市场建立和运作的前提是存在不受歪曲的竞争条件。但欧洲法院没有支持原告的主张，而支持英国政府的主张，认为所谓"至少"意味着有某些灵活的余地。最低限度的协调是欧共体协调成员国法的过程中晚近出现的现象。当1984年通过《欧洲单一法令》使环境保护成为一项新的权利，1991年通过《马斯特里赫特条约》又使消费者保护成为一项新的权利时，许多协调都采取了最低限度的协调的方法。

（三）欧盟法与世界贸易组织法在实践中的趋同①

在欧盟法律体系内具有宪法地位的《欧共体条约》并未对国际条约在欧共体的效力作出规定。这一问题，如同欧盟内的许多法律问题一样，是由欧洲法院在司法实践中逐步澄清的。② 关于世贸组织协定的直接效力问题，在欧共体委员会向理事会提交的一份提案中认为"由于这些协议是政府间协议，因此，有必要确保个人（自然人或法人）在成员国或共同体法院中不能直接援用这些协议……"③鉴于世贸组织的一些主要成员如美国、日本等，也否认世贸组织协定的直接效力，如果欧共体单方面承认其直接效力，在基于"互惠互利安排"的世贸组织体系中，将导致"在共同体和其他国家对世贸组织义务的履行中出现重大失衡"。④ 而且，欧共体一旦承认世贸组织协定的直接效力，与世贸组织协定不符的欧共体法律就会受制于欧共体法院的司法控制，这就剥夺了欧共体立法和行政机构的政策灵活性。而在不承认世贸组织协定的直接效力的国家，其立法和

---

① 本部分主要参考了黄卫平、程大为的《冲突与趋同：世界贸易组织法在欧盟的适用》一文，载《中国人民大学学报》2003年第2期，第119～121页。若未注明出处，则均引自此文。

② 张若思：《WTO协定在欧共体及其成员国的适用》，载《北大国际法与比较法评论》（第2卷），北京大学出版社2003年版，第116页。

③ Uruguay Round of Multilateral Trade Negotiation，Com(94)44 final.

④ The Exlanatory Memorandum to Com(94)143 final of 15 April 1994.

行政机构享有这种政策灵活性。① 所以，在1994年12月22日欧共体理事会通过的关于实施乌拉圭回合协定的第94/800号决定的序言中对世贸组织协定在欧共体的效力问题作出规定："由其性质所决定，不能认为可以在共同体或成员国法院中直接援用《建立世贸组织协定》及其附件。"②

世贸组织法不能在欧盟直接适用，意味着当欧盟法和世贸组织法发生冲突时，欧盟法具有优先权。而且世贸组织的非歧视性原则要服从欧盟的集体利益。在欧盟法中，设有对最惠国待遇的规定，国民待遇的类似规定只出现在和服务贸易和投资政策有关的章节中。欧盟要建立一个共体市场，所以其实际主张是在内部实行非歧视原则。这一做法促进了欧盟共同体市场的建立与融合，但却对世贸组织体系内的其他成员造成了歧视。但是，这并不意味世贸组织协定在欧盟法律体系内不具有任何法律效力。

首先，欧盟法院从维护共同体的利益角度出发，主张在欧共体内统一适用和解释世贸组织协定，但由于世贸组织协定属于欧共体法律上的"混合协定"，③ 挑战这一主张的可能性依然存在。因此，欧洲法院需要证明它对所有世贸组织协定享有司法管辖权。

其次，欧洲法院虽然沿袭以前的处理关贸总协定与欧共体法律关系时所持的观点，从世贸组织的主旨、目的、性质和机构出发，否认世贸组织协议的直接效力，但它还是提出了直接适用世贸组织协定的两个例外情况。④ 而且，国外有学者认为"间接适用"世贸组织协定的可能性是存在的，即在有关立法和司法解释方面依据世贸组织协定，从而使国内法不与其相抵触。⑤ 欧盟在努力捍卫自己利益的同时，艰难地寻找着欧盟利益与各成员国利益、欧盟利益与国际义务等诸

---

① 余敏友、陈卫东：《欧共体围绕WTO协定直接效力问题的争论及其对我国的启示(二)》，载《法学评论》2001年第4期，第92页。

② Council Decision 94/800,[1994]OJL 336/1 of 23 December 1994.

③ 所谓"混合协定"是指协定的主题——事项部分属于共同体的权限，部分属于成员国的权限。Opinion 2/91(ILO Convention concerning the Safety in the Use of Chemical at Work),[1993]ECRI-1061,para. 36. 转引自张若思：《WTO协定在欧共体及其成员国的适用》，载张乃根：《当代国际法研究：21世纪初的中国与国际法》(第十二章)，上海人民出版社2002年版，第219页，注释3。

④ 详细情况可参见：张若思：《WTO协定在欧共体及其成员国的适用》，载赵海峰、金邦贵：《欧洲法通讯》(第4辑)，法律出版社2003年版，第108～120页。

⑤ 德国学者曾提出过"间接适用"WTO协定的观点。See Meinhard Hilf. The Role of National Courts in International Trade Relations. Michigan Journal of International Law, 1997,Vol. 18,No. 2,pp. 346-347.

多政策目标之间的平衡。所以，近年来欧盟越来越多地注意到世贸组织法的作用，欧盟法与世贸组织法至少在实践上，即执行的层面出现了某种趋同化的发展。而且，欧盟在运用世贸组织法的时候，还发现了对其更有价值的东西，那就是世贸组织法在一定程度上可以成为欧盟左右其成员国的行为，巩固集体权力的有效工具，颇有点“挟天子以令诸侯”的味道。这无疑也是促使欧盟法与世贸组织法趋同的内在动力之一。

欧盟法与世贸组织法在实践当中的趋同首先表现在欧盟在立法过程中对世贸组织法的接受。世贸组织法虽然对欧盟缺乏直接效力，但欧盟在决策、运用过程中却日益注重与世贸组织法规的“接轨”。目前，已有超过 20 起的涉及欧盟的提交到世贸组织的争端案件，如欧盟香蕉体制、欧盟对荷尔蒙牛肉的禁令等已经被世贸组织其他成员告到了世贸组织争端解决机构，尤其是香蕉案，堪称旷日持久，直到最近才告一段落。争端解决机构作出的裁决必然迫使欧盟在国内政策和法律方面做出调整。欧盟为了避免案件提交到世贸组织争端解决机构，在某一政策的决策、出台过程中，就会适当注意到世贸组织法的约束力，保证与世贸组织法的协调和趋同。欧盟有关化妆品经营与销售法规的酝酿过程就为我们观察欧盟的这一情况提供了典型的案例。

欧洲议会第 76/768 号决议要求各成员国经营和销售的化妆品不得含有或间接含有任何由动物实验得到的成分。最初为这项禁令规定的生效日期是 1998 年 1 月 1 日，但实际上被欧盟推迟到了 2000 年 6 月 30 日。禁令推迟生效的主要原因之一，就是考虑到了世贸组织法，欧盟委员会提出了对原有决议的修改要求。结果是欧盟改变了以前对经营含有动物实验所得到成分的化妆品的禁令，而代之以完全禁止进行这类实验并要求采用经欧洲委员会批准的已具备可行性的替代方案。欧盟在有关的备忘录中写道：“考虑到与国际法的一致问题，修改计划禁止在欧盟成员国领土上进行动物实验，却并未禁止经营所有由动物实验得到的产品。这是欧盟在动物保护方面先进性的体现。修改后的禁令应不违反世贸组织规则。”

欧洲议会原有决议的第 4(1) 款规定对来自欧盟和欧盟以外国家的同类产品实行了某些差别对待，主要是对同类产品基于生产技术和方式不同而差别对待，这就违背了世贸组织协议中的相关条款。欧盟修订方案中认为：“既然实验的方式对产品的物理形态没有什么实质性的影响，那么以实验方式不同为基础的产品差别待遇就是不符合世贸组织规则的。”在欧盟修订第 76/768 号决议的同时，欧盟与发展中国家就动物实验替代方案及相互认证等有关的谈判也在进行，这些努力都为欧盟的禁令最终符合世贸组织原则增加了可能性。

这一案例说明，欧盟在制定影响国际贸易的政策过程中，已经认真地考虑了世贸组织法的约束力，并尽量使自己不违背世贸组织的有关协议。这一案件反映出欧盟与世贸组织法的矛盾。一方面，欧盟质疑世贸组织法在欧盟法律框架下的适用性及效力，在法律上它不愿也不能轻易地改变微妙的现行权利分配模式，在政治上它不肯也不敢丧失其执行世贸组织协定的灵活性的风险，主观上它不能容忍在执行世贸组织协定时与其他成员权利义务的失衡，客观上它无法预见世贸组织协定直接效力所带来的后果。自然而然，它对世贸组织协定的直接效力抱着这样一种消极的态度。① 另一方面，欧盟又对世贸组织专家小组和上诉机构的裁决和权衡给予积极的响应。而正是在这样的实践过程中，世贸组织法和欧盟内部法律、政策在不断磨合、协调，在大方向上开始趋于一致。

欧盟法与世贸组织法的趋同还表现在欧洲法院通过判例确认世贸组织法对欧盟成员国的约束力。欧盟不同于其他世贸组织成员，其本身还有成员，因此，欧盟面临的棘手问题是如何使欧盟成员国遵守世贸组织的基本法律框架。目前的趋势是，当世贸组织法与欧盟某一成员国的法律发生冲突时，欧洲法院倾向于世贸组织法律，并使其成员遵守国际公约。

欧盟作为一个世贸组织成员，应对违背世贸组织法的行为承担责任。但是，违背世贸组织法的行为可能是由于欧盟机构引起的，也有可能是因为欧盟某一成员国的行为引起的。在一定程度上，欧盟直接管理其成员国的能力相对较弱，无法控制成员国的违法行为和措施。这就迫使在冲突发生的时候，欧盟会选择运用世贸组织法来加强其对成员国的控制能力。一方面，这种选择似乎背离世贸组织法不能在欧盟直接适用的基本原则；另一方面，却也反映出欧盟对其法律整体性、权威性的维护。在1996年的德国奶制品案中，欧洲法院没有经过任何协商，就断然判定德国违背了世贸组织的《国际奶制品协议》。在这一案件中，世贸组织法成为欧洲法院判案的直接依据。这一案件充分体现了欧盟的目的，也反映出在处理欧盟内部关系上，世贸组织法具有成为裁决其成员行为合法性的尺度的可能性。

无论欧盟的目的何在，无论欧盟与其成员国的各种行为是否存在冲突，我们都不能低估欧盟通过世贸组织法加强对成员国控制的这种行为客观上对世贸组织法在欧盟范围内适用的影响。正如世贸组织专家组和上诉机构对欧盟的立法实践产生了影响，欧盟为维护一体化的主观动因也会使它的法律不断和世贸组

---

① 余敏友、陈卫东：《欧共体围绕WTO协定直接效力问题的争论及其对我国的启示(二)》，载《法学评论》2001年第4期，第95页。

织的法律趋同。

欧洲法院曾以1947年《关贸总协定》具有很大弹性[①]为由否决了其直接效力。欧洲法院承认世贸组织协议不同于1947年《关贸总协定》,特别是其加强了保障措施和争端解决机制,但欧洲法院认为谈判的精神和条文的弹性依然存在于1994年《关贸总协定》当中。因此,欧洲法院拒绝给予1994年《关贸总协定》等世贸组织协议以直接效力。但是,不论欧洲法院是否赋予世贸组织协议以直接效力,欧盟的立法都应当与世贸组织协议一致,欧盟应当履行其在世贸组织协议下的义务。因为不论世贸组织协议是否具有直接效力,都不能影响欧盟及其成员国保证遵守世贸组织协议的义务。只不过给予世贸组织协议以直接效力将提供更有力的保障。[②] 世贸组织法及其所赖以产生的那种更民主的方式如何对其成员产生更大的效力,各成员方选择世贸组织法适用程度的基本的、统一的标准是什么,如何克服世贸组织成员方在世贸组织法适用中的任意性和主观性,等等,都是需要进一步探讨的问题。"在实践中趋同"可能是我们对上述问题所能提供的唯一的方向性的答案。

(四)从世贸组织法律制度基本原则看法律趋同化发展

世贸组织法律规则是规范成员的国际贸易管理行为的,相应的法律规则也存在于各成员的国内立法当中。自关贸总协定实施以来,各缔约方在对外贸易管理方面即已开始彼此约束,各个国家的相关立法必须与其承担的条约义务相一致,使全球范围内国际贸易管理方面的法律规范走向趋同化。最初时,关贸总协定只涉及国际货物贸易的政府管理问题,其主要内容是关税问题的规定,对于非关税管理措施只做了粗线条的笼统规定。但是,在随后的近半个世纪里,关贸总协定条约体系所涉及的领域不断扩大,至乌拉圭回合谈判结束,世贸组织条约体系已经从国际货物贸易扩展到国际服务贸易、国际投资、知识产权保护等广泛领域;在贸易管理措施方面,已具体到反倾销、反补贴、政府采购、许可程序、海关估价、动植物检疫、技术标准等诸多领域。目前,至少有140个左右的国家和地区(世贸组织成员数)的对外贸易管理制度和措施均已置于世贸组织的各类规则之下。一国及地区已不能任意确定其关税水平,也不能任意行使配额、许可证等

---

① 1947年《关贸总协定》条文的弹性特别表现在其赋予缔约方偏离规则和在特殊情况下采取措施的权利,以及争端解决方面。

② 张智勇:《论关贸总协定在欧共体法中的直接效力》,载《中外法学》2002年第2期,第239页。

进出口管理措施，除非其准备承担由此所产生的国际法后果。①

在《与贸易有关的知识产权协定》诞生之前，保护专利的主要是多边协议《保护工业产权巴黎公约》，该公约允许各国自行规定哪些发明可获得专利、专利权须派生出哪些权利、保护期应为多长等。而《与贸易有关的知识产权协定》对所有这些专利保护的重要问题均规定了具有约束力的标准，②并将使各国的有关立法在内容上趋同，并同国际规则保持一致。所以，学界有人将世贸组织的基本法律原则看成是中国立法的国际标准。认为世贸组织时代的中国立法是一种以世贸组织规则为参照背景的开放型的“变法”，从这个意义上讲，世贸组织的基本法律原则其实就是作为经济联合国成员之一的中国在立法时必须认真权衡的国际标准，也是“后立法时代”中国立法不可漠视的重要背景。一言以蔽之，世贸组织的基本法律原则将成为“后立法时代”中国立法的新规矩。③ 其实，世贸组织的其他各成员又何尝不是如此呢？

世贸组织的基础是市场经济，因而其影响是通过市场的运作首先在微观方面发生作用，从而触及相关成员的经济、法律、政治制度等诸多方面。世贸组织法律制度的趋同化发展主要体现在它的国民待遇原则、法律，救济制度和执行原则、法律透明度要求、最低标准待遇规定以及争端解决机制等具体的法律规则之中。现将逐一予以分析，以期对世贸组织法律制度的趋同化发展有一较清晰的认识。

国民待遇是世界贸易组织法律的基本原则，它本身是明确允许各成员国内法制上的不同或差异，但世贸组织协定对国民待遇都有实质性的要求。根据《与贸易有关的知识产权协定》第 1 条的规定，“各成员应使本协定的各项规定生效。各成员可以，但不应有义务在其法律中实施比本协定要求更广泛的保护，只要这种保护不违反本协定的规定。”第 3 条规定，“在知识产权保护方面，每个成员给其他国民的待遇应不低于它给本国国民的待遇。”《与贸易有关的知识产权协定》在知识产权的效力、范围和使用标准等方面都作出了具体规定。而此类规定是各成员必须执行的。任何不执行上述规定的成员便必须冒违反第 1 条规定的风险。

---

① 车丕照：《法律全球化与国际法治》，载高鸿钧等：《法治：理念与制度》，中国政法大学出版社 2002 年版，第 796 页。

② The WTO Secretariat Guide to the Uruguay Round Agreements Kluwer Law International，1999，p. 214.

③ 刘武俊：《WTO 与“后立法时代”的中国立法》，载：http//：www. locallaw. gov. cn/main/xslt/xslt-01 . asp? jiazuo－id＝25，2004 年 12 月 10 日访问。

《服务贸易总协定》第 1 条亦规定，“为履行本协定下的义务和承诺，各成员应采取所有可能的合理措施以确保其境内的地区、地方政府和主管机关以及非政府机构遵守协议。”第 17 条规定，每个成员都有义务确保给予外国服务提供者和服务不得低于本国同类服务提供者和本国同类服务的待遇。同时，《服务贸易总协定》第 7 条还规定了确认服务提供者资格包括教育背景、经历等的原则和标准等。

无论是《与贸易有关的知识产权协定》抑或是《服务贸易总协定》，都对世贸组织各成员的国内法律制度和执行原则有实质性的规定和限制。这两个协定都规定了各成员应提供有效的行政、准司法和司法救济。《与贸易有关的知识产权协定》第 41 条还就司法机关应享有的复核行政机构决议、提供临时性保护措施等权力作出了具体规定。该协定第 51 条甚至就海关在何种情况下有权扣押被怀疑侵犯知识产权的商品都作出了规定。《与贸易有关的知识产权协议》规定的知识产权的效力、范围和使用的最低标准以及各成员为实施保护而必须提供的民事、行政程序和救济的内容几乎占去了整个协议内容的四分之三。① 上述做法几乎是在替成员立法（当然，成员随后的立法行为在程序上还是具有独立意义的）。

法律透明度要求亦是世贸组织诸协定的重要内容。根据这一要求，任何世贸组织成员的法律和法制的透明度不高、不能向外商提供充分的法律资讯和司法与行政救济手段都可能构成违约。实践中，法律透明度原则与国民待遇原则起到互为补充的作用。该原则适用于一个国家法律制度的各个方面，包括立法机关、行政机关和司法机关的行为。就其所涉及的范围而言，法律透明度原则贯穿于与国际经济交往直接相关的贸易、投资、知识产权、税收等法律领域乃至行政法、刑法、刑事诉讼法等间接相关的方面，几乎无所不包。因为在上述任何一个环节出现不够透明的情况都可能违反国民待遇原则。② 世贸组织在透明度原则下还设立了贸易政策审议机制。它要求成员方的贸易政策和法制必须定期接受世贸组织的审议，以保证其国内相关法制与世贸组织规则保持一致，并且能够透明地得到实施。③

① The WTO Secretariat. Guide to the Uruguay Round Agreements. Kluwer Law International, 1999, p. 208.

② 王贵国：《经济全球化与中国法制兴革的取向》，载陈安：《国际经济法论丛》（第 3 卷），法律出版社 2000 年版，第 10 页。

③ 何力：《从罗马万民法到 WTO 规则——对法律的普遍主义要素的历史考察》，载《复旦学报（社会科学版）》2004 年第 4 期，第 97 页。

此外，世贸组织诸协定在国民待遇原则和透明度要求之外，还就最低标准待遇作出了规定，要求相关缔约方的行政和司法机关应遵循客观、公平、公正的原则。例如，《与贸易有关的知识产权协定》第 41 条就要求有关知识产权的执法程序应公平和公正。这些程序不得不必要地烦琐或费用昂贵，也不应规定不合理的时限或导致无端的迟延。如果说法律、司法和行政措施的透明度以及救济手段是否充分有一定的客观标准的话，那么客观、公平、公正则与相关成员的历史、文化、传统等因素直接相关。世贸组织诸协定将尚具有争议的国际最低标准待遇纳入了法律范畴。由于法律趋同化并不仅局限于法律制度，也包括法律价值、法律观念、法律文化等诸多方面，因此，世贸组织诸协议将国际最低标准待遇纳入法律范畴无疑也是有利于法律趋同化的全面、深入发展的

关贸总协定的解决贸易争端机制经过近半个世纪实践所积累的经验和所形成的习惯规则，逐渐建立了一整套独具特色的国际司法体制，并具体凝结在世贸组织《关于争端解决与程序的谅解》之中。世贸组织争端解决机构设立了专家组和上诉机构，为世贸组织多边贸易体制的法律义务或规则得以遵守，条文得以正确解释乃至整个贸易体制得以有效运转，提供了有力的保证。① 争端解决机制的设立，使得协议的履行或不履行的后果更具可预见性，这无疑有利于促使各成员方履行自己的条约义务；同时，由于争端解决机制通常所具有的救济功能，所以当协定所意图维系的某种特定程序遭到破坏时，可及时得以修复。在世贸组织法律规则之下，各成员方的国内相关法制必须要和世贸组织规则相一致，并且还要受到世贸组织方面的审查，具体的与国际贸易有关的法律制度则在争端解决机制中受到牵制。这实际上是一种强制性使各成员方的国内法与世贸组织的法律制度保持一致的体系。②

正因为上述原因，中国在“入世”前后，即掀起了新一轮的法律立、改、废工作高潮，使其相关领域的法律法规更符合世界贸易组织法的共同标准和要求。

四、结　　语

通过对法律趋同化理论的评析和世贸组织法律制度与欧盟法律制度趋同化发展的分析，我们不难看出，在经济全球化和国际经济一体化深入发展的今天，

① 赵维田：《世贸组织（WTO）的法律制度》，吉林人民出版社 2000 年版，第 429 页。

② 何力：《从罗马万民法到 WTO 规则——对法律的普遍主义要素的历史考察》，载《复旦学报（社会科学版）》2004 年第 4 期，第 97 页。

任何一个国家都不可能在封闭的环境下实现发展的目标，都不可能置身于经济发展大潮流和相应的法律趋同化发展趋势之外。它既有光明的一面，又难免有阴暗的一面。而不论我们是否喜欢，这种趋势都是无法阻挡的历史潮流。“你能逃走，但你不能躲避”或许是这个时代的咒语。① 与其痛苦地拒绝，不如快乐地享受。融入国际经济一体化和法律趋同化的发展潮流，趋利避害，共享发展成果。米健先生的一段精彩论述②，足可以使一切犹疑不决者、恐惧逃避者释怀。

他说：“以法律而言，中国、西方法律虽文化传统各异，然毕竟都是人类社会的法律，必然有其共同的人性内涵。所以，考察法律，应着眼超越地域、国度和民族，甚至超越时空的人际层面，努力发现本来属于整个人类的理念和规范，并在此基础上寻求并促进人与人、民族与民族、国家与国家之间越来越普遍深入的交往。吾人之规可为他人所取，他人之法可为吾人所用，概其皆出乎人之本性。所以‘取法人际，天道归一’，当为人类社会法律进步之最高思想境界。以迄今历史度之，人类生存发展的必然趋势是越来越普遍深入地相互结合和依赖，经济的全球化和文化的世界化正在相辅相成的迅速演进。在人类发展进程中，产生于人类本性的共性愈多愈充分地为人所认识，则人与人之间、国家与国家之间的交往就愈可能有效和平地进行。作为人类社会的行为规范，任何国家的法律都是人与人之间实现交往、确定关系及秩序的最重要途径。就此而论，可断言未来人类的发展与和平，很大程度上将取决于全人类在法律法则上的沟通与趋同。”

让我们用古罗马西塞罗《论法律》中的话来作为激励，“如同宇宙基于其各部分的统一的自然性，依靠着它们之间的协调一致而维持和存在一样，人类也这样由共同的天性把他们结合到一起，但却由于恶习而互相纷争，并且不理解他们是有共同的血统，处于同一的安全保护之下。如果人们之间的协调性得以维护，那么人类便可过神样的生活”③。

---

① Richard N. Haass & Robert E. Litan. Globalization and its Discontents: Navigating the Dangers of a Tangled World. Foreign Affairs, Vol. 77, No. 3, 1998, p. 6.

② 米健：“当代德国法学名著总序”，载[德]卡尔·拉伦茨著.《德国民法通论（上册）》，王晓晔等译，法律出版社 2003 年版，第 2 页。

③ [古罗马]西塞罗：《论共和国　论法律》，王焕生译，中国政法大学出版社 1997 年版，第 281 页。

第四章　全球化进程中的国际社会本位理念

一、提升国际社会本位理念是历史发展的必然

早在1993年，当我们在论述21世纪国际社会法律发展的走势时，就提出了在国内、国际立法、司法活动中国际社会本位理念将大大提升的科学论断。① 所谓国际社会本位，主要是指在21世纪，国际法将进一步深入到某些传统上纯为国内法调整的社会关系中去，一国的法律遵循某些国际社会公认的准则成为客观要求，个人以至国家为法律行为或行使法律权利，都应考虑到不损害国际社会的共同利益。② 这种观念在法学上的体现，可称之为国际社会本位法学观。这一新理念的提出，就是基于这样一个事实：和平与发展已成为时代的主题，并且随着经济全球化和国际经济一体化的迅速推进，传统的“国家主权和国家利益至上”的观念已面临巨大挑战。

国际社会本位理念是一个具有丰富内涵的新法学理念，实际上它蕴涵着三层意思。首先，从国际社会本位理念产生的时代背景来看，和平成为了世界各国谋求发展的必不可少的基础，离开和平，发展就失去了赖以生存的国际环境；而各个国家的可持续发展与共同繁荣又是维持世界和平的物质条件，只有在发展中谋和平，和平才能持久。世界的和平与发展事业，归根到底，只有在民主、公正、和谐的国际法治环境下才能得到实现。因而，各个国家在通过法律途径解决有关国际国内事务时，将不得不从世界的视角，把国家自身利益与国际社会共同

---

① 1995年湖南师范大学校庆期间，在本书第一作者所作的一次有关21世纪国际社会法律发展基本走势的展望的学术报告中，首次对国际社会本位理念作了论述。根据该报告整理出来的一个节写本发表于《湖南师范大学学报》1995年第1期上。它的一个英译本收入《1995年亚洲科学与技术发展国际研讨会》的英文文集。亦可参见该作者的《走向21世纪的国际私法：国际私法与法律的趋同化》（中国法学家自选集）一书中的有关论文，法律出版社1999年版，第554～558页。

② 李双元、徐国建：《国际民商新秩序的理论建构——国际私法的重新定位与功能转换》，武汉大学出版社1998年版，第11～15页。

利益有机地结合起来。这是为实现国际法治与国际和谐社会而必然提出的时代要求。

其次，从国内法与国际规则的适应性调整来看，由于全球化进程不断加快和涵盖的内容日益扩大，各个国家在经济、政治、社会生活的各个面都不同程度地实现了某种意义上的融合。尽管在实际生活中，单个国家的主权、利益依然受到重视，但各国之间相互融合、相互影响、相互制约、相互促进的关系无疑在日益加深。这就使得国际法(最广义的)不断揳入过去在传统上被认为由各国的国内法即可调整的领域，而各个国家的国内法也已很难在纯粹的民族主义或狭隘的国家利益的掩盖下，完全拒绝接纳国际法律制度或国际社会的通行惯例——国际法的国内化和国内法的国际化都在同时发展之中。因为在全球化时代，全球问题日益凸显，越来越多的问题需要国际社会各成员共同面对和努力加以解决。

最后，从国际法律制度主体的行为来看，所有的法律主体，包括国家、各种政府间和非政府间国际组织、各种国际性的经济社会文化团体，乃至一定意义上的个人，在行使自己所享有的各种权利和权力(包括主权)时，都不能不受到一种处于更高层次的利益、正义与需要的约束，即受到国际社会共同利益、普适的国际社会正义和构建和谐的国际法治社会的需要的约束，因而，在传统上被认为是绝对的权利和权力(包括主权)，都有必要适应国际社会法治化的要求而成为不同程度上相对正义的东西，亦即既有充分自由的保障，又得到必要的法律和道德约束；既要能实现各自的国家利益和国内正义，又要无损于国际社会的共同利益、普适的国际社会正义和各国可持续发展目标的实现。

国际社会本位理念的提出不是偶然的，而是有着深厚的社会、经济和现实的基础。法律的本位原是民法中的一种观念。在民法由近代自由资本主义民法向现代垄断资本主义民法的演进过程中，出现了从个人本位到社会本位的转变，加强了国家对个人绝对自由的干预。社会本位的特点在于国家通过强调社会利益，对个人权利作出适度限制。20 世纪以来，社会本位已成为实际的各国立法的主导思想和法律规范的主流。当然，这种意义上的社会本位，虽然十分强调社会公共利益或准则，但这种社会本位观念依旧只是从一国自身的利益、需要出发，仍然局限于某一特定国家的“社会本位”，为准确计，可称其为“国家本位”，以区别于国际社会本位的提法。推而广之，在国际社会法律体系中，国家本位或曰国家主义，一直是占据统治地位的。国家本位推崇国家理性，为了追求和维护国家的利益，国家(或国家的代表)甚至可以采取任何可能的手段或方式。国家拥有全面的、最高的权利(权力)。这种观点最早见诸马基雅维利、博丹、霍布斯等人的论著中，也正是这些思想奠定了近代国际法上主权国家观念的理论基础。

自从主权国家出现以后，国家利益就在人类国际舞台上占据了统治地位。尖锐的民族国家间的矛盾以及由此而产生的维护国家主权的斗争，形成了国际法律体系发展的核心篇章，并积淀成一种根深蒂固的意识形态存在于人们的头脑中。正如意大利早期的政治哲学家马基雅维利所说的："当问题绝对在于本国的永久幸福时，既不必考虑正义，也不必考虑非正义，既不必考虑人道，也不必考虑残暴，既不必考虑赞美，也不必考虑耻辱；任何其他观点都应摒弃，而无论如何应采取保全其生命和维持其自由的立场。"①因此，"法律义务必须让位于国家利益"。② 而一旦国家利益凌驾于本国对别国和国际社会承担的法律义务之上，就必然会损害别国利益和人类共同利益，进而损害人类社会的共同可持续发展。

在人类社会和国家形成的襁褓时期，由于科技和经济落后，各国处于封闭状态，基本上没多少国际交往，也谈不上国际社会的共同利益。但当今时代，随着经济全球化和国际经济一体化进程的加快推进，国际分工和生产专业化的高度发展，世界各国日益成为一种相互交织、相互依存、相互影响的体系，国际社会也日益成为一个一损俱损、一荣俱荣的整体。具体体现在，一是国家经济突破了一国的界限，进而要求在全球范围内配置生产要素，由此而形成主权国家之间无法联系；二是一国国内秩序失控，也必然会不同程度地对别的国家或人类社会带来负面影响；三是国际政治经济组织等超国家权力日益增强，使世界政治法律有了明显的全球性特征；四是各种文化和思想相互激荡，一些具有普遍意义的文明范式、行为规则和价值尺度相互吸纳、融合，使民族文化、地域文化向全球文化转型，放大了人类文化的共性。③

在这种情况下，诸如维护世界和平、缩小南北差距、保持生态平衡、治理环境污染、打击跨国犯罪和恐怖主义等以全球方式存在的"全球问题"广泛凸显出来，而且以其普遍性和整体性折射出国际社会共同利益的存在。这种共同利益把整个人类紧密地联系在一起，人们越来越不得不超越社会制度和意识形态的分歧，克服民族国家利益的限制，以全球的视野来认识和考察国际社会所存在的关系到整个人类社会生存和发展的共同利益。这样一种思想观念，我们认为就是国际社会本位的集中体现。

对于国际法，自第二次世界大战以来，尤其是经济全球化和国际经济一体化

① 李浩培：《国际法的概念与渊源》，贵州人民出版社 1994 年版，第 31 页。

② H. Morgenthau: In Defence of the National Interest, Knopt, 1951, p. 144.

③ 汤光鸿：《顺应历史潮流，维护全人类共同利益》，载《国际问题研究》2003 年第 2 期，第 2 页。

加速发展以来，这种全球变化的主要后果是各国认识到在各自的国家利益中，必然存在有“人类具有超越单个国家利益的共同利益(common interests)”。全球变化导致的国际社会共同利益的凸显必然在国际法中得到反映。“这必然意味着国际法的整个方法从国家的中心作用转向整体国际社会。因此，整个国际体系的焦点日益集中于整个人类而非单个的国家。“保护人权、和平利用外层空间和海洋、穷国的发展，以及生物圈的保护等被国际社会视为主要任务的事项，如果不立于人类共同利益概念的基础上则不能得到理解。”①

承认国际社会共同利益既然是“所有国家都关切的事项”，那么就要求各国对其国际关系观念有所改变，那就是要在国际关系上大大地提升国际社会本位理念。也就是说，在涉及国际社会共同利益的时候，各国必须秉着国际社会本位理念，而不能仅仅从国家本位，即本国利益的角度来行事。正如某些国际法学者所言，各国不仅通过协作形成国际法，而且通过协作实现国际法。② 在今天，在一个趋向全球化的国际社会里，任何一个国家，不论它多么强大和富有，都不可能单独在超越国境的全球性问题上(或困境中)保全自己；任何一个国家，固然都毋庸讳言地需要顾及本国的利益，但在实现和维持国家利益的同时，也不能无视他国及国际社会的共同利益。今天，世界上的每一个人都是同一个地球村上的居民，惟有在本国利益与他国利益之间、在各国利益与人类共同利益之间，找到一个合理的平衡点和结合点，人类才有机会获得 21 世纪的整体安全、精神道德与物质文明的巨大成就！③

人类的历史经验和教训都已证明，“一个不具有坚固的正义基础的法律秩序所依赖的只能是一个岌岌可危的基础”，法律如果要恰当地完成其职能，就必须“旨在创设一种正义的社会秩序”。④ 近代以来，国际法在国家主权的屏障之下，特别注重国家与民族利益的保护。然而，随着经济全球化和国际经济一体化程度大大加深，各国之间，包括发达国家与发展中国家之间，形成了一种日益强化的唇齿相依、互相制约的关系，因此，“为了维护全人类共同及根本的利益，加速各国特别是贫国的经济及社会进步，‘共同谋求和平与发展’已成为各国人民的

---

① [法]亚历山大·基斯：《全球变化对国际法律体系的影响》，载[美]爱迪·布朗·维斯：《环境变化与国际法：新的挑战和领域》，联合国大学出版社 1992 年版，第 331 页。转引自邵沙平、余敏友：《国际法问题专论》，武汉大学出版社 2002 年版，第 293 页。

② 梁西：《国际组织法》，武汉大学出版社 1998 年版，第 20 页。

③ 邵沙平、余敏友：《国际法问题专论》，武汉大学出版社 2002 年版，第 41～42 页。

④ [美]E. 博登海默：《法理学：法律哲学与法律方法》，中国政法大学出版社 1999 年版，第 318 页。

普遍要求。”①因为“我们需要的是世界各国平等、互惠、共赢、共存的经济全球化。”②邓小平也曾指出：没有全人类协调、平衡、坚实的经济和社会发展，就没有持久的世界和平与稳定，已经实现的和平与稳定也难以巩固，应当把发展问题提到全人类的高度来认识，要从这个高度来观察问题和解决问题。只有这样，才会明了发展问题既是发展中国家自己的责任，也是发达国家的责任。③

国际社会本位理念的产生和发展表明，为了控制过度膨胀的“国家本位”理念，现代国际法律体系的新发展必须以维护国际社会共同利益为主旨。博登海默曾真诚地希望，“在将来的某一天，这个世界上的各国政府和人民能够就最符合人类需要和愿望的社会和经济制度的问题取得比今天更为一致的意见。如果能够实现这一点，那么现在烦扰国家间关系的两极分化问题就会给人类采取这样一种政策让路，即努力协调个人的目的与社会的目的并全力促进经济繁荣、文化发展和世界和平。”④

在经济全球化与国际经济一体化进程中，为了达致上述目的，国际法出现了一些积极的变化。这种变化首先表现在国际社会组织化程度空前提高，尤其是随着经济全球化和国际经济一体化的推进，全球性和区域性的经济一体化组织蓬勃发展。正如美国学者贝涅特所指出的：“如果除了主权国家以外没有一种具有权力或手段以作出或实施能够影响大多数国家决定的机构，那么世界上许多问题都不能得到有效地解决。”⑤随着国际社会组织化的加强，狭隘的民族主义观念受到越来越大的挑战。

现代国际法是一个建立在主权国家间关系上的、以调整国家间关系的规则为基础的体系。现代国际法规则，除少数国际强行法规则外，都需要得到国家的认可和同意。但是，在现代国际法体系与维护超越于“国家间的”价值和利益之上的价值和利益的现实需要之间，存在着很大的差距。随着国际形势的发展变化，这样的国际法体系显然不能满足维护国际社会共同利益、保护弱方利益和推动世界可持续发展的这种超越于单个国家间的价值和利益之上的价值和利益的需要。因此，主权的部分让渡就势所难免。正如著名哲学家拉兹洛指出的，简单

---

① 梁西：《国际法》(修订版)，武汉大学出版社 2000 年版，第 7～8 页。

② 《江泽民论有中国特色社会主义》，中央文献出版社 2002 年版，第 18 页。

③ 《邓小平外交思想学习纲要》，世界知识出版社 2000 年版，第 36 页。

④ [美]E. 博登海默：《法理学：法律哲学与法律方法》，邓正来译，中国政法大学出版社 1999 年版，第Ⅸ页。

⑤ A. LeRoy Bennett: International Organizations: Principles and Issues, 5th. Ed., Prentice Hall Inc., 1991, p. 4.

地坚持国家主权的概念,"就使得社会组织的进程冻结在一个武断的层次上,好像就没有高于或低于这个层次的重要组织了。这种看法不仅是20世纪后期的一个时代错误:考虑到目前正处于大转变时期,这种看法便是进步的路障。在历史上的所有时期,这种发展趋势已促使社会大大超过了单个民族国家的组织层次。"①所以,使用了几个世纪的绝对的排他式的主权学说已不再成立。②

在经济全球化和国际经济一体化进程中,任何国家都不可能置身其外。"置身其外,是闭关锁国;被置身其外,是被边缘化。"③因而,各主权国家参与全球经济发展进程越普遍和深入,则主权的让渡也愈普遍和明显。根据当今国际实践,国家主权让渡通常发生在经济领域,因为实行这种主权的让渡通常是为了在国际经济关系中谋求更大的经济利益,而实现这种主权让渡的方式则是制定国际条约和设立国际组织。如关贸总协定和世贸组织是通过全球性的国际条约和国际组织实现各成员国主权的自我限制的例证。欧共体和欧盟则是通过区域性安排而实现成员国主权自我限制的典型。

主权的让渡也带来国际法的效力得以强化。欧盟法律不仅可在各成员国直接适用,而且还具有优先于成员国法律的效力。"欧盟的一体化进程,其每一步都意味着国家职能和权限由成员国个体向欧共体整体地让渡和集中。"④世贸组织的法律规则在其成员方的适用也大大改善了一贯所认为的国际法是"软法"的形象。

国际法的这些发展变化,必然引起了主权国家社会功能的转型,内在地扩大和促进了国际社会共同利益的发展。

二、国际社会本位理念的法理分析

在国际法律实践中提升国际社会本位理念,对于更好地实现法的价值具有极其重要的意义。古今中外的思想家和法学家提出过各种各样的法所要促进的价值,但归纳起来,主要是利益和正义两大类价值。利益和正义二词包含有很丰富的内容。法在调节利益关系,也即在缓解利益与正义的矛盾中,具有极为重要

① [美]E.拉兹洛:《决定命运的选择》,三联书店1997年版,第135页。

② 联合国前秘书长布特罗斯·加利发表在美国《外交》季刊1992年第1期上的观点。

③ 李慎明:《试谈新世纪的全球化指导原则与实践》,载《世界经济与政治》2001年第5期,第4页。

④ 韦经建、庞小妹:《论欧洲联盟法的效力及其对国家主权理论的影响》,载《法制与社会发展》1999年第6期,第58页。

的作用，是处理这种矛盾的一个重要手段。① 可以说，利益与正义可谓法的双翼，法运行于社会的理想状态便是利益与正义的最佳平衡。国内社会的法律如此，国际社会的法律亦同理可证。

（一）提升国际社会本位理念，有助于国际法律制度更好地实现其利益的价值

"天下熙熙，皆为利来；天下攘攘，皆为利往。"法恰是适应利益调节的需要而产生的，法的变化和发展根源于人们利益要求的变化和发展。在这个意义上，利益规律是法的基础，法律制度实质上是一种利益制度。② 总之，一切错综复杂的社会现象，包括法现象，都可以从利益那里得到解释。利益是社会生活中唯一、普遍起作用的社会发展动力和社会矛盾根源。

关于利益的概念，古往今来，人们众说纷纭，莫衷一是。庞德在论述法的作用和任务时曾这样界定利益："它是人类个别地或在集团社会中谋求得到满足的一种欲望或要求，因此人们在调整人与人之间的关系和安排人类行为时，必须考虑到这种欲望和要求。"③虽然赫克所倡导的利益法学主要是针对法官运用法律的过程中如何去处理一些法律规则没能给出明确的规定的情形而创立的，但他的许多观点无疑具有普遍的意义。他认为，利益是法律的产生之源，利益是法律规范产生的根本动因，法律命令源于各种利益的冲击。④ 利益以及对利益所进行的衡量是制定法律规则的基本要素。因此，法的功能在于调节、调和与调解各种错杂和冲突的利益，以便使各种利益中大部分或我们文化中最重要的利益得到满足，而使其他的利益最少的牺牲。⑤ 因此，衡量任何一种思想观点、活动以及制度、事业是否合乎正义的最终标准就是看它们是否促进社会进步，是否符合最大多数人的最大利益。

为了全面地理解利益的概念，赫克认为，利益所包含的范围是相当广泛的。

---

① 沈宗灵等：《法理学与比较法学论集》（上册），北京大学出版社1999年版，第492、508页。

② 赵震江、付子堂：《现代法理学》，北京大学出版社1999年版，第90页。

③ [美]庞德：《通过法律的社会控制——法律的任务》，商务印书馆1984年版，第81～82页。

④ Philipp Heck: The Formation of Concepts and the Jurisprudence of Interests, translated and edited by Magdalena Schoch, Harvard University Press, 1948, p. 158.

⑤ 赵震江、付子堂：《现代法理学》，北京大学出版社1999年版，第89页。

除了个人利益以外，还有群体利益、社会团体利益，公众利益和人类利益。① 可见，利益是内在地包含有“人类利益”的，而人类利益无疑是一种国际社会的共同利益。正如卢梭所指出的：“如果说个别利益的对立使得社会的建立成为必要，那么，就正是这些个别利益的一致才使得社会的建立成为可能。正是这些不同利益的共同之点，才形成了社会的联系；如果所有这些利益彼此并不具有某些一致之点的话，那么就没有任何社会可以存在的了。因此，治理社会就应当完全根据这种共同的利益。”②国际法作为国际社会治理的最主要的方式，无非就是对国际社会诸成员或说主体之间利益关系的一种平衡，即是对国际社会诸主体之间共同利益的一种反映。③ 世界各国在一起构成了一个为了共同利益而结合的团体，这些共同利益使它们之间发生广泛交往，而文化、经济结构或政治制度的不同本身并不影响国际社会法作为国际法的基本要素之一的存在。④ 国际法的鲜明特色就是最普遍性质的法；国际法依赖于国家间的共同利益；有共同的价值观，国家就有可能来认同相似的问题。⑤ 正如格老秀斯在其巨著《战争与和平法》中从利益角度定义国际法的。他指出：“一国的法，目的在于谋取一国的利益，所以国与国之间，也必然有其法，其所谋取的非任何国家的利益，而是各国共同的利益。这种法，我们称为国际法。”⑥因此，从国际法产生的一般机理来看，有了共同的利益才会有共同的同意，才会有成员国之间意志协调的协议，即条约的产生。国际实践表明，由平等主体组成的国际社会已经形成了某些需要由国际法加以保护的基本价值或共同利益，它们构成国际社会建立和存在的基础。⑦ 尤其在经济全球化和国际经济一体化进程迅速推进的今天，国际社会的共同利益得以进一步彰显。

近年来，反全球化的浪潮不断高涨和扩大，全球化的发展并非一帆风顺。因

① 吕世伦：《法理的积淀与变迁》，法律出版社 2001 年版，第 555 页。

② [法]卢梭：《社会契约论》，何兆武译，商务印书馆 2002 年版，第 49 页。

③ 胡诚军：《共同利益：国际法本质的基石》，载《时代法学》2004 年第 4 期，第 29 页。

④ [英]詹宁斯、瓦茨：《奥本海国际法》，王铁崖等译，中国大百科全书出版社 1995 年版，第 6 页。

⑤ Alex Y. Seita：Conceptualizing Violence：Present and Future Development in International Law，Albany Law Review，1997. 转引自胡诚军：《共同利益：国际法本质的基石》，载《时代法学》2004 年第 4 期，第 30 页。

⑥ 转引自《西方法律思想史资料选编》，北京大学出版社 1983 年版，第 139 页。

⑦ John Dugard：Criminal Responsibility of States，International Criminal Law，Vol. 1，2nd ed.，M. C. Bassiouni，1999，p. 251.

为经济全球化在一定程度上造成不同层面的贫富两极分化,全球力量对比极不均衡。发展中国家与发达国家间的差距进一步拉大,穷国和富国间的矛盾有激化的倾向。在全球化的大背景下,国家作为独立的主体,其行为的出发点首先是维护和争取自身利益,没有政府间合作的主动行动而单靠市场的力量是不可能为经济一体化的形成创设必要的管理和制度体系的。由于现行国际经济秩序在很大程度上是由发达国家主导决定的,全球化的利益导向不是均分均沾,而是少数国家享有更多或主要的利益;全球化的结果是强者更强,并往往以牺牲其他各方利益为代价。这注定了平等协商、追求共同利益以实现"共赢"的不易,也意味着最终国际社会的共同利益的增长必然大打折扣。国际经济一体化存续的基础是追求共同利益的最大化,而不是少数方利益的最大化,同时借助于国家间的合作和相互约束实现单个国家不能实现的利益。在追求共同利益最大化的过程中,主权国家不可避免地要让渡部分主权,"主权者,有限者也",①实现主权的共享和限制,为彼此利益的协调提供制度保障。

提升国际社会本位理念,有助于实现法的利益的价值。在国际法上,存在着国别利益和共同利益的矛盾、短期利益和长远利益的矛盾、整体利益和局部利益的矛盾。而提升国际社会本位理念,恰好有助于上述矛盾的解决。

首先,提升国际社会本位理念有助于实现国际法上国别利益与共同利益的平衡和协调。整个国际社会并不是均衡化的。利益来源于对资源的控制,利益的大小取决于对资源控制的多少。然而,社会中的现有资源总是处于匮乏状态。对资源控制的不同导致了利益的差别,利益差别构成了利益冲突的基本原因。国际法无法选择确认每一主体的每一项利益,便必须对各种利益冲突加以平衡。当国别利益与国际社会共同利益发生冲突时就必须在它们之间找到一个合理的平衡点,从而不致使人类社会在无谓的利益纷争中毁灭,失去继续发展的可能。国际法对这两种利益的平衡表现为,对其重要性分别作出估价或衡量,以及为协调利益冲突提供标准。

比如,在知识产权的国际保护问题上,总是存在着权利人利益与国际社会公众利益的矛盾。发达国家和发展中国家出于对各自利益的考虑,力求对知识产权实行高标准或低标准的保护。正是这种利益冲突导致 TRIPs 问题的提出,也正是这种利益冲突的相对协调导致 TRIPs 的最后形成。当然,同时也必须注意到,法不应当或者只关注共同利益,或只倾向于国别利益,而应当努力在二者之

---

① 梁启超原著,范忠信选编:《梁启超法学文集》,中国政法大学出版社1999年版,第66页。

间寻找最佳的结合点。

其次，提升国际社会本位理念，有助于国际法实现其短期利益与长期利益的平衡与协调。在国际私法中，有一种"公共秩序保留"原则，说到底，这是关于一个主权国家的根本利益的问题。国内法也好，国际法也好，既要照顾到短期利益，也要使之服从长远利益。为了处理好短期利益与长远利益的关系，要求立法主体根据社会生活中各种利益的现状及发展趋势，审时度势，立足当前，着眼未来，选择最佳的利益格局，确定最佳的利益方案，求得最佳的法律效果。

TRIPs协议的最终达成，也正是在各国近期利益与远期利益的交错互补中得以形成的，尤其与发展中国家不得不从世界经济全球化的大背景来看待其利益得失密切相关。一方面，发展中国家在相当长一段时间内几乎很难从有关知识产权的保护中获利；另一方面，近期知识产权利益的损失，却使发展中国家赢得了相对改善的贸易环境，因而也符合其长远利益。同时，也与发达国家降低要价，并在协议中适当照顾到发展中国家的利益要求有关。

如果发达国家对处于弱势地位的广大发展中国家，尤其是最不发达国家，不采取措施顾及和满足其基本权利和利益，实现共同发展，则世界的可持续发展也无法保障，最终将危及发达国家的安全与长远利益。因此，在国际法上贯彻执行保护弱方当事国利益的原则对于实现世界的和平与发展，建立公正、合理的国际政治经济新秩序具有十分重要的意义。中国入世前首席谈判代表龙永图在谈到纺织品配额取消的问题时，强调指出："中国的出口商也要进行自律，不要在短时间内造成对进口国市场的重大冲击。我比较忧虑的是我们纺织品出口的过度增长可能会影响其他国家，特别是发展中国家的纺织品出口……我们不能采取赢家通吃的战略，我们应该顾及其他纺织品出口国的利益，也要顾及外国纺织品市场的承受能力。"①这充分体现了应该保护弱方当事国利益的原则。因为中国是纺织品生产和出口大国，比较而言，其他各国，尤其是发展中国家就处于相对弱势地位，我们在国际关系与经贸交往中，就应该顾及弱方利益，不能采取"赢家通吃"的战略。这正是我们提出的提升国际社会本位理念在国际关系上的必然要求。

尤其在经济全球化和国际经济一体化进程中，我们应该着力避免这种情况的出现：这些国家同时是本身行为的最高评判者，都不听命于更高的法律，它们的代表们除了各自的本国眼前利益之外不受任何其他考虑的约束——这些国家

① 《入世三周年　四问龙永图》，载《南方周末》2004年11月11日，C18版。

之间的经济交易必定会导致权力的冲突。①

再者，提升国际社会本位理念，有助于国际法实现其整体利益与局部利益的平衡与协调。“不谋全局者，不足以谋一域”。整体与局部是相对而言的。一个国家，相对于国内地区或个人而言当然是整体，但相对于人类社会和世界而言则又成了局部。在现代国际社会，没有永恒的朋友，也没有永恒的敌人，只有永恒的利益。国际法上要求国家作为利益主体承担各种义务，目的就是使特定国家的局部利益服从国际社会的共同利益。比如，随着经济全球化和国际经济一体化的深入发展，更加显露出发达国家的发展不可能长期建立在发展中国家贫困的基础上，因为如果发展中国家不能摆脱贫困，那么新科技革命所创造的巨大生产力，就会遭遇市场规模有限的瓶颈。而争取共同繁荣则是摆脱这一瓶颈的唯一出路。

所以，正如西塞罗所说的：“大地上生长的一切都是为了满足人类的需要，而人类是为了人类而出生，为了人们之间能互相帮助。”②上帝创造人类的目的就是为了让他们互相帮助的。因此，只有发达国家采取切实措施帮助发展中国家实现共同可持续发展，并通过国际法的制度设计实现这个目标，才能实现世界各国、各地区间整体利益与局部利益的平衡与协调。

总之，“覆巢之下，安有完卵”。可以说，没有任何国家能够无视国际社会的共同利益而单独求得发展。对人类共同利益的损害，不仅危及国际社会，而且也殃及各个国家。正如一位学者的论述：国际法总是被用做实现利益的手段，这符合法的本质，并非必然导致有害的后果；关键的问题是，国际社会成员之间“是否存在着某些共同的、伦理的、道义的和法的基本观念，以及法的义务是否在原则上被视为有约束力的”。③ 这个共同的基本概念，就是国际社会本位，即维护国际社会共同利益和保护弱方利益，以实现整个世界的共同繁荣和全面可持续发展。

（二）提升国际社会本位理念有助于国际法律制度更好地实现其正义的价值

在人类发展的历史上，关于利益与正义的争论由来已久。中国历史上的义

① [英]F. A. 哈耶克：《通往奴役之路》，王明毅等译，中国社会科学出版社 1997 年版，第 209 页。

② [古罗马]西塞罗：《论义务》之“译本引言”，王焕生译，中国政法大学出版社 1999 年版，第 V 页。

③ [德]英戈·冯·闵希：《国际法教程》，世界知识出版社 1997 年版，第 41 页。

与利之争，总的来说，倾向于将义与利看作是截然对立的，[1]而在西方思想史中的正义论与功利主义，一般是着重点不同，并不是截然对立的。强调利益，并不是忽视正义，因为在对利益的追求中，内在地包含着正义的因子。强调正义也并不一定否认或排斥利益，甚至可以将正义解释为某种利益。例如，积极主张正义论的亚里士多德就曾讲过："政治学上的善就是'正义'，正义以公共利益为依归。"[2]法的最重要的两大价值中除了利益外，就是正义了。可以说，实现正义是法的出发点，也是法的归宿。法律在本质上有着追求和实现正义目标的取向，法的特殊品格也使它能够成为维护和促进正义的最可靠的保障。[3]

正义是什么？查士丁尼在其《法学阶梯》中认为，正义是给予每个人他应得的部分的这种坚定而恒久的愿望。[4] 在罗马历史的早期，西塞罗也曾把正义描述为"使每个人获得其应得的东西的人类精神取向"。[5] 给予每个人以其应得的东西的意愿乃是正义概念的一个重要和普遍有效的组成部分。"正义本身乃是'他者之善'或'他者之利益'(good of others)，因为它所为的恰是有益于他者的事情。"为了有效地发挥作用，正义呼吁人们把他们从那些唯一只顾自己利益的冲动中解放出来。[6] 如日本宪法在开篇所指出的，"我们相信，任何国家都不应只顾本国而不顾他国"，[7]便正是这种正义思想大而化之在国家与国际层面的表现。正义的概念存在于所有人之中。因此，根据正义行事不是一个自主的义务，而是基于对实际情况和利益方面的考虑而产生的需求。

人们总是喜欢把维护共同利益与保护弱方利益同时提及，甚至在某种程度

---

① 在中国历史上，以孔、孟为代表的儒家重义轻利，而以商鞅、韩非子为代表的法家则重利轻义。孔子说，"君子喻于义，小人喻于利"。孟子说，"上下交征利而国危矣"。而商鞅、韩非子等人则主张"圣王者不贵义而贵法"。双方都主张义与利是对立的。但是，也有些中国古代的思想家认为义与利二者应并重。如墨子主张，"义，利也"，"兼相爱，交相利"。

② [古希腊]亚里士多德：《政治学》，吴寿彭译，商务印书馆 1965 年版，第 148 页。

③ 赵震江、付子堂：《现代法理学》，北京大学出版社 1999 年版，第 120～121 页。

④ [古罗马]查士丁尼：《法学总论——法学阶梯》，张企泰译，商务印书馆 1989 年版，第 5 页。

⑤ De Finibus bonorum et Malorum, tranlated by H. Rackham (Loeb Classical Library ed,. 1951), Bk. V. xxiii. 65-67 转引自[美]E. 博登海默：《法理学：法律哲学与法律方法》，中国政法大学出版社 1999 年版，第 264 页。

⑥ [美]E. 博登海默：《法理学：法律哲学与法律方法》，邓正来译，中国政法大学出版社 1999 年版，第 264～265 页。

⑦ 李双元、李赞、李娟：《儿童权利的国际法律保护》，人民法院出版社 2004 年版，第 26 页。

上等同起来使用。如在西塞罗看来,法律产生的目的在于使弱小者能受到强者的保护。在他的眼中,法的根本目的在于对公共利益的保护。① 因此,柏拉图在他的传世之作《理想国》中认定,正义是人类至善的美德,并认为法律就是正义的体现,法律的好坏完全以是否符合正义为标准,服从法律就是服从正义,立法的根本目的在于促进正义的实现。② 正义所关注的是法律规范和制度性安排的内容、它们对人类的影响以及它们在增进人类幸福与文明建设方面的价值。从最广泛的和最一般的意义上讲,正义的关注点可以被认为是一个群体的秩序或一个社会制度是否适合于实现其基本的目标。③ 正如约翰·罗尔斯所说的:"正义是社会制度的首要价值,正像真理是思想体系的首要价值一样。一种理论,无论它多么精致和简洁,只要它不真实,就必须加以拒绝和修正;同样,某些法律和制度,不管它们如何有效率和有条理,只要它们不正义,就必须加以改造和废除。"④

正义乃是法律应当与其相协调的一个标准。然而,这并不意味着正义只是一种纯粹的理想或想像出来的梦想。正义的要求会在一个国家或其他共同体的实在法中得到广泛的实现,这也当然是完全可能的。⑤ 提升国际社会本位理念,坚持维护国际社会共同利益和保护弱方利益的原则,是实现法的正义的价值的有效途径。当人类从经验发现,人们离了社会便不可能存在,而且人们如果放纵他们的欲望,也就不可能维持社会;于是那样一种迫切的利益便迅速地约束住他们的行为,而以遵守我们所谓正义法则的那些规则的一种义务加于人们。⑥ 一种思想、一个行为、一项社会制度(包括法律制度),只要它能够促进社会进步,符合最大多数人的最大利益,符合人类社会发展的客观规律,它就是永恒正义的。⑦ 尤其在当今经济全球化和国际经济一体化进展迅速的时代,维护国际社会共同利益,而不是只顾本国利益而损害他国利益和共同利益,保护弱方利益,

---

① [古罗马]西塞罗:《论共和国　论法律》之"译本引言",王焕生译,中国政法大学出版社 1997 年版,第 6 页。

② 吕世伦、谷春德:《西方政治法律思想史》上册,辽宁人民出版社 1986 年版,第 54 页。

③ [美]E. 博登海默:《法理学:法律哲学与法律方法》,邓正来译,中国政法大学出版社 1999 年版,第 252 页。

④ [美]约翰. 罗尔斯:《正义论》,中国社会科学出版社 1988 年版,第 1~2 页。

⑤ [美]E. 博登海默:《法理学:法律哲学与法律方法》,邓正来译,中国政法大学出版社 1999 年版,第 269 页。

⑥ [英]休谟:《人性论》,关文运译,商务印书馆 1980 年版,第 610 页。

⑦ 吕世伦、文正邦:《法哲学论》,中国人民大学出版社 1999 年版,第 469 页。

而不是把自己的发展建立在他国的贫困之上，已然成为实现国际法律制度的正义价值的必然要求。

传统的国际法的效力受各主权国家对其民族利益追求的制约。在独立、自主和不干涉内政的主权观的作用下，传统的国际法主要是一种“共存法”(law of co-existence)，凡国际法所未明确规定的事项，都属于主权国家的“国内管辖事项”，各国都可依据自己的考量去作出处理。国际法的这一属性，必然助长各国对其民族利益的追求。正如亨金所说：“国家的自主(autonomy)和不可渗透(impermeability)意味着一国有权决定它的民族利益；有权增进这一利益，而不是别国的利益；有权推动由它决定的它的自身价值，而不是别国的价值或由别国决定的价值。”①虽然国际法能够并确实在一定范围内发挥积极作用，建立和维护某种国际秩序，但这种秩序具有极大的矛盾性：它强调尊重国家主权和不干涉内政，却又容许各国(主要是大国)通过战争等手段解决争端；它既助长主权者对自身民族利益的追求，但又因这种无节制的追求而践踏别国和整个国际社会的利益。因此，这成了类似于伊曼纽尔·康德所说的“二律背反”。

随着经济全球化和国际经济一体化进程的推进，国际社会的相互联系与相互制约的关系日益强化，而旧有的国际法律秩序中，以国家为本位的法学观造成的这种“二律背反”的难题不可能得到根本解决，只有提升国际社会本位理念，国际法才能找到新的出路。在这种新的国际形势下，正如哈耶克所言，必须有一种权力可以制止各个国家有害于邻国的行动，必须有一套规定一个国家可以做什么的规则，以及一个能够执行这些规则的主管机构。……我们所需要和能够希望实现的……(是这种国际经济机构)应能制衡各种经济利益集团，并在这些利益集团之间发生冲突的时候，由于正是它自己不参与经济角逐而能够真正保持公平。我们所需要的是这样一个国际政治主管机构：它无权指挥各民族必须如何行动，但必须能够制止他们作损害其他民族的行动。……并且，甚至比在一国范围内更为紧要的是，应当由法治来严格限制国际主管机构的这些权力。当各个国家越来越成为经济管理单位，越来越成为经济主体而不仅仅是监督人，任何摩擦也就不再是个人之间的，而是作为经济管理单位的国家与国家之间的摩擦，

---

① L. Henkin: International Law: Politics and Values, p. 101. 转引自曾令良、黄志雄：《论21世纪国际法与国际秩序的应有构建》，载李龙：《珞珈法学论坛》第一卷，武汉大学出版社2000年版，第109页。

对这些超国家主管机构的需要当然也就变得更大了。① 而目前已经出现的诸如世贸组织、欧共体等类似这样的国际经济主管机构，正是维护国际社会共同利益，保证发达国家与发展中国家共同发展的国际制度保障，同时也是国际法实现其正义价值的制度保障。

个人正义、国家正义和社会正义，亦可分为实质正义与形式正义等。法的正义的价值的实现，有赖于上述不同正义类别之间的平衡与协调。而提升国际社会本位理念，无疑可以达致此一目标，尤其是实现法的实质正义与形式正义的平衡与协调。

实质正义是指从内容上追求一种结果公正的正义。就社会制度而言，一个社会的某项制度或某些制度可能是不正义的。但是，一种或一些明显的非正义可能用来补偿另一种或另一些不正义，而作为结果，整个社会体系的整体就有可能是正义的。如果的确是这样，那么，根据实质正义的原则，这个社会就是正义的。形式正义是指不考虑结果，只追求过程公平的正义。② 平等作为一项重要的正义原则，最能集中体现实质正义与形式正义的关系。

一般地说，平等是符合正义的。然而，这只是问题的一个方面；另一方面，由于平等问题本身的复杂性，在某些情况下，不平等同样是符合正义的。也就是说，我们所说的平等并不是数学上的绝对无差别的平等，而是相对的平等，平等本身并不能绝对地排斥差别的存在。合理的差别对待，虽然在形式上有别于平等对待而看似不平等，但实质上是为了达到更高层次的平等。因此，从这个意义上说，不平等恰恰是实现实质正义的一个必要的辅助原则。不平等在一定前提条件下符合实质正义，那么这个前提最根本的一条应该是以追求结果平等为首要和基本的条件，只要这种不平等的设定，是为了达到结果平等的目的，那么，它就在实质上是正义的。有些学者在对正义概念进行论述时，从契约性正义的角度进行了类似的表述。如博登海默(罗尔斯也这样认为)认为，从一个更为狭义、更为限定的意义上来看，我们还有理由把正义概念适用于个人间、群体间或国家间的合同安排领域。……还可能会发生这样的事情，即一项私人协议或国际条约的一方当事人，使用某种优越的实力地位将其条件强加于实力较弱的一方当事人身上。……在上述情形中，所达成的合同或所缔结的条约，尽管在形式上是

① [英]F. A. 哈耶克：《通往奴役之路》，王明毅等译，中国社会科学出版社 1997 年版，第 219～220 页。

② 吕世伦、文正邦：《法哲学论》，中国人民大学出版社 1999 年版，第 471～472 页。

自愿的结果而不是倚重权势强制的结果,但它却仍有非正义的污点。①

结合当前国际经济关系的实际来考察此一问题,我们会发现,在发展中国家和发达国家之间的经济关系中,需要对传统国际法上的国家平等原则重新加以解释:由于二者历史上存在的掠夺性经济关系和现实中经济地位的巨大差距,必须实行有利于发展中国家的“补偿性不平等”和非互惠的差别待遇,以真正体现公平互利原则。② 由于发展中国家与发达国家之间在政治经济实力上的不平等,“只有不平等的待遇才能保证法律上平等而事实上不平等的主体之间的平等机遇”。③ 当前,WTO 体制内已经出现若干反映“实质正义”的因素,如对发展中国家的某些“特殊和差别待遇”、成立专门向发展中国家提供技术援助的机构等。当然,该机制需要进一步完善,使之充分反映各国综合实力的现实差距,为相对弱小的国家提供真正平等的竞争环境,实现其从“形式正义”到“实质正义”的飞跃。正如乔·萨托利所说的,“平等的最终状态必然要求不平等的手段,即要求歧视性的(不同的)对待。”④因此,某些社会制度必须经过特别设计,才能保证“事情无论变得怎样,作为结果的分配都是正义的。”⑤

总之,提升国际社会本位理念,维护国际社会共同利益和保护弱方利益,是实现法的利益与正义的价值的重要途径。随着经济全球化和国际经济一体化进程的加速推进,提升国际社会本位理念的要求势必越来越强烈。恰如博登海默所言:一种在物质上和知识上都具有高度发展的文明,并不能确保一种“善的生括”,除非它也教导人们为了他人的利益而用自我约束的方式去调和自我利益,教导人们尊重他人的尊严,并教导人们去设计调整各种层次——其中包括国际社会层次——的群体生活的共存与合作的适当规则。⑥ 也许中国古人的“仁之事者,必务求兴天下之利,除天下之害,将以为法乎天下。利人乎,即为;不利人

---

① [美]E. 博登海默:《法理学:法律哲学与法律方法》,邓正来译,中国政法大学出版社 1999 年版,第 267～268 页。

② 林忠、钟兴国:《国际经济法中的公平互利原则与 WTO 体制下中国的发展中国家地位问题》,载钟兴国等译著:《世界贸易组织——国际贸易新体制》,北京大学出版社 1997 年版,第 69 页。

③ G. Verdirame: The Definition of Developing Countries under GATT and other International Law ,German Yearbook of International Law 39,1994,pp. 172-173.

④ [美]乔·萨托利:《民主新论》,东方出版社 1993 年版,第 355～356 页。

⑤ [美]约翰·罗尔斯:《正义论》,中国社会科学出版社 1988 年版,第 265 页。

⑥ [美]E. 博登海默:《法理学:法律哲学与法律方法》,邓正来译,中国政法大学出版社 1999 年版,第 300 页。

乎，即止”①以及“视人之国若视其国”②的训导依然是我们今天尚在追求的价值目标。

三、正确认识国际社会本位理念的理论价值

当前，我国正在贯彻科学发展观，着力构建和谐社会。我们所要建设的和谐社会应该是民主法治、公平正义、诚信友爱、充满活力、安定有序、人与自然和谐相处的社会。而这一切美好社会目标的实现都有赖于完善的法律对社会关系的全面有效的调整。因此，民主法治是构建和谐社会的前提与保障。构建和谐社会，必须充分发扬民主，切实落实依法治国基本方略，把和谐社会的关系牢固地建立在民主法治的基础之上。人类社会的发展实践证明，和谐社会的构建必须借助于法律制度的推动与保障，法律在构建和谐社会的进程中居于支配地位，起着关键作用。就此而言，社会能否实现和谐主要取决于是否具有完备的法律。另外，构建和谐社会不但需要完备的法律，而且法律的制定必须坚持以人为本、遵循客观规律、符合理性精神。理性是和谐社会的精神支柱，而法律应当成为理性的最权威的载体。

我们认为，所谓“和谐社会”应该内在地包含着国内和谐社会与国际和谐社会两个层面的基本含义。国内和谐社会，正如前面所言，应该是民主法治、公平正义、诚信友爱、充满活力、安定有序、人与自然和谐相处的社会。而国际和谐社会，则应该是世界各国和平共处、共同繁荣、全面可持续发展的社会。构建国内和谐社会与构建国际和谐社会是互为表里、互相制约、互相影响、互相促进的关系。构建国际和谐社会是实现国内社会和谐的外部条件和重要保障，只有实现国际社会的和谐，才能实现国内社会的持久和真正的和谐；构建国内和谐社会是国际和谐社会的组成部分和坚实基础，国内社会实现和谐，才能更好地促进国际社会的和谐发展。而国内和谐社会与国际和谐社会的构建都有赖于国内法治和国际法治的发展与完善。我们认为，从根本上讲，推动法律的趋同化发展则能更快更好地完善我国的法律制度，实现我国法律的现代化，从而为构建国内和谐社会提供民主法治保障，这一观点我们将另作阐释；而提升国际社会本位理念能更好地实现国际法治，从而达成构建国际和谐社会的目标。

---

① 《墨子·非乐》。

② 《墨子·兼爱中》。

（一）提升国际社会本位理念是构建和谐的国际法治社会的现实途径

正如前面所论述的，国际社会本位理念的提出是有深厚的理论基础和广泛的现实基础的。提升国际社会本位理念有助于更好地实现法的价值是理论建构的基础，而经济全球化和国际经济一体化深入发展，世界各国之间相互联系、相互影响、相互制约的关系进一步加强，则是其理论生存的现实基础。因为正确的理论总不是凭空臆造的，而总要回到实践中去，并努力指导实践的发展。在当今时代，在国际关系中提升国际社会本位理念，切实维护国际社会的共同利益和保护弱方利益，实现世界各国的普遍繁荣和全面可持续发展的目标，无疑具有重要的现实意义和深远的历史意义。

（1）提升国际社会本位理念，维护国际社会共同利益和保护弱方利益以推动可持续发展，是国际社会和平共处的物质基础。国际法上的传统观念是主权至上，国家利益是任何主权国家在国际关系活动中的最高原则和最终归宿。由于对利益的认识和内容上的求取趋向决定了国家的行为，世界各国彼此都为了维护本国利益和实现本国利益的最大化而相互之间势不两立，始终处于剑拔弩张的斗争状态。因此，国家之间的和平共处只是一种可望而不可即的理想主义目标。而随着经济全球化和国际经济一体化的发展，国家利益的多样性和相互依存性成为国际关系最基本的特征。国际法也必然要适应这种形势的变化而作出调整。主权国家之间不断加深相互的依存关系和日益发展的国际社会共同利益，在各个层面上影响着人类的生存和发展，促进着人们国际社会本位理念的日渐形成。这种适应时代发展要求的国际社会本位理念提倡各个国家在制定本国政策时，既要考虑本国的利益，同时也要考虑对方的利益，考虑维护国际社会的共同利益，以避免“一损俱损”局面的出现，同时通过国际社会的制度设计和利益倾斜，维护穷国、弱国的利益并协助其实现应有的发展，真正达到“共赢”。只有在这种情况下，世界舞台上各主权国家才真正具备了和平共处的可能，并最终促进世界的和平、稳定、发展与繁荣。

（2）提升国际社会本位理念，维护国际社会共同利益和保护弱方利益以推动可持续发展，有利于推进全球问题的解决。当前，所谓国际社会的共同利益主要是由全球性问题的出现和存在所凸显的。因为全球性问题反映了当代人类在人与人、人与自然的关系以及人类自身发展中所出现的危机。这些问题并不因国家意识形态的不同和发展程度的不同而存在或不存在。世界各国无一例外地面临着防止战争、寻求发展、解决贫困、保护生态环境、合理使用资源、对付恐怖主义和遏制毒品泛滥等问题。而且，能否解决这些问题，涉及国际社会共同的当前利益,也决定着国际社会共同的未来利益。同时,全球问题的"全球性"除了表现为它的存在方式的全球性以外,还表现为解决问题所必需的全球性行动。因此,提升国际社会本位理念,努力维护国际社会共同利益和保护弱方利益,加强世界性大合作,共同推进全球问题的解决。只有这样才有可能带来世界的繁荣和安定。

(3) 提升国际社会本位理念,维护国际社会共同利益和保护弱方利益,推动人类社会共同可持续发展,已得到包括中国在内的世界越来越多的国家的重视。提升国际社会本位理念,有利于推进本国经济的繁荣。借鉴世界先进科技成果是促进本国经济发展的重要途径。科学技术以及管理技术本身并无国家性可言,而是全人类所共有的财富,可以为国际社会愿意和能够开发利用的人所造福。一个国家只有以开阔的胸襟和虚怀若谷的态度去学习和借鉴别国和全人类先进的科技成果与管理技术,才能"在更大范围、更广领域和更高层次上参与国际经济技术合作与竞争,充分利用国际国内两个市场,优化资源配置,拓宽发展空间,以开放促改革促发展"。① 中共十六大报告中亦主张应顺应历史潮流,维护全人类的共同利益。该报告指出,我们愿意与国际社会共同努力,积极促进经济全球化朝着有利于实现共同繁荣的方向发展,趋利避害,使各国特别是发展中国家都从中受益。我们主张建立公正合理的国际政治经济新秩序。经济上应相互促进,共同发展,而不应造成贫富悬殊。我们将继续改善和发展同发达国家的关系,以各国人民的根本利益为重,不计较社会制度和意识形态的差别,在和平共处五项原则的基础上,扩大共同利益的汇合点,妥善解决分歧。可见,在国际关系中提升国际社会本位理念已成为中国发展国际交往的理性选择。

(4) 近年来,我国致力于推动世界的多极化进程和提出"和平崛起"国家发展战略,则更是国际社会本位理念在国际关系和国际法领域的新的实践方向。一意孤行的单边主义日益难以为继,而随着欧盟、中国以及其他一些国家和区域国家集团的日渐崛起,世界多极化发展的趋势更趋明朗。历史已经并将继续证明,一国独大的英国治下的和平或者美国治下的和平,都不可能给世界带来持久和真正的和平与繁荣。国际社会本位理念则坚决主张通过世界各国的共同发展以实现持久和真正的和平。世界多极化发展也绝不是新旧列强重新瓜分势力范围的博弈,而必须是世界各国的共同和全面的可持续发展。"和平崛起论"的提出正是顺应了时代发展的这种要求。因为和平崛起的道路不光符合中国的根本

① 江泽民:《在中国共产党第十六次全国代表大会上的报告》,人民出版社 2002 年版,第 29 页。

利益，也符合世界人民的根本利益，和平崛起就不会谋求武力扩张和国际霸权，就不会妨碍任何人、威胁任何人、牺牲任何人。作为一个负责任的大国，中国选择崛起方式，不仅要从中国自身的根本利益出发，也要以世界人民的共同利益为依据。① 因为，中国深知“天下兼相爱则治，交相恶则乱”②的道理。随着经济全球化的深入发展，国与国之间相互联系、相互依赖、相互影响的关系进一步加深，各国之间唇齿相依，唇亡则齿寒。在国际关系中，不管是超级大国，还是发展中国家，都难以独善其身。

“和平崛起论”的提出，不仅在客观上存在强大动力和有利条件，而且作为国际战略抉择付诸国际关系的实践，已经并将继续收到良好效果。在中国的对外关系中，首先致力于与周边国家发展睦邻友好关系，消除邻国对中国崛起存在的疑虑。对周边国家提出“以邻为伴，与邻为善”和“睦邻、富邻、安邻”的方针，丰富了中国传统的睦邻友好政策。如中国加入《东南亚和平友好条约》、推动东盟自由贸易区的建立、力促朝核问题的和平解决、成立上海合作组织等，都是这一政策的生动体现。其次，在国际安全领域大力倡导新安全观，积极探索以和平方式消除外部威胁、防止国际军事冲突的方式和途径，拓展了中国和平外交政策的境界与内涵。另外，积极倡导超越意识形态和狭隘民族主义的国际合作理念，为中国的主权观、人权观等注入新的内涵。同时，积极探索新的国际关系理念，推动世界格局多极化，维护世界人民的共同利益，争取早日建立公正合理的国际政治经济新秩序。③

可见，推动世界朝多极化发展的国际关系实践与“和平崛起论”的提出，秉承国际社会本位理念，开辟出一条在国际法领域的新的实践方向。

(5) 无视国际社会本位理念，损害国际社会共同利益和他国利益，进而危及整个人类社会的共同可持续发展，必然遭受世人谴责。很好的例证就是美国拒绝加入抑制全球气候变暖的《京都议定书》。从法理上看，全球气候是一种“人类共同关切之事项”(a common concern of mankind)。其法律地位虽不同于“人类共同财产”(common property of mankind)或“人类共同遗产”(common heritage of mankind)，但它同样意味着国际社会作为一个整体对具有全球重要性的气候资源有正当关心的权利，同时也要求国际社会共同分担有关保护全球气候的责任和义务。广大发展中国家，尤其是属于发展中国家的数十个小岛屿国家，将是

① 徐坚：《和平崛起是中国的战略选择》，载《国际问题研究》2004 年第 2 期。

② 《墨子・兼爱上》。

③ 徐坚：《和平崛起是中国的战略选择》，载《国际问题研究》2004 年第 2 期。

全球气候变暖、海平面上升的最直接的受害国。由于气候保护可以和外交、经济增长、能源与环境、跨国投资与贸易等广泛事务建立联系，因此，美国自行孤立于国际社会气候保护进程之外，也不符合美国长期的战略利益。如果美国价值观中确实包含有对子孙后代福祉的真正关注和对居住在世界其他地区的大多数人类的环境权利（一种实实在在的人权）的真正尊重，那么美国政府就没有理由使美国游离于国际社会保护全球气候的共同努力之外。

从目前来看，美国对大气温室气体容量资源的过多占有，意味着美国经济通过大量温室气体排放而给国际社会带来了更大的全球气候变化的压力。这一压力的代价是由国际社会共同承受的。这个问题如不能及早、公正地解决，将导致各国在政治、经济上的差距进一步拉大，将妨碍各国在环境与发展问题上的共同政治意愿的进一步发展。虽然美国不会因其拒绝批准《京都议定书》而承担国际法律责任，但它确实违反了一些基本的法律原则，必然而且也确实遭到了国际社会在政治上和道义上的普遍谴责。①

（二）国际社会本位理念是建立在国家主权和国家利益基础之上的法学理论

国际社会本位理念具有不仅限于上述重要价值。在正确认识其重要价值方面，应注意以下三种倾向：

一是主张提升国际社会本位理念，强调维护国际社会共同利益和保护弱方利益以推动可持续发展，并不意味着否认国家主权。在经济全球化和国际经济一体化进程中，任何国家都无法置身其外。各主权国家参与这一进程越普遍和深入，那么让渡的主权也越普遍和明显。根据当今的国际实践，国家让渡主权的表现形式主要有：国家管辖权的部分让渡、关税自主权的部分让渡、国家职能的部分让渡和政治决策权的部分让渡，等等。

当今国际合作的加深导致对主权的限制是必然的，也是必要的。但应看到，这种限制本身就是主权国家自己的事，其最终的决定权还是掌握在主权国家手里。国家通过自愿参加国际条约而享有种种权利、承担种种义务，这与主权概念并不矛盾。对主权的限制是由国家意志决定的，是主权权利行使的表现而不是剥夺。国际组织是主权国家自愿组成的，国际条约与国际法也是在承认各国主权独立的基础上形成的，只有尊重国家的主权，国际组织、国际条约、国际法才能

---

① 秦天宝：《美国拒绝批准〈京都议定书〉的国际法分析》，载李龙：《珞珈法学论坛》（第二卷），武汉大学出版社2002年版，第288、290、291、292页。

真正发挥作用。

二是主张提升国际社会本位理念，强调维护国际社会共同利益和保护弱方利益以推动可持续发展，并不意味着否认国家利益。我们是建立在国家利益基础上的国际社会本位论者。连自己国家的利益都维护不了却去奢谈国际的（他国的）利益，无疑是荒谬的。但某些情况下暂时舍弃一国的眼前之利而寻求实现国际社会的共同利益，归根到底，还是为了维护本国的长远利益。它们之间是符合逻辑的、理性的。追求国家利益的矛盾和斗争仍将是国际关系发展的直接动力，但国家利益将同国际社会共同利益并行不悖地存在和发展。因为“我们自己进入了人类进化的全球性阶段。每个人显然有两个国家，一个是自己的祖国，另一个是地球这颗行星”。①

当前国际社会出现了这样一个明显的趋势，即国家利益国际化，国际利益国内化，在法律上的反映即是国内法律国际化，国际法律国内化。这种趋势的发展，客观上要求人们在考虑国家利益的同时，必须考虑别国的利益，以推动国际间共同利益的发展，只有这样才能达到共同获利，实现“共赢”。在全球化迅猛推进的时代，国际社会共同利益的发展已成为历史大势，国家利益的重新界定势难避免。为此，我们对国家主权必须有一个既符合国家利益、又具备世界视角的看法，认识国家主权的历史性和相对性，承认国家主权在一定条件下可部分让渡。从而更加深入探索国家主权的本质，明确哪些是主权中不可变更的功能和要素，哪些是在必要条件下可以变通或让渡的，由此弄清国家利益在新形式下的新内容和表现形式。国家利益如同国家一样，是一个历史的范畴。而国际社会的共同利益必然随着社会的发展、国家主权的让渡和功能的转型而不断发展，国际社会本位理念最终将成为指导未来国际社会发展的主宰。

三是要防止对国际社会本位理念的滥用。我们主张提升国际社会本位理念，维护国际社会共同利益和保护弱方利益以推动可持续发展，但要警惕并坚决反对任何以此为名行强权和霸权之实的行为。墨西哥与美国关于金枪鱼进口问题的争端便是一个极好的例子。

在 1991 年墨西哥与美国关于金枪鱼进口问题的争端中，美国主张它有权代表全人类利益而采取贸易限制手段保护东太平洋的金枪鱼。但关税与贸易总协定争端解决专家组认为：“如果接受美国提出的对第 20 条(b)款的扩大解释，则各缔约国均可单方决定其他缔约国不损害它们依《关税与贸易总协定》所享有的

① [美]巴巴拉·沃特等：《只有一个地球》之“前言”，吉林人民出版社 1997 年版，第 17 页。

权利则不能遵守的有关生命或健康的保护政策。那么，总协定将不再是缔约国的多边贸易框架体系，而只为少数有相同国内条例的缔约国之间的贸易提供法律保障。”[2]专家组同时认为，“如果接受美国提出的对第 20 条(g)款的域外管辖权解释，则各缔约国均可单方决定其他缔约国不损害它们依《关税与贸易总协定》所享有的权利则不能遵守的有关生命或健康的保护政策。因此，专家组拒绝第 20 条(b)款的域外适用的考虑也适用于第 20 条(g)款。”①

这一案例表明，个别国家可能假借维护地球生态系统和国际共享资源的名义，将其国内法强加于其他国家头上。这种滥用国际社会本位理念的做法对国际法将产生严重的后果。关贸总协定专家组的裁定表明它认识到了滥用国际社会共同利益名义的危险性。因此，对国际社会本位理念的滥用也是我们应当着力加以防范的。

四、国际社会本位理念的国际法律实证分析

我们认为，在各国国内立法与司法和国际立法与司法活动中，国际社会本位理念已经并将继续得到提升。作为一种法律理念，国际社会本位法学观有助于人类认识隐藏在其所使用的法律工具背后的思想，运用正确的态度来审查法律问题，避免在立法、司法实践中作出流于偏执的、武断的结论。进一步说，只有确立国际社会本位理念，才有可能洞察更丰富、更深刻的法律本质及其发展规律，在更高的层次上提升现代法律价值，构筑现代法律精神，为实现国际法治并最终实现国际和谐社会的理想目标提供科学的理论指导。限于文章篇幅和目前研究的深度，此处仅就有关国际法制度所体现的国际社会本位理念作实证分析，而对各国国内立法、司法与国际司法实践所体现出来的国际社会本位理念将另作阐释。

（一）世界贸易组织法律制度所体现的国际社会本位理念

世界贸易组织是经济全球化和国际经济一体化的产物，同时也是推动国际经济一体化深入发展的组织力量。在国际经济一体化的进程中，世界贸易组织法律制度深刻体现了维护国际社会共同利益与保护弱方利益的国际社会本位理念，是把维护国际社会共同利益和保护弱方利益相互结合的生动实践。

世贸组织各成员之间存在着共同的利益。在《关于建立世界贸易组织的协

---

① 王曦：《国际环境法资料选编》，民主与建设出版社 1999 年版，第 597 页。

定》的前言中就表明世贸组织拥有一个共同的宗旨，即要在发展贸易与经济关系的同时提高生活水平、保证充分就业和大幅度稳步提高实际收入和有效需求，以达到对世界资源的充分利用。因为世贸组织协议规定了最惠国待遇和非歧视待遇，使得市场准入的优势以及遵守世贸组织义务的福利待遇，涉及世贸组织的所有成员。特别在国际经济一体化的今天，国家在经济上越来越相互依赖。因而，任何一成员对世贸组织义务的违背可能会涉及一个以上甚至所有世贸组织成员的整体经济利益。显然，消除贸易壁垒，实现世界资源的优化配置和总体福利的增长是世贸组织成员之间的共同利益。

《关税与贸易总协定》于1948年开始生效时，其23个创始会员国中只有11个发展中国家。如今，当世贸组织雄心勃勃地发起"多哈发展议程"谈判、为21世纪国际经贸交往制定新准则时，其发展中国家成员已超过100个，约占世贸组织成员总数的五分之四。① 随着多边贸易体制的扩大和发展中国家成员的增多，如何更有效地协调自由贸易与促进弱小国家发展的关系，如何帮助发展中国家特别是最不发达国家更好地参与和融入国际经济一体化进程，实现整个国际社会的共同、全面可持续发展，是世界贸易组织面临的最大挑战之一。

1979年11月，关贸总协定第35届缔约国大会通过一份《差别的更加优惠待遇以及互惠和发展中国家的更充分参与的决议》，使"特殊和差别待遇"的概念进入了关贸总协定法律体系的核心。在乌拉圭回合的一揽子文件中，发展中国家的"特殊和差别待遇"的概念得以延续，世贸组织所管辖的不同协定大多规定了对发展中国家的特殊和差别待遇，大致可分为以下几类：较低水平的义务；更灵活的实施时间表；发达国家"尽最大努力"、"尽可能"之类的承诺；对最不发达国家更优惠的待遇；技术援助和培训。与以往相比，特殊和差别待遇条款的实质内容，开始从优惠的市场准入条件和国内保护措施转向对因实施世贸组织协定而产生的特殊调整困难。② 除了《反倾销协议》和《装船前检验措施协议》之外，几乎所有世贸组织协议都包含了发展中国家可以有更长的过渡期来履行其义务的规定。同时，在世贸组织各协议中，特别是在贸易的技术壁垒、动植物检疫、海关估价、争端解决、贸易政策审查以及知识产权等技术性较强的领域，是发展中国家的实施困难最为突出之处，因而都规定了较为详细的技术援助条款。这种

---

① 黄志雄：《WTO"多哈发展议程"与国际发展法的新趋向》，载李龙：《珞珈法学论坛》(第3卷)，武汉大学出版社2003年版，第300页。

② J. Whalley: Special and Differential Treatment in the Millennium Round, The World Economy, Vol. 22, 1999, No. 8, pp. 1072-1073.

援助的着眼点与过渡期安排相似：通过对发展中国家的“能力建设”(capacity building)，使它们得以履行在各协议中承担的义务。①

乌拉圭回合谈判和世界贸易组织成立以来，强调在市场准入和技术援助等问题上，对最不发达国家的特殊困难和需要给予更多帮助。② 世贸组织协议中，除了关于发展中国家的一般条款外，还有17个单独适用于最不发达国家的条款，涉及这些国家比其他发展中国家更长的过渡期、较低的义务水平等。1993年12月，乌拉圭回合贸易谈判委员会还通过了两项专门针对最不发达国家的部长决定：《关于有利于最不发达国家措施的决定》和《关于改革计划对最不发达国家和粮食净进口发展中国家可能产生消极影响的措施的决定》。1995年，世贸组织在贸易与发展委员会下设立了一个“最不发达国家小组委员会”。作为1996年新加坡部长宣言的一部分，通过了一个《WTO关于最不发达国家的全面和一体化行动计划》。③ 根据这一行动计划的要求，1997年10月，世界贸易组织、国际货币基金组织、世界银行、联合国贸易与发展会议、联合国开发计划署和国际贸易中心在日内瓦举行“关于针对最不发达国家贸易与发展的一体化倡议的高层会议”(High Level Meeting on Integrated Initiatives for Least Developed Countries' Trade Development)。会议要求以“双管齐下”的方式向最不发达国家提供特殊和差别待遇：一是强调这些国家在自由化方面只需作出有限承诺；二是强调发达国家在市场准入和技术援助方面增加对最不发达国家的承诺。上述国家组织还制定了一个向最不发达国家提供与贸易有关的技术援助与合作的《一体化框架》(*Integrated Framework*)。世界贸易组织对弱小国家的特殊保护政策同时也是国际发展法的核心内容。

世界贸易组织法律制度在许多方面体现了国家社会本位理念下维护国际社会共同利益与保护弱方利益的原则。作者将仅从以下几方面予以论述：

(1) 世界贸易组织保障措施制度所体现的利己与利他相结合的合作共赢理念。

在关贸总协定中，第19条“对某些产品进口的紧急行动”构成了现代国际贸

① C. Michalopoulos: Trade and Development in the GATT and WTO: The Role of Special and Differential Treatment for Developing Countries, World Bank working paper 2000, http//:www. wto. org/wto/develop/costaspaper. doc, pp. 14-15.

② 黄志雄：《WTO“多哈发展议程”与国际发展法的新趋向》，载李龙：《珞珈法学论坛》(第3卷)，武汉大学出版社2003年版，第290页。

③ WT/MIN/96/14.

易中重要的保障机制。作为协调各成员的长远利益和眼前利益而设置的保障条款①,其核心内容可表述为:凡因出现未预料到的情况和一缔约方履行本协定义务(包括关税减让)的结果,使进入该缔约方境内的任何产品,其数量之增加及所依条件已对该方境内的相同产品或直接竞争产品的国内各生产人造成严重损害或威胁者,该缔约方得自行决定,在制止或补救该损害所需范围和时间内,对该产品停止履行全部或部分义务,或者撤回或修改减让。虽然保障条款存在种种不足,但从 1948 年以来的实践证明,规则的存在有其必要性和合理性,保障条款本身的缺陷及其影响并不能超越其所蕴涵的理念:即实现贸易双方利益平衡和追求共赢思想的价值。也正因为如此,保障条款从 1947 年《关贸总协定》的一个条款,在经过东京回合和乌拉圭回合的多边谈判后,发展为包括《关贸总协定》第 19 条和《保障措施协议》在内的丰富而完整的世贸组织保障措施法律制度。

约束强者和保护弱者的理念贯穿保障条款发展的始终。就《关贸总协定》第 19 条第 1 款(a)包含的内容来说,其基本含义是对缔约方在履行协定义务过程中,为保护自身利益不受未预料到情况的损害而采取的保护措施规定了条件和方式。而隐含的含义则需要从两个方面来考察:从出口方来看,如果希望贸易能持续进行下去,避免出现进口方因利益受损而采取保障措施的局面,那么就需要重视和考虑进口方的利益;在出口过程中循序渐进,保持数量的适当控制,以确保自由贸易能够实现共赢。也就是说,避免因出口数量的过快增长及由此出现的对市场的过度抢占,进而给进口方市场和产业造成不应有的重大影响,就成为出口方的理性选择。换言之,《关贸总协定》第 19 条第 1 款(a)是在规范竞争中的强者行为,以抑制其对相关利益的过分追逐。从进口方来看,由于获得了在特殊情况下停止履行义务以保护自身利益的权利,使之可能在相当程度上立即终止所受到的损害,以此鼓励其认真地尝试履行《关贸总协定》的义务,努力推动贸易限制的减少,积极追求在贸易自由化条件下所可能获得的利益。换言之,《关贸总协定》第 19 条第 1 款(a)旨在扶持竞争中的弱者积极参与自由贸易,希望其在自由贸易中获得发展,并为之提供适当的保障以解其后顾之忧。世界贸易组织协议中所有的原则、权利、义务都不可能是绝对的,而是为实现其宗旨而协调他国利益与本国利益、贸易自由与贸易保护、协议规则与成员行为的手段。所以,为了缔约方的共同利益,在规则设置上必然受权利义务平衡原则的支配。②而第 19 条第 1 款(a)隐含的约束强者和保护弱者的理念充分体现了这一点:作

① 赵维田:《世贸组织(WTO)的法律制度》,吉林人民出版社 2000 年版,第 208 页。

② 赵维田:《世贸组织(WTO)的法律制度》,吉林人民出版社 2000 年版,第 214 页。

为在竞争中处于强势的出口方，在进口方境内获得自由贸易权利的同时，必须承担约束自身行为及其后果的义务；作为市场竞争中成为弱势的进口方，在履行开放市场义务的同时，也获得了保护自身利益不受严重损害的权利。

不论是对出口方还是对进口方而言，世界贸易组织保障措施协议都在赋予一方某一项权利时包含了对义务的要求，或者说在提出义务时也给予了相应的权利。也就是说，不管是作为竞争中弱者的进口方还是作为强者的出口方，都必须在考虑利己的同时考虑利他。

允许实施保障措施体现了世贸组织对弱者利益平衡的关注。根据保障措施实施的前提条件，只要进口产品在一定时间内的数量增长对进口方造成了损害，进口方就可以考虑采取保障措施。正是在此种条件下，进口方才获得了在正常和公平贸易中暂时停止履行协定义务的权利。与之相对应的是，保障措施协议同时对损害作出了一个“严重”程度的限定，从而无形中对进口方实施这项权利作出了约束。总之，权利与义务平衡、所得与付出平衡，是世贸组织在允许实施保障措施时所遵循的基本价值理念。而通知和协商机制的完善为实现合作共赢提供了平台。从《关贸总协定》第19条的有关内容来看，其中的程序性规定包括：缔约方在采取行动前应力求书面通知缔约方全体；缔约方全体和作为产品出口方并有重大利害关系的各缔约方对所拟行动寻求协商；在有利害关系的各缔约方无法达成协议时，若缔约方自行采取行动，受影响的各缔约方可自行暂停实施对等减让或协定义务。尽管缔约方还可以在紧急情况下不经事先协商而采取行动，但仍然要求在采取行动后立即进行协商，同时允许受影响的缔约各方在协商期间暂停减让或其他义务。虽然上述程序性要求是在缔约方采取保障措施决定之后才展开的，但这些规定无疑为各缔约方之间的对话交流寻求合作提供了机会和可能，有助于保障措施实施的公正和透明，为各成员有机会相互了解和沟通提供了平台。事实上，通知和协商机制的完善，也体现在保障措施的制定及其实践所蕴涵的求实主义的指导思想。

总之，保障措施协议隐含着以合作共赢为不变的追求。世界贸易组织从推动各成员实现利己与利他相结合的角度，对保障措施作出了系统的设计和安排。这种按照在“这方面的得益需从另一方面舍弃，以保持双方权利义务的平衡”的利益平衡原则制定出来的保障措施，在贸易自由、条约义务与贸易保护、成员权益之间画出了一条界线。这条界线是滥用自由贸易与追求正当利益的分水岭，也是保护正当利益与贸易保护主义的分水岭，目的在于使各成员方都能够作出有利于共赢的理性选择。

（2）世界贸易组织对发展中国家的优惠待遇和对最不发达国家的特殊安排。

在世贸组织的法律制度中，给予发展中国家优惠待遇是体现保护弱方当事国利益的重要制度安排，是针对发展中国家的实际状况而采取的一项取向于公平的措施。它具体体现在1979年关贸总协定的缔约方全体通过的对发展中国家的不同和更优惠待遇、互惠和更充分地参与的决定（以下简称决定）和GATS的有关规定之中。该决定允许为了发展中国家的利益而偏离最惠国待遇，特别是允许发展中国家彼此间作出优惠安排。这一决定在WTO成立后仍作为GATT1994的一部分继续适用。

该决定对发展中国家的优惠待遇主要体现为两种形式：发达国家对发展中国家的非互惠的优惠和发展中国家之间的区域一体化的优惠安排。该决定规定，GATT的缔约方即现在WTO的成员方可以给予发展中国家不同和更优惠的待遇，而无须将该待遇给予其他成员方。此类待遇既包括发达国家成员方对原产于发展中国家成员方的产品按照普惠制给予优惠的关税待遇，也包括在GATT所规定的非关税措施方面给予不同的和更优惠的规定。发达国家在贸易谈判中削减或取消对发展中国家贸易的关税或其他贸易壁垒并不期待发展中国家给予互惠，也就是说，发达国家并不希望发展中国家在贸易谈判过程中作出不切合各自发展水平、金融和贸易需要的减让。因此，发达国家不应寻求，发展中国家也不应被要求作出不切合各自发展水平、财政和贸易需要的减让。该决定还要求发达国家顾及到最不发达国家的特殊经济需要及其特别的发展、财政和贸易需要，在寻求这些国家削减或取消贸易的关税或非关税壁垒方面实行最大的克制，不应期待它们作出与其特殊的境遇不符的减让。

该决定对发展中国家优惠待遇的另一主要体现是对发展中国家之间的区域一体化所给予的优惠。根据该决定，不发达国家对产品相互进口相互削减或取消关税和按照缔约方全体规定的标准和条件互相削减或取消非关税壁垒所达成的区域性或全球性安排，可以享有不同和更优惠的待遇。

在服务贸易领域，发展中国家所享有的优惠待遇主要体现在GATS第5条第3款的规定之中。据此，在发展中国家是服务区域一体化协定的参加方的情况下，应当按照有关国家总的发展水平和具体部门、分部门发展水平，在对服务区域一体化协定的内在条件的要求上给予灵活性，尤其是在取消与国民待遇不一致的现有歧视性措施和/或禁止新的或更多的与国民待遇不一致的歧视性措施的要求上给予灵活性。GATS还规定，在只有发展中国家参加的区域一体化协定的情况下，参加方自然人所拥有和控制的法人可以获得更优惠的待遇。①

① 韩龙：《论WTO与区域经济一体化》，载《中外法学》2003年第2期，第217～218页。

另外，在世界贸易组织1993年12月15日贸易谈判委员会通过的部长宣言中，就包括《关于有利于最不发达国家措施的决定》和《关于改革计划对最不发达国家和粮食净进口发展中国家可能产生消极影响的措施的决定》，对有关处于弱势地位的国家予以特别的保护和政策利益的倾斜，并且在1994年4月15日的《马拉喀什宣言》中再一次予以确认和重申。①

鉴于最不发达国家的困境及保证它们有效参与世界贸易体制和采取进一步措施改善它们贸易机会的需要以及最不发达国家在市场准入方面的特定需要，在此方面继续给予优惠准入仍是改善它们贸易机会的一种必要手段，重申致力于全面实施1979年11月28日《关于发展中国家差别和更优惠待遇、互惠和更充分参与的决定》中有关最不发达国家的规定，②并且注意到《埃斯特角城部长宣言》第一部分B节(vii)项所列各参加方的承诺，《关于有利于最不发达国家措施的决定》决定，如在乌拉圭回合过程中谈判达成的文件未作规定，尽管最不发达国家接受这些文件，但是只要它们仍属最不发达国家一类，并且同时遵守上述文件所列一般规则，则只需承担与其各自发展、财政和贸易需要或其管理和机构能力相符的承诺和减让。应给予最不发达国家自1994年4月15日起额外1年的时间，供其提交《建立世界贸易组织协定》第11条所要求的减让表。

该决定并且同意：(1)应特别通过审议以迅速实施有利于发展中国家的所有特殊和差别措施，包括在乌拉圭回合中采取的措施。(2)在可能的限度内，乌拉圭回合中决定的对最不发达国家有特殊出口利益产品的关税和非关税措施最惠国减让，可自主提前实施，且无过渡期。应考虑进一步改善有关对最不发达国家有特殊出口利益产品的普惠制及其他方案。(3)乌拉圭回合中各项协定和文件所列规则和过渡性条款应以灵活和有支持作用的方式适用于最不发达国家。为此，应积极考虑最不发达国家在有关的理事会和委员会中提出的特定和有根据的关注。(4)在适用GATT1947第37条第3款(c)项和GATT1994相应条款所指的进口救济措施和其他措施时，应对最不发达国家的出口利益给予特殊考虑。(5)在包括服务业在内的生产和出口基础的发展、加强和多样化以及贸易促进方面，应给予最不发达国家实质增加的技术援助，以使它们从市场准入开放中获得最大好处。最后，该决定还同意对最不发达国家的特定需要进行审议，并继续寻求采用可便利有利于这些国家贸易机会扩大的积极措施。可见，这一决定

---

① 《世界贸易组织乌拉圭回合多边贸易谈判结果法律文本》，法律出版社2000年版，第384～385、392～393、iv页。

② 参见该《决定》的第2(d)段、第6段和第8段。

是专门为了保护在国际上处于弱势地位的最不发达国家的权利和利益而作出的，体现了保护弱方当事国利益原则在世贸组织法律制度内的运用和实践。另外，《关于改革计划对最不发达国家和粮食净进口发展中国家可能产生消极影响的措施的决定》也是这一原则的生动实践。①

由于认识到乌拉圭回合整体结果的逐步实施，将会有利于所有参加方的贸易扩大和经济增长创造越来越多的机会，和在使农产品贸易更加自由化的改革计划实施过程中，最不发达国家和粮食净进口发展中国家在以合理的条款和条件从外部来源可获得的基本粮食的充足供应方面可能受到消极影响，包括在向基本粮食的正常水平商业进口提供资金方面的短期困难，《关于改革计划对最不发达国家和粮食净进口发展中国家可能产生消极影响的措施的决定》同意设立适当机制，以保证乌拉圭回合有关农产品贸易结果的实施不致消极影响可获得的粮食援助的水平，此水平足以继续提供援助以满足发展中国家，特别是最不发达国家和粮食净进口发展中国家的粮食需要。为此，该决定一致同意：(1)审议粮食援助委员会根据《1986 年粮食援助公约》定期制定的粮食援助水平，并在适当场所发起谈判，以确定足以满足发展中国家在改革计划实施过程中的合法粮食需要的粮食援助承诺水平；(2)采用准则，以保证以全部赠予的形式和/或符合《1986 年粮食援助公约》第 4 条的优惠条件，不断增加向最不发达国家和粮食净进口发展中国家提供的基本粮食的比例；(3)在其援助方案中，充分考虑向最不发达国家和粮食净进口发展中国家提供技术和财政援助以改善其农业生产力和基础设施的请求。同时，该决定还同意保证与任何跟农产品出口信贷有关的协议应就有利于最不发达国家和粮食净进口发展中国家的差别待遇作出适当规定。并且认识到作为乌拉圭回合的结果，某些发展中国家在向正常水平商业进口提供资金方面可能遇到短期困难，且这些国家可能有资格根据调整计划中现有或可能设立的设施利用国际金融机构的资源，以便处理此类资金困难。在这方面，该决定注意到了世界贸易组织总干事提交 GATT1947 缔约方全体的报告第 37 段关于他与国际货币基金组织总裁和世界银行行长进行磋商的情况。②

(3) 提升国际社会本位理念在世界贸易组织多哈回合的新发展。世贸组织前总干事穆尔曾多次呼吁：拟议中的新一轮多边贸易谈判应当充分考虑到发展

① 《世界贸易组织乌拉圭回合多边贸易谈判结果法律文本》，法律出版社 2000 年版，第 384～385 页。

② 《世界贸易组织乌拉圭回合多边贸易谈判结果法律文本》，法律出版社 2000 年版，第 392～393 页。

中国家的利益，成为加快解决发展问题繁荣“发展回合”(Development Round)。无疑，这一观点代表着广泛的见解。2001 年 2 月 8 日，世贸组织成员同意在多哈举行第 4 届部长会议。为重新树立人们对以世贸组织为主导的世界贸易体系的信心，世贸组织实施了一系列“树立信心”(confidence building)的措施，包括优先考虑最不发达国家面临的困难、全面重新评估技术合作和能力建设活动、建立专门机制处理与实施有关的事项和关注等。2001 年 11 月 9 日，会议如期召开，经过持续的谈判与协商、斗争与妥协之后，与会的 142 个成员终于在 11 月 14 日晚通过了《部长宣言》和《与实施有关的问题和关注》、《关于 TRIPs 协议与公众健康的宣言》等 5 项决定。

《部长宣言》英文本共 10 页 52 条，分为序言、工作计划以及工作计划的组织与管理等 3 个部分。序言重申了贸易政策改革和贸易自由化的目标，同时强调：“国际贸易可以为促进经济发展和减缓贫困发挥重大作用。我们承认我们全体人民从多边贸易体制所产生的机会和福利增多中获利的需要。WTO 的大多数成员是发展中国家。我们寻求将它们的需要和利益置于本宣言通过的工作方案的中心。忆及马拉喀什协定的序言，①我们将继续作出积极的努力，以保证发展中国家，特别是其中的最不发达国家，在世界贸易增长中获得与其经济发展需要相当的份额。在这方面，市场准入的扩大，规则的平衡，以及有针对性、得到持续资助的技术援助和能力建设方案，可以发挥重要作用。”②《部长宣言》强调，在几乎所有这些问题上都应充分考虑“发展中国家和最不发达国家的特殊需要和利益”，承诺对这些国家提供技术援助和能力建设。

基于序言所提及的各项考虑，部长们达成了一个被称为《多哈发展议程》(*Doha Development Agenda*)的工作方案，它“既包含了一个扩大了的谈判议程，也包含了其他在解决多边贸易体制所面临的挑战时必然需要的重要决定和活动”，其中的相关内容有：(1)与执行相关的问题。达成的《与实施有关的问题和关注》的决定，较为充分地考虑了发展中国家在实施世贸组织协议中遇到的问

---

① 《马拉喀什建立世界贸易组织协定》的序言指出：本协定各参加方，认识到在处理它们在贸易和经济领域的关系时，应以提高生括水平、保证充分就业、保证实际收入和有效需求的大幅稳定增长以及扩大货物和服务的生产和贸易为目的，同时应依照可持续发展的目标，考虑对世界资源的最佳利用，寻求既保护和维护环境，又以与它们各自在不同经济发展水平的需要和关注相一致的方式，加强为此采取的措施，进一步认识到需要作出积极努力，以保证发展中国家，特别是其中的最不发达国家，在国际贸易增长中获得与其经济发展需要相当的份额……

② Ministeral Declaration, 14 November 2001, WT/MIN(01)/DEC/1.

题和困难。(2)在农业方面,发展中国家可以采取特殊措施和得到区别对待。(3)制成品关税方面,是发展中国家在新一轮谈判中的主要目标之一,该领域的主要目标是进一步降低并最终取消制成品关税,进一步降低或最终取消从发展中国家出口到发达国家的半制成品的关税。(4)与贸易有关的知识产权问题方面。各成员同意在重视 TRIPs 协议的情况下支持公众健康,既要让发展中国家能得到有用的药品,也要照顾到新药的研究与开发。(5)贸易与债务、金融和技术转让。发展中国家和最不发达国家强烈要求在这一领域进行谈判,为此还设立了两个独立的工作组。

《与实施有关的问题与关注的决定》郑重承诺:各国部长们“决心采取具体行动解决许多发展中国家提出的关于一些 WTO 协议和决定的实施的事项和关注,包括在不同领域履行义务时遇到的困难和资源制约”;为此目的,该决定分别针对发展中国家在以下协议的执行中的困难规定了不同的措施:1994 年关贸总协定、农产品协议、关于使用动物和植物卫生措施的协议、纺织品和服装协议、贸易的技术壁垒协议、与贸易有关的投资措施协议、关于实施 1994 年关贸总协定第 6 条的协议、关于实施 1994 年关贸总协定第 7 条的协议、原产地规则协议、补贴与反补贴措施协议、与贸易有关的知识产权协议。该决定还对如何使“特殊和差别待遇”条款更具强制性和更加有效作了规定。①

《关于 TRIPs 协议与公众健康的宣言》,是考虑到“给许多发展中国家和最不发达国家带来痛苦的公众健康问题的严重性”而制定的。该决定指出:TRIPs 协议不会阻止也不应阻止各成员采取措施保护公众健康;为此,部长们在重申对 TRIPs 协议的承诺的同时,确认该协议“能够且应该以支持 WTO 成员保护公众健康、特别是促进所有人获得药物的权利”。

(二)国际私法领域所体现的国际社会本位理念

随着经济全球化和国际经济一体化趋势的不断增强,传统的国际私法在调整国际民商事关系方面的功能和作用面临严峻的挑战,从而在客观上需要对国际私法进行改造,以逐渐摆脱国内法的桎梏,全面确立新的能适应新的国际民商法律秩序的法律规则和法律体系。近 20 年来,一国际条约、国内立法以及法院的判决对传统国际私法的冲击是有目共睹的,而且从不同层面导致国际私法的

① Implimentation-Related Issues and Concerns, Decision of 14 November 2001. WT/MIN(01)/W/10.

诸多改革，①这些改革直接涉及全球性法律秩序的构建，产生重要的影响。如体现在国际私法的价值取向转向追求冲突正义与实质正义并重，国际私法向单边主义、多边主义与实体法方法的对立和共存的多元化方向发展，国际私法向灵活性、自治性方向发展，以及不断增强的国际私法的趋同化和国际统一化趋势等。②

经济全球化和国际经济一体化使世界各国之间的联系日益加强，相互影响和相互制约的关系日益深化，各国所具有的共同利益越来越多。例如，在贸易关系上，各国对国际货币体制（the international monetary system）的稳定性具有共同的利益，为维持国际货币体制的稳定性，必须保护国际社会的每一个成员国，使其具有完整的货币制度，因此国际社会的每一个会员国对保护其他国家的经济稳定都具有利益——借此可保全本国经济稳定之利益。因此，国际社会的共同利益在新的国际形式下得以凸显。国际社会本位理念下法律适用即表现为实现国际社会共同利益的过程。另外，提升国际社会本位理念，也必须十分注意对社会关系中的弱方的利益实行特殊的保护，亦即可理解为对社会关系中强者的权利加以限制，主要表现为为了维护国际社会正义，以保护特定和非特定的人的特殊利益考虑来选择法律。

在这个国家之间的联系与相互依存关系越来越密切的时代，如果完全置国际一致所体现的国际社会共同利益于不顾，对一切含有自己因素的涉外民事关系只允许使用自己的法律，那么不仅会损害与案件有更密切关系的国家法律适用上的政策利益，而且还可能招致其他国家法律适用上的对抗行为，从而也同样损害了自己国家涉外民商关系的发展。为了正确地对待这个问题，唯一的出路似乎只能是在公正合理的范围内将这二者结合起来考虑，即既不能完全置国际一致于不顾，也不能完全置法院国的利益于不顾。因为如果采取前一种立场，那么国际私法就将倒退到它产生以前的严格的属地主义的时代去，国际社会在民商领域的法律与司法合作与协调就成了一句空话。但如果采取后一种立场，则同样将导致任何主权国家都会排拒国际私法这个部门，国际私法在民商领域的法律与司法合作与协调也将无从谈起。因此，作为一个特殊法律部门或作为一

① Robert Wai: Transnational Lifftoff and Juridical Touchdown: The Regulatory Function of Private International Law in an Era of Globalization, Columbia Journal of Transnational Law Association, Inc. Columbia Journal of Transnational Law, p. 212.

② 详情可参见蒋新苗、郑远民：《"和平崛起"与国际私法的革新》，载《法学家》2004年第6期，第23～25页。

个调整涉及多国因素的法律部门，只能在这二者之间找到某种平衡点。在这全球化时代，我们认为需要通过提升国际社会本位的理念，通过将国际私法的功能转换到共同构筑国际民商新秩序的轨道上去，是可以较好地解决这个问题的。①

1. 法律冲突中法律选择以追求普适的国际社会正义为目标

在国际社会本位理念下，选择法律更注重的是在相互冲突的各国法律中，“哪个法律”所体现的社会政策更好。② 美国学者勒弗拉尔的“较好法说”可以认为是体现国际社会本位理念的典型的美国现代冲突法学理论。依照该说，在对发生冲突的有关国家法律所体现的社会政策和社会利益进行评估之后，应选择适用其法律比其他有关国家法律都好的那个国家的法律；而这个“较好的”法律就是能适应当时国际社会经济发展需要，并能在个案中求得对当事人公正结果的那个国家的法律。国际私法上的国际社会本位理念强调的是普适的国际社会正义，而非一国法律视界中的正义文本。具体而言，对于某一国际民商事纠纷的解决，各国法律所持的正义观可能各不相同，只有一国法律所体现的社会政策和利益符合国际社会正义标准，才可能成为纠纷的准据法；而当一国法律体现的社会政策和利用与国际社会正义标准相悖时，该国的法律就不可能成为选择的对象。

国际私法中的国际社会本位理念主张，法律选择应以实现当事人之间的实质正义为导向。例如，勒弗拉尔就坚称，应以社会正义为标准选择“较好”的法律适用于涉外民商事关系，这种学说实际上是建立在“善”和“道德”的理论基础之上的。③ 如果从国际关系的角度看法律冲突的解决，那么国际社会本位理念也是与理想主义国际关系理论相匹配的。当代理想主义国际关系理论不再像传统理想主义学说那样，将重心放在正义和道德对“国家与国家”之间关系的作用上，而是强调“全球个人正义”的实现。④ 在国际私法的价值取向中，同样有“国家之间的正义”和“个人之间的正义”之分，而像勒弗拉尔的“较好法说”等以国际社会本位理念为指针的国际私法理论正是当代理想主义国际关系理论所主张的“全球个人正义观”。

① 李双元：《国际私法正在发生质的飞跃》，载李双元：《国际法与比较法论丛》第五辑，中国方正出版社 2003 年版，第 443～444 页。

② [美]利·布里梅耶、杰克·戈德史密斯：《冲突法：案例与资料》，中信出版社 2003 年英文版，第 253～254 页。

③ J. W. Singer: Real Conflicts, Boston University Law Review, Vol. 69, 1989, p. 5.

④ R. L. Felix: Laflar in the Courts: Judicial Adoptions of Choice－Influencing Considerations, Arkansas Law Review, Vol. 52, 1999, p. 44.

如果一国即使与纠纷缺乏“特定的空间联系”(触媒),那么,在国际社会本位理念下,该国的法律仍有被选择的可能。因为在国际社会本位理念下,选择法律就没有一国必须与纠纷存有“特定的空间联系”(触媒)的前提条件。即只要一纠纷为该国的涉外民商事纠纷,且其法律体现的社会政策和利益符合普适的国际社会正义标准,便有得到适用的可能。① 现以1973年美国明尼苏达州法院判决的Mikovich v. Saari案予以说明。

该案Mikovich和Saari都是加拿大安大略省居民。1968年11月8日,Mikovich、Saari和另一名共同被告Rudd一起驱车前往美国明尼苏达州的图鲁斯城购物并观看表演。车主为Saari,车子的保险地在安大略省。在明尼苏达州境内,由Rudd开车发生车祸,造成Mikovich受伤。后来Mikovich在明尼苏达州法院起诉Saari和Rudd。本案加拿大安大略省制定有“乘客法规”,明尼苏达州则采用普通法的侵权规则。在该案中,明尼苏达州法院正是运用反映国际社会本位理念的勒弗拉尔的“较好法说”解决的。法院认为,显然,该案只有加拿大安大略省有“政府利益”;虽然如此,但从适用较好的法律规则这一中心因素来看,美国明尼苏达州普通法中有关侵权损害赔偿责任的规则比加拿大安大略省“乘客法规”的规定要好。对此法院进一步解释道,因害怕车主和搭车人合谋制造事故骗取保险以及防止搭车人忘恩负义的行为而制定“乘客法规”,以严格限制车主的赔偿责任,该理由难以立足。况且在现行的法律制度中,没有这样的过分规则照样可以揭露此类欺诈诉讼;而适用美国明尼苏达州的普通法规则,要求有一般过失的车主须对受损害的搭车人提供赔偿,法院并未感到有何为难和不妥之处。虽然明尼苏达州与案件并无“特定的空间联系”,但是最后法院仍决定选择较好的本州普通法。

2. 国际私法上平衡国家间利益冲突的关键是维护当事各国共同利益

按照国际伦理学的观点,在国际社会里,每个国家均应享有获取合理的国家利益的权利,同时也应尊重他国同样享有获取合理的国家利益的权利。国家利益是互为条件的,应当调节相互冲突的利益。否则,要么国际斗争永无休止,世界各国永无宁日,谁的国家利益都难以实现;要么是民族主意恶性膨胀,走向国家利益的反面。呈现在世人眼前的国际社会,既非完美和谐,亦非烽火遍地,而是合作与冲突并存。这充分说明在世界各国之间,在不同领域和不同程度上,存在着某种共同的、普遍的利益。正如托马斯·鲁滨逊在《国家利益》一文中所指

① P. J. Borchers: The Choice-of-Law Revolution: An Empirical Study, Washington and Lee Law Review, Vol. 49, 1992, p. 364.

出的，就国家而论，国家利益有三个层次的意义，即单个国家的利益，两个或两个以上国家的共同利益，世界各国的共同利益，即人类的共同利益。第一层次反映了国家利益的个性或特殊性，后两个层次表现为国家利益的共性或普遍性。①在国际私法的立法过程中，应当贯彻国家利益、主权原则，但在适用时要考虑到与其他国家相协调，要考虑判决的承认与执行，所以必须作出一定的牺牲，但是这种牺牲应当是法院地国所能接受的方式和程度。一个国家在此种情况下，它所作的牺牲实际上能够换来更大的国家利益。我们不应当对国家利益作狭隘的理解，它既包括法院地国的特殊利益，同时也包括两个或两个以上国家的共同利益以及国际社会的共同利益。

现今各国所接受的国际私法的国际合作与协调，可以被看作是世界各国的共同利益，从根本上说，这种共同利益内涵着法院地国的国家利益。在国际私法中，平衡国家间利益的冲突，集中体现在内外国法律的适用上，而这又常常会使法官陷于难以取舍的两难困境之中。因为任何国家在调整涉外民事关系时，若内国对其享有利益，则会自觉或不自觉地选择最大限度地保护本国的利益。而如果适用内国法可达此目的，则法院似乎就无理拒绝。但是，"为了在审理各种案件时，避免对诉讼当事人造成明显不便或不公……而适用外国法"，②是法律界人士的普遍共识。如何限制法院地国法的不当延伸，给予他国法律以合理适用的空间便成了国际私法上平衡国家间利益冲突的关键所在。在这方面，主要体现在内外国法律的平等适用和公共秩序保留制度上。

(1) 内外国法律的平等适用。对冲突规范进行软化处理已成为当前国际私法上的一个的立法趋势，即引入复数连结点、最密切联系原则、当事人意思自治原则等，以克服传统的硬性规范所具有的僵硬性，以增加法律选择的灵活性。然而，灵活性的法律选择往往蕴涵着结果分析、政策导向、规则选择等带有主观倾向性因素的理论。依据这些理论，最终对某一法律的选定适用常常有赖于法官的裁量。虽然对于法官的公正性和司法能力应予充分信任，否则司法便将失去其运作的基本的信赖前提，以致可能背离追求公平、正义，保护当事人合法利益的初衷。就指导法律选择的基本方法来看，早先那种试图运用一种方法来决定国际私法中碰到的一切问题的法律适用的观点应完全被抛弃，代之而起的是多种方法的运用，即单边的、双边的或多边的、实体的各种方法并存的局面。双边

---

① 俞正梁：《变动中的国家利益与国家利益观》，载《复旦学报》(社会科学版)1994 年第 1 期，第 39 页。

② Dicey: Conflict of Law, 1932, 5th ed., pp. 10-11.

冲突规范在法律选择方法中，仍应继续得到重视，以充分发挥其对平等适用内外国法律的积极贡献。单边的方法仍会为各个主权国家(尤其是发展中国家)保护自己的特殊利益所需要，但国际私法决不会退回到单边主义的时代去。在国际私法的法律选择中，考虑其他国家的利益是日益受到重视的。最近，罗马公约第7条第1款、瑞士国际私法第19条、魁北克民法典第3079条就提供了很好的例证。具体来说，瑞士法规定，要求法院“在考察了适用外国强行规则的目的和结果后”，如认为“它具有合法的和明显占优势的利益……并有适用的要求”，就应加以适用。虽然这一标准的适用比适用法院地的强行规则要求高，不过，它表明了法院愿意考虑外国的利益，虽然只是在例外的情况下。在美国，法院作出法律选择前即考虑了外国利益。①

(2) 公共秩序保留制度。公共秩序保留是国际私法上最古老的原则之一，且在外国法的适用及外国判决的承认与执行等问题的处理上，一直扮演着极为重要的角色，其定义极为分歧，亦无明确的统一适用标准，故诚为一具有争议性的著名国际私法原则。② 它是国际私法中，当外国法的适用将有损内国公共秩序时，维护内国国家利益的一道制度屏障。卢峻先生曾言：“外国法之适用，亦有相当限制，始能运用得平。”③而公共秩序保留正是限制外国法适用的一条重要途径。事实上，无论是通过将涉外民事关系中的有关问题识别为程序问题从而达到适用内国法的目的，或者以强制性规则的适用排除外国法适用的可能，甚至是借助反致促成法院地国希望适用的法律得以适用，无一例外地均是基于维护法院地国对于个案所享有的特定利益的考虑。对于公共秩序的定义虽然尚无定论，但可以肯定的是，这一概念与“某些基本的正义准则、善德的普遍观念、根深蒂固的公益传统”，④有着极密切的联系。而放之于司法的实践之中，这些考量因素又无不与国家利益紧密相关。公共秩序保留无疑是捍卫国家利益的一项最为典型的制度。有学者认为：“现代冲突规则自身便涵盖与实现了公共秩序，这样，基于传统冲突规范而建立的公共秩序保留制度也将随着现代冲突规则适用

---

① 李双元：《国际私法正在发生质的飞跃》，载李双元：《国际法与比较法论丛》第五辑，中国方正出版社2003年版，第440页。

② Forde: The "Order Publie" Exception and Adjudicative Jurisdiction Conventions, 29 International and Comparativ-Law Quarterly, 1980, p. 259.

③ 卢峻：《国际私法之理论与实际》，中国政法大学出版社1998年版，第75页。

④ Lea Brimayer & Jack Goldsmith: Conflict of Laws: Cases and Materials, Aspen Publishers, Inc., 2002, 5th ed., p. 163.

空间的增大而逐渐缩小。"[1]然而，即便公共秩序保留在司法实践中越来越少地被直接运用，但其倡导避免适用与国内公共秩序相悖的外国法的良苦用心，实际上已融入现代冲突规则立法精神之中，成为贯穿法律选择方法过程始终的一项潜在法则。但是，运用公共秩序保留也要十分注意不能处于褊狭的地方观念。

事实上，美国法院适用公共秩序保留制度时，普遍采取审慎的态度，很少纯粹出于褊狭的地方观念。美国的西姆森(simson)教授认为，当法院决定是否以公共秩序保留为由拒绝适用外国(或州)法时，通常都是从排他的利益(exclusive interests)来思考问题，亦即，法院通常假定，适用法院地法提高本国(或州)的利益，且有害于外国(或州)的利益；反之，适用外国(或州)法有利于外国(或州)，却对本国(或州)有所损害。不过，在某些场合，则必须从包括的利益(inclusive interests)观点思考问题，而且，包括的利益也可能具有最大的影响力。因此，法院决定选择法院地法或外国(或州)法为案件的准据法时，须自问：适用何国法律能提高两国(或州)的利益，以及更有利于国家或国际秩序的维持。关于包括利益的重要性，西姆森教授作进一步的说明。他认为在适用公共秩序时，必须考虑的两个包括利益是：州际或国际的合作关系；美国各州间与世界各国间的贸易活动。其中，以第二个包括利益较受学者的重视和讨论。[2] 国际间的合作行为有助于稳定性的提高，并易使国际间对于知识、财富及其他社会财物的最低分配标准达成一致的看法，而适用公共秩序保留，因不遵照外国法的规定，对实现包括的利益造成威胁，故适用公共秩序保留于国际私法案件时，应特别谨慎为之。"信任"是建立国际合作关系的必备条件，如果欠缺此种条件，将延缓或阻碍一个理想的实现——建立一个更安定、更公平的国际秩序。[3]

美国的另一位教授多灵格(Dolinger)基于世界观点，指出公共秩序的新观念，认为在国际私法案件中，应发展国际公共秩序。在此原则下，司法机关与立法机关不仅应考虑本国的公共秩序，而且也应对他利益国的公共秩序作适当的考虑。[4] 这一观点与我们的观点不谋而合。我们曾指出："将在 21 世纪的发展中，因国际社会对各国法律生活提出的一些最基本的共同要求而发生变化。国

① 韩汉卿、刘萍：《现代冲突规则解析》，载《中国国际私法与比较法年刊》(2003 年)，第 150 页。

② 高凤仙：《美国国际私法之发展趋势》，台湾商务印书馆 1990 年版，第 122～123 页。

③ Simson: The Public Policy Doctrine in Choice of Law: A Reconcideration of Older Themes, Washington University Law Quarterly, 1974, pp. 391-406.

④ Dolinger: World Public Policy: Real International Public Policy in the Conflict of Laws, 17 Texas International Law Journal, 1982, p. 167.

际公共秩序可能会发展成为真正名符其实的国际制度，产生一些国际社会必须一致遵守的国际标准，形成一系列的国际强行性规范……"①事实上，美国国际私法第二次重述亦规定外国公共秩序应受尊重。其第6条规定，他利益国（或州）于决定特定争点时的相关政策及有关利益，亦为选择准据法时所应考虑的因素之一。其第186条规定，当事人以合意选择契约关系的准据法时，如他国（或州）较选定国（或州）在决定特定争点上具有重大的利益，且该他国（或州）如无当事人之选法依第188条规定应为准据法国（或州），而适用选定国（或州）的法律有违该他国（或州）的基本政策（a fundamental policy）者，当事人所选择的法律不得作为案件的准据法。②

为了维持国际公共秩序，增进国际关系起见，有必要发展国际公共秩序制度，使世界各国尊重他国的公共利益（public interests）。多灵格教授提出国际公共秩序在国际私法上的一般原则如下：①适用外国法有违法院地的基本价值标准（fundamental values）时，应依本国公共秩序拒绝适用之；②不论他国有无相同的保护规定，各国法律应扩张保护他国的公共秩序；③各国判决应尊重他国的公共秩序；④各国应视真正的国际公共秩序所生原则为有利于全人类的优越原则，即使有损于本国的公共秩序，亦同。③

3. 保护弱方当事人利益是实现国际私法正义价值的应然之理

当事人间利益冲突在国际私法的语境之下，即现实化为各种涉外民商事纠纷。这些纠纷直接地反映出争议双方对某项利益的对抗性主张。而个体间体能、智能的差别往往会加剧利益争夺的紧张态势，而这，最为明显的表现即是强者与弱者的区分。在自然选择与进化的语境中，优胜劣汰是具有完全的正当性的。然而，理性之人毕竟有别于其他动物，扶持弱者常常也是实现分配正义与实质正义的必需。故于利益分配的角度，强者仅凭一己之力便足可获得丰富的利益，而弱者则需借助制度与规则的倾斜性保护，方能获得利益的平衡。故考察国际私法上的国际社会本位理念这一命题，也应从对弱势者利益保护的角度展开讨论。法律视野中的社会弱势群体是由于社会性资源占有的不利，导致利益实现上的困难，从而需要法律给予特别保护的群体。④据此标准，国际私法研究视

---

① 李双元、徐国建：《国际民商新秩序的理论建构——国际私法的重新定位与功能转换》，武汉大学出版社1998年版，第13页。

② Restatment(Second)of Conflict of Laws § 187(2)(b)1971.

③ 高凤仙：《美国国际私法之发展趋势》，台湾商务印书馆1990年版，第124～125页。

④ 吴宁：《社会弱势群体保护的权利视角及其理论基础》，载《法制与社会发展》2004年第3期，第63页。

野内需要予以特别保护的弱势群体人员当包括涉外婚姻家庭领域中需要确认是否具有婚生地位的子女、被扶养人等；无国籍人；某些特殊合同中的弱方当事人，等等。而国际私法对此类弱者的保护，则主要是通过对弱势者利益的倾斜与对强势者利益的适当限制的途径实现的。

(1) 对于子女是否婚生与被扶养人身份的确定。

在有效婚姻存续期间怀孕生育的子女为婚生子女。各国法律皆赋予婚生子女被扶养、继承等权利。而多数非婚生子女不仅缺少家庭的关怀，而且难以合法、完整地获得这些权利，常常饱受歧视待遇。因此，子女的婚生身份的取得与否，对其能否获得有利的法律地位，有着决定性的意义。

若依据自然人身份关系依属人法的一般规则，对子女是否婚生的认定应适用父母或子女一方的属人法。然而，事实证明，单纯适用父母或子女的属人法并不一定会为子女利益提供周全的保护，子女获得婚生资格的愿望仍可能因内容对其不利的某一方属人法的适用而落空。故近些年来，一些国家在立法中便明确规定了适用对子女更为有利的法律，即结果选择方法，以尽可能地使子女获得婚生的资格。如 1978 年《奥地利联邦国际私法法规》第 21 条规定："子女婚生的要件及因此而发生的争议，依该子女出生时配偶双方的属人法……"配偶双方的属人法不同时，依其中更有利于子女为婚生的法律。"1964 年《捷克斯洛伐克国际私法》以及 1984 年《秘鲁民法典》等均有相似的规定。兹以挪威最高法院 1953 年判决的 Irma-Mignon 案为例。在该案中，一德国妇女起诉一挪威男子，要求法院以生物学的方法鉴定她的儿子是该挪威男子在德国服兵役期间与其所生的私生子。就类似情形，德国和挪威两国的社会政策存在着根本的差异：德国法律不允许做这样的亲子鉴定，目的是维护当事人现行婚姻和家庭的稳 定；而挪威法律则从保护未成年人利益出发，允许进行这样的鉴定行为。就该案，挪威最高法院判决应适用挪威法律，其主要理由是选择法律应促进法院地国法意在保护的特殊目的。挪威学者海格·休尔认为，较之德国法律的规定，该案挪威法律的规定更符合保护弱者的国际社会正义标准，故应取挪威法而舍德国法。①

扶养是指有经济能力的亲属对无社会能力的亲属给予扶助的一种法律制度。它是社会伦理常情的产物，是对不能维持生活的应被扶养人的扶助。为确保扶养关系尽可能地成立，真正实现"老有所终，壮有所用，幼有所长，鳏寡孤独废疾者，皆有所养"，就必须抛却一般的固定的法律适用方法，尽量适用能使被扶

① Symen C. Symeonides (ed.): Private International Law at the End of the 20th Century: Progress or Regress? Kluwer Law International, 2000, pp. 65-66, 151-152, 320.

养人获得扶养的相关法律。如影响深远的1973年海牙《扶养义务法律适用公约》规定，对于扶养关系适用的法律依次为：被扶养人惯常居所地法、被扶养人和扶养人的共同本国法、法院地法。在这三种准据法中，如果适用前种法律不能使被扶养人获得扶养，则可适用后一种法律，也即适用对于成立扶养关系最为有利的法律。我国《民法通则》第148条规定："扶养适用与被扶养人最密切联系国家的法律。"该条中与被扶养人有最密切联系国家的法律实际上就是指对被扶养人最有利的法律。

结果选择方法还广泛运用于促进遗嘱、准正、认领、收养、婚姻、合同等法律行为的有效或身份关系的成立，从而有利于保护当事人的正当期望，维护社会公平；或者被某些国家用以选择有利于婚姻关系解除的国家的法律，以保护妇女等的合法权利。

(2) 对于无国籍人的保护。

国籍是指一个人属于某一个国家的国民或公民的资格。具有一国国籍，意味着个人与其国籍所属国形成了稳固的法律联系，并基于这种联系而受到该国法律的管辖，享有并承担该国法律为本国人所规定的权利和义务。同时，国籍也是国家对本国国民实行外交保护的依据。然而，当发生国籍的消极冲突时，就会产生无国籍的情形。如果坚持国籍的硬性连接因素视作对自然人提供保护的依据，则无国籍人必然无可依归，其权利将无法得到切实的保护。有鉴于此，国际私法中，通常将无国籍人视为外国人，并为其设定拟制的属人法以对其提供保护。各国通常将无国籍人的住所地法作为无国籍人的属人法，无住所或住所不能确定时，则以居所地代替。若居所地亦无法确定，则一般以内国法作为无国籍人的属人法，将其视作内国国民，以调整其相应的权利义务关系。如我国最高人民法院在《关于贯彻执行(中华人民共和国民法通则)若干问题的意见(试行)》第180条中规定："无国籍人的民事行为能力，一般适用其居住地国法律；如未定居，适用其住所地国法。"

(3) 对某些特殊的涉外合同关系中一方当事人的保护。

基于合同是当事人意思合致的产物，其本质乃当事人的合意，故意思自治在涉外合同关系领域获得广泛应用。然而，由于某些特殊合同，如雇佣合同和消费合同，缔约双方往往存在着优势的强弱悬殊。为了防止处于明显强势地位的一方当事人滥用意思自治原则，迫使相对方同意选择对其明显有利而对弱势方极为不利的法律，各国立法及有关的国际公约均对当事人意思自治作出了一定的限制。如《奥地利国际私法》第41条规定：在涉及该国的强制规定范围内，损害消费者的法律选择不发生任何法律效力。当然，这种立法上的保护应存在于一个合理的有限的范围内，即防止强力之下的明显不公。否则，若逾越一定的限度，则难免有妨碍意思自治之嫌。

综上所述，人们必须承认这样两个简单的事实乃国际私法产生的前提：一是平等地对待（哪怕是在十分有限的范围内）内外国法律，二是平等地对待（哪怕也是在十分有限的范围内）内外国人。现在社会生活几乎已经完全进入了这样一个时代——即使是最封闭的国家，它的政府和公民的活动很难有完全不涉及国际因素的。人类已经进入了这样一个共生共长的时代，各个国家的国际私法还能只考虑自己的利益和自己的法律吗？答案当然是否定的。但是，这个全球化的时代，并未（也不能）否定民族国家的存在以及它们的特殊的利益。既然国际社会还是由各个民族国家所组成而且它们的发展也是很不平衡的，全球化也并不意味着必然（或理当）消灭国家，消灭国界，消灭主权，消灭各个国家之间由于民族的、历史的、社会的、文化的、宗教的……各方面原因而产生的不同观念乃至利益上的差异与对立，彼此之间就必得相互尊重对方权利和利益，遵守共受约束的国际礼让和国际法规范；法律和法律之间在不破坏各种基本国际法准则的前提下，也必得相互尊重。①

无论从现实生活的要求来看，还是纯粹从逻辑的角度着眼，要求不公平地牺牲国家的利益来实现形式上的"国际一致"，也绝不是新国际民商秩序的应然之理。更何况全球化不仅不否定各个国家和各国公民的利益，而且为了不致使南北差距进一步拉大而将世界重新拉进对抗、冲突和战争，还必须在国际私法上采取有力、有效的措施，缩小南北差距，使贫穷落后的国家和人民也能共同享受到全球化带来的利益。所以在新的国际民商秩序中，重视保护弱方当事人的利益，同样十分有必要作为国际私法的一项基本原则在 21 世纪得到更好的贯彻。②因此，我们应当更加自觉地在提升国际社会本位理念，即在不放弃国家主权原则的前提下，在平等互利和国际合作与协调原则的基础上维护国际社会共同利益和保护弱方利益。只有如此，新的国际民商秩序才能建立在人类社会共同的可持续发展的基础上。

（三）其他国际法律制度和法律部门所体现的国际社会本位理念

随着经济全球化和国际经济一体化的发展，国际社会的现实情况发生了巨

① 李双元：《国际私法正在发生质的飞跃》，载李双元：《国际法与比较法论丛》第五辑，中国方正出版社 2003 年版，第 445 页。

② 李双元：《国际私法正在发生质的飞跃》，载李双元：《国际法与比较法论丛》第五辑，中国方正出版社 2003 年版，第 456 页。

大的变化,国际法作为国际社会的法,必然反映这种变化并适应这种变化。国际社会本位理念正是循着国际社会和国际法的变化要求而适时产生的。正如国际法院副院长卫拉曼特雷法官1997年在关于多瑙河水坝案的个别意见书中所指出的:"我们已经进入了一个国际法的时代。在这个时代,国际法不仅促进单个国家的利益,而且超越它们和它们的地方性利益,着眼于更大的人类的和行星的福利。在对付这种超越诉讼国的个别权利和义务的问题时,国际法的视线需要超出为纯粹当事人之间诉讼而制定的程序规则。"①诚如所言,现行的建立在国家之间或当事方之间的关系上,并以国家间或当事方间的权利义务的平衡和对等为基础的现代国际法体系不能满足国际社会对于调整超越国家间或当事方间利益的更高层次的利益的需要。因此,现代国际法的体系是不完整的,需要发展。国际法理念尤其需要首先得到发展。国际社会本位理念就是这种发展的成果之一。《联合国宪章》开篇就指出:欲免后世再遭今代人类两度身历惨不堪言之战祸;重申基本人权、人格尊严与价值,以及男女与大小各国平等权利之信念;创造适当环境,俾克维持正义,尊重由条约与国际法其他渊源而起之义务,久而弗懈;促成大自由中社会进步及较善之民生。其第1条规定联合国的宗旨为:维持国际和平与安全;发展各国之间以平等和自决原则为根据的友好关系;促进国际合作,以解决国际间属于经济、社会、文化及人类福利性质之国际合作。联合国的宗旨表明它的目的是集中各会员国的意志,维护世界和平,制止侵略和种族歧视等违反人类基本道德和价值的行为,从而为国际社会的经济、社会、文化和人类福利的发展提供基本的政治条件和环境。联合国的宗旨恰好与国际社会本位理念的内涵是一致的。

除了上述国际私法和世界贸易组织所体现的国际社会本位理念外,国际法的许多法律制度和法律部门都日益体现了这一理念。

1. 国际法上的表决制度和保留制度所体现的国际社会本位理念

国际条约的表决制度、保留制度和有关条约无效的规定等都体现了维护国际社会共同利益,保护弱方利益的国际社会本位理念,都是为了实现国际法所要达致的利益与正义目标而设计的国际法律制度。

(1) 表决制度。国际条约的表决大致有三种:全体一致原则、多数表决原则和协商一致原则。按照国际实践,在第一次世界大战以前,各国会议代表在国际会议上议定约文,一般需经全体同意。由于它的求全责备性使条约的通过率不

① 《国际法院盖巴斯科夫—拉基马洛工程案卫拉曼特雷副院长的个别意见书》,中译文见王曦:《国际环境法资料选编》,民主与建设出版社1999年版,第664页。

高。“二战”以来,在大多数国际组织中,全体一致原则为多数原则所取代。例如,《联合国宪章》第18条规定,联合国大会对于重要问题的决议以到会和投票的会员三分之二多数决定,关于其他问题的决议,有些是只需要以到会和投票的会员过半数决定。这样的话,它既解决了国际多边条约一般性问题的主要矛盾,又不影响条约的通过率。但其弊病是,可能造成多数不顾少数的反对意见,强行通过一个公约,而如果这个少数的力量颇大,就可能出现少数不愿签署和批准该公约而使该公约无法实行,成为废纸的局面。于是,就产生了协商取得基本一致的原则(consensus)。联合国第三次海洋法会议的准备工作是由和平利用国家管辖范围以外海洋床底专供和平用途特设委员会在采取协商取得基本一致原则的基础上进行的。在该委员会于1973年向联合国大会提交的最后报告中,该委员会主席建议,第三届海洋法会议除采用以前的国际法编撰会议的决议程序(即在各委员会中以多数决定,而在大会上以三分之二多数决定的程序)外,并应遵循下述君子协定行事:在一切阶段,应力求通过协商取得基本一致作出决定,而只是在不能达成协商取得基本一致的决定时,才按照上述表决程序作出决定。这个建议为联合国大会所接受。这些表决制度力求贯彻国际条约普遍参与的原则,追求国际多边条约的一般性和普遍性,以更好地维护国际社会的共同利益,并能适当照顾弱小国家和国家集团的利益和要求。

(2) 保留制度。对于保留,起初需经缔约国全体一致的同意。后在联合国国际法院1948年12月9日关于《防止和惩治灭绝种族罪公约》的保留问题的咨询意见中有所改变。咨询意见指出,在一个批准和加入的国家批准和加入时附以保留的场合,当一项保留为该公约一个或几个当事国反对而未受到其他当事国反对时,如果该保留同该公约的目的和宗旨相符合,作出和维持该保留的国家可以被认为是该公约的当事国,否则该保留国不能被认为是该公约的保留国。①该咨询意见后被《维也纳条约法公约》第19条所采纳。该咨询意见遵循了缔约自由的思想,允许更多的成员国加入到条约中并可作出保留,但必须使保留不伤害到该国际条约的宗旨和原则,一定程度上实现了国际条约参与方的普遍性和条约本身的一般性,从而维护国际社会业已达成的普遍利益。就国际社会的共同利益而言,1993年世界人权大会鼓励国家考虑:限制对国际人权条约的保留的程度。②

---

① 梁淑英主编:《国际法教学案例》,中国政法大学出版社1999年版,第186~188页。

② B. Simma: Bilateralism to Community Interest in International Law, Collected Courses of the Hague Academy of International Law, Vol. 6, p. 345.

除了国际法上的表决制度和保留制度外，有关条约无效的规定等也体现了国际法上保护共同利益和弱方利益的普遍共识。

2. 其他某些国际法律部门所体现的国际社会本位理念

1982 年的《联合国海洋法公约》是当今国际社会最详尽、最权威的海洋行为规则，被称为“海洋大宪章”(a constitution for the oceans)。公约中最具历史意义的，应该是该公约第 11 部分国际海底区域所确认的“人类共同继承财产”(common heritage of mankind)概念和以这一原则为核心的一整套国际海底区域开发、管理制度。人类共同继承财产原则明确要求：任何国家或个人都不能把国际海底区域及其资源的任何部分据为己有；这一区域的开发要为全人类谋福利；各国都有公平地享受海底资源收益的权利，发展中国家和未取得独立国家的人民的利益应得到特殊照顾。这一原则否定了少数发达国家将公海自由原则适用于国际海底区域，从而其资源由各国自由开采的主张。事实上，海洋法公约的很多条款都蕴涵着这种思想：只有那些考虑到整个国际社会利益的国家行动才能够进行。① 该公约中有关利用公海、保护海洋环境乃至专属经济区捕鱼制度等规定都体现了这一点。这是国际社会共同利益超越狭隘民族利益的重大胜利。

人类探索外空的活动，提出了一系列法律问题。1966 年《关于各国探索和利用包括月球和其他天体在内外层空间活动的原则条约》是迄今为止该领域最重要的国际公约，被称为“外层空间宪章”。该条约规定了所有国家应在平等的基础上自由探索和利用外空，探索和利用外空应为所有国家谋福利和利益，应遵守国际法并维持国际和平与安全等内容。现有外空法可以分别纳入四种机制，即合作机制、责任机制、自由机制和准规范机制(relative normativity)。其中，合作机制是最能体现人类共同利益的有关原则的，包括不得据为己有、和平利用、为所有国家谋福利等。在新的太空立法进程中，除了已进入联合国外空委员会讨论范围的太空非军事化和利益分配外，太空运输、商业化和环境保护等问题也将受到越来越多的关注。主权国家如何认识和界定国家主权，如何协调本国和人类共同利益之间的关系，这也许是解决问题的关键。

其他的如《南极条约》前言指出：承认为了全人类利益，南极应永远专为和平目的而使用，不应成为国际纷争的场所和对象。《保护臭氧层维也纳公约》前言指出：意识到臭氧层的变化对人类健康和环境可能造成有害影响……决心要保

---

① R. Wolfrum: Law of the Sea, R. Wolfrum ed., United Nations: Law, Policies and Pratice, Vol. II, p. 845.

护人类健康和环境免受臭氧层变化所引起的不利影响。《关于制止非法劫持航空器的公约》前言指出：考虑到非法劫持或控制航空器的行为危及人身和财产安全，严重影响航班的经营，并损害世界人民对民用航空安全的信任……

五、结语

不论从国内范围来讲，还是从国际范围来讲，构建和谐的法治社会的根本目的和归宿都应该是实现和维护人的福祉和权利。实现社会和谐，建设美好社会，始终是人类孜孜以求的一个社会理想。和谐社会首先应该是一个民主法治社会。民主法治是和谐社会的前提和保障，也是和谐社会的根本特征和标志。当前，我国提出构建和谐社会的重大战略目标，是基于对国际国内社会形势的重要变化而作出的重大决策。

我们主张提升国际社会本位理念有助于实现社会和谐，还基于对矛盾的斗争性和同一性的新认识。我们认为，应该坚决抛弃以往那种斗争性高于同一性的片面观念。依据这种错误观念，必然只会看到世界各国之间利益的差异甚至对立，从而必然会认为包括法律在内的制度性安排只是为维护各国的国别利益而服务的，因而忽视了对人类共同利益的关注与调整。虽然不同的国家和利益集团之间存在各种矛盾和冲突，但必须看到，因这种矛盾和冲突而产生的斗争的目的和结果，只能是在于建立一种新的同一与和谐。那种"斗争至上"的斗争哲学只会使世界重新堕入冲突不断、烽火遍地的悲惨境地，离和平、发展、合作、和谐的目标越来越远。因此，提升国际社会本位理念，必然要求我们尊重事实，顺应时代要求，最少地讲斗争性，更多地讲同一性，在追求国际社会和谐发展的共同利益诉求中，逐步实现人类梦寐以求的和平与发展的理想目标。

随着我国国家实力的增强，我们所处的国际环境发生了很大的变化。中国是一个正在崛起中的大国。与以往大国的崛起不同，中国在全球化进程中，始终是伴随着国际合作与对话而迅速发展的。加入世界贸易组织后，中国在各领域加速与世界接轨，迫切需要用国际社会本位理念来化解外部对中国崛起的疑虑，增强人们对中国和平发展的信任与信心。贯彻国际社会本位理念，从主观上讲，有利于进一步扩大对外开放，全面提高我国综合国力；从客观上讲，也有助于扩大我国在国际社会的影响力和号召，塑造中国对国际社会负责任的大国形象。

在发展国际关系事务中提升国际社会本位理念，也是完全与我国的历史和文化传统相一致的。孔子曾说："己欲立而立人，己欲达而达人。"意即：自己要发展，也要别人发展，只有共同发展了，自己才能发展得更好；在满足自己需要的时候，也要帮助别人实现他们的愿望和欲求。这种文化传统不仅是我国自我发展与追求和谐社会的精神支柱，同时也将对世界其他各国的发展产生积极影响和示范作用。

可以预见，国际社会本位理念将不仅对国际国内法律制度产生积极影响，而且它的影响必将广及国际国内社会生活的诸多方面。伴随着国际社会本位理念的不断提升，构建和谐的国际法治社会的进程必将进一步加快。而和谐的国际法治社会的构建亦为我国全面建设小康社会与实现和谐社会的目标提供良好的外部环境，并最终达到国际和谐与国内和谐之间互为条件、互相促进的良性循环。2008年北京奥运会的口号“同一个世界，同一个梦想”（One World，One Dream）不正是人类对美好未来的憧憬与呼唤吗？

第五章 国际经济一体化进程中国内法的适应性调整

国际法律规则在国内的适用问题其实就是国际法与国内法的关系问题。对这个问题的探讨由来已久。自从著名的国际法学家特里佩尔(Triepel)在1899年发表了名著《国内法与国际法》,国际法与国内法的关系问题就一直是国际法学界热衷于讨论的问题,并一直没有取得一致的意见。也许是因为讨论得太多而鲜有新意,以至于学界对此问题的讨论似乎患有“过劳症”。随着经济全球化和国际经济一体化进程的迅速推进,尤其是随着世界贸易组织的建立和欧洲联盟一体化的巨大成就,国际法与国内法关系的问题又有了新的发展,国际法与国内法关系的新的实践对相关的理论研究也提出了新的要求。因此,在经济全球化和国际经济一体化的大背景下探讨国际法在国内的适用问题又获得了新的动力,找到了新的前进方向。

国际法与国内法的关系问题,主要可以从三个方面来探讨,那就是国际法在国内的效力问题、国际法在国内的转化问题和内国法院对国际法的适用。国际法与国内法的关系问题既是一个理论问题,也是一个实际问题。① 正如凯尔森所说:“国际法转化为国内法是否有必要的问题,也只能由实在法回答。”②所以,还必须更多地对国际法在国内适用的各国实践加以研究,才能获得较为真切和实在的结论。尤其是必须深入研究世界贸易组织和欧盟法律制度在各成员国适用的理论和实践,以回答现实社会中提出的迫切理论问题。

① 王铁崖:《国际法引论》,北京大学出版社1998年版,第177页。

② 凯尔森:《法与国家的一般理论》,中国大百科全书出版社1996年版,第414页。

一、国际法律规则在国内适用的一般理论与实践

（一）国际法律规则在国内适用的理论分析

1. 国际法与国内法关系的理论

国际法与国内法关系的理论主要有四种学说，即国内法优先说、国际法优先说、国际法与国内法平行说和法律规范协调说。① 并由此而产生了国际法与国内法关系的“一元论”(Monism)和“二元论”(Dualism)。

国内法优先说主要是19世纪的一些德国法学家所倡导的，代表性人物有耶利内克(Jellinek)、佐恩(Zorn)、温策尔(Wenzel)等。该派学者认为，国际法虽然也是法律，但却是次一等的法律，是从属于国内法的法律。这一学说很明显是受了黑格尔的绝对主权思想的影响的。在他们看来，既然国家的意志表现在它的国内法，那么国家的活动，即使是在国际法方面，也是依它的国内法来定的。因此，得出结论：国际法的效力实际上出自国内法。有些德国学者甚至将国际法看作是“对外的公法”，如佐恩、温策尔等。有些学者主张在条约转化为国内法之前只具有道德的约束力，如阿尔伯特佐恩等。很显然，国内法优先说与国际法的一个根本原则相违背，即国家根据国际法所享有的权利和承担的义务并不因该国家的国体或宪法的变更而消灭。既然这些国际法规则不随国家的宪法的变更而消灭，它们必然是在国家宪法之外而存在的，从而不能从宪法里面找到国际法的全部根据。②

国际法优先说主要是凯尔森(Kelsen)、菲德罗斯(Verdross)等“维也纳学派”的学者所主张的。他们认为，所有的法律构成一个系统，在最上级的是国际法，它的根据是“条约必须信守”这个最高规范，在国际法下是各个国家的国内法。因此，国际法的效力要高于国内法。该学说对“国内法优先说”和“国际法与国内法平行说”是持反对态度的，认为法律的效力不是来自国家的意志，而是来

① 关于国际法与国内法关系的学说并非只限于上述四种，具体的提法也不尽相同，如也有人提出“国际法与国内法相互联系说”等。

② 可参见王铁崖：《国际法引论》，北京大学出版社1998年版，第184～185页；甘勇：《国际条约在国内适用之研究综述》，载韩德培等：《中国国际私法与比较法年刊2003》，法律出版社2003年版，第182页。

自一个更高一级的规范,因而不能从国家的意志来说明法律的依据。①

国际法与国内法平行说是德国法学家特里佩尔在反对"国内法优先说"时提出来的,意大利学者安齐洛蒂(Anzilotti)也持相同主张。该说认为,国际法与国内法是两个截然不同的法律体系,其不同表现在三个方面:一是它们调整的社会关系不同,国际法调整的是作为平等主体的国家之间的关系,而国内法调整的是隶属于国家的人民之间的关系以及国家与人民之间的关系;二是它们的法律渊源不同,尽管国际法和国内法的效力都源于国家意志,但国际法的渊源是多数国家的共同意志,而国内法的渊源是一个国家的单独意志;三是国际法与国内法所基于的原则不同,国际法基于"条约必须信守"原则,而国内法基于"国家制定的法律必须遵守"的原则。因此,国际法与国内法虽然有密切的联系,但它们却构成两个不同的法律体系。② 毋庸置疑,国际法与国内法平行说也有很多理论上的不足。如,从规范的对象而言,国际法并非不直接规范国家与个人之间的关系,在特定的范围内,国际法是可以直接适用于个人的。当今国际人权法、欧洲联盟法的发展现状日益证明了这一点。再者,平行说也未能给出都有效的国际法与国内法发生冲突时的解决之道。

另一种学说是"法律规范协调说"。由于上述几种有关国际法与国内法关系的学说都存在各种各样的自身无法解决的问题,因此学者们试图另辟蹊径,以求获得一种更圆满的理论。"法律规范协调说"就是这样产生的。与此相类似的说法有"协调论"(Theory of harmonization)、"自然调整论"等,它们之间具有某些相似性,为阐述的方便,作者将其归入一类。

奥康奈尔(O'Connell)提出所谓"协调论"的观点,主要是指:任何法律秩序都是人与人之间的关系,但人并非单纯在国家的法律秩序内生活着,也不是单纯在国际法律秩序内生活着,因此,国际法与国内法是和谐一致的,就其对特定的人类行为而言,是各自独立的,但就其政体的目的在基本人类利益而言,则是协调的,一个体系并不高于另外一个体系,但两个体系是在一个水平上的;两个体系并不互相冲突而不允许存在互相矛盾的法律规则;如果事实上有互相矛盾的规则,那么这些规则并非无效,而应该协调相抵触之点而消除矛盾。无论如何,

---

① 可参见王铁崖:《国际法引论》,北京大学出版社 1998 年版,第 185~187 页;凯尔森:《法与国家的一般理论》,中国大百科全书出版社 1996 年版,第 397~418 页。

② 甘勇:《国际条约在国内适用之研究综述》,载韩德培等:《中国国际私法与比较法年刊 2003》,法律出版社 2003 年版,第 182~183 页。

两个法律体系之间是不互相矛盾的。① 前苏联的学者也支持这种观点。认为"任何一种理论都没有给国际法与国内法的相互关系问题作出具有科学根据的回答。只有承认国际法和国内法(本国法)之间有着不可分割的联系,承认它们具有同等重要意义的观点出发,这个问题才能得到正确的解决。……因此,按其实质来说,国际法和国内法既不应该彼此矛盾,也不应有孰居优先的情况"。②"自然调整论"的观点认为,国际法与国内法是两个不同的法律体系,因为它们在法律主体、调整对象、适用范围、法律渊源、效力根据、实施方式等许多方面都各具特征,有着显著的区别。但是,在这两个法律体系之间又存在着密切的联系。它们可以相互渗透、相互补充,并可以在一定条件下相互转化。③"国际法与国内法按其实质来说,不应该有谁属优先的问题,也不能说是彼此对立。""从法律和政策的一致性的观点说,只要国家自己认真履行国际义务,国际法和国内法的关系总是可以自然调整的。"④

也有学者在吸收上述"协调论"和"自然调整论"的合理成分的基础上,从法理学的角度观察国际法与国内法的关系,认为法律规范的和谐统一是认识二者关系的逻辑起点,从而提出"法律规范协调说"。法的内在特征的普遍性与形式特征的共同性以及法治社会对法律体系融合协调的基本要求,决定了国际法与国内法必须而且只能在法律规范的统领下和谐共生、协调一致。从规范上看,既可以是单个规范之间的一致,也可以是由个体规范组成的规范群的调适,还可以是规范性法律文件之间的妥协。从方式上讲,国际法律规范与国内法律的协调既可以是直接的,也可以是间接的。不在于国内法与国际法孰先孰后或平行对待,关键在于法的本身是否为良法,而正义与秩序才是衡量法律之善的尺度。⑤

关于国际法与国内法关系的学说主要是上述四种。除此之外,学者们还进一步把"国际法优先说"和"国内法优先说"称为国际法与国内法关系上的"一元论",把"国际法与国内法平行说"称为"二元论"。而我们认为,"法律规范协调说"是更接近于"二元论"的。在这几种学说中,恐怕最站不住脚的是"国内法优先说",不仅因为它的理论依据是所谓的绝对主权学说,还因为它与国际社会的实践亦相去甚远,其逻辑结果就是从根本上否定国际法的效力。因此,20世纪

---

① 王铁崖:《国际法引论》,北京大学出版社1998年版,第189～190页。

② 王铁崖:《国际法引论》,北京大学出版社1998年版,第190页。

③ 曹建明等:《国际公法学》,法律出版社1998年版,第22页。

④ 周鲠生:《国际法》,商务印书馆1983年版,第20页。

⑤ 李龙、汪习根:《国际法与国内法关系的法理学思考》,载《现代法学》2001年第1期。亦可参见朱晓青、张少瑜:《国际法学研究述评》,载《法学评论》2002年第1期,第154～155页。

以来，这种学说早已是曲高和寡，鲜有人问津了。“国际法与国内法平行说”比较正确地反映了国际社会的某些事实，并为许多国际法学者所赞同。但该说的缺陷也是显而易见的，它把国际法与国内法完全分立的论断，并不能说明国际法与国内法关系上的一切现象，局限性不可避免。“国际法优先说”一度被认为离国际社会法律状态的现实较远。但随着国际社会的日益组织化，国际法越来越对国内法构成一种法律的限制却也是国际社会的一个不争的事实。① 因此，有学者在评析凯尔森的学说时提出，在国际关系中，一般应强调国际法优先，以反对各种形式的霸权主义。对国家主权施以不同程度的限制，有利于国际合作的加强和对国际社会整体利益的关注。当代法律的发展呈现出了国际法的国内化和国内法的国际化趋势，兼之全球化趋势下经济与法律的互动发展，国际法与国内法的统一化趋势，是难以否认的。所以，以往国内学界对凯尔森学说的简单政治化的认识应该反思。②

综上所述，我们认为，“法律规范协调说”是一种更容易令人接受的理论，它也是更符合国际法与国内法关系的现状与实践的。我们曾一再强调指出，随着经济全球化和国际经济一体化趋势的深入发展，国际社会各成员之间相互依赖、相互影响、相互促进、相互制约的关系进一步加强，反映在法律上，必然要求在交往中减少甚至消除法律的冲突，便利国际社会的经济、政治、文化等各方面的交流与合作，从而促进整个人类社会的发展与进步。法律趋同化理论正是这一现象的正确反映与理论概括。与此相对应，“法律规范协调说”重视国际法与国内法之间的联系，主张国际法与国内法的和谐共生、协调一致，强调正义与秩序才是衡量法律之善的尺度。所以可以认为，国际法优先于国内法、国内法优先于国际法或者国际法与国内法平行的诸多理论理应是能够充分发挥国际法与国内法二者的积极作用，促进建立国内法治社会和国际法治社会的理论。而“法律规范协调说”无疑更符合经济全球化和一体化趋势下国际社会法治现实与具体实践。当然，到底是“国际法优先”还是“国内法优先”，在什么情况和条件下哪个法优先，一切考量应该以是否有利于消除法律冲突、是否有利于促进国际社会的交往和发展为标准。像凯尔森所主张的“国际法优先说”在当今世界贸易组织争端解决机构的案件裁决中亦得到明显体现，欧盟法作为一种具有特殊性质的国际法，其相对于成员国的国内法而言，无疑具有绝对的优先性。这种国际法效力得到

① 曾令良：《论冷战后时代的国家主权》，载《中国法学》1998 年第 1 期，第 6 页。

② 黄瑶：《世纪之交反思凯尔森的国际法优先说》，载《法学评论》2000 年第 4 期。亦可参见朱晓青、张少瑜：《国际法学研究述评》，载《法学评论》2002 年第 1 期，第 155 页。

加强的情况也是必须予以注意并重视的。

2. 国际法在国内的适用方式

根据国际法原理，国家应受自愿承担的国际法义务的约束，“于是国家就有义务使它的国内法符合其承担的条约义务”。① 但是，在对待国际条约在国内的适用问题上，各国的理论与实践都有不同。1969 年《维也纳条约法公约》第 26 条规定，“凡有效之条约对其各当事国有拘束力，必须由各该国善意履行”。但该公约及其他相关国际公约对如何在国内履行国际条约所加的国际法律义务并没有具体规定，这样，执行条约的国内程序由各国自行决定。这使得各国的实践形态各异，十分复杂。但总体来看，各国在国内适用国际条约的方式可以归纳为两种，即转化(transformation)和纳入(adoption)两大类。在纳入方式下又引申出自执行条约 (self-executive treaty)和非自执行条约(non-self-executive treaty)。

(1) 转化和纳入。

转化是指国际法的原则、规则和制度通过国内法律行为而纳入国内法律体系中，成为国内法律，具有国内法律的效力。转化相当于参照国际条约进行国内立法，使国际条约的内容直接变为国内法律规定。这样，国内法院适用的就是国内法而非国际法。这种适用国际法的方式的优点就在于避免了由法院来处理国际条约与国内法关系的复杂问题，解决了它们之间的矛盾。但缺点也是显而易见的，主要是立法成本过高，随着经济全球化和经济一体化的迅速推进，国际条约的数量急剧增长，一个国家置身于国际社会，不可避免地要缔结或参加大量的国际条约，如果一律把它们转化为国内立法，则成本无疑过高，更何况有些国际条约或某些条约的内容是无法转化为国内立法的。② 纳入就是指国内法采纳国际法，使其在国内发生效力，而不需要将国际法转化为国内法。纳入的特点是不需要重新进行国内立法，而是原则地宣布国际条约可以在国内适用，并不改变国际条约作为国际法的性质、主体和内容。其长处是快捷、便利，节省立法成本，缺点是需要解决国际条约在国内法院的直接援引性和国际条约的效力等级等一系列理论与实践问题。③

正因为转化和纳入各有其优劣，实际上现在已经很少有单纯采用其中某一种方式的国家了，大多采用转化和纳入相结合的方式。那么，究竟哪些条约可以采直接纳入适用、哪些则必须转化为国内法才得以适用，国际上并无统一标准，

---

① 慕亚平、周建海、吴慧：《当代国际法论》，法律出版社 1998 年版，第 24、488～489 页。
② 慕亚平：《WTO 中的“一国四席”》，法律出版社 2004 年版，第 99 页。
③ 慕亚平：《WTO 中的“一国四席”》，法律出版社 2004 年版，第 100 页。

学界的分歧亦大。一般认为,凡政治性条约,即其规定仅涉及缔约国本身之间的政治关系而不构成适用法律所要求的“诉讼事由”的条约,或本身规定须由缔约国制定法律或采取行政措施来予以施行的条约,或其所调整的事项完全属于缔约国立法机关依照宪法所行使的排他性立法权限的条约,或本身只作原则性规定而需要缔约国制定补充法律予以履行的条约,则都属于不能直接适用的条约。①

我们认为,具体采取哪种方式应取决于条约的性质和内容。对于直接规定自然人或法人的权利义务的条约,只要其条款是明确具体的,如一些私法性质的海商、货物贸易等方面的公约,完全可以采取纳入的方式直接适用,而不必再经过国内立法程序,以避免造成重复劳动和资源的浪费。当然,由于条约很多时候是各国相互妥协的产物,无疑将对传统意义上的国家主权造成一定的限制。世界贸易组织和欧盟等经济一体化组织的实践有力地证实了这一点。事实上,在实践中,许多国家对条约是否可以直接在国内适用作了区分,而且似乎越来越多地倾向于采用转化的方式。譬如美国,“参议院和法院越来越倾向于将条约视为或解释为需要国会颁布实施法规的非自执行条约”②。

(2) 自执行条约和非自执行条约。

自执行条约是指条约经国内接受后,无须再经国内立法予以补充规定,即可由国内司法或行政机关予以适用的那些条约。非自执行条约是指条约经国内接受后,尚需国内立法予以补充规定,才能由国内司法或行政机关予以适用的那些条约。③ 自执行条约和非自执行条约的划分形成于 19 世纪的美国法院。在 1829 年福斯特诉纳尔逊案件中,美国最高法院的判决作出这些区分以来,经过许多判例逐步确立,后来其影响波及其他国家。④ 欧共体法院称非自执行条约乃具有“结构性缺点”的条约,并在实践中以《关税与贸易总协定》的“结构性缺

① 李兆杰:《条约在我国国内法效力若干问题之探讨》,载《中国国际法年刊 1993》,法律出版社 1993 年版。转引自朱志晟、张亮:《条约在国内适用的若干问题探讨》,载《现代法学》2003 年第 4 期,第 176 页。

② [美]路易斯·亨金:《宪政、民主、对外事务》,生活、读书、新知三联书店 1996 年版,第 80 页。

③ 李浩培:《条约法概论》,法律出版社 1987 年版,第 386 页。

④ [韩]柳炳华:《国际法》(上),朴国哲等译,中国政法大学出版社 1997 年版,第 160 页。

点”为由，认为它不能赋予个人在欧共体成员国国内法院援用的权利。①

自执行条约和非自执行条约的划分与转化和纳入的分类并非属于统一逻辑层次，而是在国际条约采取“纳入”这种方式适用于国内的过程中的再划分。“转化”不存在自执行和非自执行的问题，因为国内法院适用转化后的条约的规定也就是适用相关国内法的规定。除少数单纯采取转化方式适用国际条约的国家外，其他采取纳入方式的国家都面临把条约区分为自执行条约和非自执行条约的问题。凡是自执行条约，在其生效时就可以作为私人在国内法院主张权利的依据，法院可以将其作为裁判案件的直接适用的法律。凡是非自执行条约，在国内补充立法前是不能作为私人在国内法院主张权利的依据，法院自然也不能将其作为裁判案件的法律依据。②

（二）国际法律规则在国内适用的实践分析

1. 国际法律规则在其他国家适用的实践

国际法在各国适用的理论众说纷纭，其实践亦多种多样。探讨几种有代表性的国家的实践，有助于我们更好地认识和理解国际法与国内法之间的关系。

(1) 美国。

在美国，国际法被认为是本国法律的一部分，此一原则已经被美国明确地采用了。③ 美国宪法没有明文规定国际习惯法在国内法上的地位，但美国判例曾明白声称国际习惯规则是其法律的一部分，法院可以加以确定和适用。④ 在1900年的“巴奎特·哈巴纳案”中，法官就非常明确地重复和强调了“国际法是我国法律的一部分”(International law is part of our law)的格言。⑤ 美国独立以后，将国际法作为普通法的一部分接受下来，适用于美国。所以，国际法便成为美国法的一部分。得到普遍承认或至少得到美国同意的国际习惯法，当然在美国具有法律效力，对美国法院是有拘束力的。

---

① 余敏友、陈卫东：《欧共体围绕WTO协议直接效力问题的争论及其对我国的启示》，载《法学评论》2001年第3期。

② 慕亚平、冼一帆：《WTO协议在我国国内适用的问题》，载张乃根：《国际法研究：21世纪初的中国与国际法》，上海人民出版社2002年版，第205～206页。

③ 可参见王铁崖：《国际法》，法律出版社1995年版，第31～32页；詹宁斯、瓦茨修订：《奥本海国际法》(第1卷)，王铁崖等译，中国大百科全书出版社1995年版，第37、39、42页。

④ 张爱宁：《国际法原理案例解析》，人民法院出版社2000年版，第37～38页。

⑤ 周忠海：《WTO规则与国际法》，载《河南省政法管理干部学院学报》2002年第4期，第14页。

关于国际条约，美国宪法第 6 条第 2 款规定：本宪法和依本宪法所制定的合众国法律以及根据合众国的权力已缔结或将缔结的一切条约，都是全国的最高法律；每个州的法官都应受其约束，即使州的宪法和法律中有与之相抵触的内容亦在所不问。① 根据美国宪法的规定，美国缔结的条约与国会制定的法律是处于同等地位的。不过，正如前面已经提到的，美国在实践中将条约区分为自执行条约和非自执行条约。前一类条约无须通过国内立法就具有效力，后一类条约则必须通过国内立法才具有效力。在美国，一项与宪法相抵触的法律自始无效；一项与宪法相抵触的条约在国际上可能具有约束力，但是在国内则不具有法律效力。宪法最高条款的语言陈述意味着美国制定的法律和其签署的条约不仅对于州的法律是最高的，而且它们的地位和权威是相互平等的。②

（2）英国。

在英国，严格区分国际习惯法规则和条约规则。英国认为国际习惯法规则构成英国法律的一部分，但这些规则不能与现有或未来出现的国内成文法相抵触，一旦该规则为具有终审权的法院所确定时，即成为英国的判例而对所有的英国法院有拘束力，即使日后出现相反的国际习惯法规则也在所不顾。若由此而产生违反国际法的后果，则将由国家负国家责任。③

在条约方面，按照英国的宪法，条约只有经过议会立法手续转化为国内法后才能在国内适用，因为英国宪法性文件规定，条约的谈判、签字与批准属于王国政府的君主权力，如果条约自动成为英国法律的一部分（除规定战争行为的条约外），英王则可以不经议会同意而改变英国法，这就违反了英国宪政的一项基本原则，即英国议会具有立法垄断权。条约一经签订和批准，对英国便有拘束力，但它能否适用于国内法院，则取决于议会的立法。条约的效力还可以为以后的议会法令所废除，由此而产生的违约后果，由国家负国家责任。所以，对英国来说，条约在国际法上的效力与在国内法上的效力是有区别的，条约一经英王批准，在国际法上便生效，但未经议会的立法，则它在国内法上不具有效力。④

（3）日本。

关于国际法在日本的适用问题，《日本国宪法》第 98 条第 2 款规定："凡日本

---

① [美]杰罗姆·巴伦：《美国宪法概论》，刘祥瑞等译，社会科学出版社 1995 年版，第 323 页。

② 周忠海：《WTO 规则与国际法》，载《河南省政法管理干部学院学报》2002 年第 4 期，第 14 页。

③ 张爱宁：《国际法原理案例解析》，人民法院出版社 2000 年版，第 37 页。

④ 张爱宁：《国际法原理案例解析》，人民法院出版社 2000 年版，第 37 页。

国所缔结的条约及已确立的国际法规应诚实遵守。”①按照这一规定，条约及已确立的国际法规范在日本国内具有法律效力。虽然该规定并没有表明在直接适用国际条约的情况下国际条约和国内法的关系，但一般认为，在日本，国际条约的地位高于法律而低于宪法。②

日本对在国内实施国际条约主要有四种方法：其一是将国际条约的内容通过国内立法规定在国内法中，使条约的规定转化为国内法规定，从而予以适用的转化方式，所以是条约的间接适用。其二是通过宪法或法律，将条约宣告为国内法的一部分，从而加以实施的纳入适用方式。由于纳入并不需要借助国内重新立法，所以是条约的直接适用。其三是一种国际法方法，即缔约国间为了实施条约而达成新的协议。具体来讲，就是缔约国间就条约的具体实施达成某种协议，在与条约同时缔结的换文或议定书中规定相关的内容。这些构成了国家间的合意，实质上是国家间的条约，具有解释原条约和设定新的权利义务的内容。③ 其四是实务处理的方式。按照有些日本专家的理解，根据相关政府之间关于条约的适用和解释，依据条约的内容或作为外交上的一般协议进行协商形成一致意见，制定条约实施细则。这并不是严格意义上的国际条约，对于这类实施细则，相关政府一般都能够遵守，这是一种实务处理方式，即缔约国之间采取某种措施以保障条约的实施。④

（4）其他国家的实践。

德国基本法第 25 条规定，一般国际法规则构成联邦法律的一部分，并优于法律，而且为联邦领土上的居民直接创设权利和义务。这项规定只适用国际习惯法规则。关于条约，基本法第 59 条规定，德国的政治关系或涉及联邦立法事项的条约应由联邦法律加以规定。通过这种方式正式同意的条约，至少如果它们是自执行的条约，则将由德国法院予以适用。由于这种条约是从联邦法律得到其在德国法律上的效力的，所以一般认为，它们没有高于联邦法律的地位。后法将优于前条约，而且条约还必须符合基本法。此外，德国所能适用的一项条约

---

① ［日］平井宜雄、青山善聪、菅野和夫：《六法全书》，（日本）有斐阁平成 15 年（2003 年）版，第 42 页。

② 辛崇阳：《国际条约在日本国内法体系中的作用》，载《海南大学学报（人文社会科学版）》2000 年第 3 期。

③ 李旺：《国际条约在国内的效力及实施问题——日本的相关制度》，载张乃根：《国际法研究：21 世纪初的中国与国际法》，上海人民出版社 2002 年版，第 238、242 页。

④ ［日］谷内正太郎：《国际条约在日本的实施》，载（日本）《国际与外交杂志》2001 年第 1 号，第 3 页。

规定，除非构成国际法的一般规则，不能享有基本法第 25 条所给予的优先地位。①

在荷兰，国际习惯法早就被视为荷兰法院可适用的法律，在国内具有法律效力。但是，若制定法与国际习惯法相冲突，则制定法优先，法院适用制定法。关于条约，荷兰在 1953 年和 1954 年的宪法修正案中都规定，确定条约不仅优于一般国内法，而且也优于宪法。当时的宪法第 66 条规定，条约"经过公布后对任何人都具有约束力"。第 65 条规定，在荷兰王国内正在实施行的法律，如其适用将与该法律制定以前或以后按照第 66 条公布的协定相抵触，应不予适用。荷兰国会对于法律规定的解释包括宪法规定在内。荷兰 1983 年经修订的宪法第 93 条明确规定，条约的规定和国际机构的决议，由于它们的内容可能对一切人都有拘束力，在它们已经公布后，应具有这样的效力。第 94 条规定，在荷兰国内有效的制定法的规定，如果它们的适用与自动执行的条约的规定或国际机构的决议相抵触（已经完全确定，这一点包括制定法制定以前及其后的条约），就不应予以适用。② 所以学界有人认为，"《荷兰宪法》关于条约与国内法关系的规定是世界上最为先进的规定，其在实践中的贯彻将对国际法的发展产生重大的影响。"③

在阿根廷，联邦最高法院原来一直坚持条约和国会的制定法地位平等的法理，并适用于后法优于前法的原则。但在 1992 年 7 月 7 日对一个案件的判决中抛弃了这种传统做法，而主张条约优于国内法，不管国内法制定于条约生效之前还是生效之后。现代宪法越来越倾向于承认条约的至上性或国际法优于国内法的概念。阿根廷 1994 年的宪法修正案就采纳了前述法院的判决，明确采纳了条约优于国内制定法的绝对至上性原则，因而意味着以后制定的国内法也不能推翻条约。④

法国 1958 年的宪法第 55 条明确规定：经过合法批准或核准的条约及协定，在公布后，具有高于法律的权威，但以缔约他方实施该条约或协定为条件。所以一般认为，在法国，条约是优于一般国内法的。

---

① 周忠海：〈WTO 规则与国际法〉，载《河南省政法管理干部学院学报》2002 年第 4 期，第 16 页。

② 可参见王铁崖：《国际法》，法律出版社 1995 年版，第 31～32 页；詹宁斯、瓦茨修订：《奥本海国际法》（第 1 卷），中国大百科全书出版社 1995 年版，第 37、39、42 页。

③ 甘勇：《国际条约在国内适用之研究综述》，载韩德培等：《中国国际私法与比较法年刊 2003》，法律出版社 2003 年版，第 189 页。

④ 孔祥俊：《WTO 知识产权协定及其国内适用》，法律出版社 2002 年版，第 450 页。

(5) 国际法在欧盟的适用。

随着欧洲一体化进程的深化,欧盟(包括欧共体)法律制度在国际法的理论与实践上均产生了重要的影响。在探讨国际法律制度的国内适用问题时,欧盟签订的国际条约如何在欧盟适用是一个颇有价值的命题。

根据欧盟基础条约的授权,欧盟有权与第三方签订国际条约或国际协定。然而,所签订的国际条约在欧盟法律体系内居于什么地位,是否具有直接的效力等在欧盟基础性条约中并没有明确规定。《欧洲共同体条约》第228条规定,当共同体法院判定共同体机构或成员国所签定国际条约不符合基础条约时,只有依法对共同体基础条约作出修改后,此类条约才能生效。可见,共同体签订的条约在一定程度上依赖于基础条约,即只有在符合基础条约或基础条约许可的情况下,共同体缔结的条约才具有法律效力。由此可以说,欧盟基础条约高于欧盟所签订的国际条约。

关于欧盟所签订的条约与欧盟法的关系,共同体法院在1973年就共同体与希腊(当时未加入欧共体)间联系协定案的判决已经作出了明确回答:该协定构成共同体法的一个有机组成部分,这一原则适用于共同体对外签订的所有条约,即欧盟所签订的国际条约是欧盟法的一部分。这样欧盟签订的条约就可以在成员国直接适用,直接为该联盟的公民和法人设定权利和义务。

按照国际习惯法,国际组织签订的国际条约并不必须对其成员国具有法律效力,然而欧盟的基础性条约——《欧洲经济共同体条约》第228条第2款却规定,共同体签订的条约"对共同体机构和成员具有拘束力"。据此,欧盟所签订的国际条约不仅对欧盟本身具有法律效力,而且对其成员国也具有法律效力。这就使得欧盟成员国既要对负责实施条约的欧盟负有义务,又要对有关的第三国负有义务,即欧盟成员国在国际上承担双重义务。这种情况是欧盟所特有的。从逻辑上讲,既然国际条约是欧盟法的一部分,那么欧盟成员国就应该像执行欧盟法一样执行由欧盟所缔结的国际条约和协定;否则,就应承担违法或违约责任。

基于欧盟与其成员国间关系的特殊性,还有一种混合协定。由于欧盟与其成员国共同作为缔约方和非欧盟成员国的国家或国际组织所缔结的混合协定的内容,有一部分属于欧盟的管辖范围,另一部分则属于欧盟成员国的权限,因而该协定必须由欧盟和各有关成员国按照其内部法律程序予以批准方可具有法律效力。

在混合协定的谈判中,常常涉及欧盟要对欧盟和其成员国各自权限作出明确声明。过去,在混合协定中一般都没有两者权限划分的条款,而权限分配不明确常常给第三国带来不确定感。因此,目前欧盟通常在协定中作一声明,就协定所辖事项明确欧盟和成员国各自的权限范围。在这种情况下,由于欧盟依法签订的协定“对共同体机构和成员具有拘束力”,成员国对混合协定中属于欧盟管辖范围内的事项也要承担义务。然而欧盟对于混合协定中属于成员国权限范围内的事项是否承担义务,欧盟的基础性条约中却没有规定,实践中的情况也比较复杂。但一般认为,无论欧盟和其成员国之间的权限如何划分,作为混合协定缔约一方的欧盟和其成员国都必须对缔约他方承担义务。

根据《欧洲共同体条约》第 228 条的规定,一项条约一旦缔结,即约束成员国,也约束共同体,混合协定也不例外。因此,混合协定一旦缔结、生效,就成为欧盟的一项立法,为欧盟法不可分割的部分,国际条约和协定对于欧盟及其成员国都具有直接适用的法律效力。①

2. 国际法律规则在中国适用的实践

关于国际法律规则在我国的适用问题,实践中的处理方式并不统一。我国缺乏宪法性文件的原则性规定,但在总体上并未放弃对条约适用方式的自主选择,实际操作中兼采用直接适用(自执行)和间接适用(非自执行)方式。条约缔结程序与国内法制定程序基本相同。“条约优先条款”只适用于各单行法律法规所涉及的领域,暂不具有普遍适用的意义。总体上来看,实际操作中的条约适用状况十分混乱。

(1) 在立法方面。首先,我国宪法第 67 条第(14)项、第 81 条、第 89 条第(9)项分别规定:全国人大常委会决定同外国缔结的条约和重要协定的批准与废除;国家主席根据全国人大常委会的决定,批准和废除同外国缔结的条约和重要协定;国务院管理对外事务,同外国缔结条约和协定。可见,条约缔结程序与国内法律的制定程序大致相同,但并没有明示宣称将条约纳入国内法。

其次,《立法法》也只规定了国内制定法各渊源形式的效力等级和它们相互之间的一般适用规则,但该法未涉及条约。但在《缔结条约程序法》中,第 6、7、8 条规定:决定批准条约和重要的国际协定的权利属于全国人大常委会;对无须人大常委会批准的条约,国务院可以以核准的方式对其代表签署的条约表示确认,作为批准条约的简约方式;对于无须批准和核准的协定,由国务院有关部门向国务院备案。这一规定明确了条约自身的效力地位,同时,根据其缔约主体及其权限分配和具体的缔约程序来看,其规定与立法法中关于法律、行政法规、部门规

---

① 徐杰:《欧盟条约法律制度与国际条约法的发展》,载人大复印资料《国际法学》2002 年第 1 期,第 38～39 页。

章的相关内容与要求基本相同。

再次，我国的《民法通则》、《民事诉讼法》等一大批单行民事、行政法律、法规规定了“条约优先条款”。如我国《民法通则》第 142 条第 2 款规定：“中华人民共和国缔结或者参加的国际条约同中华人民共和国的民事法律有不同规定的，适用国际条约的规定，但中华人民共和国声明保留的除外。”这是一种不需要将条约内容转化为国内法而原则上可以直接适用的方式。这种规定以我国 1982 年的《民事诉讼法(试行)》为开端①，此后，包括《民法通则》、《涉外经济合同法》、《海商法》等约 70 部法律法规作出了相同或类似的规定，广泛涉及民事、民诉、行政诉讼、野生动物保护、国境卫生检疫、邮政、外国人入出境管理等方面。② 由于这些法律法规只是对特定事项的处理，从谨慎的角度而言，并不能认为我国就已经完全确立了条约高于国内法的一般原则。当然，这种发展趋势也是很明显的了。

最后，我国针对缔结或参加的国际条约作了一些补充性立法与转化性立法。如针对我国参加的《维也纳外交关系公约》和《维也纳领事关系公约》，先后分别制定了《外交特权与豁免条例》和《领事特权与豁免条例》等。

(2) 在外交政策与司法实践方面。1990 年 4 月，中国在联合国禁止酷刑委员会上，针对部分委员就中国政府提交的《执行〈禁止酷刑和其他残忍、不人道或有辱人格的待遇或处罚的公约〉的报告》时称：“根据中国的法律制度，中国缔结或者参加的国际条约，要经过立法机关批准或国务院核准程序，该条约一经对中国生效，即对中国具有法律效力，我国即依公约承担相应义务。”

最高人民法院一些相关的司法解释也规定了条约适用问题。如 1987 年 8 月最高人民法院、最高人民检察院等联合发布的《关于处理涉外案件若干问题的规定》指出：“当国内法以及某些内部规定同我国所承担的条约义务发生冲突时，应适用国际条约的有关规定。我国法院不能以国内法规定为由，拒绝履行所承担的国际条约规定的义务。”1987 年，在中国加入《承认及执行外国仲裁裁决公约》后，最高人民法院即发布了《关于执行我国加入〈承认及执行外国仲裁裁决公约〉的通知》，要求各级法院“切实依照执行”。

国务院也曾表明类似态度。如 1980 年，国务院发布的《关于我国加入海牙公约和蒙特利尔公约的通知》指出：“希望各地区、各有关部门认真执行上述国际

---

① 张晓东：《也论国际条约在我国的适用》，载《法学评论》2001 年第 6 期，第 75 页。

② 陈寒风、周卫国、蒋豪：《国际条约与国内法的关系及中国的实践》，载人大复印资料《国际法学》2000 年第 5 期，第 18 页。

公约的有关条款”。①

(3) 国际条约在香港的适用情况。由于我国是实行“一国两制”的国家，存在着不同的法域，所以在条约的适用问题上更趋复杂。因此，在谈到国际法律规则在我国的适用时，不得不提到国际条约在香港等地区的适用问题。

对于回归前适用于香港的国际条约的处理情况主要如下。1997 年前适用于香港的多边国际公约，包括条约、协议、议定书等，从内容上可分为三类：涉及政治、外交、裁军方面的公约；有关经贸、文化、技术方面的公约；涉及香港社会制度、意识形态方面的公约。从条约适用于香港的方式看，主要有两种情况：一种是香港单独以“香港”的名义参加的。大多是国际贸易方面的一些条约或国际组织的章程；另一种是英国参加并扩大适用于香港，英国对外为香港享有和承担国际权利和义务，并对部分条约的有关条款作出保留和声明。上述两种形式参加的条约，香港均按照英国的法律实践，或通过英国法律，或通过当地的立法来保证这些条约在香港的实施。② 因此，国际条约构成香港法律的一部分。

中英《联合声明》附件 1 第 11 条第 1 款和香港《基本法》第 151 条和第 153 条规定，香港可以以“中国香港”的名义，在经济、贸易、金融、航运、通信、旅游、文化、体育等非政治性领域内单独同世界各国、各地区及有关国际组织保持和发展关系，签订和履行有关协议；继续适用各有关国际协议，并有条件地适用中央人民政府缔结的国际协议。《联合声明》附件 1 第 11 条第 2 款和《基本法》第 153 条规定，中国缔结的国际协议，中央人民政府可根据香港的情况和需要，在征询香港政府的意见后，决定是否适用于香港。中国尚未参加但已适用于香港的国际协议仍可继续适用。中央人民政府根据需要授权或协助香港政府作出适当安排，使其他有关的国际协议适用于香港。

上述有关规定为国际条约在香港的适用确立了两条基本原则，即选择适用原则和继续适用原则。选择适用，即中国缔结的国际协议并非全部的、当然地适用于香港，而是根据香港的情况和需要，在征询香港政府意见后，由中央人民政

① 综合参见肖冰：《论我国条约适用法律制度的构建》，载陈安：《国际经济法论丛》第 5 卷，法律出版社 2002 年版，第 41～44 页；张晓东：《也论国际条约在我国的适用》，载《法学评论》2001 年第 6 期，第 75～77 页；陈寒风、周卫国、蒋豪：《国际条约与国内法的关系及中国的实践》，载人大复印资料《国际法学》2000 年第 5 期，第 16～18 页；甘勇：《国际条约在国内适用之研究综述》，载韩德培等：《中国国际私法与比较法年刊 2003》，法律出版社 2003 年版，第 189～193 页。

② 陈雪梅：《香港与国际条约——香港回归对香港适用国际条约的影响》，载肖蔚云、饶戈平：《论香港基本法的三年实践》，法律出版社 2001 年版，第 304～305 页。

府决定是否适用于香港；继续适用，即中国尚未参加但已适用于香港的国际协议仍可继续适用。当然，“可”这一措辞表明，这些协议的继续适用取决于中国单方面的许可以及有关客观条件的满足，否则这些协议就失去继续适用的可能性。除了上述概括性规定外，香港《基本法》还针对条约适用的具体事务作出了具体规定，如《基本法》第 39 条对两个国际人权公约和国际劳工组织制定的有关公约的适用作了规定：“《公民权利和政治权利国际公约》、《经济、社会、文化权利国际公约》和国际劳工公约适用于香港的有关规定继续有效，通过香港特别行政区的法律予以实施。” ①

二、欧洲联盟成员国法律的适应性调整

（一）欧盟与欧共体的关系及欧盟法的性质

1. 欧盟与欧共体的关系

在讨论欧盟法律制度的适用等问题时，有必要先澄清欧盟跟欧共体的关系问题，因为这两个概念在人们的头脑中似乎是一个容易混淆的问题，学界确实也有些人存在一些不准确的用法。

欧洲联盟（英文为 European Union，德文为 Europaeische Union），简称欧盟（Eu），这是不会有问题的。欧洲共同体，简称为欧共体，英文为 European Community，简称为 EC，德文为 Europaeische Gemeinschaft，简称为 EG。过去，欧共体（EC，EG）与欧洲煤钢共同体和欧洲原子能共同体一起构成欧洲三大共同体。2002 年后，由于煤钢共同体条约期限届满，原来的各大共同体只剩下了两大共同体。欧洲各大共同体与“共同的外交与安全政策”（common foreign and security policy）和“司法与内政范围的合作”（cooperation in the fields of justice and home affairs）等两大支柱共同支撑起欧洲联盟这座大厦的穹顶。根据《马斯特里赫特条约》及此后的《阿姆斯特丹条约》，欧洲联盟并没有把欧洲各大共同体“吞并”，而只是为它们提供了一个框架而已。目前，在欧洲联盟的框架下，一体化程度最高的也是各大共同体。这种高度的一体化程度体现在：各个成员国通过各个共同体条约把自己国家的部分主权，如货币主权、让渡给共同体，而这些超国家性的共同体机构作出的决定、发布的指令、制定的条例，各个成员国必须遵守。其他两个领域的一体化程度并不高，有的合作还只是停留在政府

① 慕亚平：《WTO 中的“一国四席”》，法律出版社 2004 年版，第 164～165 页。

间合作论坛的形式，比如共同的外交与安全政策方面。不少人认为，欧盟取代了原来的欧洲各大共同体的地位，这是一种曲解。

应当指出，随着《欧洲联盟条约》的生效，欧洲联盟以新的面貌出现在世界舞台上，但是，《欧洲联盟条约》并没有废除、取代原有的三个共同体诸条约，欧盟的诞生也没有终止三个共同体的存在。相反，《欧洲联盟条约》明确宣布在三个共同体的基础上，在尊重和确保"共同体建设既得成就"的原则下建设欧洲联盟，三个共同体在欧盟的框架内继续存在。根据《欧洲联盟条约》第七编第 M 条，《欧洲联盟条约》虽然修改了原来三个共同体条约的部分规定，但不影响三个共同体条约及以后修改或补充这些条约的法规的效力。因此，欧洲共同体与欧洲联盟在法律上仍然是继续存在，共同体独立的法律人格并未因《欧盟条约》的生效而取消。但是，欧洲共同体不是欧洲联盟，而只是欧洲联盟的一部分。①

关于欧洲共同体与欧洲各大共同体，也是很容易混淆的，主要是因为中文与西方语言当中单数复数问题造成今天许多人在中文里对欧洲共同体与欧洲各大共同体的错误使用。European Community（欧洲共同体），其前身是 European Economic Community（简称 EEC），它与欧洲煤钢共同体（European Coal and Steel Community）和欧洲原子能共同体（European Atomic Energy Community）共同组成欧洲各大共同体。当年，各大共同体机构合并条约生效之后，欧洲各大共同体对外开始通过共同的各大机构行使权力，很多人认为它们已经合并为"欧共体"，但事实并非如此。机构合并条约生效之后，各大共同体虽然有着共同的机构，包括理事会、委员会、法院、欧洲议会以及审计院，但并没有合并，通俗来讲，就是"三块牌子，一套班子"。2002 年，由于煤钢共同体条约的存续期间届满，煤钢共同体框架下的领域才被并入到欧洲共同体（European Community）的框架下。

欧洲各大共同体是欧洲联盟的核心部分，即第一支柱。根据《欧洲共同体条约》第 1 条，以前的欧洲经济共同体已经直接更名为当今的"欧洲共同体"（European Community），这个新的称呼只适用于欧洲各大共同体当中的一个。在当初一开始使用"欧洲共同体"（EC）这个名称时，引起了人们的一些误解。在我国目前使用的一些中文译名中，许多人把欧洲共同体等同于欧洲各大共同体，把各大共同体统称为欧洲共同体或欧共体，或公开宣称各大共同体已经全部合并到欧洲共同体，这是很不恰当的。因为，根据《欧洲联盟条约》第 8 条的规定，

① 曹建明：《欧洲联盟法——从欧洲统一大市场到欧洲经济货币联盟》，浙江人民出版社 2000 年版，第 27 页。

欧洲共同体(European Community,EC)只不过是原来欧洲经济共同体的一个新名称而已。2002 年之后,欧洲共同体虽然兼并了煤钢共同体条约调整的产业领域,但是原子能共同体仍然独立于欧洲共同体之外。

虽然目前人们已经普遍地把欧洲共同体(欧共体)与欧洲联盟(欧盟)不加区别地使用,但它们是具有不同含义的。从严格意义上来讲,尽管欧盟在组织结构上实现了一体化,原来的三个共同体依然是独立的法律人格者,而欧盟并不具有法律人格。欧盟是在三个共同体的基础上建立起来的,但它并不能取代三个共同体,三个共同体是欧盟的三大支柱之一。因此,《建立世界贸易组织协定》明文规定享有正式成员资格的是"欧洲共同体"(英文用的是复数形式 European Communities,意指三个共同体,而不仅仅是指已经取代原来"欧洲经济共同体"名称的"欧洲共同体"(European Community)),而不是欧洲联盟(European Union)。①所以,一般可以认为,我们在阐述欧盟的对外经济贸易等关系时,其实质上就是在谈欧共体(European Communities)的对外关系。

2. 欧盟法的性质

由于欧共体是欧盟的三大支柱之一,因此,欧共体的法律性质在很大程度上就是欧盟法律性质的体现。如前所述,欧共体是根据三个条约建立起来的。这三个条约和后来因为成员国数量的增加而产生的各个"加入条约",以及随着欧共体一体化的发展而产生的其他重要基本法律文件,如《合并条约》、《单一欧洲法令》、《欧洲联盟条约》、《阿姆斯特丹条约》和《尼斯条约》等,是欧盟法律制度的核心部分,是我们认识欧盟法的性质和法律地位的重要根据。

欧盟的这些法律文件都具有国际条约的一般特征,但又有其特殊性,是一种特殊的区域性国际法。所谓区域性国际法,是指处于世界某个区域的一些国家在它们彼此关系中发展起来的一些原则、规则和规章制度。与一般的国际法相比较,欧盟法的特殊性主要表现在以下几个方面:

第一,从欧盟法产生的结果来看,它们所建立和发展的法律实体——欧共体和欧盟具有不同于一般国际组织的特性,具有超国家性。这是因为在国际组织的发展史上,欧共体无论在机构上或职能上,均具有独一无二的特点,这往往表现为超国家的性质。欧共体法院的法官皮斯卡托尔(Pescatore)认为,作为超国家性的本质标准之一是:该成员国集团作为整体承认共同的价值和共同的利益,即某个国家集团对其各成员国来说是以承认共同的价值(法律秩序)为目标并接

① 曾令良:《欧共体及其成员国在 WTO 中的双重地位及其对中国的影响》,载《法学评论》1999 年第 2 期,第 35 页,注释 1。

受使个别国家的利益或国内秩序体系从属于共同的或上位的秩序的观念。若将这种观点适用于欧共体，那么，由于承认共同市场的存在或欧洲的统一实现了这样的共同价值或观念，就意味着一定程度上接受了对各成员国国家主权的限制。①

因此，欧洲联盟法除了具有政府间的性质外，还含有一定程度的超国家因素。一般国际组织的章程和其他法律文件都是组织成员协商一致的结果，但在欧盟法的各级渊源中，只有欧共体的章程，包括加入条约等基础性法律文件是由政府间的协议产生的，其他大量的派生法律渊源，如条例、指令、决定等，则是由统一的立法机构制定的。另外，欧盟法具有严密、集中的立法程序，与普遍性国际法和其他区域性国际法在造法程序上仍处于分散状态相比，是一个鲜明的对照。

第二，从欧盟法的内容来看，它们规定了欧盟的立法机构、行政机构和司法机构，俨然建立了一套完整的国家机关；它们规定了欧盟内部的行为规则，这些行为规则遍及经济、政治、文化和一般社会生活的很多方面，实际上已经建立起了一种社会秩序；它们除规定了欧盟成员国的有关权利和义务外，还直接规定了成员国公民的基本权利，这些特性使得其中某些法律文件具有宪法性的内容。所以有学者认为，从欧共体机构及其职能、共同体与成员国的关系的角度来考察，确实有类似于联邦的特征。共同体拥有自己的立法、行政和司法系统；各成员国也有相应独立的立法行政和司法系统。在欧共体基础条约所确定的范围内，共同体法优越于国内法；根据共同体的基础条约，共同体的许多立法可直接适用于成员国，构成国内法的一部分，形成所有成员国在经济领域相当广的范围内的统一化。在此范围以外，则属于各成员国的权限。这一切，导致在探讨欧共体的法律性质时把它与联邦制度的特征联系起来。②

第三，从欧盟法渊源的效力来看，具有明显的等级之分，各级法律渊源各有其不同的效力范围。欧共体的章程、加入条约和有关修改这些章程的基本法律文件构成第一级法律渊源。欧盟机构的各种立法是第二级法律渊源，其中包括欧盟与第三国和其他国际组织缔结的国际协定。一般国际法在国内并不当然产生效力，但欧盟法的某些内容却对成员国具有直接适用性。另外，有些渊源则需要经过成员国国内法的转化才能在国内适用；有的空间效力及于欧共体全境，有

① [日]大谷良雄：《欧洲共同体法概论》，蔡秀珍译，群众出版社 1986 年版，第 8～10 页。

② 曹建明：《欧洲联盟法——从欧洲统一大市场到欧洲经济货币联盟》，浙江人民出版社 2000 年版，第 17 页。

的则只及于特定的成员国；有的只针对成员国，而有的则针对特定行业的自然人和法人。整个欧盟法的效力并不是单一的，而是一个网状结构，这一特征是其他普遍性和区域性国际法所没有的。而且，欧盟法直接适用原则、欧盟法优先性原则也是没有先例的。

第四，从欧盟法的实施来看，欧盟法突破了以往国际法的“软法”特征，在管辖和判决的承认和执行方面取得了一定的突破。其一是欧洲法院具有强制管辖权，这是其他司法机构或仲裁机构所不具备的。其二是欧盟法在欧盟司法机关和各成员国司法机关之间，通过欧洲法院有拘束力的初步裁决，建立了一种纽带关系。其三是除欧盟委员会拥有较大的强制实施欧盟法的权力外，各成员国政府和海关及税务部门在职务上是执行欧盟法的代理机构。欧盟正是通过这些措施和机制来保证欧盟法的统一解释、统一实施和统一效力的。虽然欧盟法在强制实施方面仍不可与国内法同日而语，但它毕竟在很大程度上突破了传统国际法在这方面的分散性和软弱性。①

综上所述，我们认为，欧盟法是国际法，是一种区域性的国际法。人们关于欧盟法的性质有不同的观点甚至争论，有人主张欧盟法是联邦法的，或是超国家法的。但从根本上来讲，在现阶段，认为欧盟法属于国际法的范畴应该是比较符合实际的一种观点。这也为欧洲法院的司法实践所认同，如 1963 年在一个重要的判例中，欧共体法院论述道：“欧共体的法律秩序属于国际法的新型秩序，它不仅约束国际法主体，而且约束个人。”②在理论上，用传统的关于国家与法的理论去进行界定也遇到了难题。其实，法律分为国际法和国内法两大类，绝不是从其表面特点来作区分的，从根本上来区分国际法与国内法的标准在于法律的效力根据。国际法的效力根据是“各国意志的协调”，而国内法的效力的根据则是国家意志。依据这个标准来对欧盟法进行分析，也只能认为欧盟法属于国际法范畴。如前所述，欧盟法包括基础法和派生法两个部分。③ 基础法是指各成员国为建立欧洲联盟（包括三个共同体）而缔结的条约，派生法是指由欧盟的各个机构依照基础条约所制定的各种法律规范。对于欧盟基础法的性质是没有争论的，它属于国际法的范畴。关键是派生法，是不是也属于国际法的范畴，学界有

① 肖永平：《欧盟统一国际私法研究》，武汉大学出版社 2002 年版，第 34～36 页。

② [德]沃尔夫刚·格拉夫·魏智通：《国际法》，吴越、毛晓飞译，法律出版社 2002 年版，第 485 页。

③ 欧盟（欧共体）法律分为两大类，即主要渊源或原始渊源或基础性渊源（primary sources），与次要渊源或二级渊源或派生渊源（secondary sources，secondary legislation or secondary community law）。在中文的译文里面有不同的说法，但实际所指相同。

不同的见解。但我们认为,派生法亦属于国际法的范畴。理由如下:派生法是由欧盟机构根据欧盟的基础性条约的授权而制定的,因此其效力来源于这些条约。毫无疑问,这些条约的效力来源于各成员国意志的协调。这表明,欧盟派生法的效力间接来源于各成员国意志的协调。所以,它们也应属于国际法的范畴。正是由于欧盟派生法这种效力来源的间接性使其具有了与传统国际法所不同的外部特征,但这种特征并不能将其排除在国际法之外,恰恰相反,这种不同正反映了现代国际法的发展变化。虽然其性质仍然是国际法,但呈现出一些新的特点,这也正是欧盟法对现代国际法的贡献所在。①

总之,欧洲共同体法,即关于欧洲煤钢共同体、欧洲(经济)共同体以及欧洲原子能共同体法,这些法律后来先后体现在 1993 年的《马斯特里赫特条约》和 1999 年的《阿姆斯特丹条约》之中,形成了欧盟并具有国际法属性。因此,无论是关于共同体条约,还是关于欧盟的条约,都属于国际条约。因而,国外有学者断言:"可以肯定的是,'欧盟法'在成员内已经属于具有习惯性的(习以为常的)、需要别特对待的国际法。"②

(二) 欧盟法在成员国国内的适用

根据《欧洲联盟条约》而建立起来的欧洲联盟,是在三个欧洲共同体的基础上发展而来的,它没有也不可能取代三个共同体,三个共同体是它的重要支柱之一。探讨欧盟法在成员国国内的适用问题,在很大程度上其实就是谈欧共体法的适用问题。根据《欧洲共同体基础条约》而建立的欧洲共同体是一个独立的法律实体,它拥有自己的立法机构、行政机构和司法机构。欧共体具有独特的结构,其本身即为一个比较完整的法律体系。欧共体法律体系具有相对的独立性,它的运行并不依附于成员国的法律体系。欧共体/欧盟成立以后,在整个欧盟范围内,除了欧共体/欧盟的法律体系外,同时还存在各成员国固有的法律体系。在这两种法律体系并存的情况下,相互之间必定要产生某种特定的关系。在欧共体/欧盟法与成员国法的特定关系中,欧共体/欧盟法到底处于怎样的地位,它们之间依什么样的原则而共存。

1. 欧共体/欧盟法的直接适用与直接效力

根据当代国际公法的一般原则,国际法主体通常只能是国家或国际组织,个

---

① 黄勇:《论欧洲联盟的法律性质》,载《政治与法律》1999 年第 4 期,第 42 页。

② [德]沃尔夫刚·格拉夫·魏智通:《国际法》,吴越、毛晓飞译,法律出版社 2002 年版,第 168 页。

人或法人一般不能成为国际法的主体。① 因此,国际法在国内法律体系中的直接适用问题是不存在的。从广义上说,欧共体/欧盟法也是属于国际法的范畴,但与传统的国际法不同,共同体的主体不仅仅限于成员国,而且也及于成员国国内的个人。由此便产生了共同体法在成员国国内的直接适用问题。

欧洲共同体法在成员国国内直接适用,发生直接效力的具体含义是:成员国的任何公民和法人有权要求本国法官实施共同体条约及共同体机构颁布的条例、指令和决定;任何成员国的法官,不论其所在国的法律制度如何,都有义务运用上述法律文件;对于上述权利和义务的尊重不仅应当体现于个体与它们所属的国家之间的关系上,而且应当表现在个体之间的关系上,即所谓的"纵向关系"与"横向关系"。在实践中,欧洲共同体法的直接适用是由欧洲共同体法院通过判例逐步确立和实现的。

欧共体条约的所有条款和欧共体条例的条款内容都是直接适用的,也就是说,这些内容不需要转化为内国法律,甚至不需要内国表示接受就可以在成员国国内适用。② 但这种直接适用性有必要与直接效力问题区别开来。虽然欧共体法院对是否存在直接适用性与直接效力的区别并没有作过明确的表示,但依然有许多学者认为这种区分是有必要的,因为所谓直接效力,表明的是个人成为共同体法律的权利或者义务的承受主体的可能性,以及个人利用欧共体的法律来对抗内国的行政、司法或是其他公共权力机构的可能性。但是,内国法院在其提请初步裁决的问题中,却经常将直接适用性与直接效力这两个概念等同起来。

欧洲共同体法院确立的一个共同体法律的基本原则就是,欧洲共同体组成了一个可以把权利授予个人的"新的法律制度"(a new legal order)。③ 欧洲共同体法律中一些特定的具有直接效力的条款,是指那些规定了不必再经过成员国立法而国内法院就必须保护的个人权利条款。欧洲共同体法院已经决定,欧共体法律中的能够直接产生效力的条款,必须是"无条件的和充分明确的"(unconditional and sufficiently precise)。

---

① 个人可为"被动"主体,如纳粹战犯在纽伦堡军事法庭上被追究"种族灭绝罪"之个人刑事责任,即是一例。

② CJCE(欧洲共同体法院),1978年3月9日,Simmenthal II,Aff.(案号)106/77 Rec(汇编)p. 629;亦可见CJCE,1963年1月5日,Van Gend & Loos,aff. 26/62,Ree. p. 3。

③ Case 26/62 Van Gend & Loos v Nederlandse Administratie der Belastingen[1962] European Court Reports(ECR)I.把关于欧洲共同体与其他国际组织相区分,或者说,这个新的法律制度的重要性是在欧洲共同体法院关于起草欧洲经济区协议中加以说明了,参见Opinion 1/91,[1991]ECR 1-6079,[1992]I CMLR 245.

所谓“无条件”，是欧洲共同体法律在具有直接效力时必须满足的第一个条件。如果欧洲共同体法律的条款所授予的某种权利，必须取决于一个诸如欧洲共同体的机构或者成员国这样的独立实体的决定或者选择，那么，这个法律就不是无条件的。欧洲共同体法院认为：一项欧洲共同体法律的规定，只要在其执行或实施过程中，不是取决于欧洲共同体的机构或者成员国采取的措施，就是无条件的。① 所谓“充分明确”，是欧洲共同体法律在具有直接适用效力时必须同时满足的另一个条件。欧洲共同体法院在 Regione Lombardia 一案中，简要地说明了，一个条款规定的义务如果是“毫不含糊的条件（unequivocal terms）”，那么，这个规定就是“充分明确”的。有欧洲学者进一步指出，如果欧洲共同体法律的条款规定了“内国法院可以操作的指示”的话，那么，充分明确的要求就得到满足了。②

根据《欧洲共同体条约》第 189 条的规定，具有直接效力的欧洲共同体的法律除了基础条约外，还有其他几类，如条例、指令、决定等，而且，直接效力原则在不同的渊源中表现出一些不同来。

（1）欧洲共同体/欧盟基础条约直接适用原则的确立。

以共同体三个基础条约为核心的原始共同体法能否在成员国直接适用，共同体基础条约中并无任何规定。共同体法的直接适用是一个敏感的问题，涉及成员国的主权，因此，共同体的创建者们有意避开了这一问题，在共同体的基础条约中没有明确说明条约的直接适用原则。共同体基础条约本不应具有能够在成员国直接适用的特征，但在共同体基础条约中，某些条款直接为成员国公民和法人规定了权利和义务，如《经济共同体条约》第 85、86 条关于公平竞争的规则，应当能够在成员国直接适用，否则，这些条款将失去意义。除此之外的条款是否依然应当按照传统国际法的原则而不能在成员国国内直接适用呢？欧共体法院作出了否定的回答。1962 年在 Van Gend en Loos 案③中首次遇到了共同体法的直接适用问题，并通过判例确立了共同体法的直接适用原则。

在该案中，共同体法院认为，共同市场的运行与“共同体中的任何有关部分都有联系”，共同体条约比仅仅规定缔约国之间义务的条约走得更远，“除了指向政府以外，还指向人民”。这就意味着共同体基础条约的内容与共同体的公民直

---

① 王世洲：《欧洲共同体法律的制定与执行》，法律出版社 2000 年版，第 199 页。

② Pescatore: The Doctrine of “Direct Effect”: An Infant Disease of Community Law, European Law Review 1983-8, p. 175.

③ Case 26/62, European Courts Reports(1963), p. 1.

接有关，实施条约时也不能把它们排除在外。共同体法院还认为，《欧洲经济共同体条约》第177条规定将条约的解释权授予共同体法院，以保证各成员国司法机构对条约的统一理解和实施，该条实际上意味着"成员国承认共同体法的权威，成员国公民可以在本国法院加以引用"。据此，共同体法院得出了著名的论断："共同体建立了一种新的法律体系……它的主体不仅包括成员国，同样也包括它们的公民。共同体法独立于成员国的法律，它对个体规定义务的同时，也为他们设定权利，这些权利应构成其全部法律权利义务的一部分。"

根据共同体法院的意见，共同体法的主体不仅仅限于成员国，还应当包括个体，即成员国的公民和法人，他们有权直接援用共同体基础条约的条文来维护自己的权利。共同体基础条约中规定成员国有不作为义务的条款可以在成员国直接适用，条件是即这个条款必须是清楚明确的，它包含一个无条件的义务，以及它的实施不需要依赖于内国法律的进一步积极作为。

在Van Gend en Loos案中，共同体法院首次确认了共同体基础条约的直接适用原则。从共同体法院对该案的判决中可以得出以下结论。一是共同体成员国的公民和法人也是共同体法的主体，因此，共同体基础条约中直接为它们设定权利义务的条款可以在成员国直接适用。如《欧洲共同体条约》第85条反垄断条款和第86条反滥用市场优势地位条款等。二是共同体基础条约中规定成员国负有无条件不作为义务的条款，实际上为公民和法人设定权利，可以在成员国直接适用。如《欧洲经济共同体条约》第12条各成员国应避免互相采用新的进出口关税或捐税的条款，为成员国规定了明确的、无条件的不作为义务，它的实施不需要成员国采取补充措施，此种禁止就其性质而言，完全可以在成员国和受其管辖的人之间的法律关系中产生直接效力。

在Van Gend en Loos案之后，共同体法院通过判例将能够在成员国直接适用的共同体基础条约条款的范围进一步扩大。共同体法院认为，在共同体基础条约中，为成员国规定某种行为的义务并指明结果的条款可以在成员国直接适用。此类条款一般都写明了达到预定结果的规定期限，在规定期限内，成员国或共同体机构一旦为实施这些条款采取措施，则这些条款便能产生直接效力；如果在规定期限内成员国或共同体机构未采取任何行动，期限届满后，此类条款便能在成员国中直接适用。如《欧洲经济共同体条约》第13条第2款(各成员国间与进口关税同等作用的捐税，在过渡期内应逐步废止)、第37条(避免对废止关税及定量限制的反限制措施)、第48条(人员的自由流动)、第52条(逐步废止对营业自由的限制)和第59条(服务的自由流动)等都属于这一类条款。

在共同体基础条约中，为成员国规定某种义务，并且其实施不允许加以任何评判、补充或更动的条款也能够在成员国直接适用。这意味着这类条款本身必须完整,在法律上十分完备。在共同体基础条约中,如其实施需要成员国采取措施加以补充的条款,则不在此例,如《欧洲经济共同体条约》第 5 条关于各成员国应采取适当措施确保共同体宗旨的达成的条款、第 102 条关于对竞争的规定应采取的措施的条款和第 107 条关于欧洲中央银行的独立性的条款等。

根据欧洲共同体法院的判例,共同体基础条约在成员国发生直接效力的原则不仅仅适用于公民或法人与成员国国家机构之间的关系,即所谓的“纵向关系”,而且还适用于公民或法人相互之间的关系,即所谓的“横向关系”。在 1974 年第 36 号案件中,共同体法院首次就共同体基础条约的条款直接适用于公民和法人相互之间的横向关系发表意见。法院认为,《欧洲经济共同体条约》第 7 条、第 48 条和第 59 条有关禁止基于国籍不同而产生歧视的条款也适用于非国家机构订立的规则和协议。在 1975 年第 42 号案件中,法院进一步重申,《欧洲经济共同体条约》第 119 条具有强制特征,对于在男性劳动者和女性劳动者之间进行歧视之禁止,不仅适用于公共当局的行动,而且也适用于集体方式解决计酬工作的协定以及个体之间的合同。共同体基础条约的直接适用范围进一步扩大到公民与法人相互的权利义务关系,它们不仅具有“纵向效力”,而且也具有“横向效力”。①

(2) 条例(Regulation)规定直接效力的确立。

《欧洲共同体条约》第 189 条规定:条例的“一切方面都具有强制力”,是可以“直接在所有成员国中适用”的。因此,欧洲共同体的条例就自动成为各国法律制度中的一部分,而不需要通过任何内国的立法就能施行。

当然,这并不是说,条例的所有条款都具有直接效力,因为其中有的条款会是不符合前面提到的“无条件和充分明确”的要求的。这样,在欧洲共同体法律界中,就产生了“直接效力”与“直接适用”的区别,而且这种区别的意义也得到了许多学者的赞同。② 但是,欧洲共同体的法院并没有对是否存在着直接效力与直接适用的区别作出过明确的表示。

在决定指令能够具有直接效力的案件中,欧洲共同体法院指出:“如果……

① 李道刚:《欧洲:从民族国家到法的共同体》,山东人民出版社 2003 年版,第 45~54 页。

② 张丽娟:《欧共体指令的直接效力》,载赵海峰、卢建平:《欧洲法通讯》第 2 辑,法律出版社 2001 年版,第 70 页。亦可参见 Winter: Direct Applicability and Direct Effect: Two Distinct and Different Concepts in Community Law, Common Market Law Review, 1972-9, pp. 425-438.

根据第 189 条的规定，条例是可以直接适用的，因此从结果上说会[1]由于其本来的性质而具有直接的效力，那么，从这里并不能引出这样的结论：在该条中提到的其他法规种类永远不能具有相似的效力。”[2]欧洲共同体法院的意思是，所有的条例都是可以直接适用的，但是，有一些条例或者一些条例中的规定会是不具有直接效力的。欧洲共同体法院承认，一项条例可能规定一个共同体机构或者一个成员国去执行某项措施。在这种情况下，该国的国内法院就可以自由决定适用执行措施，只是在这样做的时候，应当“确定这样的国内措施是否是与欧洲共同体条例的内容相一致的”。

欧洲共同体法院已经判决，成员国不得通过执行条例的国内法规，只要这种条例本身是符合直接效力要求的。[3] 欧洲共同体法院已经同意，各个成员国可以制定一些执行措施来明确一项条例的含义，但是，即使在这里，这种解释也要服从欧洲共同体法院对该项条例含义的判决。[4]

总而言之，条例通常是具有直接效力的，并且，在其具有直接效力时，内国的执行性立法措施是不可接受的。如果一个条例的条款不够充分明确或者必须在特定条件下才能具有直接的效力，那么，内国的执行性立法措施就是可以接受的，但是，这个内国法院必须保证：该项立法措施必须符合欧洲共同体法院解释的该项条例的含义。[5]

(3) 指令(Derective)的直接效力问题。

指令也跟条例一样，在欧洲共同体的法律渊源中，是属于派生法这一层次的。与条例在欧洲共同体法律体系中的直接适用性相比，指令的直接效力问题就复杂得多，也引发了很多的争议。刚开始时，许多人拒绝承认指令具有直接效力，理由是：首先，欧洲共同体条约第 189 条明确表示了只有条例是可以直接适用的，似乎就排除了其他欧洲共同体派生法具有直接效力的可能性；另外，由于指令在要获得的结果上对它所指向的每一个成员国都具有拘束力，而在达到结果的方式与方法上是把选择权留给各国当局的，因此似乎并没有满足具有直接效力的条件，因为直接效力要求的条件表明在欧洲共同体法律与个人之间，是无

---

① 人们强调，欧洲共同体法院在这里使用的是“会(may)”。

② Case 41/74 Van Duyn v Home Office[1974]European Court Reports 1348.

③ Case 34/73 Variila v Amministrazione Italiana delle Finanze[1973]European Court Reports 981,990-991.

④ Case 94/77 Zerbone v Amministrazione delle Finanze delle Stato[1973],European Court Reports,99.

⑤ 王世洲：《欧洲共同体法律的制定与执行》，法律出版社 2000 年版，第 205 页。

须一个自由裁量权介入的。然而,欧洲共同体法院却拒绝了先验地剥夺在欧洲共同体法律建设中这一支主要力量能够具有直接效力的主张。相反,欧洲共同体法院的法官在一系列著名且卓有成效的判例中逐渐承认了欧洲共同体指令产生直接效力的能力,这与认为指令不能具有直接效力的学说分道扬镳。①

具有建设性的判例开始于1970年的Grad案的判决和SACE案的判决。②虽然这两个判决并不是专门针对指令的直接效力问题的。在Grad案的判决中,欧洲共同体法院的法官宣布了指令和决定中的条款对个人具有法律上的效力。在SACE案的判决中,指的是欧洲共同体条约和指令的条款。另外,在著名的Van Duyn案③中,欧洲共同体法院首次单独确认了指令的条款可以直接产生效力的可能性。

最初,欧洲共同体法院是通过反对只有条例才具有直接效力的论断的方式来表明其认识的:"如果说根据欧洲共同体条约第189条(现在第249条)的规定,条例是直接适用的,并且根据其性质是能够产生直接效力的,那么,这并不能得出该条所指的其他类型的法律就永远不能产生同样的效力的结论。"④随后,共同体法院又通过强调必须保证欧洲共同体指令对成员国设定的义务应具有强制有效性来继续说明自己的理由。个人在法律上能够引用指令来对抗未采取指令所要求的执行措施或采取的执行措施不符合指令的要求的成员国的权利,就是出于这种考虑。

欧洲共同体法院认为,原则上必须排除成员国负有的有关个人能够援引指令的义务,是与欧洲共同体条约赋予指令的强制性效力不相符的。特别是在共同体机构要通过指令强制成员国采取相应措施的情况下,如果个人不能在应该重视欧洲共同体法律的国内法院援引指令的话,指令的有效性将大打折扣。因此,在国内法院援引指令是出于这样一种考虑:允许内国法院处罚未完成指令义务的成员国的做法增强了指令对于成员国的强制性效力。

鉴于此,欧洲共同体法院提出了承认指令的直接效力的另一个理由,即"如果成员国在指令规定的期限内,没有制定指令所要求的执行措施,并且该国以自

① 张丽娟:《欧共体指令的直接效力》,载赵海峰、卢建平:《欧洲法通讯》第2辑,法律出版社2001年版,第70～71页。

② 分别参见:CJCE(欧洲共同体法院),1970年10月6日,aff. 9/70,Rec. p. 825;CJCE,1970年12月17日,aff. 33/70,Rec. p. 1213。

③ CJCE,1974年12月4日,aff. 41/74,Rec. p. 1337。

④ CJCE,1970年10月6日,aff. 9/70,Rec. p. 825。

己没有履行指令要求的义务为由来对抗个人",①对欧洲共同体法院来说,是难以接受的。也就是说,欧洲共同体条约第189条(现在的第249条)第3款对成员国规定的义务"将会失去一切效力,如果允许成员国根据自己没有履行义务而取消根据指令的某些条款的内容能够产生效力的话"。②

否定一项指令的直接效力会允许成员国为自己的错误寻找借口。皮斯卡托尔法官强调了这种认识与"禁止食言理论之间存在的关系",得出的结论是:"一个成员国不能既承认受制约于欧共体法律规定的某些义务,同时又不去遵守它。换言之,当即使这是与诉讼有关的成员国的规定和行为时,一项指令没有被执行或被错误执行的事实,也不能成为拒绝个人得以援引它的理由"。③

当然,指令具有直接效力也不是没有条件的。正如欧洲共同体法院在Van Duyn案的判决中指出的,直接效力包含了这样的要求,即每一次都要检查有关条款的性质、结构和措辞。根据欧洲共同体法院通常所表明的,一项指令并不必然地"能够在成员国与其国民间产生直接效力",它也必须满足欧洲共同体法律具有直接效力通常要满足的条件,即条款的内容必须清楚明确、必须是无条件的、并且无须欧洲共同体机构或者成员国采取自由裁量的措施。

(4) 决定(Decision)规定的直接效力问题。

欧洲共同体法院最早在Grad诉Finanzamt Traunstein一案中,④认定欧洲共同体的决定是能够具有直接效力的。在这个案件中使用的理由,与其在后来处理的Van Duyn案中为指令的直接效力而辩护的理由十分相似。欧洲共同体法院的观点是,除了该项决定直接针对的接受对象之外,如果其他人受到该项决定的影响时,这些人是能够通过借助于这个决定的拘束力,以及提出使该决定对自己的案件发生效力的必要性,来使用这个决定的直接效力的;"在原则上排除这种受影响的人可以诉诸一项决定赋予的义务的可能性,是与第189条赋予决定的拘束力的规定不相一致的。尤其是在这样的案件中,欧洲共同体的各个机构通过决定这种手段,已经规定了一个成员国或者所有成员国以一种特定的方式为行为的义务,如果一个国家的国民不能在法院中诉诸这种决定,如果内国法院不能把这种决定看成是欧洲共同体法律的一部分的话,这样一种措施的有效

① CJCE, 1979年4月5日,Ratti,aff. 148/78,Rec. p. 1629。

② CJCE,1982年1月19日,Backer,aff. 8/81,Rec. p. 53。

③ 张丽娟:《欧共体指令的直接效力》,载赵海峰、卢建平:《欧洲法通讯》第2辑,法律出版社2001年版,第72页。

④ Case 9/70[1970]European Court Reports,825.

性将会受到削弱。”①

但是，决定的直接效力是不是能够在纵向以及横向关系上提起的问题，依然是不清楚的。当一项决定的接受对象是一个成员国，但是该国没有遵守该项决定时，一个受到影响的个人诉诸该项决定反对这个国家的行为，可以因为该国故意不遵守该项决定而得到支持。但是，如果允许一个个人在反对另一个个人的诉讼中借助一个针对成员国的决定，这样做，看起来会是不公正的。在 Bulk 诉 Sun International 一案中，②欧洲共同体法院指出，一些欧洲共同体的决定规定了各个成员国的义务，要求它们在改变自己向非共同体国家出口的规定之前，负有必须通知其他成员国和欧洲共同体的义务。但是，共同体法院同时指出：“这些义务仅仅涉及一个成员国与欧洲共同体和其他成员国之间的机构的关系。在内国法院中进行的自然人或法人的诉讼中，这些人不得以该成员国没有履行自己事先告知其他成员国和欧洲共同体的义务，来攻击一个成员国制定的政策或措施。因此，这种没有履行并不能创设那种内国法院必须保护的个人的权利”。

但是，在一个个人诉诸针对一项决定指向的几个个人之中的一个人时，产生的问题就不一样了。如果其中的规定是无条件的、充分明确的，并且执行该项决定所有期限都已经期满，那么，这种横向的直接效力就是合适的。③

2. 欧共体/欧盟法的优先性和最高效力

欧盟法在各成员国的直接适用，必然产生这样的结果，即对同一个问题，要同时面对欧盟法这一独特的法律体系和国内法这一独立的法律体系，两者共同作用于各国国内及各成员国之间的各种关系。由于这种并存性的存在，也就产生了欧盟法的地位问题。关于这一问题的结论，决定了欧盟法直接适用的可能性与实效。欧盟的基础性条约可以说是欧盟的“宪法”，这些条约的最终目标在于实现欧洲的政治、经济一体化，而要实现各成员国经济、外交、社会政策乃至政治目标的统一，必须首先确保欧盟的权威性，确保欧盟的法律规则在欧盟范围内的统一实施，这就要求欧盟法与各成员国的国内立法相比具有优先地位。④《欧盟宪法条约》的通过并（可能）生效更强化了这一要求。

共同体法律规范优先于共同体法律规范颁布以前制定的成员国法律，对于这一点，任何司法机构都没有异议，即使是在二元论占优势地位的国家亦是如

① 王世洲：《欧洲共同体法律的制定与执行》，法律出版社 2000 年版，第 205 页。

② Case 174/84[1984]European Court Reports，559.

③ 王世洲：《欧洲共同体法律的制定与执行》，法律出版社 2000 年版，第 217～218 页。

④ 肖永平：《欧盟统一国际私法研究》，武汉大学出版社 2002 年版，第 48～49 页。

此。在这些国家里,按照后法优于前法的原则,后订立的共同体法律应当优于前期订立的国家法律。然而,在有关共同体法律规范是否优先于其后订立的成员国法律规范的问题上,争议颇多。①

欧共体/欧盟法的优先性原则,也可叫做最高效力原则(the Supremacy)或至上性原则,尽管从欧盟基础性条约的某些规定的字里行间也许可以看出欧盟法所具有的这种特性,但是欧洲共同体/欧盟法的优先性原则的确立,也主要是欧洲共同体法院的建树。与联邦宪法不同,欧洲共同体条约没有任何关于欧洲共同体法律和成员国法律冲突时如何解决的规定,因此,欧洲共同体法院没有权力像联邦制国家的最高法院那样撤销与欧洲共同体法律不符的成员国法。人们一般将欧洲共同体法和成员国法的关系认定为国际法上的关系。一般原则认为国际法优于国内法,但由国内法具体实施这种国际法优先原则,并确定国际法在国内法体系中的位置。国际法如何在国内实施,主要有两种模式,即一元论和二元论,这在前面已经详细论述过了。

根据欧洲共同体法院的司法解释,欧洲共同体法与成员国法的关系在任何情况下都不能等同于传统的国际法上的关系。欧共体法院认为欧共体法律体系具有内在的独立自主性,这种独立自主性与欧共体法的最高效力原则有着不可分割的联系。正如欧共体法院在 Costa v ENEL 一案②中所论述的:"共同体法具有独立自主的渊源,成员国法的任何条文都不能对抗共同体法,否则共同体法的共同体特征将会丧失,共同体的法律基础将被动摇。"正是基于共同体法的独特性质,欧洲共同体法的优先性原则是这种独特性质赖以生存的特性。

基于欧洲共同体法律的特性,尤其是它相对于成员国法律的独立自主性,使得它在进入成员国国内法律体系时不需要经过任何形式的转化。换句话说,欧洲共同体法律的特性要求成员国全部奉行一元主义,这使得实行二元主义的成员国的做法在一定程度上失去意义。

欧洲共同体法院通过一系列判例,对欧共体法的优先性原则的内涵进行了界定:首先,所有的欧共体法律对国内法都具有优先性,无论是原始的基础性条约还是派生的二级立法、对欧共体有约束力的国际条约和一般法律原则。也就是说,欧共体法律的优先性原则对有无直接效力的欧共体法律规范都是同样适用的。关于条例、指令、决定等的直接适用性原则,前文已有论述。其次,欧共体法的优先性原则适用于成员国的所有法律。这实际上涉及欧共体法与成员国宪

① 李道刚:《欧洲:从民族国家到法的共同体》,山东人民出版社 2003 年版,第 59 页。

② 欧洲共同体法院(CJCE)1964 年 7 月 15 日 Costa v ENEL,6/64. Rec. p. 1141。

法的关系这个敏感的问题。欧共体法院从欧共体法的独立自主性以及统一适用的原则，认为欧共体法的优先性原则适用于成员国包括宪法在内的所有法律。最后，欧共体法的优先性原则是针对先于或后于欧共体法的所有法律的。①

根据欧共体法的优先性原则，成员国法官有义务排除与欧共体法不符的国内法的适用，而无论涉及的欧共体法律规范有无直接效力，成员国的法官在维护欧共体法的优先适用方面实际上起着欧共体法的普通法官的作用。这样，成员国法院和欧共体法院在其各自的管辖范围内，共同致力于保证欧共体法在欧共体内的统一适用。

在此，有必要讨论一下先行裁决程序问题。因为先行裁决程序是欧共体法院突破其局限性，发挥一体化作用的重要方式，欧共体法院的许多案例都是先行裁判的案例。从上文的分析可知，成员国法官有义务保障欧共体法的适用，如果说欧共体法官和成员国法官同时存在是一种双重保障的话，同时也会造成对欧共体法的多种解释和分歧，欧共体法的内容可能会因为各国法官的不同解释而具有不同版本。因此，应该建立一种机制来约束成员国法官统一解释和适用欧共体法，而欧共体法院和成员国法院之间并不是上下级法院的关系，欧共体法院不能通过上诉来监督成员国法院的决定。对成员国法院的约束是通过成员国法院向欧共体法院提交的申请先行裁决程序来进行的。先行裁决程序针对的内容有两种，一种是关于欧共体法的效力，一种是关于司法的解释。关于欧共体法的效力，主要针对派生法律的效力，它实际上是防止成员国法官根据自己的判断否定欧共体法的效力，这种程序使得欧共体法院独自享有判断欧共体法律效力的权力，以避免各国法院各行其是。对欧共体法的解释涉及原始条约或派生法律，主要是为了保障欧共体法院在成员国法院裁判之前对欧共体法享有最终的解释权。

作为成员国意志表现的原始条约并没有关于欧共体法的直接效力和优先性原则的规定。但是，欧共体法院根据目的来解释法律，即司法解释应该根据条约追求的目的来进行，作出有利于一体化的解释。通过这些解释，欧共体法院一步一步建立了对成员国有约束力的规范。对成员国来说，欧共体法院在根据一体化的需要对欧共体条约自主进行解释的同时修改了原条约，也改变了欧共体法的性质。成员国只是在欧共体法院已经作出这种改变之后默然接受了既成事

① 李晴兰：《欧洲共同体法院在欧洲一体化中的作用》，载赵海峰、金邦贵：《欧洲法通讯》第4辑，法律出版社2003年版，第20～21页。

实,并根据新规则来调整自己的行为。①

(三) 各成员国法律的适应性调整

在欧洲共同体/欧盟法律的优先效力面前,欧洲共同体/欧盟各成员国通过各自的立法和司法制度,作出相应的调整,以适应欧洲共同体/欧盟法的这一要求。各个成员国所作的适应性调整各不相同,但殊途同归,都是为了对欧洲共同体/欧洲联盟法效力原则的确认与接受。

1. 英国对欧洲共同体/欧盟法最高效力原则的确认

英国在加入欧洲共同体的前夕,通过议会制定了《1972 年欧洲共同体法案》(*The European Communities Act of* 1972)。为了最大限度地减少政治上的争论,这部法案接受了一项原则:直接有效的欧洲共同体法律高于英国法律。对于英国的法律传统来说,这是一项重大的变化。因为在 1972 年以前,英国宪法的基本原则就是"议会至上"(parliamentary sovereignty),就是说,英国议会有制定或不制定任何法律的权力,并且,英国法律不承认任何人或者实体具有高于或者废除议会所作的立法的权力。但是,在 1972 年的这部立法中,第 2(1)节把英国法律的效力给了直接有效的欧洲共同体的法律。第 2(4)节包含了这部法律的起草人的一种含混的意图:"任何已经通过的或者将要通过的法律……的解释和效力都应当服从前述条文的规定。"

显然,这项条文自然可以解释为:所有制定的英国法律、法规,无论是在《1972 年欧洲共同体法案》之前或之后通过的,具有的效力都要服从欧洲共同体法的直接效力,无论这个欧洲共同体法是 1972 年该法案之前或者之后通过的。欧洲共同体法具有如此效力,都是由 1972 年法案第 2(1)所赋予的。这就意味着,英国法律的任何条文冲突,都必须服从具有直接效力的欧洲共同体法。

关于对 1972 年的法案第 2 节的解释是否正确的问题,由英国上议院(the House of Lord)在 Factortame 一案中得到了澄清。欧洲共同体法院在该案中指出:在成员国法院正在审理涉及欧洲共同体法的案件时,如果该法院无法给予根据欧洲共同体法(应当给予的)临时补救措施的唯一障碍是国内法的一项规定,那么,该法院必须不得适用后者的规定。在该案中,英国上议院对于欧洲共同体法的最高效力没有明确表态,但是承认了欧洲共同体法院的判决的效力。一位独自明确坚持欧洲共同体法的最高效力的英国议员的观点是颇有代表性的。他

① 李晴兰:《欧洲共同体法院在欧洲一体化中的作用》,载赵海峰、金邦贵:《欧洲法通讯》第 4 辑,法律出版社 2003 年版,第 21～23 页。

认为，这是《1972 年欧洲共同体法案》的条文所规定的："很清楚，这是一个英国法院的义务，在作出最后判决时，应当搁置（override）任何与欧洲共同体法中具有直接效力的条文相抵触的国内法规。……因此，无论从何种角度来看都毫不新鲜，欧洲共同体法条文在它们适用领域内具有最高的效力，并且，在根据欧洲共同体法对权利的保护中，坚持国内法院不能被国内法律的规定禁止在适当的案件中授予临时补救措施，就是对这种最高效力的合乎逻辑的承认。"①

2. 德国对最高效力原则的承认

《德国基本法》第 24 条允许把主权权力转让给政府间机构。因此，从整体上说，德国法院在接受欧洲共同体法的最高效力时都不会有困难。但是，关于欧洲共同体法是否优先于德国基本法中不可让与的基本权利的问题，却会产生理论上的困难。在国际贸易组织一案中，②德国宪法法院认为，在欧洲共同体目前发展的状况下，宪法法院不能放弃自己支持德国基本权利的权利，甚至不惜与欧洲共同体法相冲突。因此，德国宪法法院在这个案件之前，并没有接受欧洲共同体法院关于欧洲共同体法必须优先于德国基本权利的判决，虽然在事实上，德国宪法法院在这个案件中认为，欧洲共同体的立法并没有违反德国基本权利。德国宪法法院在自己的保留中包含了这样的事实：当时的欧洲议会并不是直接选举产生的，同时，欧洲共同体法并没有精确地列举基本权利。

随后不久，德国宪法法院就放弃了对欧洲共同体法的基本权利部分的保留。在 Wuensche Handelegesellschaft 一案中，德国宪法法院决定，在欧洲共同体法院对基本权利作出适当保护期间，将不再审查欧洲共同体法是否与德国基本权利的一致性。换句话说，德国宪法法院是愿意相信欧洲共同体法院会推翻与基本权利相违背的欧洲共同体的立法的。

但是，德国联邦金融法院并没有承认欧洲共同体指令的直接效力，尤其是拒绝遵循欧洲共同体法院在 Klopperburg 一案中作出的决定。因此，德国宪法法院通过推翻德国联邦金融法院在 KIopperburg 一案中的决定，而撤销其违反欧洲共同体法的最高效力原则的行为。德国宪法法院申明，它肯定会宣布德国法院作出的违背欧洲共同体法院的初步裁决的任何决定无效，并且认为，不与欧洲共同体法院的判决保持一致的行为就是对《德国基本法》第 101 条的破坏。另外，如果一个德国法院通过独立的方式藐视把问题提交给欧洲共同体法院进行

① 王世洲：《欧洲共同体法律的制定与执行》，法律出版社 2000 年版，第 190 页。

② Internationale Handelsgesellschaft v Einfuhr-und Vorratsstelle fuer Getreide und Futtermittel, decision of 29 May 1974, BverfGE 37, S. 271.

初步裁决的义务，那么，也是违反《德国基本法》第 101 条的行为。

1993 年 10 月 12 日，德国宪法法院作出了一个判决，确认德国批准《欧洲联盟条约》的合法性。①德国宪法法院认为，欧洲法院在保护基本权利方面负有首要责任，但是，它还暗示说，如果欧洲法院不能适当地完成这项任务的话，那么，德国宪法法院就将承担这项责任。德国宪法法院还主张审查欧洲共同体的各个机构和办事处的法律文件的权利，以了解它们是否在授予它们的主权范围内工作。这项关于一般权利的主张，要限制欧洲联盟各个机构的权限，破坏了欧洲共同体法的最高效力，并且破坏了欧洲法院在欧洲共同体的框架中享有的能够决定各个机构行为合法性的唯一地位。②

3. 法国对最高效力原则的承认

法国是一个划分公法、私法的国家。行政法院(Conseil d'état)是最高的公法法院，而最高法院(Courtde Cassation)则是最高的处理私人之间的争议以及刑事案件的法院。法国最高法院一直承认欧洲共同体法高于法国法的效力。但是行政法院的情况却并非如此。过去，行政法院拒绝对法国立法与欧洲共同体法相冲突而提出法国法律的合法性问题，也没有接受关于欧洲共同体指令的直接效力的学说。法国在这样做的时候，是无视自己应当承担《欧洲共同体条约》第 177(3)条中的义务的，甚至是不遵守欧洲法院所作的判决的。

20 世纪 90 年代以来，法国行政法院已经开始倾向于接受欧洲共同体法的最高效力。在 Nicolo 一案中，行政法院评价了违反《欧洲共同体条约》的法国选举法的合法性。这个行为似乎表明了行政法院愿意接受欧洲共同体法高于后来制定的法国法的效力。最后，行政法院是在两个关于烟草价格的案件中，才坚持了欧洲共同体指令的直接效力。在这些案件中，相关公司获得了 23 万法郎以及自 1984 年以来的复合利益(compound interest)，以补偿它们由于遵守法国关于烟草价格的法律所带来的损失。法国的这项法律违反了欧洲共同体于 1979 年发出的一项指令。法国行政法院随后决定，法国这项违反欧洲共同体指令目的的附属法律是非法的。

从 1958 年开始，法国宪法法院(Conseil Constitutionnel)就一直有权宣布法国国会通过的法律是违宪的。但是，宪法法院认为自己已经无法在欧洲共同体法规定的法国义务的范围内审查法案了。1992 年 4 月 9 日，宪法法院判决：法国只有在经过宪法修订之后，才能批准《欧洲联盟条约》。后来这个宪法修正案

① Brunner v European Union Treaty [1994] I Common Market Law Review, p. 57.

② 王世洲：《欧洲共同体法律的制定与执行》，法律出版社 2000 年版，第 193～194 页。

获得了通过。这样,法国在欧洲共同体中的成员国资格就破天荒地第一次在修改了的宪法第 88 条中明确提及了。①

4. 其他欧共体/欧盟成员国对最高效力原则的承认

在意大利,最初该国的宪法法院是不承认欧洲共同体法是具有高于内国法的效力的。后来,意大利宪法法院接受了欧洲共同体法的最高效力,但是有一个小小的保留,即如果欧洲共同体法院不再能通过欧洲共同体法律制度对公民的基本权利作出恰当的保护的话,那么,意大利宪法法院就可能主张自己的权利来维护意大利宪法规定的公民的基本权利。现在,意大利宪法法院已经接受了欧洲共同体法院在 Simmenthal 一案②中的判决。这个判决认为,意大利的下级法院没有必要将欧洲共同体法与内国法之间的冲突提交给宪法法院。但是,意大利法院的确是在法律上受到一种约束的,这就是不得适用与欧洲共同体法不一致的国内法规。③

此外,在欧洲共同体的其他成员国中,还没有发生拒绝接受欧洲共同体法的最高效力的事件。比利时宪法法院在 Fromagrie le Ski 一案中,明确地接受了直接有效的欧洲共同体法律的最高法律效力。在另外一些成员国中,希腊和荷兰等国是在宪法中明确规定了国际条约高于国内法的效力;西班牙和葡萄牙等国通过对宪法的解释,也承认了欧洲共同体法律的最高效力地位。在这些国家中,都不存在理论上妨碍法院接受欧洲共同体法律高于成员国法律的障碍。④

三、世界贸易组织成员法律的适应性调整

(一)世界贸易组织法律制度在成员内的适用要求

世界贸易组织协定的签订和实施,使国际法发展到了一个新的阶段。首先,世界贸易组织协定是国际公约,具有国际公约所具有的一般特征;其次,世界贸易组织的规则和运行,具有了不同于以往公约的特征,这就使世界贸易组织协定的性质发生了变化。国际法中的世贸组织规则是国际法一般规则当中的特殊规

① 王世洲:《欧洲共同体法律的制定与执行》,法律出版社 2000 年版,第 194～195 页。

② Case 106/77 Amministrazione delle Finanze delle Stato v Stimmenthal [1978] ECR629.

③ 王世洲:《欧洲共同体法律的制定与执行》,法律出版社 2000 年版. 第 195～196 页。

④ 王世洲:《欧洲共同体法律的制定与执行》,法律出版社 2000 年版,第 195～197 页。

则,同时也构成国际法的一般规则。主要体现在以下几点:①(1) 世贸组织规则明显创设了一些国际法上原来所没有的权利或义务,诸如服务贸易中的非歧视原则;(2) 世贸组织规则超出了一般国际法规则,诸如在争端解决谅解中关于"终止特许权"(suspension of concession)的规则,或绕让,或替代国际法中原有的规则,如双边的配额或关税安排或东京回合的协议;(3) 世贸组织规则确认了原有的一些国际法规则,这些规则有些是一般国际法规则,如《争端解决谅解》(DSU)第 2、3 条所确认的,世贸组织所涵盖的协定须依照解释国际公法的习惯规则予以解释。有些是已有的条约法规则,如 GATT1994,包括 GATT1947,"与贸易有关的知识产权协定"涵盖了世界知识产权组织公约的部分内容;(4) 在建立世界贸易组织协定于 1994 年 4 月 15 日生效之前,一些世贸组织规则就已经存在。如与世贸组织有关和影响到世贸组织规则的规则,未超出或被世贸组织协定替代的规则。这些非世贸组织特有的规则主要构成一般国际法规则,特别是构成关于条约法、国家责任和争端解决的国际法规则,但同时还构成一些其他的调整或影响国家间贸易关系的条约法规则;(5) 非世贸组织规则是世贸组织规则的补充。②

世贸组织协定对成员的法律要求与 GATT1947 对缔约方的法律要求相比,存在着很大的不同,在一定程度上可以说是存在质的不同。这体现在两个方面:第一个方面要求成员方的法律与世贸组织的要求相一致。世贸组织协定对成员法律的要求最直接的规定见于该协定的第 16 条第 4 款:"每一成员应当保证其法律、规则和行政程序与所附各协议中的义务相一致"。该条第 5 款接着规定:"不得对本协定的任何规定提出保留。对多边贸易协议任何条款的保留,仅以这些协定之规定为限。有关诸边贸易协议的保留,从这些协定的规定。"这些规定与 GATT1947 的临时适用议定书中的祖父条款对法律的要求形成鲜明对比。祖父条款规定在不与现有法律不一致的限度内适用总协定的第二部分。第二个方面是要求地方政府遵守世贸组织的要求,否则该成员对其他成员承担责任。GATT1947 第 24 条就总协定的适用范围作出规定:"缔约方应采取一切可能采取的合理措施,保证在它的领土内的地方政府和当局能遵守本协定的各项规定。"GATT1994 关于第 24 条的谅解中在原来规定的前面加上了"成员应遵守

① Joost Pauwclyn: The Role of Public International Law in the WTO: How Far Can we Go?, American Journal of International Law, 2001(95), pp. 540-541.

② 周忠海:《论国际法在 WTO 体制中的作用》,载《政法论坛(中国政法大学学报)》2002 年第 4 期,第 4 页。

GATT1994 的所有条款并据 GATT1994 负全部责任”,并且还规定,“在不能保证这种遵守时,有关补偿和终止减让或其他义务的规定适用”。这些补充规定使一成员首先努力保证其地方政府遵循世贸组织的要求,然后对其他成员承担地方政府不遵循要求的责任,其他成员可以从该种不遵守的行为中得到补偿或终止对该成员的减让或其他义务。

GATT1947 的有关规定允许缔约方以 GATT 的有关规定与现有法律不一致、已采取合理措施为抗辩理由拒绝遵循 GATT 的有关规定。而世贸组织协定已经完全放弃了“不与现有法律不一致”的规定,而直接明确要求保持一致,并增加了责任条款。GATS 和 TRIPs 两个协议也要求成员方通过国内立法来实施其义务。

世贸组织协议对成员方法律的要求可以分为两个方面:实质要求和形式要求。实质要求指各成员的有关法律、规章、行政程序及适用不违反该成员据有关协议下的义务,如不得提供出口补贴、不得对进口产品歧视。形式上的要求主要体现在透明度要求上,如 GATT 第 10 条和 GATS 第 6 条,要求贸易规章应迅速公布,以便其他成员和贸易商熟知相关内容;各成员应以统一、公正与合理的方式实施法律、规章和有关决定。世界贸易组织专家组和上诉机构在多个案件中都已经指出,某成员的行为(包括立法或者适用)是否违反其在有关协议下的义务,依据确定权利义务的实质性条款来审查;其法律是否满足透明度要求,根据 GATT1994 第 10 条来审查。

世贸组织的有关规则对成员的法律要求在程度上并不是完全一致的。服务贸易总协定中国民待遇义务仅产生于成员所作出的具体承诺。诸边贸易协议仅对接受诸边协议的成员有约束力,对未接受的成员则没有约束力。同时,各成员加入世界贸易组织的议定书及减让表是整个世贸组织协议的组成部分,直接影响成员的义务。

为了帮助成员遵守世贸组织的法律规则、纪律和作出的承诺,世贸组织还建立了贸易政策审查机制(TPRM)。该审查机制对成员的贸易政策和做法及其对多边贸易制度的影响进行全面的集体评估。但该机制并不旨在执行具体的义务或争端解决程序的依据,或不旨在对成员施加新的政策承诺。①

关于世界贸易组织法律规则在各成员内适用的直接效力问题,学界和实务界有不同的看法。所谓世界贸易组织法律规则的直接效力,是指世贸组织成员

---

① 韩立余:《WTO 规则的适用与中国国内立法》,载陈安:《国际经济法论丛》第 4 卷,法律出版社 2001 年版,第 221～223 页。

境内的个人或法人可以针对另一个世贸组织成员或向依世贸组织协议承担国际义务的本国政府，在本国的法院提起诉讼并获得救济。支持世贸组织法律规则具有直接效力的学者主要有杜姆利尔(Tumlir)和彼得斯曼(Peteramann)。他们认为，世贸组织法律规则的直接效力是对抗国内法制中根深蒂固的保护主义倾向的一种有效武器，并提出把国际贸易原则“宪法化”的主张，把个人的自由贸易权利提升到基本人权的水准。这样，一方面，使个人有权抵制保护主义利益集团的寻租；另一方面，也有助于矫正政治过程中的不对称性。① 彼得斯曼更是倡导建立一种“保护主义行为宪法性控制”的体制，即赋予个人依世贸组织互惠性贸易规则所享有的权利，以确保政府能恪守其市场准入和非歧视的国际义务。②也有学者认为，世贸组织规则的直接效力不仅可促进市场法规的实施，更重要的是能促进更深层次的一体化，即社会和政策的一体化。③

当然，也有反对世贸组织法律规则具有直接效力的学者，以约翰·H.杰克逊为代表。他把直接效力区分为三个部分：狭义上自执行(将条约转化为国内法)、个人的权利(即个人能否在国内法院援用条约中的条款的权力)、规范的等级(即条约规则对于国内宪法的效力)。他认为“狭义上的自执行”是可允许的，而个人在国内法院援用条约条款的权利以及条约效力优于国内法则是有害于民主的观念的，因为从美国国内法来讲，这将破坏其三权分立的宪法制度。④

对于世界贸易组织法律规则的直接效力问题，世界贸易组织自身是怎么看的呢？世贸组织争端解决机构的专家组在解决一些争端时也曾提及世贸组织规则国内的适用问题，但由于这些问题涉及成员方主权，专家组的讨论不可能是全面和深入的。比如，欧共体与美国在关于美国 1974 年贸易法第 301—310 节的纠纷中，专家组提到：“不论是《关税与贸易总协定临时适用议定书》，还是《建立世界贸易组织协定》，均未被关贸总协定或世界贸易组织解释为可产生直接效力的法律命令。根据这一思路，关贸总协定或世界贸易组织并没有创造一种主体

---

① Moser: The Political Economy of GATT1947, and Petersmann: Grey Area Trade Policy and Rule of Law, Journal of World Trade, 1988, 22, pp. 23-25.

② Petersmann: Rights and Duties of States and Rights and Duties of "Their Citizens", in Thomas Cottier: Constitutional Trade Regulation in National and International Law: Structure-Substance Pairing in EFTA Experience, in Hill and Petersmann ed., National Constitutions and International Economic, Kluwer Law and Taxation Publishing, 1993, p. 94.

③ 萧凯：《WTO 的制度性影响及其法律分析》，载《法学评论》2000 年第 4 期，第 118 页。

④ John H. Jackson: Status of Treaties in Domestic Legal System: A Policy Analysis, American Journal of International Law, 1992, Vol. 86, No. 2, pp. 310-319.

包括成员方与其国民的全新的法律秩序。然而，认为个人的地位与关贸总协定或世界贸易组织没有任何联系的观点是完全错误的……关贸总协定或世界贸易组织主要目标之一便是创造一定的市场条件，以促使个体行为的繁荣。"①可见，世界贸易组织争端解决机构专家组认为，虽然世贸组织协定没有强制要求世贸组织规则必须由成员方予以直接适用，但是如果成员方能够允许个人在争议中直接援引世贸组织规则，这恰恰实现了关贸总协定或世界贸易组织的主要目标，这也是专家组成员们乐于见到的。②

在另一案件中，专家组拒绝了以国际法可以优先于国内法适用而不发生国内法违反世贸组织规则的主张。在该案中，阿根廷主张，根据阿根廷宪法，国际法优于国内法，因而阿根廷的法官在利益方的请求下有权宣布违反国际条约规则（如世贸组织规则）的措施违宪。嗣后的国际法不能使国际条约无效，国内法是低层次的法律。如果进口商成为可能违反世贸组织规则的国内立法或规章的受害者，那么进口商只需启动迅速的免费的国内异议程序，所有阿根廷法官都有义务承认世贸组织规则对不一致的阿根廷措施的优先效力。专家组认为阿根廷的这一主张不能接受。不能接受的其中一个理由是，一成员违反其义务与该成员国内法律制度中是否提供违反义务的救济措施没有关系。即使国内法院制度有效，在法院制度运作之前，成员也已经违反了世贸组织的义务。另外，违反义务是否总被纠正也不确定，因为这种纠正是以阿根廷进口商或清关文件的持有者提起国内诉讼为条件。这种程序不可避免的延迟和不确定性与世贸组织原则和关贸总协定/世贸组织约束关税的目的根本不符。③

在印度专利案中，印度政府曾制定临时适用的专利条例以履行世贸组织的义务，在该条例失效而国会没有制定相应的立法时，政府机构继续按以前的做法受理专利申请。专家组和上诉机构都裁定印度的行政做法不足以履行其根据世贸组织协议承担的义务，印度应修改立法，使其国内法与世贸组织的要求相

① United States-Sections 301-310 of the Trade Act of 1974(WT/DS152/R),22 Dec., 1999,paras. 7. 72-7. 73 . available at: www . wto. org/ebglish/tratop e/dispu e/wtds152r . doc.

② 林旋：《WTO 规则在中国法院适用的法律分析》，载人大复印资料《国际法学》2002 年第 4 期，第 40 页。

③ Report of the Panel: Argentian—Measures Affecting Imports of Footwear, Textiles, Apparel and Other Items(WT/DS56/R).

一致。①

（二）世贸组织法律制度在美国的适用及其法律的适应性调整

“二战”结束后，美国一手缔造了关贸总协定，其后美国又推动一系列的贸易谈判，世界贸易组织能够得以成立也和美国的大力支持是分不开的。美国在关贸总协定和世界贸易组织内先后缔结了大量的国际贸易协定。从国际法的角度看，这些协定都是美国贸易法律的组成部分。但在具体的效力上，美国是如何处理这些贸易协定和国内法之间的关系的呢？也就是说，美国在具体的实践当中，是如何既能充分利用这些协定，又能尽量避免这些协定可能对美国利益造成的损害呢？由于世界贸易组织与关贸总协定的渊源关系以及美国等各国在相关法律规则的国内适用上的承续关系，因此，有必要从关贸总协定在美国的适用谈起，以逐步理清关贸总协定和世界贸易组织的法律制度在美国的适用情况。

根据美国法律的规定，宪法明文规定的条约外的国际协定有三种宪法性的基础：一是根据条约而签定的协定，该条约的规定构成了行政部门不需要国会的进一步行动而订立协定的授权；二是根据立法的协定，总统可基于现有立法或受国会立法约束而签定国际协定；三是根据总统的宪法权限而签定国际协定。GATT1947 就是基于《互惠贸易协定法案》授权和总统行使权力的组合而签定的，所以不需要提交国会，虽然对此问题曾经存在争论，但事实是，国会和行政机构一样都认可了 GATT1947，因为如果 1962 年美国的《贸易拓展法》不承认 GATT1947 的话，那么肯尼迪回合的关税谈判将一无所成。

关于 GATT1947 是“自执行”还是“非自执行”的问题。由于 GATT1947 的诸多条文引自《国际贸易组织宪章草案》，而该草案本身就是一个将以自动执行方式适用的协定。然而，由于 GATT1947 因为种种原因并未生效，它仅是由美国和其他原始缔约方缔结的《临时适用协议》。该协议条文仅表述了一种适用关贸总协定的承诺，而不是立即适用的意思，同时有其他迹象表明，协议起草人员并非想使之具备自动执行的效力。

由于加入 GATT1947 是得到国会授权的，国内立法效力只要通过公告就可以产生了。不是 GATT1947 的所有部分都要被公告，但被公告的部分不包括对美国关税计划和说明所作的任何变更，也不包括 GATT1947 普通条款的原始全文，除了以后的文本性修订。GATT1947 第二部分按照被公告过的《临时适用

---

① 韩立余：《WTO 规则的适用与中国国内立法》，载陈安：《国际经济法论丛》第 4 卷，法律出版社 2001 年版，第 227～228 页。

协议》，明确遵循了GATT1947之前的联邦立法。而比照关于执行协定的通常法律原则，它就比联邦立法低了一级。GATT1947第二部分就比所有与其不一致的联邦立法低了一级。GATT1947的第一、第二部分则高于GATT1947早先的立法，第四部分则可能并非美国的国内法。

当把GATT1947与美国的州立法放在一起比较时，必须讨论GATT1947祖父条款中规定的"现行立法"问题和第24条第12款中规定的"地方政府"问题。对于GATT1947和各州的"现行立法"的关系，著名学者约翰·H.杰克逊的观点是，在关贸总协定的准备工作的基础上，"现行立法"条款的目的原本是要求一国在其"行政权力"范围内充分适用关贸总协定。在准备会议讨论中，"行政"指的是联邦行政。但问题就在于联邦行政授权是否高于州立法。在美国，这是没有问题的，因为一项有效的行政协定的效力一定高于州立法；另外，一项有效的总统公告或规定，在最高条款下也是优于州立法的。这样，得到的结论是，在关税与贸易总协定签署时"已经存在的"州立法不在《临时适用协议》的例外范围之内。①

关于"地方政府"问题，各式各样的非关税壁垒可能比关税更能阻碍国际贸易。无论是立法机构还是联邦政府的行政机构都清楚地认识到这个问题。地方政府的行为毫无疑问能像联邦政府的行为一样严重破坏国际贸易。因此涉及国际贸易的国际协定一定要规范地方政府的行为。在美国，宪法赋予了联邦政府足够的权利来左右地方政府的行为。从法庭多次一致的判决结果可以看出，GATT1947确实适用于州或地方立法，且效力高于其上。例如加利福尼亚案，在本案中，法庭虽然未检查关贸总协定在美国法中的地位，但承认它无条件地高于州立法。但GATT1947不会作为法律被任何州根据州立法所援引。总之，根据宪法最高条款和对外商务条款，按照关贸总协定的内容，均可以导出一个结论，即联邦法（包括经过公告的关于贸易的行政协定）取代了州立法。GATT1947在美国当直接适用于州政府和地方政府，取代州立法和地方法律，只要这些法律没有被联邦法自动取代，或这些法律的产生早于关贸总协定。②

美国在世界贸易组织协议的国内适用问题上更是吵得沸沸扬扬。在世贸组织协议谈判后期和签署、批准前后的一段时期里，美国国内掀起了一场有关国家

① John H. Jackson: The General Agreement on Tariffs and Trade in United States Domestic Law, Michigan Law Review 1967, 66, pp. 246-316.

② 刘光溪：《他山之石——WTO成员应对入世的实践与经验》，上海人民出版社2003年版，第71～75页。

经济主权问题的大辩论，被学者称之为“1994 主权大辩论”(the Great 1994 Sovereignty Debate)。① 为了消除国内关于“接受 WTO 体制会损害美国主权”的论调的影响，约翰·H.杰克逊于 1994 年 3 月 23 日以美国对外贸易总署顾问的身份，在参议院财政委员会听证会上发表证词：关于 WTO 体制的效果及其对美国法律的各种影响作用，存在着某些思想混乱。几乎可以肯定，就像美国国内处理最近几项贸易协定的情况一样，WTO 和乌拉圭回合订立的各项条约并不会自行贯彻在美国法律之中，因此，它们不能自动变成美国法律的一部分。同样，WTO 专家组争端解决程序作出的结论也不能自动成为美国法律的一部分。相反，通常是经过美国国会正式立法，美国才必须履行各种国际义务或执行专家组报告书所作出的结论。一旦美国认为十分重要，以致明知自己的某种行为可能不符合自己承担的国际义务，却仍然有意地违背有关的国际准则，那么，根据美国的宪法体制，美国政府仍然享有如此行事的权力。这种权力能够成为事态发生严重错误时的重要抑制力量。当然，这种权力不宜轻易动用。此外，还应当注意到，各国政府作为 WTO 成员，只要提前 6 个月发出通知，都有权退出这个组织，尽管一般不会采取这种激烈的行动，但它毕竟为 WTO 的整个体制提供了某些制约和平衡。② 这段陈述体现出，美国以经济主权为后盾，以“非自动执行条约”为武器，断然拒绝给予 WTO 协议以直接适用的效力。③这一段论述足以反映出美国在适用世界贸易组织协议上的态度。

美国国会于 1994 年底制定了《乌拉圭回合协议法》(Uruguay Round Agreements Act)，在第 3512 节中以“协议与美国法律和各州法律的关系”(Relationship of agreements to)为题，对世界贸易组织法律制度的适用问题作出了规定。规定：当协议规定与美国法冲突时，美国法优先；即使出现州法与协议规定不符时，也不得宣布州法无效，除非联邦政府提出其无效。法院直接适用 WTO 规则的实质在于赋予私人援引 WTO 规则以对抗国家的权利，为此，美国《乌拉圭回合协议法》明确规定：除美国之外的任何人都不得基于乌拉圭回合协

---

① 关于此次大辩论，可参见：陈安：《美国 1994 年“主权大辩论”及其后续影响》，载《中国社会科学》2001 年第 5 期；陈安：《世纪之交围绕经济主权的新的“攻防战”——从美国的“主权大辩论”及其后续影响看当代“主权淡化”论之不可取》，载陈安：《国际经济法论丛》第 4 卷，法律出版社 2001 年版。

② John H. Jackson：Testimony Before the Senat Finance Committee，March 23，1994. 转引自陈安：《美国 1994 年“主权大辩论”及其后续影响》，载《中国社会科学》2001 年第 5 期。

③ 慕亚平、冼一帆：《WTO 协议在我国国内适用的问题》，载张乃根：《当代国际法研究：21 世纪的中国与国际法》，上海人民出版社 2002 年版，第 213～214 页。

议或国会对该协议的批准而提起诉讼或抗辩，也不得在依法提起的诉讼中以与协议不符为由而对美国、州或州的任何政治区划的任何部门或机构的任何作为或不作为提出置疑。①

对于国际条约在国内的适用，首先，美国采取的是解释一致的做法，即把国际条约推定为不与其国内法相抵触，并推定其国内法符合国际条约的规定，这是解决国内法与国际条约关系的一种行之有效的办法。这样可以绕开传统法律对法院直接适用国际条约的限制，从而为法院可以直接适用国际条约设置依据。因此，解释一致的做法在法理上解决了国际条约在国内法院直接适用的理论困惑。但是，对于具体的国际条约，如世界贸易组织协议，法理上的解释一致并不意味着美国法院就应当直接适用世贸组织协议规则，在实践上考虑能否直接适用（怎样适用），并把这个问题最终归纳为国内法的问题是美国的实际做法。其次，对于世贸组织规则能否直接适用或者说怎样适用，美国的一般做法是通过国内立法或解释对涉及国家权利义务的条款不直接在法院适用，而对涉及公民实体权利义务的条款则采取灵活的做法。由于世贸组织协议的绝大部分规则是约束成员的，并对成员产生法律效力，而对公民个人和实体相关权利义务的规定比较少，因此，普遍认为世贸组织协议不具有在法院直接适用的效力。美国对世贸组织协议规则在原则上也是不直接予以适用的，如美国《1979 年贸易议定书》第三节明确规定：在发生冲突时，美国法优先。《1994 年乌拉圭回合协议法》第 102 节（C）条也规定乌拉圭回合协议与美国任何法律不相一致的条款无效。尽管有上述表示，但美国联邦法院和州法院并没有判定世贸组织协议规则不对美国有拘束力，在很多案例中还直接适用了世贸组织协议的规则，如“美国精炼汽油与常规汽油标准案”。在这个案例中，世贸组织争端解决机构作出了美国有关国内法不符合世贸组织基本原则——国民待遇的裁决，并限令修改。对此，美国直接适用并对国内法进行了修改。由此可见，美国法院除了原则上不直接适用世贸组织协议规则外，一方面，通过国内立法方式间接转化适用世贸组织协议规则来处理成员之间的纠纷；另一方面，在处理涉及公民和实体权利义务的纠纷中也体现出较大的灵活性，即可以直接适用世贸组织协议的有关规定，如对与贸易有关的知识产权协议（TRIPs）的相关规定予以直接适用以保护美国公民和实体的著

① 车丕照：《“入世”后我国政府履行世界贸易组织条约义务的若干问题——对我国目前的一些流行观点的质疑》，载陈安：《国际经济法论丛》第 6 卷，法律出版社 2002 年版，第 59～60 页。

作权、专利权等知识产权。①

可见，在处理同关贸总协定和世界贸易组织协议的问题上，美国采取了非常实用的态度。美国既积极推动和参与关贸总协定与世界贸易组织，以使得其他国家最大限度地向其开放市场，同时又通过否定关贸总协定和世界贸易组织协议在美国国内的直接效力，从而使自己处于较为灵活和有利的地位。美国的此种做法是很值得中国借鉴的。②

（三）世贸组织法律制度在日本的适用及其适应性调整

在日本，尽管条约具有法律效力，并且优于国内法，但并不是必然要直接适用的。日本学者承认自执行和非自执行条约的区别。而日本法院一旦确认某条约在日本具有法律效力，则倾向于不审查其直接适用性而予以适用。但法院有时也拒绝适用条约。条约规定的明确性是确定直接适用的一个标准。对于 GATT 的直接适用，尽管理由各不相同，但日本过去的法院都没有直接适用过。日本京都地方法院 1984 年 6 月 29 日关于领带诉讼的判决就很能说明问题。③

1976 年，日本修改了《棉花价格安定法》，确立了棉花进口的一元化制度，原告认为该法违反了 GATT 第 17 条第 1 款（A）和 GATT 第 2 条第 4 款的规定。④ 京都地方法院驳回了原告的主张，法院认为：违反 GATT 规则只能由由

---

① 高江南：《论 WTO 协议在我国法院的适用——以该协议在美国的适用为借鉴》，载《法商研究》2002 年第 1 期，第 76 页。

② 刘光溪：《他山之石——WTO 成员应对入世的实践与经验》，上海人民出版社 2003 年版，第 63～64 页。

③ 李旺：《国际条约在国内的效力及实施问题——日本的相关制度》，载张乃根：《当代国际法研究——21 世纪初的中国与国际法》，上海人民出版社 2002 年版，第 243～244 页。

④ GATT 第 2 条第 4 款：当缔约国在形式上或事实上对本协定有关减让表列明的某种产品的进口建立、维持或授权实施某种垄断时，这种垄断平均提供的保护，除减让表内有规定或原谈判减让的各缔约国另有协议外，不得超过有关减让表所列的保护水平。但本款的规定，并不限制缔约国根据本协定的其他规定，向本国生产者提供任何形式的援助。

第 17 条第 1 款：（甲）缔约各国保证：当它建立或维持一个国营企业（不论位于何处），或对一个企业正式或事实上给予独占权或特权时，这种企业在其有关进口或出口的购买和销售方面的行为，应符合本协定中关于影响私商进出口货物的政府措施所规定的非歧视待遇的一般原则。

（乙）本款（甲）项的规定应理解为要求国营企业，在购买或销售时除适当注意本协定的其他规定外，应只以商业上的考虑（包括价格、质量、资源多少、推销难易、运输和其他购销条件）作为根据，并按照商业上的惯例为其他缔约国的国营企业参与这种购买或销售提供充分的竞争机会。

此而受到损害的其他缔约国提出协商要求或受到对抗措施时而决定是否需要修改的问题。由于违反 GATT 规则而受到损害的个人在国内法院是不能够要求纠正的。这个判决以缔约国之间通过纠纷解决程序纠正违反 GATT 规则的程序的存在作为否定直接适用可能性的依据。

从上述判决可以看出，日本法院否定个人援用 GATT 请求救济的权利，否定 GATT 的直接适用的可能性，倾向于通过 GATT 确立的解决缔约国之间的纠纷的方式来确保 GATT 义务的履行。

现在，尽管世界贸易组织协定在一定程度上克服了 GATT 规则所具有的弹性、不明确性、注重协商程序等不利于直接适用等因素，GATT/WTO 体制已经发生了根本性变革，世贸组织协定在缔约国的国内经济秩序上具有重大意义，其规则对私人经济活动实际上具有重大影响。但是，考虑到世贸组织协定的其他缔约国仍以国内实施法的形式否定其直接适用的可能性，其他缔约国的国内法院也尊重立法机关和行政机关的判断和裁量，说明世贸组织协定继续保持着 GATT 所确立的根据各缔约国的利益平衡来推进贸易自由化的多边条约体制的特点，所以日本法院否认世贸组织法律规则的直接适用性的可能性是很大的。因为尽管世贸组织协议没有临时适用和祖父条款的限制，表现出了更大的直接适用的可能性，但日本国会在通过实施世贸组织协议时并没有规定其直接适用的问题。该问题仍然留给法院来决定。因而这一问题并不明确。理论上有可能适用非常明确和完整的规定。但是，私人在法院对日本法律与世贸组织协议的一致性提出置疑时，法院不可能宣布日本法律无效，尤其是世贸组织协议的直接适用性在美国和欧共体被否定的情况下。①

但是，不能一概否定日本法院直接适用世贸组织协定的可能性。条约是否具有直接适用性可能应从各个条约缔约国的意思、条约的内容和性质、规定的明确性以及确定性、国内法上的考虑、请求的形态和其他缔约国的态度等多方面来考虑和决定。从三权分立的角度出发，法院应该明确在实施世贸组织规则中自己应该起到什么作用。在世贸组织规则和国内法发生冲突时，既要考虑到立法机关和行政机关的立场，又要考虑到国家负有的遵守国际条约的国际义务和当事人的权利保护问题。所以，尚需留意今后日本法院的具体实践和动态。②

---

① 韩立余：《WTO 规则的适用与中国国内立法》，载陈安：《国际经济法论丛》第 4 卷，法律出版社 2001 年版，第 226 页。

② 李旺：《国际条约在国内的效力及实施问题——日本的相关制度》，载张乃根：《当代国际法研究——21 世纪初的中国与国际法》，上海人民出版社 2002 年版，第 245 页。

（四）世贸组织法律制度在欧洲联盟的适用及其适应性调整

在国际法上，只有主权国家才享有缔结条约的完全权能，而且，条约在国内法律体系中的地位也完全由各国自行决定。然而，欧共体成员国根据基础条约的有关条款在一些领域已经将条约的缔结权让渡给了欧共体，欧洲法院更是充分利用其判例来促成了这一让渡的实现。而且，在欧洲法院的推动下，欧共体缔结国际条约的权力正在涵盖越来越多的部门。

从严格意义上来讲，GATT 不是欧共体作为缔约主体缔结或参加的一项国际条约。GATT 的规则之所以能在欧共体适用，其法律依据首先在于《欧洲共同体条约》第 234 条的规定，即它是一项对欧共体所有成员在共同体创立之前即已生效的国际条约，其效力不受《欧洲共同体条约》的影响。然而，GATT 又不是一项一般的仅对有关的欧共体成员国继续有约束力的欧共体成员国与非成员国的共同体协定，其约束力在欧共体法中继续，并且及于欧共体机构。

多边贸易体制规则在欧共体法中的地位有着较为坚实的法律基础。它是基于实施共同商业政策的目的，通过成员国让渡给欧共体对外贸易的决策权和执行权，由欧共体经条约确定，并由欧洲法院加以明确的。在 1972 年“国际水果公司案”中，法院提出：“鉴于根据欧共体条约，成员国在 GATT 所调整领域先前所行使的权力由欧共体接替行使。”因此，在欧共体建设和过渡期中，GATT 就对共同体具有了法律约束力。在 1981 年的第 290-291/81 号联合案中，法院再次肯定，“自 1968 年 7 月 1 日共同海关关税生效之日起，欧共体取代其成员履行它们在 GATT 中的义务，”GATT 法律制度就成为了“共同体法的组成部分”，其效力不仅优先于共同体成员国法，而且也在共同体的派生法律之上，而不论何者居先。

从欧共体对外贸易法律制度的立法实践来考察，GATT 规则在欧共体法律体系中基本上得到尊重和贯彻。欧共体关税法、共同进出口制度、反倾销法、反补贴法等重要立法，通常均明示承认 GATT 规则作为欧共体法的组成部分之约束力，承诺制定相应的规则以履行 GATT 规则的义务。事实上，欧共体在该领域的许多自主立法的制定、修正或重新制定很大程度上源于履行 GATT 义务的需要。例如，为履行 GATT1979 年东京回合的海关估价守则，欧共体理事会以第 1224/80 号条例取代了 1968 年第 802/68 号条例；欧共体最初的反倾销与反补贴条例——第 459/683 号条例就是以 GATT1967 年反倾销守则为蓝本而制定的；1979 年底为履行 GATT1979 年反倾销守则和反补贴守则，该条例又由第 3017/79 号条例所取代。

伴随着欧共体乌拉圭回合谈判最后文件的签署和批准,欧共体进行了下列立法行动:通过大量的理事会条例、决定和指令,承认部分世贸组织规则有效,理由是这部分规则并不要求变动现存的欧共体法;制定新的立法,如装船前检验、倾销、补贴和保障措施等;对现存共同体法进行修正,如共同关税税则以及有关纺织品、农业和知识产权的立法等。①

在1972年"国际水果公司案"②中,欧共体法院认为,当个人在国内法院中指控某一欧共体法令的非法性,诉由是该法令与某一国际协定的条款相悖时,欧共体是否对该共同体法令进行审查,取决于此项国际协定的相关条款能否赋予个人在国内法院以其为依据的能力,即是否具有所谓的"直接效力"。如果GATT1947/WTO体制中的协定及其争端解决机制的裁决在欧共体具有直接效力,那么欧共体个人或者成员国政府就能在欧共体及其成员国法院直接援引上述协定或裁决来主张权利,乃至主张某一欧共体自主立法或措施无效,或者成员国国内立法或措施无效。换句话说,可以通过欧共体内部的司法审查监督欧共体及其成员国的立法与措施使之符合GATT1947/WTO的各项协定。然而,从1972年的"国际水果公司案"到1994年10月和1995年12月的两次"香蕉判决"③,欧共体法院一直否认GATT1947具有直接效力。其中,"国际水果公司案"是欧共体法院就GATT1947的地位问题明确表达自己观点的里程碑。对于本案申诉方提出的第二个问题④,法院判决,(缔约方)依据"对等与互惠"为基础的协商原则制定了GATT;由于GATT条款具有灵活性,GATT1947第11条不能赋予欧共体私人以在法院直接援用该规定的权利。此后的许多案件都以相同的结果结案。然而,欧共体法院在"Fediol"案和"Nakajima"案中分别确立了原有观点的两项例外。⑤ 在前一个案例中,法院判决,由于欧共体法令明确援引

① 邵沙平、余敏友:《国际法问题专论》,武汉大学出版社2002年版,第115~116页。

② International Fruit Company v. Produktschaapp voor Groenten en Fruit(Case 20-24) European Court Report(ECR)1219.

③ 第一个"香蕉判决"案号为C-280/93Germany v. Council.(1994) ECR4973,由欧共体法院于1994年10月5日判决;第二个"香蕉判决"案号为C-459/93,欧共体法院于1995年12月12日作出判决。两案都是针对前述欧共体香蕉进口体制而进行的判决。

④ 第一个问题是提请法院判定欧共体措施的有效性是否依据其在国际法下的有效性而定。如果对该问题的回答是肯定的,就要回答第二个问题,即所涉及的欧共体规则是否因为与GATT1947相悖而无效。法院对第一个问题给出了肯定的答案,确认其有权审查该措施在国际法下的有效性。

⑤ 分别参见:Cases 70/87,Fediol v. EC Commission,[1989]ECR 1781;Case 69/89, Nakajima All Precision Co v. Council,[1991]ECR I-2069.

了 GATT 的具体条款，法院可以直接解释和适用 GATT 规则。GATT 的灵活性并未阻止法院为了取得特定商业实践的一致性而直接解释、适用 GATT 的规定。本案中，法院判决第 19 段指出："将该规则序言的第 2 段和第 4 段结合起来读，可以得出这样的结论：该规则第 2 条第 1 款要援引国际法规则，而 GATT 的规定是所援引的国际法规则的一部分。"后一个案例中，法院认识到欧共体意欲实施 GATT 框架所规定的一项具体义务，因此赋予了该 GATT 规定以直接效力。①

世界贸易组织成立后，欧共体法院的有关判决表明，除某些特定情形外，WTO 各项协定也不具有直接效力。欧洲共同体法院继续否定 GATT1994 的直接效力。"Portugal v. Council"案是法院明确拒绝赋予 WTO 协议直接效力的首例案件。法院的判决理由是，WTO 是成员方进行政府间谈判的场所，欧共体司法机构赋予 WTO 协议直接效力，将会使欧共体的立法机构或行政机构丧失欧共体贸易伙伴的相应机构所享有的裁量自由。法院还拒绝适用上述"Fediol"案和"Nakajima"案的两项例外。②

在"Dior"合并案中，法院以同样的理由，对 WTO 协议附件——TRIPs 的几个具体条款作出了相同的判决。③ 2000 年，欧共体初审法院（Court of First Instance）审理了许多涉及 WTO 协议法律地位的案件，都认为 WTO 协定及其附件具有与 GATT1947 相同的性质和结构，因而不具有直接援用的效力；WTO 协议不以保护私人为目标；上文所述的两项例外也不适用于这些案例。④

在有关欧共体与美国及其他一些国家香蕉贸易战的一系列案件中，欧共体法院和欧共体初审法院都拒绝对 1998 年关于欧共体香蕉体制的修正案适用实施例外。欧共体法院和初审法院认为，尽管从表面上看，这些修正案与 WTO 争

① 陈海波：《世贸组织协议在欧盟法中的法律地位——欧共体法院在区域一体化抗拒全球化过程中的作用》，载范思泓、丛林：《我们眼中的欧洲法律——中欧法律和司法合作项目学术论文精选》，中国法制出版社 2005 年版，第 7 页。

② 陈海波：《世贸组织协议在欧盟法中的法律地位——欧共体法院在区域一体化抗拒全球化过程中的作用》，载范思泓、丛林：《我们眼中的欧洲法律——中欧法律和司法合作项目学术论文精选》，中国法制出版社 2005 年版，第 9 页。

③ 陈海波：《世贸组织协议在欧盟法中的法律地位——欧共体法院在区域一体化抗拒全球化过程中的作用》，载范思泓、丛林：《我们眼中的欧洲法律——中欧法律和司法合作项目学术论文精选》，中国法制出版社 2005 年版，第 9～10 页。

④ 陈海波：《世贸组织协议在欧盟法中的法律地位——欧共体法院在区域一体化抗拒全球化过程中的作用》，载范思泓、丛林：《我们眼中的欧洲法律——中欧法律和司法合作项目学术论文精选》，中国法制出版社 2005 年版，第 11 页。

端解决机构的裁决相关联，但是其意图不在于履行WTO的义务。有趣的是，于2001年7月生效的欧共体新香蕉体制不同于1998年的修正案。1998年修正案包含有欧共体贸易伙伴处理相关争端的文字，而2001年新体制却未提及欧共体在WTO法律制度下的任何义务。“然而，该体制确实提及了用1994年到1996年这三年时间也可以解决一项与欧共体贸易伙伴旷日持久的争端。”这一表述，结合欧共体在众多新闻发布会上的表示，清楚地表明896/2001规则的制定意图是使欧共体香蕉体制符合WTO法律制度的规定。对于“Nakajima”案进行狭义的、限于文字的解释可能会剥夺依据WTO法律审查这一新体制的机会。但是，896/2001规则的宗旨是要依据早先的专家组报告和上诉机构报告，建立符合WTO的香蕉体制，因此，毫无疑问，该规则表明了要履行欧共体的WTO义务。① 所以，这些案例又提出了一个有趣的问题，即WTO专家组报告的法律效力如何的问题。

争端解决机构裁决的直接效力与WTO各协定的直接效力问题虽然不是一回事，但密不可分。1999年5月6日，欧共体法院法律顾问向法院提交了一份法律意见，集中讨论了由争端解决机构通过专家组报告（即前述的上诉机构1997年9月9日针对欧盟“香蕉进口机制”提交的报告）在欧共体法律体系中的地位。② 法律顾问认为，基于一项国际协定建立的（司法）机构的决定在欧共体法中的地位，决定于该国际协定在欧共何体法律体系中的地位和效力。同时，法律顾问还指出，WTO上诉机构裁决某一成员国内立法违反了WTO法，但并未对该成员施加任何的立即修改其立法的义务。因为，根据《争端解决谅解》（DSU）第21条第3款，WTO的成员有“合理期间”来执行上诉机构的裁决并使其立法与WTO法相符。同时，如果争端当事方就适当的补偿达成一致的话，DSU第22条为WTO成员在合理期间期满后仍维持其有关立法的效力提供了可能性。因此，法律顾问认为，欧共体的个人不能援引上诉机构的报告来主张权利。③

总之，欧共体法院以DSU本身存在的法律漏洞为理由，继续否定WTO各

---

① Steve Peers: WTO Dispute Settlement and Community Law, European Law Review, 2001, Vol. 26, pp. 605-615.

② Opinion of 6 May 1999 in Case C-104/97 P, Atlanta AG v Commission and Council. 在1999年10月14日欧共体就该案作出的判决中，未论及“直接效力”问题。

③ Geert A. Zonnekeyn: The Legal Status of WTO Panel Reports in the EC Legal Order—Some Reflections on the Opinion of Advocate General Mischo in the Atlanta Case, Journal of International Economic Law 2, 1999, No. 4, pp. 713-722.

协定及争端解决机构(DSB)的裁决在欧共体法律体系中的直接效力。

欧共体/欧盟拒绝赋予GATT1947/WTO协定直接效力,其实,我们认为WTO协议与其他国际协议在保障措施、磋商与争端解决方面并不存在实质性的差异。如果说有什么区别的话,那么这个区别就是WTO确立了更为详细和严格的保障措施、磋商与争端解决机制。这一区别恰恰是欧洲法院应当一改先前的判决,像对待其他国际条约一样,给予WTO以直接效力的有力依据。我们认为,欧洲法院拒绝赋予WTO协议以直接效力的原因,应当主要在政治因素或者决策方面。

首先,WTO协议的多边性使欧共体丧失缔结与执行WTO协议的控制权,为了寻求政治上的平衡,是欧共体/欧盟拒绝赋予WTO协议直接效力的原因之一。与欧共体在双边条约中的地位相比,欧共体在WTO框架下居于被动地位。这种被动地位促使法院认为,根据WTO协议的性质,承认直接效力将会使欧共体的立法机关或行政机关丧失现在所享有的裁量自由。因此,基本否定WTO协议的直接效力,是欧共体在这种情况下能够弥补控制权不足的最终选择。其次,区域保护主义倾向也容易被认为是欧共体/欧盟拒绝赋予WTO协议直接效力的原因之一。欧盟是区域化的范例,这一区域化的重要指南是欧盟条约。欧盟的根本目的就是通过欧盟条约来予以明确并保证实现的。在明确欧盟条约的规定内涵,以及确保各方,包括欧盟机构、成员国等切实履行欧盟条约问题上,欧共体法院起到了重要作用。欧洲法院具有明显的政治色彩,其司法活动具有目的性。之所以如此,主要是欧洲共同体法院的任务之一是保障欧盟根本目的的实现。因此,可以说,法院起到了区域性保护的作用。还有,赋予直接效力的成员与否定直接效力的成员之间形成不平衡地位的风险,亦是原因之一。在"Portugal v. Council"案以及以后的案件中,法院判决WTO协议在欧共体主要贸易伙伴国内不具有直接效力这一事实,将会带来适用WTO规定时各方失衡的危险。① 最后,欧共体法院及其成员国国内法院难以明确地、令人信服地解释WTO协议也是一个重要的原因。国内法官在直接适用WTO协议处理案件时,在对规则的理解、正确适用上存在困难。如加拿大最高法院就曾认为,法院应当研究国际条约以便确定本国履行国际义务时有所帮助,而要做到这一点是非常困难的,有几次,加拿大事实上已经违背GATT的义务,原因就是法院错误

① 陈海波:《世贸组织协议在欧盟法中的法律地位——欧共体法院在区域一体化抗拒全球化过程中的作用》,载范思泓、丛林:《我们眼中的欧洲法律——中欧法律和司法合作项目学术论文精选》,中国法制出版社2005年版,第18～23页。

地适用了GATT规则，而没有适用本国法。①

（五）世贸组织法律制度在中国的适用及其适应性调整

中国加入世界贸易组织后，也必然像其他国家一样，面临着世贸组织法律制度如何在国内适用的问题。正如前面已经提到的，由于我国缺乏国际法与国内法关系方面的宪法性制度安排，世贸组织法律制度作为一种重要的国际法律制度在我国的适用问题也就变得十分复杂，学术界对此的讨论近年来已是非常之多，却依然难以达成一致见解。综合各界对此问题的探讨，重要内容不外乎有以下几个方面：世贸组织协议规则在我国的适用方式问题，即直接纳入适用还是转化适用；世贸组织协议在我国法律制度中的效力等级问题，即出现法律冲突时何者优先的问题；世贸组织争端解决机构的裁决在我国的效力问题。其中，讨论的重点之一是关于世贸组织法律制度能否在我国直接适用。所以，关于世贸组织法律制度在我国的适用问题，作者也将循着这几个方面来展开，并在最后将对我国入世后所进行的一系列法律方面的调整作一介绍。

1. 我国适用世贸组织协议的方式问题

无论从我国关于条约适用的实践来看，还是从我国当前和以后一段时期的立法实际来看，抑或从世贸组织其他成员的具体做法来考察，我国对世贸组织协议在国内的适用问题，均不应完全只采取其中某一种方式而排除其他方式，而应该根据世贸组织协议规则的内容和性质区别对待，采取灵活务实的态度，具体情况具体分析。

采取直接纳入的方式适用，其好处是实际操作简便，只需立法机关公布世贸组织协议或在国内法中写入相关的内容或用专门条款规定“当国内法与世贸组织规则相冲突时，后者优先”。这种方式也是为其他世贸组织成员所欢迎的，因为至少可以从立法层面最大限度地避免中国不遵守世贸组织协议的嫌疑。但是，结合我国的法制建设和法治水平的实际情况，其弊端也是显而易见的。我国市场经济法律体系的完全建立与真正完善不可能一蹴而就，尚需时日。在我国法制还很不健全的情况下一次性地直接适用世贸组织法律规则，有可能不太符合我国实际，在维护国家经济安全方面势必难以发挥立法上的掌控作用。而转化适用方式的优点是，可以结合我国各部门或领域的实际来适用世贸组织规则，从而将国际条约的履行与我国市场经济法律体系的建立和完善这一巨大系统工

① 宫保之、赵莉：《WTO协议下国内法院在国际贸易关系中的作用》，载《东吴法学》2002年号，第419页。

程有机地结合起来。其不利的方面是，世贸组织协议的内容十分庞杂，覆盖面广，涉及范围宽，专业技术性强，如果都通过转化方式予以适用，那么，毫无疑问，立法机构的立法任务空前繁重，费时费力，立法成本很高。而且，有些世贸组织协议的内容是不可能转化成国内法的，或者转化式的立法也难以保证跟世贸组织规则的完全一致。

除了上述直接纳入和转化适用的两种积极的适用方式外，还有一种维持现状，等发生争议后再根据争端解决机构的裁决来适用世贸组织协议的被动适用的方式。在法制十分健全发达的美国和欧盟等地区，也经常根据世贸组织争端解决机构的有关裁决来修改其国内或内部法律制度、政策或措施，如前面提到的欧盟曾在著名的“香蕉判决”中不止一次地修改其有关条例。虽然这种方式可能是最不受世贸组织及其成员的欢迎的方式，但从我国法律体系的完善尚需时日的实际出发，适度采用这种方式也未尝不可。①

从我国加入世贸组织的有关法律文件来看，我国无疑是坚持了世贸组织法律制度不能直接适用的主张。《中国加入WTO工作组报告》第67条指出：“中国代表指出，中国始终都是以善意方式履行其国际条约义务。根据宪法和条约缔结程序法，WTO协定属于需经全国人大常委会批准的‘重要协定’。中国将确保其有关或者影响贸易的法律和法规与WTO协定和中国的承诺相一致，以充分履行其国际义务。为此，将在完全遵守WTO协定的情况下，通过修订其现行国内法和制定新法律，以有效的统一方式实施WTO协定。”

这段话表明了我国实施世贸组织法律制度的态度。首先，实施世贸组织法律制度是中国要履行的国际义务，中国将主动调整国内法以确保与世贸组织规则相一致。其次，中国未承诺世贸组织法律制度的直接适用，而只是承诺在世贸组织法律制度的前提下，通过“立、改、废”的形式，特别是在纵向的行政法领域，对世贸组织法律制度予以适用。结合前面的分析，从欧美等世界各重要国家和地区的实践来看，世贸组织协议的完全直接适用是类似“乌托邦”式的理想主义，在实践中，这种方式对于成员方本身或者其他成员方而言也未必是一种最好的方式。所以，我们主张“调整适用”世贸组织法律制度。调整适用即是指所谓的“立、改、废”问题：没有的应尽快立法补充、与世贸组织协议不一致的应修改、违背协议的应废止。这种观点也是许多学者所共同倡导和认可的。②

---

① 曾令良：《WTO协议在我国的适用及我国法制建设的革命》，载《中国法学》2000年第6期，第43页。

② 虽然许多学者对这个问题的表述方式有所不同，但基本的含义不外乎如此。

主张世贸组织协议不能直接适用的理由不外乎两个，即技术上的考虑和政治上的考虑。从技术角度来看，直接适用世贸组织协议的困难主要有：(1)世贸组织规则的内容庞杂，历史背景复杂，理解和适用的难度很大。世贸组织法典是一套内容宏大、规则十分复杂的法律体系。它的法律体系具有国际经济法的特征，从其法律渊源上分析，不仅包括法律规范形成的原因和方式，而且也包括法律规范所确立的规则、原则和存在的形式。其法律渊源包括一揽子协议和特定条件下的四个诸边协定、先前专家组和上诉机构的报告、国际习惯、从现行国际法规则派生、演绎或推理出的一般国内法原则和那些存在于各国法律制度中而又适用于国际关系的一般国内法原则、权威国际法学家的学说以及世贸组织规则中提到的国际性协定和争端当事方之间的协议。世贸组织法律规则能否直接纳入一国的法律体系，应考虑两者之间是否具有兼容性，或曰是否具有同质性。考察世贸组织规则与中国的国内法律体系，首先，两者之间缺少联系的"端口"，即中国的宪法或宪法性法律规范并没有对此问题作出规定，前面已多有述及。其次，很难在国内的法律部门中找到世贸组织规则的归宿。世贸组织规则涉及国际贸易、知识产权、司法审查、政府采购、反倾销、关税等多个国内法律部门，世贸组织规则中载明或寓涵的基本法律原则如非歧视原则、透明度原则、正当程序原则、善意和自然公正原则等也不是一个国内部门法所能包容的。因此，世贸组织法律制度与我国的法律体系不具有兼容性，难以直接适用。① (2)世贸组织规则对成员有较强的硬约束。其他国际条约的约束一般较弱，即使规定了实施或者制裁途径，但主要是自助性的，需要有关国家通过自觉的行动进行配合，国际法的实施主要依靠各个成员国国内法律制度，实施效果也取决于各个成员国自身的态度。但是，世贸组织有着特殊的制度框架，如有争端解决机制和贸易审查机制，对成员实施规则有非常具体和强有力的监督，成员不履行条约义务很快就能引起国际反应。而且世贸组织及其成员对实施世贸组织规则的关注程度也非常之高，愿望非常强烈。因此，各成员国国内实施世贸组织规则的实效性要求很高，具有刚性义务的属性。② (3)世贸组织规则是以成员作为法律主体而确定的法律规则，不直接适用于成员国国内的法律主体。换言之，世贸组织规则确立的权利义务的直接主体是成员方，而非成员内的自然人、法人和其他组织。世贸组织协议与《国际货物买卖合同公约》等条约有很大的不同，后者是调整私人间的

---

① 童兆洪、方双复：《WTO 规则审判适用的法理分析》，载《法律适用》2003 年第 1～2 期，第 37 页。

② 孔祥俊：《WTO 知识产权协定及其国内适用》，法律出版社 2002 年版，第 493 页。

权利义务关系的行为准则，而前者调整的是国家或单独关税区之间的贸易政策，在性质上属于调整国际经济关系的国际公法规范。在世贸组织协议中，有关缔约方进行对外贸易活动的具体权利义务的行为准则十分有限，大量的规定是很原则性的，无法直接适用，只有通过成员方制定有关的国内法，将其予以细化和明确，相应的世贸组织协议的条款才能得以在国内实施。① (4)国内行政管理机关和法院也有一个适应过程，通过转化方式实施世贸组织规则，有利于保持规则的统一和有效实施。要考虑到世贸组织复杂的法律体系及众多的规定，法院在直接适用上的基础和条件。例如，世贸组织的法律文件的正式文本是英、法和西班牙文本，中文译文不具有法律效力。因此，采用转化适用方式似乎更为适宜。但这并不意味着中国不准备履行世贸组织的义务和我国政府作出的承诺；相反，中国将进一步借此完善国内立法，推进中国的法治建设。②

2. 我国国内适用世贸组织协议的效力等级问题

世贸组织协议在我国国内法院适用的效力等级问题，需要与我国广义上的法律，包括宪法、法律、行政法规、地方性法规、自治条例、单行条例以及规章等进行分类比较，才能有比较明晰的结论。

首先，来看世贸组织协议与我国宪法的等级问题。我国宪法第5条第2款规定：“一切法律、行政法规和地方性法规都不得同宪法相抵触。”《立法法》第78条也规定：“宪法具有最高的效力，一切法律、行政法规、地方性法规、自治条例、规章都不得与宪法相抵触。”这些规定虽然都没有将条约(协定)列为一类独立的法律渊源，但是按照宪法具有最高效力的宪法原则，不论如何为条约(协定)的法律效力进行定位，应当认为其法律效力低于宪法。所以经过补充立法后的世贸组织协议如果与我国宪法相抵触，则毫无疑问不能在我国适用。③

其次，世贸组织协议与我国法律的等级问题。由于世贸组织协议是由全国人大常委会批准的，可以预料大多数的规则的转化或者纳入都将由全国人大常委会来进行，所以处理协议与法律的等级关系具有很大的现实意义。从一般意义上讲，经全国人大或者人大常委会制定的法律与经人大常委会批准的条约应当居于相同地位，特别是像世贸组织协议这样重要的协议规则，与我国法律制度

---

① 张艳：《论WTO协议在我国法院的适用》，载《法律适用》2003年第1～2期，第39页。

② 曹建明：《WTO与中国的法治建设》，载人大复印资料《国际法学》2002年第6期，第16页。

③ 孔祥俊：《WTO知识产权协定及其国内适用》，法律出版社2002年版，第497页。

的方方面面都有影响，其地位和效力等级应不低于一般的国内立法。加之亦体现我国善意履行条约协议的原则立场，同时也表明了我国履行世贸组织协议义务的决心。

从总体上讲，可将世贸组织协议与我国的法律视为同一效力等级，由全国人大解释或决定法律与世贸组织协议规则的优先适用问题。当然有两类例外：一是当国内法律没有规定或者规定不明时，可直接适用世贸组织协议；二是法律中有明确规定条约优先适用的条款，如前面早有论述的《民法通则》等法律，则世贸组织协议可优先于全国人大制定的法律而适用。

再次，世贸组织协议与行政法规、地方性法规、自治条例、单行条例以及规章的效力等级问题。世贸组织协议既然由全国人大常委会批准，相关的补充立法主要由全国人大常委会制定，个别的内容可能由全国人大制定，那么其效力当然要高于行政法规、地方性法规、自治条例、单行条例以及规章的效力。需要强调的是，我国现行的行政法规、地方性法规、自治条例、单行条例以及规章中与世贸组织协议不符的规定是很多的，必须在过渡期废止。

鉴于我国目前的法律对国际条约的适用及其效力等级问题缺乏明确统一的规定，因此，有必要在《宪法》或者《立法法》等宪法性法律文件中对条约在我国国内的适用问题作出原则性的规定。在作出这样的立法前，为了解决迫在眉睫的困境，也可以专门立法规定世贸组织协议的适用问题。以免学者对此问题长期意见不一和实践部门无所适从。①

最后，有必要谈到的一点是世贸组织争端解决机构的裁决在我国的效力问题。一般认为，法院不能将全部的世贸组织规则都来作为判案的直接依据。但这并不意味着世贸组织规则对于国内司法没有任何意义。由于法院据以判案的转化法律直接来源于世贸组织规则，世贸组织规则的制定背景、立法原意以及争端解决机构在裁决中的解释，对国内法院解释法律具有指导意义。而且，法院在适用与世贸组织规则相关的国内立法时，一般不能作出与世贸组织规则相抵触的解释。因此，学习和了解世贸组织争端解决机构的判例和解释，对国内法院裁决与世贸组织规则有关的案件，都具有重要意义。②

3. 世贸组织协议在中国香港和澳门的适用情况

世贸组织是由各成员方缔结多边条约所建立的政府间国际组织，其规则体系由全体成员方共同缔结的国际协定（即各多边协定）和部分成员方缔结的国际

① 慕亚平：《WTO中的“一国四席”》，法律出版社2004年版，第111～113页。

② 孔祥俊：《WTO知识产权协定及其国内适用》，法律出版社2002年版，第499页。

协定(即诸边协定)中的内容所构成。和其他国际条约相比，世贸组织协议具有不同的特征:(1)世贸组织协议的缔约方是单独关税区,包括主权国家、由主权国家组成的关税同盟以及国家之下的单独关税区;(2)世贸组织协议并不违反国际法,其宗旨是促进世界贸易的自由化和一体化,其基本原则是非歧视、公平贸易、透明度和协商一致原则;(3)世贸组织协议由多个法律文件组成,其中的多边贸易协定对所有成员具有约束力,诸边贸易协议只对接受的成员具有约束力。

在中国内地加入世贸组织之前,世贸组织协议属于条约本身规定缔约方可以是非主权国家、中国尚未参加但已经适用于香港的国际协议。根据继续适用原则,世贸组织协议成为香港回归后继续适用的国际条约之一。虽然迄今的国际法还没有规定国际法与国内法的关系,但是,国际法为在实践中解决这个基本关系问题形成了至少两项基本原则:一是条约必须遵守原则。根据这个习惯法和条约法规则,国家不能以国内法来改变国际法。二是不干涉内政原则。根据这一原则,各国作为主权实体可以制定任何本国社会所需要的国内法,凡是国家没有承担国际义务的事项,都属于国内法管辖的范畴,不属于国际法的效力范围之内。既然世贸组织协议可以继续适用于香港,香港就必须继续履行世贸组织协议中规定的义务。①

GATT 最初是通过葡萄牙的接受,按照葡萄牙接受国际条约为国内法的法定程序,即遵守《澳门组织宪章》第 72 条第 1 款和《葡萄牙宪法》第 8 条的规定,间接适用于澳门。接着,澳门直接成为 GATT 的缔约方,GATT 直接适用于澳门。其后,根据中葡两国政府关于澳门问题的联合声明及其附件的有关规定,澳门特别行政区将继续作为自由港和单独关税区进行经济活动,自行制定经济贸易政策,澳门可同各国、各地区保持和发展经贸关系,继续参加关贸总协定、国际纺织品协定,澳门特别行政区的代表可作为中央政府代表团的成员或以中央人民政府和有关国际组织或国际会议允许的身份参加,并以“中国澳门”的名义发表意见。中国尚未参加但已经适用于澳门的国际协议仍可继续适用。中央人民政府根据情况和需要授权或协助中国澳门特别行政区政府作出适当安排,使其他有关的国际协议适用于中国澳门。《澳门特别行政区基本法》第 137 条和第 138 条对此从国内法上予以确认。澳门成为世贸组织创始成员方之后,世贸组织协议直接适用于澳门。由于中国和中国澳门同为世贸组织成员方,中国入世并不影响世贸组织协议在澳门的继续适用。②

---

① 慕亚平:《WTO 中的“一国四席”》,法律出版社 2004 年版,第 167～168 页。

② 慕亚平:《WTO 中的“一国四席”》,法律出版社 2004 年版,第 191～192 页。

4. 中国适用世贸组织法律制度的适应性调整

根据世贸组织有关协议的规定，中国政府要确保世贸组织协议和加入议定书在全国得到统一实施，确保有关或者影响贸易的法律、法规和其他政策措施，包括地方各级政府及其有关部门制定的规范性文件，符合世贸组织协议和加入议定书的规定。这就要求中国在正式加入世贸组织前后，对照世贸组织规则和中国所作的承诺，对中国有关或影响贸易的法律、法规和其他政策措施进行一次全面清理，根据清理结果，抓紧修改或者废止与世贸组织协议或者中国承诺不一致的法律、法规和其他政策措施，还要适应加入世贸组织的需要，抓紧制定新的法律、法规，进一步完善有关法律制度，并严格依法行政，以入世为契机，全面推进中国依法治国进程和对外开放事业。

自 1999 年以来，中国开展了对有关或者影响贸易的法律法规、规章和其他政策措施的清理工作。清理分两个步骤：第一步是摸清家底，清理出现行有效的法规总数；第二步是在清理的基础上作出废止、修改、保留和新制定的决定。根据世贸组织规则和中国入世的承诺，对现行法律法规作了废、改、保留的分类，同时拟订了需要重新制定的法律法规的规划。经过清理，国务院决定，对主要内容与新的法律或者已经修改的法律、国家新的方针政策或者已经调整的方针政策不相适应的，以及已被新的法律或行政法规所代替的行政法规予以废止；对适用期已过或者调整对象已经消失、实际上已经失效的行政法规宣布无效。国务院有关部门按照国务院的统一部署，遵循法制统一、非歧视和公开透明的原则，对与世贸组织规则和中国对外承诺不一致的法律、行政法规、规章和其他政策措施进行了清理，相继公布了废止的部门规章，并提出了修订的部门规章清单。最高人民法院坚持符合宪法和法律，符合世贸组织规则和中国的承诺，符合中国加入的国际公约三条标准，对新中国成立以来最高人法院颁布的司法解释及司法解释性文件进行了全面清理。最高人民检察院亦对新中国成立以来由其单独制定或与有关部门联合发布的司法解释和规范性文件进行了清理，并宣布废止部分司法解释和规范性文件。同时，最高人民法院和最高人民检察院针对入世以后出现的新问题，及时制定新的司法解释和规范性文件。① 地方各级政府和部门也采取了相应的措施进行法规、规章的清理工作。

在法律法规的修改和清理的认识上存在一种错误认识，认为入世后我国的所有法律都必须全部推翻重来。其实，在我国的法律体系中，宪法、刑法等法律与入世的关联相对不大，近期一般无须修改，我国需要修改的法律主要只是与涉

① 张德霖：《中国加入 WTO 经济法律调整概览》，法律出版社 2002 年版，第 1 ～3 页。

外经济贸易活动相关的部分，即诉讼法中的行政诉讼法、经济法中的涉外部分、行政法中的部分法律等。世贸组织要求各成员履行义务，也不以改变现行宪政体制为限，只是在宪法原则和精神下，按照世贸组织的要求修改、废止和制定规范性文件。① 因此，中国针对世贸组织法律制度的要求进行适应性调整的范围主要集中在外经贸立法这一块。

为履行入世承诺和中国改革开放的需要，2004 年 4 月 6 日我国颁布修订后的《对外贸易法》(简称《外贸法》)，随后国务院根据该法颁布了修订后的《反倾销条例》，初步构建了我国货物贸易领域的法律框架。随着金融、电信、商业、海运、法律等服务领域对外开放的相关条例的制定．我国三部外商投资企业法及其实施细则的修改和《著作权法》、《商标法》、《专利法》、《海关知识产权保护条例》等的修订，我国服务贸易领域、知识产权保护领域、与贸易有关的投资措施领域等均逐步与世贸组织规则接轨。

关于货物对外贸易管理体制的新发展，主要在以下几个方面：(1)外贸经营权的取得。新的《外贸法》规定外贸经营权由“审批制”过渡到“登记制”，即“对外贸易经营者经依法登记可以从事货物进出口和技术进出口”。(2)关税的降低。世贸组织的基本要求之一就是关税减让。乌拉圭回合多边贸易谈判的成果之一，就是大幅度增加了约束关税比例。约束关税构成了关税税率的上限，一国改变约束税率，必须与其贸易伙伴谈判，并对贸易损失作出补偿。根据我国的入世承诺，到 2005 年平均关税下降到 10％。为履行承诺，2002 年我国关税总体水平由 12％下降至 11％；2004 年经国务院批准，《中华人民共和国进出口税则》的税目、税率自 2004 年 1 月 1 日起进行调整，降低进口税则中 2414 个税目的最惠国待遇税率，调整后关税总水平由 11％下降至 10.4％。(3)关于进口配额的措施。长期以来我国对部分商品实行的配额许可证制度管理实际上并不完全符合世贸组织的法律规定，因此，中国在入世议定书中承诺到 2005 年取消所有产品的非关税措施。根据承诺，中国 2003 年取消了摩托车及其关键部件等 4 种重要工业品的进口许可证管理；2004 年 1 月 1 日起，取消成品油、天然橡胶、汽车轮胎的进口配额许可证管理；取消部分税号汽车及其关键部件的进口配额许可证管理；2004 年实行进口配额和进口许可证管理的商品由 1999 年的 35 种减少为 5 种，共 123 个数目产品。此外，进口商品管理更加公开、透明，进一步规范化、制度化。国家关于进口商品管理办法、目录、实施细则都是以命令、公告形式向社会

① 刘光溪：《他山之石——WTO 成员应对入世的实践与经验》，上海人民出版社 2003 年版，第 16～17 页。

各界发布，中国的进口商和国外的供应商都可以随时查阅。

关于服务贸易领域立法的新发展。近年来，中国注重服务贸易立法，特别是入世后，根据我国在服务贸易方面的承诺，中国加快了服务贸易领域的立法。主要服务贸易领域的立法如下：(1)商业领域。2004 年 4 月 16 日，商务部颁布了《外商投资商业领域管理办法》，对 1999 年《外商投资商业企业试点办法》进行了全面修订，体现了中国加入世贸组织关于分销服务的承诺，按照世贸组织的国民待遇原则和中国入世承诺中服务贸易减让表的具体开放时间，明确了商业领域对外开放的地域、时间进程，并降低了对于中外投资者的限制性资格要求(资产额、销售额)和外商投资商业企业的注册资本要求。(2)银行业。国务院于 2001 年 12 月 10 日修订颁布了新的《外资金融机构管理条例》，中国人民银行于 2002 年 1 月颁布了相应的实施细则等。(3)保险服务。为履行保险领域开放的承诺和有效地监管外资保险公司，国务院制定的《外资保险机构管理条例》自 2002 年 2 月 1 日起实施。(4)证券业。2002 年 6 月中国证监会发布了《外资参股证券公司设立规则》和《外资参股基金管理公司设立规则》，允许设立合资证券基金管理公司与合资证券公司。(5)电信业务。根据中国在增值电信和基础电信方面的承诺，国务院制定了《外商投资电信企业管理规定》，自 2002 年 1 月 1 日起实施。此外，服务贸易领域中的行政法规和部门规章还包括《中外合作音像制品分销企业管理办法》、《外商投资电影院暂行规定》、《中华人民共和国国际海运条例》、《外商独资船务公司审批暂行规定》、《外商投资铁路货物运输业审批与管理暂行办法》等。①

关于外商投资法的新发展。我国先后制定了 1979 年《中外合资经营企业法》、1986 年《外资企业法》和 1988 年《中外合作经营企业法》。为了使我国外商投资法律体制与国际惯例接轨，适应我国入世的进程，2000 年 10 月和 2001 年 3 月全国人大常委会对这三部外资法进行了修改，主要删除了与《TRIMs 协定》中的规定不符的外汇平衡要求、当地含量要求、出口实绩要求等。为了适应经济全球化和一体化发展的趋势，提高利用外资的质量，国家进一步完善了外商投资的法规体系。首先是加强对外商投资方向的引导，完善外商投资结构。2002 年国务院颁布了新修订的《指导外商投资方向规定》，国家有关部门颁布了《外商投资产业目录》。二是引进外商投资新方式，拓宽外商投资企业服务功能。2001 年国家有关部委先后共同颁布了《关于设立外商投资创业投资企业的暂行规定》、《关于上市公司涉及外商投资有关问题的若干意见》、《金融管理公司吸收外资参

① 张玉卿：《健全法律体系为对外开放保驾护航》，载《国际商报》2003 年 12 月 11 日。

与资产重组与处置的暂行规定》和《关于外商投资举办投资性公司的暂行规定》的补充规定(二)等。

关于知识产权立法的新发展。2000—2004 年，我国对《商标法》、《著作权法》、《专利法》、《计算机软件保护条例》及其实施细则、《海关知识产权保护条例》等法律法规进行了修订，最高人民法院先后制定了 10 多个与知识产权案件审判有关的司法解释。这些法律法规的修改内容和司法解释内容充分吸收了 TRIPs 协定的内容，进一步完善了我国知识产权保护的法律体系。主要内容有：增加了诉前临时措施，增加了司法审查条款，增加了相关知识产权权利人的权利，包括增加了有关禁止许诺销售的规定、著作权人受保护权利的种类、地理标志保护的规定和驰名商标的保护等。另外，新的《外贸法》增加了“与贸易有关的知识产权”的规定。与贸易有关的知识产权是世贸组织三大支柱之一，越来越多地成为各重要贸易国家维护国家利益的重要手段。根据世贸组织规则，借鉴美国、欧盟、日本等国立法，新《外贸法》增加了“与对外贸易有关的知识产权保护”一章，通过实施贸易措施，防止侵权产品进口和知识产权权利人滥用权利，并促进我国知识产权在国外的保护。新《外贸法》第 29 条规定，进口货物涉嫌侵犯知识产权的，且危害对外贸易秩序和社会利益的，国务院商务主管部门可以采取在一定期限内禁止侵权人生产、销售有关货物进口等措施。①

① 贺小勇：《我国外经贸立法与 WTO 规则接轨的现状及其问题》，载《中国国际经济法学会 2004 年年会暨学术研讨会论文集》上册，中国厦门，2004 年 11 月 5～8 日。

第六章　国家主权在国际经济一体化进程中的嬗变

国家主权是国际法上的一个十分重要的概念。所谓“主权者，一国精神所由寄也，故论国家者必明主权”。① 主权是与国际法的根基相关联的重要问题，没有主权，就没有国际法上的国家，也就没有调整国家间相互关系的国际法。所以，国家主权是国际法的基础，是国际法赖以产生、存在和发展的根本所在。

国际法上的国家主权原则是指国际法确认各国自由决定其政治、经济、社会制度等国内管辖事务的权利，保障各国独立自主地处理其对内对外事务，禁止其他国家以任何方式加以侵犯和干涉。这一原则主要包括四个方面的内容，即政治独立、领土完整、经济自主以及国家在主权受到侵犯时可以享有自卫权和国家承担尊重别国主权的义务。所以，国家主权原则被认为是国际法的基石，也是国家在国际社会存在的基础。②

但是，随着经济全球化和国际经济一体化的深入发展，跨国公司和各种国际经济组织对国际经济产生了越来越大的影响，并逐渐在政治、文化等领域对各国带来巨大影响，进而对国际法上的国家主权原则造成不可避免的冲击。针对目前的这种变化，各界提出了关于国家主权理论的种种见解，彼此之间难分伯仲。随着世界贸易组织的建立和欧洲联盟的加速一体化，经济全球化和国际经济一体化对国家主权理论的影响日益明显，亟需学界对此做出反应，以期能提出一种更接近真实、更能被各方普遍接受的关于主权的理论，以期能引导和规范这种趋势的继续发展。

---

① 梁启超原著，范忠信选编：《梁启超法学文集》，中国政法大学出版社 1999 年版，第 65 页。

② 樊静：《经济全球化趋势下的国家主权原则》，载《法学杂志》2002 年第 6 期，第 19～20 页。

一、传统国际法上的国家主权理论

（一）国家主权理论的产生

16世纪中叶到17世纪中叶，主权概念作为一种政治理论，主要见诸一些思想家的表达。早在欧洲民族国家体系产生之前，近代主权学说的创始人，法国思想家让·博丹就较为系统地论述了国家主权理论。他在1576年完成的《国家论六卷》中，第一次阐述了国家主权理论，成为这一理论的奠基人。他从家庭的父权推论出国家的主权，将之界定为国家最本质的特征，它包括立法权、宣战媾和权、官吏任命权、最高裁判权、赦免权、接受服从权、铸币和度量衡定夺权、课税权8项权力。① 他把主权定义为“超乎公民和臣民之上，不受法律限制的最高权利”，并指出主权具有绝对和永久的性质。绝对性是指它的至高无上，高于任何其他政治权利；主权具有统一的、不可分割的和不可转让的属性。永久性是指它不受时间、任期的限制，主权者的生命是有限的，主权的存在却是永恒的。②

在国家的对外主权问题上，第一个进行系统阐述的是荷兰法学家格老秀斯。在1625年发表的《战争与和平法》中，他认为，“所谓主权，就是说它的行为不受另外一个权力的限制，所以它的行为不是任何其他人类意志可以任意视为无效的”。③ 主权国家作为国际社会活动的主体，其主要职能是维护自身的安全与世界和平。至此，近代意义上的国家主权概念基本形成，即“国家独立自主地处理自己内外事务、管理自己国家的权力”。④

早期政治思想家和法学家对于主权的种种表述，揭示了主权的基本内涵和内在属性，在当时的历史条件下，不仅具有重要的理论意义，而且还具有重要的现实意义。这主要表现在两个方面：一是为封建王权保持至高无上的统治地位提供了理论依据。在博丹的政治学理论中，他认为君主政体是最好的政体形式，是实现真正统一和不可分割的国家权力的唯一形式。这种认定在客观上否定了中世纪罗马教廷的超然地位，反对神权对世俗权利的干预，主张世俗权利至上，

---

① 徐国栋：《国家何时产生？》，载易继明：《私法》第1辑第1卷，北京大学出版社2001年版，第147页。

② 徐大同：《西方政治思想史》，天津教育出版社2000年版，第111页。

③ 《西方法律思想史资料选编》，北京大学出版社1983年版，第145页。

④ 王铁崖：《国际法》，法律出版社1981年版，第67页。

用国家主权的观念替代了罗马帝国所主张的“世界主权”，具有一定的历史进步意义。二是代表了新兴资产阶级的利益。它体现了早期资产阶级希望建立统一的中央集权的民族国家，以保护其经济利益，发展资本主义的强烈愿望，反映了近代民族国家正在逐渐孕育生成。

17世纪中叶以后，特别是《威斯特伐里亚和约》签署以后，主权理论被国际社会付诸实践，并在此基础上建立了近代国家间关系。对国家主权，特别是国家对外主权的认可，初步成为欧洲国家的共识。资产阶级在建立民族国家的过程中，用革命的形式与封建王权反复展开较量，将建立主权国家的思想转化为建立独立民族国家的行动。经过艰苦卓绝的斗争，英国、法国等国家的资产阶级推翻了封建王朝的统治，北美英属殖民地人民赶走了宗主国的王权政府，建立了近代资产阶级民族国家，成为推动历史前进的进步力量。同时，为了调整这种新的国际关系，主权和主权平等原则被确认，近代国际法由此而产生。①

（二）传统国家主权理论的既往发展及其流派

主权原则在推动民族国家建立和发展的同时，自身也得到了发展。进入17世纪，英国著名思想家霍布斯在其著作中对“主权绝对权力必要性做了进一步明确的解释”。霍布斯对人的本性持一种相当悲观的看法，他认为人在本质上是一种自私的、冷酷的动物。“在没有一个共同权力使大家慑服的时候，人们便处在所谓的战争状态下。”这不是一般的战争状态，而是“每一个人对每一个人的战争”。② 为了摆脱战争状态，过一种安全的生活，就必须有一个使大家慑服的共同权力，这就是国家，即他所说的“利维坦”。霍布斯将主权看作国家的灵魂，把凡与公共的和平、安全有关的一切事务都归属于主权，认为主权具有至高无上、不可分割、不可转让的性质。首先，关于至高无上，他认为主权者不仅不受前人法律的限制，而且不受自己制定的法律的限制，要主权者服从法律不过是在主权者之上又立了一个新的主权者，这样下去国家必乱必亡，这是违背主权性质的。

其次，主权者不能将其权力的任何部分授予或转让他人，认为构成主权的各项权力都是统一的不可分的，一切权力都由主权者掌握，人民不能享有任何权

① 刘长敏：《主权理论的历史沿革及其当代思考》，载张桂琳：《政法评论》2002年卷，中国政法大学出版社2002年版，第511～512页。

② 段存广：《从绝对主权到实效主权：对国家主权原则的再认识》，载《太平洋学报》2002年第2期，第88页。

力,反对分权的主张.认为“权分则国分,国分则不国”。① 霍布斯还认为,除了在绝对主权和完全无政府状态之间、在至高无上的主权者和社会之间加以选择外,别无其他选择。② 这些观点表现出霍布斯的政治专制主义思想。

霍布斯的专制主义遭到了以洛克为代表的自由主义思想家的反对。对洛克这派学者来说,他们的回答不是拒绝主权观念,甚至不是拒绝霍布斯自私自利的个人主义,而是宣称每个人都拥有天生的、不可剥夺的权利。③ 洛克指出,国家即政府权力的性质“不是而且也不能是专断的”,而是保护人民的,因为人民在自然状态就不享有“支配另一个人的生命、自由或财产的专断的权力”,因此,他们交给国家的权力也只能是“自然法所给予它的那种保护自己和其余人类的权力”。从这种思想出发,洛克极力反对君主专制制度,提出“天赋人权”,主张人民革命权,但他同时又认为人民不能自己行使立法权力,必须把权力交给议会,因此,洛克实际上是个议会主权论者。④

继洛克之后,卢梭把人民主权重新认定为主权的基础,第一次完整地提出了人民主权学说。他坚持认为人民主权是完全绝对的、神圣的、不可侵犯的。像霍布斯一样,他还认为国家主权是无限的、不可分的。认为国家是契约的结果,所有人同意服从国家的意志。但与霍布斯不同,他将国家等同于由社会契约构成的政治集团,将政府的统治还原为完全是一种委托。⑤

人民主权说之后,19世纪的英国法学家约翰·奥斯汀则从法律概念的角度论述了国家主权。在他看来,国家是一个法律秩序,特定的权威是权力最终的来源。这一权威就是国家的主权权力,它发布的命令习惯上要遵守,但它不具有遵守其他人命令的能力。它的权威是不受限制的。⑥说明了国家主权的法律权威来自它最高的强制权力。

总之,自主权概念产生以后,政治思想家们对主权概念的探讨不断深入,尽

① 徐大同:《西方政治思想史》,天津人民出版社1986年版,第220页。

② [美]乔治·霍兰·萨拜因:《政治学说史》,商务印书馆1986年版,第529页。

③ [澳]约瑟夫·凯米来里、吉米·福尔克:《主权的终结》,李冬燕译,浙江人民出版社2001年版,第24～26页。

④ 段存广:《从绝对主权到实效主权:对国家主权原则的再认识》,载《太平洋学报》2002年第2期,第88～89页。

⑤ [澳]约瑟夫.凯米来里、吉米·福尔克:《主权的终结》,李冬燕译,浙江人民出版社2001年版,第24～26页。

⑥ [澳]约瑟夫·凯米来里、吉米·福尔克:《主权的终结》,李冬燕译,浙江人民出版社2001年版,第24～26页。

管他们在侧重点和方法上有较大的不同，在统治和谁应该统治上存在分歧，以至于出现有些人认同君主的主权地位，而另一些人则认定主权属于议会，还有的坚持主权在民。但在主权的实质和特征上却是一致的。这个一致就是所谓主权的“传统信条”，它赞成权力集中在既定的中心，认为权力必须是绝对的、完整的、无限的和不可分的。总的来说，这些古典式的主权原则强调“绝对主权”的存在，反映的是欧洲三十年战争结束后，主权作为某个领土上至高无上的权力这一事实。

在国家主权理论的既往发展史上，存在着两个针锋相对的重要的理论流派，即绝对主权理论和相对主权理论。在不同的历史时期和特定的国际形势下，这两种理论相互激荡，此消彼长。

主张绝对主权理论的代表人物是霍布斯、卢梭和黑格尔等。19 世纪末，一些国际法学家，特别是一些德国的国际法学家，把主权学说发展到了几乎毁灭国际法的程度。德国的国际法学家提出了国内法优先于国际法的一元论，以绝对主权概念同原始的、仅仅是相对的主权概念相对抗。他们认为国家是最高的秩序，因而不能承认任何法律秩序凌驾于国家之上的观念。该学说的代表人物不得不假定，国际法是以各个国家的自我约束为基础。但是这个假定很容易就被下列事实否定了：国际法并不是以个别国家的意志为基础，而是由普遍的或特殊的国际社会予以制定或加以支持的。

在国际联盟建立以前，绝对主权观在理论上和实践上一直居统治地位。持绝对主权观者认为，只有那些享有国内外无限独立权的国家，才是主权国家。主权国家不受任何约束，唯我独尊，为所欲为。那些在国家内外事务的某些方面或多或少地依赖他国的国家，不是主权国家，而只是主权国家征服的猎物。19 世纪末 20 世纪初，国际形势发生了很大变化，帝国主义列强的矛盾日益突出。当时列强均持绝对主权观，强调国家至上、民族利益、国家利益，而忽视他国利益、相互利益和国际社会共同利益。第一次世界大战的爆发和随后建立的国际联盟，向全世界敲响了绝对主权理论的丧钟。这表明，无论什么权力或权利，无论在国际法上还是在国内法上，都不应当是绝对的。将权力或者权利绝对化，绝对是有害无益的。国际联盟改变了有关战争在国际法中的地位的法律基础，规定了利用和平方式解决国际争端的法律义务，并建立了一个用来监督各会员国遵守这些义务并在必要时实行制裁的组织。国际法似乎已经建立了一种能限制主权国家涉及对外行使武力的制度。

总的来看，建立在博丹、霍布斯、卢梭、黑格尔等近代著名思想家论述基础上的绝对主权学说，主张主权是指主权者对其领土内的一切人与物的无限法律权力和在与他国关系中的完全行动自由。主权者除了受自己意志的约束外，不受任何限制。这些思想家不是国际法学家，只是从抽象意义上来考虑国家主权，并没有考虑其主权学说是否适合于各国“平行式的”国际社会的现实问题。因此，在这种政治学意义上的主权概念移植到国际法学时，不仅与主权有关的国际法理论出现了混乱，而且与此有关的国际法实践也出现了问题。在物质基础上，它与相互依赖和列国并存的国际社会的事实相违背；在理论上，它与建立在对等权利与义务基础上的国际法制度是不相容的。它实际上否定了国际社会及其法律的存在。①

诚然，在国际关系中，这种绝对主权观虽然事实上曾充当了列强对外侵略扩张的重要理论依据，但客观上在某个历史时期，新兴国家、弱小国家和居少数地位的国家集团维护自己的独立、反对大国或大国俱乐部的干涉、对抗强国所支配的既存国际秩序的对外政策产生过一定的积极影响。从一定意义上来讲，绝对主权观曾是弱国在短时期内反对强国的一种很重要的非物质手段。但这并不能成为绝对主权学说普遍实践的证据。

相对主权论是博丹、格老秀斯、瓦特尔等人的主张。与霍布斯同时期的普芬道夫发展出博丹主权学说的相对性。他主张，主权是一个国家内的最高权力，但不是绝对的权力，即使在一国境内，主权受宪法限制也是可能的。后来的相对主权观者进一步认为，主权是可分的、是相对的。那些在国家内外事务的某些方面或多或少地依赖他国的国家，是相对的、非完全的主权国家；那些享有国内外无限独立权的国家是绝对的、完全的主权国家。而就对他国的影响而言，甚至有人认为，主权的合法性或正统性取决于他国的承认。如英国的奥斯汀认为，主权必须依赖于其他国家的承认，主权必须是法律上的，否则主权就不存在。

20 世纪 60 年代以来，在国际法学界有重要影响的政策定向法学派以及从 20 世纪 80 年代开始，一些持批判法学派的观点的学者都主张相对主权理论。在国际法学界占主导地位的是相对主权的理论，这种理论是被认为是正确理解了主权性质的理论。国际社会是主权国家林立的社会，各国都在这个星球上共处，国家主权只能是相对的，国家主权的行使必须是不危害别国的，不危害各国的共同利益和人类整体利益的。公认的国际法代表着国际秩序和人类的总体利

① 冯寿波：《全球化背景下国家主权理论之检讨》，载李双元：《国际法与比较法论丛》第 8 辑，中国方正出版社 2003 年版，第 363～365 页。

益，国家主权不能不受国际法的限制。①

第二次世界大战后的相对主权观者认为，国家主权必须受国际法的约束，不是一个无节制的、不负责任的强权；而且只有通过国际法，国家主权的行使才能维护国家的独立和国际社会秩序的目的。应该说，这种相对主权观较好地反映了国际法的理论与实践，也是对国际社会现实的客观反映。

当然，相对主权论很容易与所谓的“主权限制论”或“主权有限论”等理论混淆起来。有些学者主张主权相对论或可分论，把国家行为划分为主权行为和非主权行为，并采取不同的政策和适用不同的法律。这容易被强国用来侵害他国主权，谋求私利，为把自己本国的主权扩大到他国辩护。主权在国际法上确实具有相对性的一面，但这种相对性也是很容易在理论上产生混乱和客观上被大国用来干涉他国内政、侵犯他国主权的行为进行辩护的。所以主权相对论也并非是十全十美的。

总之，国家主权应当受国际法限制的原因至少有两点：一是一国的利益与别国的利益往往会发生矛盾，一国的主权在国际交往中不受限制就可能侵犯别国的主权，各国的主权实际上是互为限制的。二是一国的利益与人类各国的共同利益存在矛盾，不对各国的主权加以限制，就不能保证人类的共同和长远利益。② 因此，正如有学者指出的：“因为主权的概念也是历史的、发展的。它建立在一定的经济基础之上，随着经济基础的变化而变化。闭关自守时代的国家主权概念不同于开放时代的国家主权概念，对外贸易只占很小比重的时代的主权概念也不会同于全球化时代的主权概念。”③

二、国际经济一体化对国家主权的影响

（一）欧洲联盟对国家主权的影响

欧洲一体化的发展实际上是一个成员国主权让渡不断深化的进程。20 世纪 90 年代以来，以《马斯特里赫特条约》的生效为标志，欧洲的一体化实现了由

---

① 赵建文：《关于国家主权的性质和地位的理论演进》，载《郑州大学学报》2000 年第 6 期。转引自冯寿波：《全球化背景下国家主权理论之检讨》，载李双元：《国际法与比较法论丛》第 8 辑，中国方正出版社 2003 年版，第 367 页。

② 赵建文：《国际法新论》，法律出版社 2000 年版，第 100 页。

③ 朱景文：《关于法律与全球化的几个问题》，载胡元梓、薛晓源：《全球化与中国》，中央编译出版社 1998 年版，第 117 页。

经济一体化向经济政治完全一体化的突破，欧洲一体化进入了全面发展的新阶段，欧盟国家主权让渡的深度和广度呈突破性进展。传统上认为只能由主权国家管理的事务和不可让与的主权权力现在已经大范围转移到欧盟的层面上。欧盟成员国的主权权力呈不断减缩和日益受到限制的趋势。很明显，欧洲一体化的实践已经很难沿袭传统的国家主权观念进行解释和界定，而迫切需要对国家主权观念作出新的诠释和发展。这是当今世界政治经济发展的一种新的特点。

欧洲联盟各成员国向一体化组织让渡部分立法、执法以及司法方面的权力，是它们在自愿基础上作出的选择，其原因主要有二：一是适应经济全球化、国际经济一体化和世界多极化发展的需要。经济全球化趋势的深入发展和欧盟成员国之间经济相互依赖关系的不断加深，要求突破国界，实行在更高层次的和更大范围的国际调节与协调，只有这样才能保证各个成员国的经济持续与更好发展。① 欧洲只有进一步加强一体化的力度，才能加速其经济发展，在全球市场上作为一个强有力的竞争者参与竞争。经济实力强大的北美自由贸易区、蓬勃发展的亚洲区域经济以及其他地区经济的迅速发展与整合，无疑对欧盟构成了巨大的挑战。面对正在多极化发展的世界，欧洲任何一个国家，包括德国、英国、法国这样的欧洲大国，都无一例外地不能完全依靠自身的幅员和力量来单独应付所面临的国际竞争与挑战，它们有形成联合力量的共同需要。正是这种根本利益的一致与需要，使欧洲一体化继续存在并稳步发展——在于这种主权的让渡体现了成员国的根本利益。二是建立欧盟内部大市场和推动各成员国经济迅速发展是欧洲一体化不断深化的内部动力。由于欧洲各国在地理上的相临或相近、政治制度的相同或相似、经济发展水平的接近、社会文化价值取向的近似等，使得欧洲各国更容易联合走一体化的道路。对于最初参加煤钢共同体的六国来说，联合是共同的要求。因为它们认识到欧洲的分裂是它们相对比较落后的根源。为了和美国一样高效率地生产，需要建立统一的大陆市场。欧洲共同体只有建立关税同盟，实现商品、资本、人员和劳务来往等四大自由，才能实现上述目标。② 随着全球化进程的进一步推进，为了更有效地参与国际竞争，实现欧洲联盟各国的根本利益和共同利益，欧洲联盟必须向高度的经济政治一体化的方向发展，才能使自己长期立于不败之地。

---

① 刘志云：《经济全球化背景下国际经济法律自由化的理论探悉》，载《中国国际经济法学会2004年年会暨学术研讨会论文集》上册，2004年11月5～8日，中国厦门，第21页。

② 詹真荣：《欧洲一体化中的国家主权和职能的让渡现象研究》，载胡瑾、王学玉：《发展中的欧洲联盟》，山东人民出版社2000年版，第319页。

在欧洲一体化进程中不难发现，一体化进程的每一次飞跃，不论是在广度上还是在深度上，都是各成员国向共同体组织转让部分主权的结果，这种主权的转移或让渡是欧洲一体化发展的前提或基础。在过去的50多年里，欧洲一体化经历了关税同盟、共同市场、经济货币联盟等阶段的发展，现在已经大大加快了政治联盟建设的步伐。欧洲一体化的每次深化都是以更深层次主权的转移或让渡为必要条件，可以说，没有国家主权的让渡就没有欧洲一体化发展的今天。①

1957年3月25日，法国、德国、意大利、荷兰、比利时和卢森堡六国政府首脑和外长聚会意大利首都罗马，正式签署《欧洲经济共同体条约》和《欧洲原子能共同体条约》，合称为《罗马条约》。该条约先后经过六国议会批准于1958年1月1日生效，欧洲经济共同体和欧洲原子能共同体正式成立。1967年7月，这两个共同体又与早先的欧洲煤钢共同体的主要机构合并，成为欧洲共同体活动的基本框架。这样，欧洲的一体化最先从经济领域开始并逐步扩大了范围。《罗马条约》规定：建立关税同盟，筹组农产品共同市场，并实行共同的农业政策。实施关税同盟和共同的农业政策，这就将国家主权范围内的关税权和对外贸易、农业等的决策权让渡给了欧洲共同体机构来行使。

随着欧洲经济一体化的不断深入发展，各成员国也不断把自己主权范围内的决策权和执行权转让给欧共体。例如，随着共同市场的建立，欧共体在其成员国内部实现了商品、劳务、人员、资本的自由流动，将国家主权范围内的劳工、商品等的政府权力与职能让渡给了欧共体行使。1999年，欧洲经济货币联盟正式启动，建立欧洲中央银行，由该中央银行来制定和实施统一的货币政策，发行欧元，经过一段时间的过渡，欧元将取代各成员国的货币。这样，各成员国的货币发行权、金融调控权就让渡给了欧共体。而传统上一般认为，货币主权是一个国家最重要的经济主权之一。

经济一体化进程的不断深入，推动欧洲一体化向经济政治完全一体化方向发展。欧洲的政治一体化发展趋势要求各成员国必须出让更多的主权，特别是比较敏感的政治主权。1991年12月，欧共体首脑会议通过了建立欧洲经济货币联盟和欧洲政治联盟的《欧洲联盟条约》，即《马斯特里赫特条约》(以下简称《马约》)。1993年11月10日该条约正式生效，此后，在欧共体基础上正式建立了欧洲联盟。这样，欧共体由一个单纯的国际经济组织发展为一个超国家共同体。《马约》要求欧共体各成员国实行共同的外交与安全政策，要求建立成员国

① 戴炳然：《关于主权问题的再思索》，载人大复印资料《国际政治》2004年第2期，第25页。

之间在司法与内政事务上进行合作的机制，并建立一种欧洲公民的资格，作为欧洲联盟的象征。根据《马约》的规定，各成员国须将事关国家主权的外交与安全、司法与内政等事务交由欧盟去决定和执行。这意味着欧盟各成员国须向欧盟让渡更多的主权，特别是政治主权。

例如，缔约权是国家主权的象征和核心部分，只有主权国家才具有这一权利。但是欧洲联盟的发展却正在改变这一事实。由于作为欧盟三大支柱之一的欧洲共同体本身具有国际法主体资格，在一定范围内享有规范和发展与第三国或国际组织的关系、缔结有约束力的国际协定或参与其他国际组织的能力，如欧盟在联合国有观察员身份，并由理事会轮值主席国代表欧盟。在《建立世界贸易组织协定》中，欧盟三大支柱之一的欧洲共同体被确认为世界贸易组织的创始成员方。目前以欧盟作为缔约方参与签署的公约或协定已超过50个。又如，前面提到的欧洲公民资格，根据《马约》和《阿姆斯特丹条约》的规定，一成员国的公民在其他成员内享有与该国国民同等的权利。而这样的规定是与传统的主权观念相违背的，因为外国人要在一个国家内享有与该国国民同等的权利，通常要受到该国许多法律的限制，而且必须受该国法律的管辖。这种情况被作为一个国家的主权加以维护，而主张不受任何国家和国际组织的干涉的原则，否则就被认为是对一国主权的侵犯。

特别值得重视的是，欧盟拥有实际的立法权。欧盟法对于成员国具有直接适用的效力，即欧盟法的某些规范无须通过国际条约转化为缔约国国内法时通常采用的纳入或接受等方式，即可直接并入欧盟成员国的国内法律体系，对成员国产生直接法律效力。而且，欧盟法具有优先于成员国法的效力，即当欧盟法与成员国国内法发生冲突和抵触时，欧盟法具有优先适用的法律效力，成员国国内法不予适用。这一点作者在本书前面论述国际法的国内适用时已有详细论述。这样，欧盟法就将成员国向欧盟让渡部分主权的原则以制度化的形式予以巩固下来。欧盟法所具有的高于成员国法律的权威地位，一方面，使其在推动欧洲一体化过程中发挥了非常重要的作用；另一方面，也表明它对各成员国作为立法与执法主体的最高权威地位提出了挑战。正如汉斯·摩根索曾说过的："一个国家可以接受不论多少法律限制而仍不失为独立自主，只要这些法律限制不影响它作为立法和执法的最高权威的性质。但只要有一项影响到这种权威的法律规定，它本身就足以破坏这个国家的主权。"①

---

① 朱贵昌：《欧洲一体化对国家主权的影响》，载胡瑾、王学玉：《发展中的欧洲联盟》，山东人民出版社2000年版，第325～327页。

从上述欧洲一体化发展中主权的逐步让渡的历史进程可以看出,即使是在一体化程度已经很高的欧盟,主权的让渡也不是一蹴而就的,而是一个渐进的发展过程。欧洲经济政治一体化发展到今天,主权让渡的领域已十分广泛,几乎无所不包,而且主权让渡的深度也日益深化,几乎已接近主权国家的程度。这也是欧盟国家主权让渡的两大特点。

欧盟国家主权让渡领域的广泛性可以用欧盟政策领域的范畴来衡量。经过50多年的发展,特别是20世纪90年代以来,共同外交与安全政策和司法与内政领域的合作作为欧盟的两个支柱的确立,使欧盟事实上介入了成员国的绝大多数政策领域。欧盟的政策领域可分为经济一体化政策、功能政策、部门政策和对外政策,每一类政策领域都涵盖了许多具体的政策部门。① 实际上,欧盟政策领域之宽泛,即欧盟所介入的政策领域之多已经可以与主权国家相媲美。经济一体化政策是欧洲一体化的基石,单一欧洲市场、货币金融政策和预算政策可以列入欧盟经济一体化政策领域;功能政策应属于欧洲一体化的调节手段,竞争政策、地区政策、社会政策、司法与内政政策、能源政策、科技发展政策可划入此一领域;部门政策是欧洲一体化的具体形式,欧盟的农业政策、环境政策和渔业政策则应属于此类;对外政策是欧洲一体化的外延与深化,对外经贸政策和共同外交与安全政策使欧盟的政策领域从广而全的角度实现了飞跃。考察欧盟的政策领域可以发现,主权国家所拥有的一切重要政策领域欧盟几乎都有介入。即使像教育、健康、防务和社会福利这样的政策领域,欧盟也都有限地介入,欧盟暂时没有介入的领域实际上可能只剩下了住房和公民自由这样的政策类型。因此,欧盟各成员国主权让渡的广泛性通过欧盟广泛的政策领域充分体现了出来。②

欧盟各成员国主权让渡的程度日益深化。在某些领域,如货币政策、共同农业政策、渔业政策等,欧盟几乎完全攫取了原来属于成员国的政策主导权。从欧盟各机构的运作机制来看,欧洲议会的权力近年来有了很大的扩展,一些领域的立法创议如果没有欧洲议会的首肯就难以成为法律。欧盟委员会延续了其对欧盟广泛而深刻的影响力,其立法创议和立法执行的独特地位使其在欧洲一体化进程中扮演了重要的发动机的作用。欧洲理事会特定多数表决机制的运用范围呈拓展之势,成员国的主权意志受到进一步的制约。欧盟在相当多的政策领域

① 详情可参阅刘文秀、埃米尔·J.科仕纳:《欧洲联盟政策及政策过程研究》,法律出版社2003年版,第1～459页。

② 刘文秀:《欧盟国家主权让渡的特点、影响及理论思考》,载人大复印资料《国际政治》2003年第8期,第87页。

内对“违法”的成员国具有法律上和机制上的约束力。欧盟与世界上绝大多数国家建立了外交关系，派驻了外交使团性质的代表团。欧盟可以缔结国际条约、享有和承担国际权利和义务。因此，可以说，欧盟在相当大的程度上获得了跟主权国家一样的国际法主体资格。尤其是随着《欧盟宪法条约》的通过和（可能）生效，欧盟将进一步增强其超国家的特征：稳定的联盟主席、一位外交部长、一个精干的委员会、权力不断增加的欧洲议会、特定多数表决机制的扩展以及雄心勃勃的欧洲防务政策等。①

对欧盟各成员国主权让渡的分析可以看出，这种让渡并没有让渡给不相关的第三方，成员国也没有完全丧失对让渡主权的控制。更确切地说，欧盟国家是将主权让渡到欧盟层次上，并进而在欧盟层次上行使主权权力。因而可以认为，欧盟国家主权让渡的特点是主权的集合与共享，这种集合与共享从欧盟的政策范畴和机构设置中充分表现了出来。

首先，从欧盟的政策范畴来看，在一体化程度较高的政策领域如欧洲单一市场、共同农业政策和单一货币政策等领域，欧盟各成员国已经丧失了在国家层次上的政策制定权。但必须看到，各成员国是在欧盟层次上集体行使这些政策领域的政策制定权，也即欧盟国家将其特定经济货币主权转移到欧盟层次上，在欧盟层次上集体行使集合的主权权力。

其次，从欧盟机构设置的角度来看，欧盟将主要立法权赋予了政府间机构部长理事会和欧洲理事会。部长理事会的部长级代表和欧洲理事会的成员国政府首脑或国家元首在这两个机构决定欧盟的政策和立法，而这种政策和法律的制定实际上是在集体行使成员国让渡出来的主权权力。尽管欧盟的超国家机构欧洲议会近年来参与立法的权利不断扩大，欧盟委员会通过立法创议和二次立法的权力具有较大的影响以及参与立法的权力，但立法权的天平主要还是向欧盟政府间机构倾斜的。欧洲理事会和部长理事会的政府间性质保证了在欧盟层次上集合主权权力的行使是牢牢掌握在成员国手中的。②

（二）世界贸易组织对国家主权的影响

在国际关系中，国家接受任何一项国际条约都会在某种意义上限制国内政府活动的自由。对每一个主权国家来说，参加或缔结条约是为了获取某种利益，

① 刘文秀：《界定欧盟政体性质的几个因素》，载人大复印资料《国际政治》2004年第5期，第117～119页。

② 刘文秀：《欧洲一体化性质及特点》，载《国际问题研究》2004年第2期，第66页。

但按照权利与义务对等的原则，在获得利益的同时也必须承担相应的义务，接受某些约束。这就意味着各缔约国都同意对自己原先享有的主权权利或权力加以一定范围和程度的自我限制。加入世界贸易组织则意味着除了世贸组织管辖下的四个复边协议以外，各成员方必须毫无保留地接受世贸组织的"一揽子协议"，包括建立争端解决机制的《关于争端解决规则及程序的谅解》(DSU)并有义务将在履行世贸组织一揽子协议中产生的所有贸易争端提交争端解决机构(DSB)加以解决。此外，由于世贸组织规则是动态发展的，一旦将来各成员方在谈判基础上达成与贸易相关的其他新协议，各成员方也将无条件地接受，并承担义务将因履行上述协议而产生的争端提交 DSB 解决。在世贸组织体制内，任何成员方将无法运用一般国际条约中的保留条款来排除可能有损本国主权的条款的适用。因此，与加入其他条约或国际组织相比，加入世贸组织并接受争端解决机制的约束意味着各主权国家将自主让渡更多的主权给世贸组织及 DSB 来行使。

首先，世贸组织争端解决机制弱化了"权力导向"(power-oriented)，强化了"规则导向"(rule-oriented)。世贸组织争端解决机制很大程度上纠正了关贸总协定机制的不足，更加强化了司法性及规则导向，体现在以下几个方面：

一是设立了专门的争端解决机构，负责执行 DSU 中的规则和程序以及有关协议中的争端解决条款。DSB 有权设立专家组、有权通过上诉机构与专家组的报告，监督建议或裁决的执行，并依照有关协议授权终止各项减让或其他义务。①

二是规定了强制管辖权。世贸组织争端解决机制首次确立了强制管辖权，主要表现在两个方面。其一是，如果某一争端涉及世贸组织的实体协议，则该争端必须经世贸组织争端解决程序处理，任何一方不能单方面实施制裁措施。其二是世贸组织争端解决机制在决策程序上采用了"反向共识"原则(negative consensus)。即指在决策时，只有当所有成员方协商一致表示不通过某项议案，该议案才能被否决，如果有一个成员方表示同意，则该议案就应通过。世界贸易组织争端解决机制对这一规则的运用主要体现在专家组的设立、专家组的报告、上诉机构的报告以及授权终止减让或其他义务的通过上。DSU 第 6 条第 1 款规定：专家组应予以设立，除非成员方以协商一致的方式决定不通过；第 16 条第 4 款规定：除非争端一方通知争端解决机构其上诉决定或争端解决机构经协商一致决定不通过专家组的报告，否则报告通过；第 17 条第 14 款规定：除非争端

① 陈力：《WTO 争端解决机制与国家经济主权的新变化》，载《法治论丛》2003 年第 18 卷第 6 期，第 16～17 页。

解决机构在向各成员国散发上诉机构报告后在 30 天内以协商一致的方式决定不通过,否则该报告应由争端解决机构通过并由争端当事方无条件接受;第 22 条第 6 款规定:争端解决机构根据请求应在合理的期限到期后 30 天内授权终止减让或其他义务,除非争端解决机构协商一致驳回该请求。这一规则的运用使得世贸组织争端解决机制的所有程序从案件的受理到最后裁决的执行几乎畅通无阻。

"反向共识"原则所形成的自动通过,使得世贸组织争端解决机构对成员国在世贸组织协议下发生的争端有了强制管辖权。这种强制管辖权是对传统的关贸总协定争端解决机制自身痼疾的一种克服。首先,在专家组的成立方面,根据"反向共识"原则,专家组的成立是自动的,争端双方的争端接受专家组的管辖成了无法逆转的事实。因此,世贸组织争端解决机构对争端的管辖是强制性的管辖。其次,在专家组的报告方面,专家组以及上诉机构的报告是自动通过的,败诉国家或其联盟国家的反对会因胜诉方的"一票同意"而被否决。因此,世贸组织争端解决机制下的专家组的报告、上诉机构的报告类似于内国法院体制中的尚未签章的判决书,对其结果的预见性是不言而喻的。另外,在裁决的执行方面,"反向共识"原则下,只要有胜诉方或任何其他成员一票同意,裁决便可得到执行,保障了世贸组织争端解决机构裁决的有效性和权威性。可见,"反向共识"原则的运用,克服了传统的关贸总协定争端解决机制的缺陷,使得世贸组织的争端解决机制具有很强的司法性,在管辖权、裁决和执行方面具有很强的强制性,这为成员国之间争端的及时有效解决奠定了基础。①

三是世贸组织争端解决机制在程序上更加细化,强化了司法性。世贸组织争端解决机制新增了上诉程序。任何一方均可针对专家小组的报告或裁定向上诉机构提起上诉,上诉机构应对法律问题及专家小组作出的法律解释范围进行审查,上诉机构可以维持或推翻专家小组的法律裁定或结论。此外,DSU 及其附件还对争端解决程序的各个环节都规定了严格的时限,从而防止了久拖不决的发生。

四是裁决具有了更强的约束力。虽然 DSB 仍极力促成争端双方以磋商方式解决争端,但如磋商不成并进入专家组或上诉程序后,经专家组或上诉机构裁定败诉的一方必须在经协商的期限内(通常为 15 个月)修改其与世贸组织协议不一致的相关法律、政策或行政决定或作出其他实施建议的措施;败诉方还可与

① 蔡剑波:《WTO 争端解决机制的"反向协商一致"规则研究》,载《当代法学》2003 年第 1 期,第 53～54 页。

胜诉方达成补偿协议，但这种补偿是自愿的临时性措施，不能取代裁决的执行；若补偿也不能达成一致，在DSB授权下，胜诉方可以采取交叉报复的措施。

其次，世贸组织争端解决机构可以通过司法解释权，将其管辖权延伸至其他领域，从而影响主权国家的管辖范围。DSU第3条第2款明确规定：DSB作出的建议或裁决不能增加或减损世贸组织协议中规定的权利和义务。因此，争端解决机构的职责主要是“适用规则”(rule-application)而非“制定规则”(rule-making)。专家组或上诉机构的报告或裁定也不应具有普通法上的判例法作用，即它不对以后的争端解决产生约束。但在争端解决实践中，先前的专家报告在以后审理的案件中被频频提及亦是一个不争的事实，而且其中的某些原则也可能被后来的案件采纳。由于世贸组织协定中的一些模糊规定，专家组或者上诉机构有可能通过司法解释权扩大其管辖范围，并在事实上取得规则制定的作用。

例如，世贸组织争端解决机构对“非违约之诉”的运用就可能导致这一情况的发生。按照DSU第26条第1款的规定，缔约方实行的任何措施，不论是否与本协定相冲突，只要造成一缔约方依世贸组织有关协定享有的利益“正在丧失或受到损害”，该争端方就可诉诸争端解决机制。世贸组织争端解决机构受理的第一起“非违约之诉”是1998年“柯达诉富士胶卷案”。在该案中，美国指控日本政府多年来通过政府或准政府行为，限制或排挤了美国柯达胶卷在日本的销售。由于现行的世贸组织协议中没有与贸易有关的竞争政策的规定，美国希望借助“非违约之诉”将竞争政策纳入世贸组织体制内，实际上是指望专家组通过司法解释来填补世贸组织的法律空白。虽然本案最终对“非违约之诉”作了保守的解释，但该案还是备受关注。世贸组织争端解决机构是否会在其他实践中利用其解释权及世贸组织相关协议中的模糊规定，起到事实上的立法者的作用，还有待进一步观察。

最后，世贸组织争端解决机构在运用“审查标准”(standard of review)时，可能也会对成员方主权产生影响。在世贸组织争端解决过程中，许多争端是关于某一成员方政府作出的行政决定对其他成员方产生了影响，其他成员方要求争端解决机构判定这一成员方的行政决定是否与该成员方在世贸组织规则下所负义务相符合。此时，DSB应在何种程度上审查被控政府的行政决定的合法性，是重新行使成员方政府职能的角色，还是应对成员方政府的行政决定有关的事项的行政裁量权和其他权力采取一定程度的认可和遵从，这就成为影响成员方政府与DSB权力分配中的一个重大问题。争端解决机构对成员方政府行政决定的审查或遵从的限度就是“审查标准”问题。

在实践中，审查标准尺度的把握很困难，这是因为，一方面，国际合作要求主权国家让渡部分主权；另一方面，出于本国利益的考虑，各国又希望对其国内事务与决策保持一定的控制。在乌拉圭回合谈判中，各缔约方在这一问题上出现了严重分歧。一方认为应保证DSB有较大的权限来审查有关政府行政决定以便约束政府权力的滥用，另一方认为应对缔约方政府的权力保持足够的尊重。由于分歧严重，世贸组织最终仅在1994年的《反倾销协议》中涉及审查标准的问题。该协议第17条第4款之2项规定：专家组应根据国际公法解释条约的惯例规则解释本协定的有关条款的规定。如果专家组认为本协议有关条文规定允许作出一种以上可允许的解释，那么只要进口国行政主管当局的措施符合其中的一种解释，专家组就应当认为主管当局的措施与本协议相符。上述条款的规定是各成员方妥协的产物。① 虽然《反倾销协议》中规定的"审查标准"一般认为不具有普遍适用的效力，但这无疑在一定程度上触及了主权问题的核心。这一问题在世贸组织体制中尚未得到根本的解决，但给出了一个强烈的信号，世贸组织机制已经并将继续对传统的国家主权观念造成冲击。

当然，世贸组织对国家主权的影响是显而易见的和前所未有的，但走得并不是太远。DSU作为《建立世贸组织协定》的附件以一揽子承诺的方式约束所有缔约方，因而DSB的地位及其在个案中的强制管辖权并非来源于争端当事方针对已经发生争端的特别协议，而在于作为所有潜在争端当事方的全体缔约成员对DSU协议的概括接受。对条约规则的接受本身就是国家行使主权的表现形式之一，虽然某些规则的意图可能就是在相当大的程度上限制国家主权，而且尽管DSB具有超越争端当事方的地位及其强制性管辖权，但很难设想它可以拘束非成员国。不仅如此，《建立世贸组织协定》还在第15条规定了缔约方的退出程序，因此，任何缔约方可以通过完全退出世贸组织的全部协议而排除DSB的强制管辖权。这同样也是国家主权原则的体现。事实上，不仅DSU中隐含了对国家主权平等的尊重，而且在整个世贸组织协议中也同样可以看出这一点来。其中GATT1994的第20条、第21条规定了缔约方可以为维护国家安全和人民健康利益而违背总协定设定的义务的许多情形；《反倾销协议》第17条第6款可以被认为是特别规定了在查明事实真相方面对国家的尊重。② 所以，我们认为，世

① 陈力：《WTO争端解决机制与国家经济主权的新变化》，载《法治论丛》2003年第18卷第6期，第17～19页。

② 汪洋：《国际法制的艰难演进——简析WTO争端解决机制》，载《当代法学》2002年第9期，第109～110页。

界贸易组织体制所发展出的这一套司法性质的争端解决机制存在的法律基础，依然是国家间意志的协议。它所适用、实施的法律仍然是国际层面的法律规范，它与国际法中的国家主权平等原则并不冲突，而是继承并大大发展了国家主权这一国际法的基本原则。

（三）跨国公司对国家主权的影响

“二战”结束以来，尤其是近30年来，跨国公司获得空前大的发展。美国学者吉尔平说：“许多跨国公司都是极其强大的机构，它们拥有的资源远远超过大多数联合国成员国。……一些跨国公司所覆盖的国土面积和运营范围，比有史以来任何帝国的地域更加浩瀚。它们空前广泛地把世界经济结合起来，并且使世界经济的相互依存关系从贸易和货币领域扩大到工业生产领域。生产的国际化严重冲击了各民族经济。”①

世界各国，尤其是广大发展中国家，对跨国公司可谓爱恨交加。从生产力角度看，跨国公司是推动当代国际经济一体化的重要力量，是先进技术的主要代表者、创造者和传播者，生产力越出一国边界，向全世界扩展，创造出更高的生产率和更丰富的物质财富，有助于提高人们的生活水平。从生产关系角度看，跨国公司意味着把资本关系推向全世界，生产专业化和国际分工深化使各国间相互依赖更加紧密。跨国公司是当代企业的最高组织形式，受资本的支配。而资本的本性是追求利润的最大化。因而，跨国公司向全球的扩张，对各国来说都是一把双刃剑，既能带来生产增长和福利的提高，又产生矛盾和冲突。由于跨国公司各子公司广泛分布在各主权国家领土之内，跨国公司的生产经营活动在不同程度上对东道国和母国的经济、社会、文化乃至政治等都将产生广泛而复杂的影响、制约，甚至侵蚀国家的主权。

跨国公司对国家主权的影响，无论在发达国家还是在发展中国家都有所表现，对发展中国家的影响尤其明显。其影响主要涉及经济领域，但在文化、社会、政治等方面也有日趋重要的反映。

在经济方面，首先，跨国公司严重影响和制约了国家的属地管辖权。跨国公司在国际范围内从事生产经营活动，超越了国家疆界的限制，模糊了国界的概念，导致了国家管辖权的不确定性。跨国公司总是凭借其强大的经济实力力图控制其海外企业，把它们纳入自己的全球战略轨道，为其谋取最大利益服务。但

① [美]罗伯特·吉尔平：《国际关系政治经济学》，经济科学出版社1994年版，第262页。

跨国公司的全球战略和谋求最大利益与东道国的社会经济发展战略往往不一致。东道国则认为,它对跨国公司在其领土上设置的子公司、分公司等分支机构拥有属地管辖权,力图把跨国公司在其领土上的活动置于自己的控制和影响之下,以便更好地为东道国政府制定的社会经济发展战略服务。两者在终极目标和根本利益上的不一致,常常导致跨国公司与东道国之间的矛盾和冲突。这种矛盾与冲突表现之一就反映在对跨国公司的控制与反控制上。

东道国根据国家主权原则,要求加强对跨国公司机构的监督和管理,制止和惩罚跨国公司的违法行为。跨国公司基于全球战略考虑总是力图摆脱或者削弱这种监督和管理,利用其控制的企业侵犯东道国的管辖权。例如,跨国公司利用其设在全球的生产销售网络,运用转让价格,从事利润转移、逃避纳税、抽逃资金、逃避东道国金融管制活动,干扰和破坏东道国政府的财政金融政策。尤其是其中的内部贸易以其巨大的规模及其多样性的形式和独有的特征影响着东道国和母国,乃至整个世界经济。① 内部贸易和转移定价构成了国际逃避税的主要部分,对有关国家的税收收入造成极大侵蚀。此外,掌握着大量国际金融资本的跨国金融机构,在全球资本市场和货币市场进行巨额瞬间货币交易,使得一国政府难以有效控制这部分资本,更无法对之合理课税。跨国金融机构提供的层出不穷的金融衍生产品和交易形式也使得一国难以对其进行有效的管理。这种侵犯主权国家属地管辖权的行为,无论在发展中国家还是在发达国家都普遍存在,并有愈演愈烈之势。尽管联合国等一些国际组织曾试图制定《跨国公司守则》等法律文件加以约束,但成效不大。东道国政府也采取许多措施防范跨国公司滥用转移定价给它们带来的损失,但转移定价是跨国公司的内部价格,属于公司商业秘密,外人很难了解和约束。因此,跨国公司的活动在一定程度上对主权国家的对内最高管辖权提出了严重的挑战。

其次,跨国公司活动削弱了东道国的经济自主权。大多数跨国公司的活动都得到了东道国的合法允许,这就意味着在主动的层面上,东道国把经济主权范围内的某些事务让渡给跨国公司,如矿山的开采权,按照联合国的有关国际法律文件的规定,主权国家拥有对其境内的一切天然自然资源的永久主权,而一旦国家把矿山租借给跨国公司开采,至少在租借期内东道国对在这块土地及土地上的资源不再具有充分行使主权的能力。在实际运行的层面上,跨国公司通过直接投资和其他经济途径,在东道国,尤其是在发展中国家获得巨额利润的同时,

① 孙国辉:《跨国公司内部贸易与全球一体化经营》,载人大复印资料《世界经济导刊》2004 年第 5 期,第 25 页。

还常常实际控制着这些国家的国内市场和经济命脉，从而使这些国家在经济政策、宏观调控、发展规划等经济主权方面的绝对权力受到极大的限制。① 跨国公司在海外的大规模直接投资活动，通过兼并与收购以及建立新工厂等方式，控制东道国某些重要的经济部门，垄断东道国某些产品和市场，在一定程度上影响甚至左右东道国的生产、消费、内外贸易、产业结构调整和国家经济政策的制定，从而削弱了东道国经济的自主权。各国经济自主权受影响的程度，不同的国家差别很大。发达国家经济力量较强，法制完备，监管有力，受到的不良影响较小，而且，发达国家之间日益加强双向投资，也能抵消部分不利影响。但发展中国家的情况就不同了。发展中国家一般经济力量较弱，法制也不完善，缺乏监管经验，加上有些发展中国家在发展战略和政策上的失误，跨国公司的投资如同进入不设防的国家，任其摆布。② 跨国公司凭借其强大的经济实力和庞大的跨国网络，可以摆脱东道国甚至母国的控制。1997 年的亚洲金融危机，对许多国家都产生了严重的经济乃至政治后果，使许多国家在几十年当中积累的财富在一夜之间化为乌有，印度尼西亚等国更是爆发了严重的政治危机，导致政府更迭，国内动荡。由此可见，跨国公司的投资对东道国的主权的侵蚀非同一般。

在政治方面，跨国公司不仅影响着经济全球化进程，也在相当程度上左右着主权国家的国内政治。获取更高的利润是支配跨国公司全部活动的铁律，哪里利润更高资本就流向那里。当主权国家的政治、经济和文化壁垒阻碍跨国资本的活动时，打破这些壁垒就成为跨国公司的内在要求。全球市场和跨国组织在本质上与传统的国家主权观念是相冲突的，资本的全球流动和跨国公司的全球活动客观上都要求冲破领土和主权的束缚。当国家的领土疆界和主权性质与资本的全球要求相矛盾时，跨国公司就会想方设法使国家的主权要求从属于资本扩张的要求。

所以，当主权国家的政治制度和国内政策与跨国资本的利益要求发生冲突时，下列两种现象成为伴随全球化和一体化进程而出现的自然选择：要么主权国家的政府自愿地改变国内相关的法律制度和政策，允许全球资本享有特殊的政策待遇或制度环境，以吸引这些外国资本；要么跨国公司直接插手国家的内部事务，强制性地改变主权国家的权力结构或国内政策。无论上述哪一种情况，都表

① 刘杰：《经济全球化时代的国家主权》，长征出版社 2001 年版，第 29 页。

② 郑寅：《论跨国公司的发展对民族国家主权的侵蚀》，载任晓：《国际关系理论新视野》，长征出版社 2000 年版，第 147～148 页。

示着国家主权对跨国公司在某种程度上的让步。①

在理论宣传上，服务于跨国公司的理论家鼓吹“主权过时论”，为侵蚀主权国家的主权制造理论根据。跨国公司的全球战略把全球作为自己的活动舞台，跨国公司安排生产、销售、财务、研究与开发等各种职能活动，均是看在哪个地方做有利就在哪里设点布局。世界各国，包括它们自己的母国，都成了可供跨国公司选择的区位目标。鉴于这种全球一体化生产销售战略，一些大型跨国公司开始把自己视为全球公司或无国籍公司。跨国公司通过培训超越国籍和种族的“公司公民”，形成无国界经济或无国籍企业，将对公司的忠诚提高到对国家的忠诚之上。②为了配合这一需要，有些跨国公司的理论家鼓吹“主权过时论”、“主权妨碍经济发展”等观点，其意图是让主权国家不要过多强调主权，淡化主权意识，为跨国公司进一步限制和侵蚀国家主权制造舆论和理论依据。

另外，跨国公司还通过“公司文化”的营造和推广，传播管理方式、价值观念、文化意识等，改变东道国和母国的旧有传统价值。甚至与母国政府勾结在一起，粗暴干涉东道国内政，颠覆东道国合法政府。1954年，美国联合果品公司策划的危地马拉政变、1973年国际电话电报公司挑动的对智利阿连德政府的颠覆、20世纪90年代西方大石油公司在安哥拉内战中的支持作用等都是跨国公司干涉东道国内政的典型事例。③ 跨国公司还通过转移污染工业、从事不正当竞争、欺诈和损害消费者、侵害劳工合法权益以及进行性别歧视等，把公司本身的成本外部化，转嫁给东道国社会，从而成为跨国问题的制造者。④例如，法国的TOTAL公司和美国的UNOCAL公司与缅甸的一家合资企业，从1995年开始，建设一条从缅甸到泰国的天然气输送管道，强迫数千名当地村民劳动，并对他们进行虐待；又如，从1982—1992年，荷兰壳牌公司在尼日尔河三角洲地带钻取了约160万加仑的原油，占该公司在全球原油生产量的40%。这种疯狂掠夺当地自然资源的行为，严重破坏了尼日尔河三角洲的生态环境，极大地损害了当

① 俞可平：《论全球化与国家主权》，载《马克思主义与现实》2004年第1期。转引自www.irchina.org/news/view .asp? id=467，2004年11月10日访问。

② 彭澎：《驳“有限主权论”及“民族国家的终结”》，载《现代法学》1999年第4期，第48页。

③ 刘杰：《经济全球化时代的国家主权》，长征出版社2001年版，第29页。

④ 徐崇利：《经济全球化与国际法中的“社会立法”的勃兴》，载《中国法学》2004年第1期，第143页。

地居民的身体健康。①

以跨国公司为主要力量推动的经济全球化和国际经济一体化进程，是一个不可阻挡的历史趋势，世界各国唯有顺应历史潮流，趋利避害，促进自身的更大发展。任何拒绝、逃避、消极对待都将只会使自己更加被动，更加被边缘化。20世纪90年代以来，世界各国，尤其是发展中国家，对待跨国公司的态度有了很大的转变，从过去的谴责、反对，甚至禁止跨国公司的投资，转变为欢迎、鼓励跨国公司的投资。说明各国对跨国公司的作用有了更全面的认识，既要发挥其积极作用，又要限制其消极作用。东道国政府如能制定正确的利用外资的策略，把利用外资纳入到自己国家的经济社会发展的总体规划中去，做到有理、有利、有节，这样做，即使大量引进外资，也不会触及国家主权的根本，或者说，即使让渡一部分主权，也是主动的、自愿的、互利的、有限制的，反而能更好地维护国家主权和根本利益。

跨国公司对国家主权的侵蚀以及侵蚀的程度，归根结底，与其说取决于跨国公司，不如说取决于主权国家自身的政策与措施。既然跨国公司的发展在某种程度上可能削弱国家的主权，但问题不在于是否削弱，因为经济全球化和一体化时代的国家主权必然要受到影响和得到发展的，而在于国家主权被削弱的方式，是主动削弱还是被动削弱。毕竟这是一个主权国家组成的社会，即使是世界上最强大的跨国公司也不能把自己的意志单方面地强加于哪怕是最弱小的主权国家。跨国公司对国家主权的侵蚀也不是绝对的，尤其是对东道国政治经济事务的有意识的干预也只是少数公司的行为，真正缺乏足够的实力对跨国公司行为实施有效约束的国家是很少的，大多数东道国都有能力对跨国公司的活动限制在许可的范围内，大多数的跨国公司也能在东道国的法律许可的范围内从事生产经营活动，惟其如此，跨国公司的跨国界投资活动才能顺利进行，得到东道国的支持和保障。

三、新国家主权理论的建构

（一）国家主权理论的晚近发展

随着经济全球化和国际经济一体化进程的发展和深入，国家主权理论也得

① D. Frisch & R. Bhala：Chapter 10 Regulating Multinational Corporate Conduct，in Global Business Law，Carolina Academic Press，1999，pp. 761-762.

到了不断的发展。在新的国际形式下，人们提出了各种各样的新的国家主权理论。概括起来讲，主要有以下几种：

经济制约论——全球化进程中国家主权的让渡。在这种理论中，一般把经济全球化看成是制约和侵蚀国家主权生存价值的终极根源。认为全球化的最终结果就是民族国家逐渐失去主权，使主权成为一种过时的信仰。正如贝特兰·巴蒂所说："全球化毁灭主权国家，联通世界版图，滥用已建立的政治共同体，挑战社会契约，过早地提出无用的国际保障概念……从此，主权再也不像过去一样是无可争辩的基本价值，尽管外界观念的渗入是缓慢的，但肯定在改变着主权的内涵。"①这种观点认为，由于经济全球化的发展，各国经济的相互依赖性日益加强，单纯由国家管辖的国内领域、部门越来越少，而国际组织的管辖范围日趋扩大。作为单一主体的国家必须让渡自己的主权，而与其他国家和国际组织共享。全球化的深入与国家主权之间似乎存在着必然的矛盾关系。奥梅在《民族国家的末日》一书中声称："在现今无国界的全球化寰宇内，民族国家作为有意义的参与单位的作用已经不复存在。"他认为全球化的到来，使得国家主权平等原则正在向国际监护、有限主权等概念转化。还有些学者认为，随着全球化的到来，国家管辖范围与能力已大大缩水，主权已经弱化。②

应该指出的是，在主张弱化或让渡国家主权的理论中，不同国家和不同政治背景的学者认为经济全球化和一体化侵蚀国家主权原则的动机和出发点是截然不同的。发展中国家的学者一般出于应付外部经济势力影响的考虑，试图为发展中国家参与经济全球化，并利用这种参与实现经济的跨越式发展寻找合理的依据。至于西方发达国家学者的主张也不能一概而论，在看到部分学者刻意为西方的全球战略扩张奠定理论基础的同时，也应该承认大多数学者是从不同的理论视角来认识问题的，是试图解析经济全球化和一体化的内在动力及其客观的全方位效应。否则，就很难解释西方同样也有很多学者反对削弱国家主权。

道德制约论——人权高于主权。冷战结束以来，人权问题在撩去意识形态的面纱后，在国际关系中的地位和重要性日益突出，特别是西方学者提出的人权高于主权的理论，把人权视为超越国界的、具有普世价值的道德因素，认为出于保障人权的需要，国家不能再借主权的名义在国内肆意侵犯和压制人权。在当前的人权高于主权理论中，西方的学者一般从两个方面分析国家主权因人权而

---

① 刘杰：《经济全球化时代的国家主权》，长征出版社2001年版，第85～86页。

② 李慎之：《开展全球化研究》，载《世界知识》1994年第2期。转引自张学慧、谭红：《全球化背景下对国家主权的再思考》，载《当代法学》2004年第6期，第112页。

受限制的合理性与合法性。一方面，人权在本质上不属于国内管辖的范畴，人权是无国界和超国界的；另一方面，基于人权不再属于国家主权管辖范畴的命题，出于保障人权的目的，国家主权还应受到相应的制约和限制，不再是国家绝对的权力。

就理论渊源而言，人权高于主权的观点起源于启蒙时期的人民主权论。按照人民主权论的思路，人民才是主权的真正拥有者，国家不过是人民权利的代言人，国家主权是人民主权通过社会契约授予的，人民的主权当然高于国家的主权。从人权的道德性出发，既然人权是最高的道德权利，那么它就具有普世的人文价值，有着所有国家都必须遵守的抽象标准，由此，普世的人权必然高于国家的主权。而人权既然高于主权，当国家大规模侵犯国内人权时，国际社会当然就有权力进行干预。在这样的推理下，人权战略的三位一体的逻辑互动链就是人权一人权高于主权一国际人道主义干预。①

国际人道主义干预是一种新的干涉主义。宣扬"我们不是为土地而战，而是为价值观而战"、"国家主权并不及人权和防止种族灭绝重要"等思想。②这种新干涉主义的理论基础即是人权高于主权的理论。作为曾经饱受西方列强侵略和奴役的广大发展中国家和弱小国家，对这种人权高于主权的理论和由此而来的新干涉主义思潮，是怀有高度警惕的，担心好不容易到手的国家主权和独立会因此而丧失。但人权作为一种普世的价值，是人类孜孜以求的美好理想，是国际法最终要实现的实质正义的核心内容。不管是哪一个国家，只有顺应加强人权保护的历史潮流，才能融入经济全球化和一体化的进程，并获得相应的发展机遇和利益，才不至于被边缘化，这是不以人的意志为转移的。

制度制约论——国际机制理论。20 世纪 90 年代以来，国际机制(International Regime)理论越来越受到人们的重视。在不同的学者那里，国际机制的定义和内涵并不完全一致，但一般认为，国际机制内涵可大致界定为：国际社会在经济全球化时代和国际关系转型时期，为了适应国际关系稳定和发展的需要，在协调国家行为基础上形成的国际体制、原则、规则及其运作方式的有机系统安排。③ 西方学者关于国际机制的理论主要有以下一些基本理念：

一是合作的理念。与传统的权力和利益观念相比，国际机制理论认为国家

---

① 刘杰：《经济全球化时代的国家主权》，长征出版社 2001 年版，第 88～90 页。

② 刘建辉：《"新干涉主义"与"第三条道路"》，载《光明日报》1999 年 8 月 27 日。

③ 刘杰：《秩序重构：经济全球化时代的国际机制》，高等教育出版社，上海社会科学出版社 1999 年版，第 60 页。

对权力的追求是导致霸权的重要根源,绝对的国家利益观则往往使国际社会矛盾和冲突不断,要实现国际秩序的稳定,就必须抛弃这些过时的损人利己的理念。二是预期理性理念。国际机制理论追求的是非零和博弈或双赢博弈,试图通过建立规则并使各方均遵守规则来找到能为各方接受并对各方均较为有利的办法。三是合乎现实的道德主义理念。国际机制有自己的道德标准和理念。它主张在国际关系中应该注入更多的道义色彩,但不追求无法实现的理想;它承认普遍的道德和绝对的正义与公平在当代无法实现,但认为人类可以追求相对的正义与公平和有规则的道德,强调对违背现行国际道德标准的制裁和惩罚;它同意国家利益仍然继续构成主权国家的基本行为动力,但反对将国家利益极端化,反对在追求国家利益时不择手段、损人利己,主张重新解释权力和利益,要求将国家的短期利益、长远利益、绝对利益和相对利益相结合。四是效用的理念。国际机制追求有效的和实用的国际规范,它所包含的规范是为大多数成员国所认可和接受的,因而也比较容易约束成员国的行为。五是法治的理念。国际机制拓展了国际法治的视野,试图建立一个法治的世界,使国际秩序建立在一个法治的基础之上。即国际机制主张用法治化的手段来规范国家的对外行为和国际间的利益分配与协调,强调只有实现法治化才能实现国际关系的合理化和有序化。六是约束的理念。国际机制强调对主权的约束,但并不主张主权过时论或超越主权论,承认主权国家依然构成基本的国际法主体。在很大程度上,国际机制理论之所以为众多国家承认和参与,即在于它对主权国家有所限制,但进一步确认了主权国家在当今世界的主体地位,为主权国家提供了合法性的依据。七是相对主义的理念。国际机制理论追求的既非霍布斯的“自然状态”,亦非康德理想中的“永久和平”,而是承认国家间因制度、观念和历史文化的差异而存在的利益差异,着眼于为国际问题和各国的国内问题的解决提供外部条件,在具体的运作中,它可以有较大的灵活性和适应性,不同问题的解决可以有不同的国际机制与之相适应。

从国际机制理论所蕴涵的多方面的价值理念可以看出,尽管国际机制主张限制国家主权,但它的出发点与传统的霸权主义贬低国家主权的主张是完全不同的,它更多的是试图解决当今国际机制与国家主权之间客观存在的矛盾,即国际机制要求对国家利益的狭隘观念逐步进行变革,以合作的互利的长期利益代替争斗的利己的短期利益,国际机制并非意味着国家主权的转移,而是主张国家主权的国际汇合,不是要求单方面的责任和行动,而是强调国际的共同责任和行动,国际机制所包括的准则和决策程序为国际关系角色同时提供限制和机遇,是解决国际争端、实现和平稳定的有效手段。①

生存制约论——人类安全的主张。人类安全(Human Security)是近年来在西方学术界出现的一个新概念。按照西方学者的解释,人类安全概念的提出是试图为经济全球化时代重新确立人类进步的坐标和价值基点。一般认为,人类安全是人类的安全保障和福利,它主要包括七个方面的要素,即经济安全(economic security)、食品安全(food security)、健康安全(health security)、人身安全(personal security)、环境安全(environmental security)、社区与文化安全(community and cultural security)、政治安全(political security)。

从观念上说,西方学者关于人类社会安全观念从国家安全、社会安全到人类安全的演进的内在逻辑可以表述为:一方面,这一过程是天赋人权理论和社会契约论的合乎逻辑的发展结果。在经典启蒙学者那里,人类社会初始的自然状态决定了个人有着天赋的自然权利,因而他们也是安全的。私有制出现后,个人出让部分的权力给国家,由政府来保障着部分共同权力,但随着政府权力的无限扩张,又使得政府得以在国家安全和国家利益的借口下侵犯个人的安全和权利,这就要求国家安全有必要向人类安全回归。另一方面,人类安全试图从国家主义的安全视野出发,通过跨国界的人类合作,使人类的安全观念回归个人主体这一新人本主义性质的价值命题。在这一命题下,随着个人安全范畴的不断扩大,影响个人安全的跨国因素也日益增多,国家已没有足够的能力充分保障人类安全。这就需要打破国界的限制,重新制定全球性的社会契约,在全球范围内保障人类安全。显然,无论哪一种逻辑,其推理的结果都必然要求限制乃至否定国家的主权。

与人类安全主张相伴生的,是对国家主权价值的质疑和对国际合作的重新认识。进入20世纪90年代,新自由主义思潮的崛起,为安全主体由社会向个人的进一步演变提供了理论背景。在新自由主义的价值理念下,只有每个个人的安全和权利得到了切实的保障时,社会的安全才是可能实现的,而国家的安全则越来越被其视为过时的观念。②

除了上述总结的四种关于国家主权观念的新的理论外,人们还有其他各种各样的关于主权的新理论,但总的来看,都是上述理论的变体或另一种表述方式,其实质内涵还是大体一样的。这些理论主要有:民族国家终结论、国家主权过时论、国家主权弱化论、国家主权多元论、国家主权强化论、世界政府论、新帝

① 刘杰:《经济全球化时代的国家主权》,长征出版社2001年版,第96页。

② 刘杰:《经济全球化时代的国家主权》,长征出版社2001年版,第97～99页。

国主义论、全球治理理论、主权可分论、主权演变论、主权让渡论、新干涉主义等。①

（二）新国家主权理论的应时而立

从以上分析不难看出，在经济全球化和国际经济一体化进程中，国家主权的嬗变既是事实，亦是趋势；已经发生，并将继续深化。我们说主权的让渡也好，主权的弱化也好，不管以一种什么样的表述方式来描述主权的这种发展变化，其实质内涵应该是相差不大的。我们在关注国家主权的这种发展变化的时候，也要注意到这种发展变化其实也不是毫无保留的。

欧盟成员国的国家主权的让渡和转移是最为彻底和全面的，但伴随着各成员国国家主权的让渡的，是对各成员国国家主权的维护。如何平衡二者之间的关系是欧洲一体化过程中必须面对的问题。在欧盟与成员国并存权力领域确立了辅助性原则（Subsidiarity Principle），就在于平衡这二者之间的关系。《马斯特里赫特条约》在序言中宣称：决心继续创建一个欧洲人民间日益紧密的联盟，使各项决策的作出能依照辅助性原则，尽可能与其公民贴近。该公约第 2 条规定：本联盟各项宗旨之实现，应根据本条约规定的方式，依照其确立的条件和时间表，并尊重《建立欧洲共同体条约》第 3b 条所确立的辅助性原则。② 在《马斯特里赫特条约》中以条约方式确定了辅助性原则在欧洲联盟的法律地位。第 3b 条规定：共同体应在本条约所授予的权力和指定给它的目标的范围内行动。在不属于其专有的权限范围的领域，共同体应根据辅助性原则，只有在所建议的行动涉及的目标不能由成员国有效地实现，并且由于该项所建议的行动的规模和影响而可以由共同体更好地实现的情况下，才得采取行动。共同体的任何行动不得超越为实现本条约规定的目标必要的范围。③ 概括地讲，辅助性原则就是指欧盟在分享或并存权力领域，只能在证明成员国不能有效实现特定目的，并证

---

① 具体可参见：俞可平：《经济全球化与国家主权》，载人大复印资料《国际政治》2004 年第 5 期，第 3～4 页；张学慧、谭红：《全球化背景下对国家主权的再思考》，载《当代法学》2004 年第 6 期，第 112～113 页；王献枢、王宏伟：《经济全球化时代的国家主权》，载《法商研究》2002 年第 1 期，第 68～71 页；刘仁山、徐敏：《论国家主权理论的新发展》，载人大复印资料《国际法学》2003 年第 2 期，第 9～11 页。

② 曲波：《欧盟一体化对国家主权理论的影响》，载《当代法学》2002 年第 10 期，第 57 页。

③ 黄正柏：《从“辅助性原则”看欧洲一体化与国家主权的关系》，载《国际观察》2001 年第 2 期，第 36 页。

明自己能更好地实现此等目标的情况下才能采取行动。辅助性原则不仅是一项政治原则、法律原则,而且是欧盟的基本原则。它并不特意限制某一方应如何行使权力,在不影响二者之间既定的权力平衡关系的前提下,适当控制欧盟在并存领域"独领风骚"的趋势。① 辅助性原则的目的,正是为了保证主权国家对一体化进程政治上的控制,保证在一定领域、一定程度的权力转移产生比各国单独行动对成员国更加有利的结果。"二战"后欧洲一体化进程的实际情况可概括为:尽最大可能收取一体化的利益,尽一切可能维护国家主权,只有在必要的情况下,才在某些领域转移并共同行使主权。在这些领域,还是在成员国政府间充分协商达成一致的前提下进行的,是受各国政府主导和控制的。在必要时,还允许有关国家自由决定是否和如何加入某一项具体的一体化措施,从而排除了强制性的一体化。所谓"多速欧洲"正是表明了这一点。欧洲一体化仍然是在主权国家的基础上实行的。② 法国与荷兰等国在全民公决《欧盟宪法条约》时踩了急刹车就充分说明了这一点。

世界贸易组织对各成员方的主权的影响也不可谓不深,其争端解决机制对国家主权造成了前所未有的冲击。但是,世界贸易组织也不是一个建立在超越各国政府基础之上的超国家的世界政府,而依然主要是一个政府间的国际组织。在世贸组织西雅图会议期间,世贸组织对指责它削弱国家主权的回应就能很好地说明问题。在这次会议期间,有人提出世贸组织削弱国家主权的观点,认为:通过创造一个有权实行经济制裁以强迫执行规则的超国家法院,世界贸易组织已经取代了民族国家政府,它是一个由无数公司支持的政府。在过去的 9 年多时间里,欧盟一直禁止由人工荷尔蒙催生的牛肉。世界贸易组织认为,公共健康法案是自由贸易的障碍,应当予以废除。欧盟不得不取消禁令,要么就赔付巨款。在世界贸易组织的统领下,各国政府再也不能为公共利益而采取行动了。对于这样的观点,世贸组织提出了三点理由,宣称自己绝对没有试图削弱国家的主权。

一是,世贸组织争端解决机制的规则以各方一致同意的协定为基础,制裁不是由世贸组织而是由争端的赢方来执行。而且制裁问题最初不是由世贸组织提出的,它没有这个权利,而是由美国和加拿大提起的,早在 1989 年美国就第一

① 曾令良:《论欧洲联盟法中的从属原则》,载《武汉大学学报》(哲社版)1999 年第 2 期,第 40 页。

② 黄正柏:《从"辅助性原则"看欧洲一体化与国家主权的关系》,载《国际观察》2001 年第 2 期,第 39 页。

次对欧盟的牛肉进口禁令进行了1亿美元的制裁，比世贸组织的成立整整早了6年。

二是，世贸组织没有说哪个法律应该废除，世贸组织只是认定这项禁令(不是法律)违背了欧盟自己参与谈判并签署的世贸组织协定，欧盟还可以选择提供新的证据来支持它的禁令，抑或废除禁令。欧盟选择了前者，但在约定的期限却没有做到，因此美国才进行了制裁，同时，欧盟的禁令仍然没有取消，也没有哪个成员可以强迫它取消。三是，世贸组织的协定包括无数的条款允许各国政府充分考虑其国内的公共利益，换言之，协定也正是所有国家依照其国内利益而追求的结果。如果它们对国内利益的看法发生变化，那么它们完全可以争取对协定进行修订，这在关贸总协定总共八轮的谈判中充分体现了出来。①

这些理由是否充足当然值得探讨，但至少它表明了一种态度，那就是世界贸易组织没有也不打算削弱任何国家的主权地位，它仍然是建筑在国家主权基础上的。②

再来看跨国公司，其实它们对国家主权的影响也是有限的。在经济一体化进程中，国家对跨国公司管制的放松或者监管的无力，并不能认为是国家主权地位的削弱。从国家与跨国公司的关系来看，任何一家公司都必须依据一国的法律设立，取得某一国家的国籍，从而置身于一国的管辖之下。特别是在国际经济贸易领域，国家对公司的管制有放松的迹象，或由于跨国公司等的故意行为而导致监管不力，但国家与公司的管制与被管制的关系没有任何改变。国家可以通过降低关税、简化许可程序、提供财政支持等方式来鼓励公司在全球范围内合理地配置各种生产要素，获取更多的利润，但与此同时，当公司的行为可能破坏环境、限制市场竞争、违背本国的外交政策或不利于本国的国家安全时，国家对公司的管制将是毫不留情的。③ 从更深入一层含义上来看，经济全球化进程中跨国公司的无限制的发展给世界政治经济带来的困境也只有通过主权国家才能得到解决的。先来看经济困境。一种市场经济，无论是全球性的还是民族性的，都需要有人提供最终的解决办法，提供权威以便对银行和金融市场进行约束，又赋予信心，并且能够在增长缓慢和衰退时期采用凯恩斯主义。但这里的困境是，无

---

① 世界贸易组织委员会:《对世界贸易组织的十大指控及反驳》，载《国际金融报》1999年12月10日。

② 刘杰:《经济全球化时代的国家主权》，长征出版社2001年版，第50页。

③ 车丕照:《身份与契约——全球化背景下对国家主权的观察》，载《中国国际法学精粹》2003年卷，机械工业出版社2004年1月版，第8～9页。亦可参见《法制与社会发展》2002年第5期。

论是以前的霸权还是国际组织，我们都无法依赖它们去完成上述任何一项任务。再来看环境困境。在世界市场经济中，公司管理者的行为动机促使他们当中的大多数人去破坏和污染我们的星球，而国家所具有的必要的制约力量却受到国际准则、主权等因素的束缚。最后是政治困境。为争取自由和负责精神而进行的长期斗争至少逐渐使某些国家对人民负起了责任，但是全球化把权力从国家转向了公司，从而坐视国际官僚破坏了这种负责精神，在新出现的非国家权威中，没有一个是对人民负责的，其透明度甚至更低。这就从根本上排斥了跨国公司取代主权国家承担起保护人民权利的可能性和合理性。①

当代国际法的实际情况表明：国家主权学说、国家主权原则不是过时了，而是向前发展了，而且内容也进一步充实了。②在经济全球化和国际经济一体化迅猛发展的时代，有必要建立起符合国际法发展的实际，也符合时代对国际法发展的要求的国家主权理论和国家主权学说。综合上述分析，我们对国家主权及其理论总结如下：

首先，主权从来都不是绝对的权力。主权不是绝对的，而是一个历史的、发展的概念。“国家享有主权”这一论断，是建立在“各国均接受国际法约束”规则的基础之上，没有国际法的权威，国际秩序就会乱套，各国就无法享有主权。③国家主权及其行使显然受到经济全球化和全球及区域一体化的种种制约和限制，存在一定的局限性和相对性。从主权理论产生和发展的历程，以及关于绝对主权与相对主权的争论来看，我们可以明确一点，主权概念是一个历史范畴，国家主权观念在不同的历史条件和国际环境下，其内容和表现形式是不同的。也可以说主权概念是一个不断发展与完善的历史性产物，我们不能禁止、教条地看待国家主权。④

17 世纪英国著名思想家霍布斯由“绝对主权”引出“主权不可分割论”，他认为“权分则国分，国分则不国”。⑤ 其实，主权原则从来都不是绝对的、至高无上的。主权原则的最早倡导者博丹尽管将主权定义为“一个国家绝对的、永久的权力”，但他同时也明确将主权原则置于“上帝的法律和自然法”的统治之下。他指出：“任何世上的君主都必须服从神法和自然法。”这些神法和自然法后来以国际

① 刘杰：《经济全球化时代的国家主权》，长征出版社 2001 年版，第 106 页。

② 潘抱存：《论国际法的发展趋势》，载《中国法学》2000 年第 5 期，第 154 页。

③ 潘抱存：《论国际法的发展趋势》，载《中国法学》2000 年第 5 期，第 154 页。

④ 伍贻康、张海冰：《论主权的让渡——对“论主权的‘不可分割性’”一文的论辩》，载人大复印资料《国际政治》2004 年 3 月，第 13 页。

⑤ 徐大同：《西方政治思想史》，天津人民出版社 1985 年版，第 220 页。

法的方式体现出来，构成制约主权者行为的规范。① 可以想见，随着经济全球化和国际经济一体化进程的深入发展，全球利益、国家利益以及国家间利益呈现更加密切地交织在一起的趋势，这种相互制约型的规范会逐渐增多。

我们强调国家主权的神圣地位，并不等于将它推至极端。就像国内社会的任何人不可能有绝对权利和自由一样，国际社会的任何国家都不可能享有绝对的主权。正如印度国际法学者阿南所言："现实生活给予国家绝对独立的程度并不比给予个人的独立程度高。"②而且如同个人在社会的独立必须在法律约束之中一样，各国的主权独立也必须在国际法律范围之内。国家主权之所以不是绝对的，还有全球化进程中国际社会内国家间的相互依存性这一根本的原因。在当今世界，一国的生存与发展还取决于全球的可持续发展。而要谋求这两个方面的发展就必须在一些领域适当限制国家的主权。而且，很重要的一点是，主权的制约者恰恰是主权者自身。不论是欧盟还是世界贸易组织成员国对自己主权的限制大多是"自作自受"或"心甘情愿"的。正是国家创立的国际组织，并赋予它们为实现其宗旨所必需的职权，也正是国家不断制定和完善国际法来约束自己。另外，一旦国家发现其主权受到过分的限制，它又会通过行使主权来调整有关的制约因素。③对此前面已有述及。

其次，国家利益是国家主权的核心价值所在，而主权的让渡恰是为了维护和扩展国家利益。在论及国家主权让渡问题上至少有两点是可以明确的：一是国家依然主宰着国际组织的诞生、发展和消亡。即使在像欧盟这样的超级共同体当中，成员国依然是条约的主宰，只要某个成员国想在事实上或法律上脱离共同体，它仍然可以拿国家主权来辩护。④ 二是国家为了维护和扩展自身的国家利益，以让渡部分主权的方式来建立和加入国际组织。尤其在全球化时代，虽然国家利益在形式上依然由国家（政府）决定，但其内涵早已不再纯粹是一个国家的决定，国家利益的定义和范围大大超出了传统的认知框架。总之，在一个越来越相互依赖的全球国际社会里，国家利益的外部决定过程——相对于内部制

① 李强：《全球化、主权国家与世界政治秩序》，载《战略与管理》2001年第2期，第21页。

② R . R. Anand International Law and the Developing Countries, Martinus Nijhoff Publishers, 1987, pp. 86-87.

③ 曾令良：《冷战后时代的国家主权》，载邵沙平、余敏友：《国际法问题专论》，武汉大学出版社2002年版，第62页。

④ [德]沃尔夫刚·格拉夫·魏智通：《国际法》，吴越、毛晓飞译，法律出版社2001年版，第361～362页。

约——有了更加迅速的增强，尽管它们不一定立即和从本质上改变民族国家事关本国重大利益的原有决策。①

国家对国际组织的权力让渡不是弱化自身的独立目标和主体身份，而是越来越借助于合作型的权力安排最大限度地实现国家利益。欧盟内部的制度安排是目前国际组织中国家主权让渡最多的，但是我们也同时注意到欧盟成员国的发展及其国际地位随着欧洲一体化在迅速提高，无论是德国这样的大国，还是卢森堡这样的小国，效果都体现得很明显。美国欧洲问题专家卡莱欧认为："事实上，在欧洲，现实中的主权同理论上的主权有很大区别。没有合作，主权就不能发挥作用。相互依存不会导致欧洲国家的消亡，而会驱使它们进行合作。""今天的欧洲联盟是一个具有联邦和邦联混合特征并取得了巨大成功的混合物。然而，直到现在，与其说欧盟是对欧洲国家的弱化，不如说它使欧洲国家获得了新生。无论如何，欧洲国家是充满活力和健康地作别 20 世纪的。"②由此可见，主权变通行使方式不必然构成对国家主权的侵害，反而促进了国家的强盛。

再次，让渡主权是为了共享主权，而不是放弃主权。在经济全球化和一体化进程中，国家不是孤立存在的个体，各国主权的独立都具有相对性。在主权国家林立的国际社会里，国家间的权利和义务不可能是相互割裂而孤立存在的。参加国际组织同国家主权并不矛盾，国际组织所享有的权力正是国家主权在国际范围内作用的结果。③ 主权让渡不是放弃主权，而是在新的国际形势下审时度势的理性选择，以让渡部分主权的方式参与国际组织，由一个集体认同的机构集中行使这一部分权力，实现主权共享，这是国家在目前国际形势下寻求合作、扩大影响的战略选择。④

在经济全球化和一体化的客观趋势下，单个国家的社会、经济利益越来越密切地同区域内外国家发生广泛而密切的关联，特别是区域合作与一体化，使国际合作逐步成为世界各国普遍采用的生存和发展方式。发展中国家，尤其是一些弱小国家，只有联合起来走区域一体化的道路，才能在参与国际事务和分享全球化利益问题上发挥更大的作用。它们唯有在与其他国家、国际组织、跨国公司等

① 王逸舟：《国家利益再思考》，载《中国社会科学》2002 年第 2 期，第 163 页。

② [美]戴维·卡莱欧：《欧洲的未来》，冯绍雷等译，上海人民出版社 2003 年版，第38～41 页。

③ 余敏友：《以新的主权观迎接新世纪的国际法学》，载《法学评论》2000 年第 2 期，第 72 页。

④ 伍贻康、张海冰：《论主权的让渡——对"论主权的'不可分割性'"一文的论辩》，载人大复印资料《国际政治》2004 年 3 月，第 14 页。

的互动关系中才能实现自己的发展利益，这种实现是以利益和权力的相互让与为条件和代价的。寻求最佳选择，有利于发展中国家顺应历史潮流，在全球化和谐共处中更好地坚持主权，使之成为走向现代化的根本保障。①

国家的主权让渡可以看作是主权的集体行使和共享主权利益。越紧密的一体化对国家主权的限制越多。欧洲一体化的每一次深化都伴随着主权的让渡。“国家间的多边合作对于全球经济的协调运作越来越重要，多边合作代表着国家政府间利益的共享，在合作过程中创设和实施一些规则来协调分歧并监督相互的经济体制。这种多边合作确认了一个国家与另一个国家在相互的政策和行为上是利益相关的主张。国家间的多边合作是一个规则制定的过程，包括约束性协议的谈判、相互的监督、条约的解释和争端的解决。”②因此，在全球化加速发展的态势下，主权的维护不应被视为最终的目的，而应被看作一种可以设计和借助的手段，借此实现国家利益和公民福利的最大化。国家在主权问题上进行自主限制和自主让渡的必然结果是国家利益的最大化，即以必要的妥协和让步为代价，充分利用当今世界所能提供的各种资源，在最短的时间内，以最快的速度、最小的代价，走向可持续发展和繁荣，这最终无疑会强化国家主权的地位。③

最后，还有必要提到的是，国家主权的弱化是与国家主权的强化相伴相生的。前面已经对主权的让渡和弱化进行了各方面的论述。但是国家在某些方面的职能，比如经济职能，是其他任何实体都无法替代的，而且将不断得到强化。这些经济职能包括：执行国际经济组织的决议，派遣代表参与国际经济事务的谈判，解决经济增长、通货膨胀、货币、债务、资本剩余、财政赤字等宏观经济问题，在国际竞争日趋激烈的情况下帮助国内公司增强经济竞争力，保护国内工业不受外国资本垄断和控制，保护各经济实体的合法权益等。尽管国际组织在加强国际合作方面发挥着基本作用，但它不可能也不须代替国家。而且，随着国家在非核心经济主权方面的能力的相对弱化，上述权力会得到不断增强。在日益激烈的国际竞争中，国内公司更需要国家的保护和扶持，在跨国公司的力量不断扩大的情况下，更需要国家对各种限制性商业行为进行规制，以保护民族工业的发

① 俞正梁：《发展中国家在主权问题上的当代选择——中国对外战略问题思考之一》，载《复旦学报》(社会科学版)1998 年第 1 期，第 33～35、41 页。

② Shah M. Tarzi: The Role of Norms and Regimes in World Affairs: A Grotian Perspective, International Relations, Vol. XIV, No. 3, Dec., 1998.

③ 俞正梁：《国家在全球化中的位置》，载人大复印资料《国际政治》2003 年第 2 期，第 12 页。

展，在金融危机频繁发生的态势下，更需要国家强化监管力度，以维护国家安全。①

总之，我们认为，国家主权的让渡和共享是历史的大趋势。国家和国家主权都是历史的产物，它们在一定的范畴内发生、发展和变化，也许甚至直至消亡。全球化加速扩展对国家和传统国家主权从理论到现实都提出了严峻的挑战，同时也为各国在国家发展和利益增进方面提供了前所未有的历史机遇。因此，为了更好地适应变化了的形势和国际环境，对国家主权及其行使从意识到具体实践作出相应的调整和变通是极其必要和紧迫的。主权的让渡和共享集中体现了国家主权在面对挑战时所作出的必要回应。

进入 21 世纪以来，国际经济和政治形势的发展变化更加迅猛，国家间相互依赖关系和利益交织愈益突出，面对全人类共同的难题，单个国家力不从心，无法单独应对。世界各国间利害得失的关联性和共同性越来越多、越来越广，亦越来越紧密。联合国秘书长安南曾指出："各国人民已经意识到必须分享所面临的机遇，这就是我们建立共同市场和联合国的原因，因为只有团结起来，人类才会更强大。"②国与国之间的团结协作促使更多的国际组织和国际规则应运而生，与此同时，相关国家及其主权也必然受到相应的限制，国家自主决策也受到相应的制约。为了维护和扩展自身利益，为了抗衡强权、霸权，为了永久地消除战争的隐患，越来越多的国家已经意识到多边合作和区域一体化是应对全球化的有效的战略选择，参加世界贸易组织，建立双边和多边自由贸易区已成为世界绝大多数国家的政策抉择。

当前以欧洲联盟领头的区域一体化在不同领域和不同程度上正在遍及世界各个地区，成为世界性的不可阻挡的历史潮流。参与全球化和一体化深层次、多领域的多边合作，建立和加入区域一体化组织，对相关国家的主权的行使，显然都存在着两种相辅相成的倾向：既有对国家的主权接受限制和制约的倾向，又有在相关领域借助主权共享实现国家主权的延伸扩展的倾向。这两种倾向的发展都是以主权利益为基轴而展开的，都是以国家利益为标尺来权衡利害得失后所采取的一种自主行动。无论是主权的让渡和共享，还是主权的受制约和进一步延伸，都是国家行使主权的结果，其必要性和有效性关键在于相关国家如何设计

① 孟碧国：《经济全球化时代经济主权原则的发展趋势》，载《云南大学学报（法学版）》2003 年第 2 期，第 44 页。

② ［加纳］科菲·安南：《人类共同面临的难题》，载《经济观察报》2002 年 9 月 9 日。

体制、运作机制，以求实现多边合作和国际组织成员国间的互利共赢。①

从国际关系的现状和历史发展态势来综合分析和考察，从长远的国家、战略和世界可持续发展的角度，从区域一体化和全球一体化的发展成果与未来预期来看，主权的让渡和共享无疑是历史的进步和发展的大趋势。国际法的产生、发展和完善的进程表明，它的确肩负着限制国际社会无政府状态的使命。但国际法不是“世界法”，它不是理想主义的产物。相反，它是照顾无政府状态的现实的，是主权平等国家之间的法律体系。因此，这一体系在某种程度上是现实主义和理想主义的折中。这一矛盾的特性，使得国际法既要限制主权国家及其外交政策行为，又要为主权国家的外交提供合法性，强化它的功能。在国际社会系统之间的互动必然促进国际法不断修正和完善。伴随着全球化的推进，人们越来越认识到，人类社会有着高于国家利益的利益。要清楚地找出国家利益与国际社会共同利益之间的界限越来越困难了。正因为两者之间存在着相互渗透的情况，也由于没有有效的合作来增进国际社会的共同利益，就意味着国家利益自身也难以完全实现，这促使主权国家越来越多地通过谈判与合作来解决全球性的问题。② 诚如基斯所言，像外层空间和海洋的和平利用、生物圈的保护这类议题，绝不亚于保护人权、非殖民化和穷国发展等问题，如果离开人类共同利益这样的理念，那么这些问题根本得不到正确的理解。③ 今天，主权国家在协调国家利益和国际社会共同利益方面的作用越来越突出，而以往那种以国家利益为根本出发点的传统假设确实是需要作出修正了。

当然，从另一个角度来看，国家是国际法和国际组织产生的前提，而国际社会则是国际法和国际组织存在的社会基础。没有国家，就不可能有国际法和国际组织，只有单独一个国家或者只有多个各自孤立的国家，也不可能有国际法和国际组织。国际法和国际组织的产生、存在和发展，无不与国际关系及这个无比复杂的国际社会联系在一起并受其制约。国际社会，以独立国家为其主轴的这种基本结构显示：在人们可以预见的时期内，它很难在各国之上建立一个像国内社会一样以统治权为基础的全世界统一的超国家机构。同样，以当前这种国际社会基本结构为前提的现代国际法体系，也很难发展出一个具有最高管辖权的

① 伍贻康、张海冰：《论主权的让渡——对“论主权的‘不可分割性’”一文的论辩》，载人大复印资料《国际政治》2004 年 3 月，第 15 页。

② 唐贤兴：《国际法与主权国家的外交：全球化时代的新发展》，载人大复印资料《国际法学》2004 年第 1 期，第 42～43 页。

③ [美]玛莎・费丽莫：《国际社会中的国家利益》，袁正清译，浙江人民出版社 2001 年版，第 4 页。

全世界统一的立法、司法或执行机关来。可见，随着国际社会组织化程度的提高，世界增强了凝聚力，但在国际社会上述基本结构发生根本变化之前，国际组织仍将基本上是一种“国家间组织”，国际法仍将基本上是一种“国家间法”。这就是问题的限度，超出了这个限度，它就不是“国际法”了。① 所以，可以认为，国家主权及其理论的发展，是一种典型的戴着镣铐的舞蹈”。

① 梁西：《国际组织法(总论)》第5版，武汉大学出版社2001年版，第335～336页。

第七章　从世贸组织争端解决机制谈国际法效力的强化

一般认为,传统国际社会没有一个统一的最高立法机关来制定法律。国际法是作为国际社会平等成员的各国,在相互协议的基础上逐渐形成的。无论是条约法还是国际习惯法,都必须有主权国家的明示同意或默示同意才能生效。国际社会,没有一个处于国家之上的司法机关来适用和解释法律,也没有这样一个行政机关来执行法律。虽然过去的国际联盟和现在的联合国,都设有国际法院,但它们对当事国并没有像国内法院对当事人那样的强制管辖权。从实质上分析,任何国家都不得被强迫违背其意志进行诉讼。各诉讼当事国的自愿是国际法院受理案件的基础。虽然联合国宪章设立的集体安全制度有助于对破坏和平及侵略行为进行制裁,但是宪章所规定的“执行措施”,如果涉及大国的利益,则可能在安理会遭到否决。因此,联合国不大可能对作为安理会常任理事国的大国实行制裁。国际法的实施,在很大程度上是凭借国家本身的力量。国家既是自己遵守的国际法规范的制定者,在一定程度上又是这些约束它们自己的规范的解释者和执行者。① 因此,传统国际法因对司法判决缺乏保证强制执行的手段或机制,常被称做“软法”(soft law)或“弱法”(weak law)。于是,制定一套有效的规定以保障世贸组织的法律规则具有强制约束力,成了人们注目的焦点。②

世贸组织法律制度是当代国际法律秩序中的一个新的分支,但它从一开始就是以“硬法”的形式出现的,并且实实在在地发挥着规范和调整世贸组织成员之间的贸易法律关系。从严格法律意义上讲,《乌拉圭回合最后文件》中所包含的一系列部长宣言和决定以及世贸组织成立后历次部长会议发表的宣言或决定,似乎很难加入“硬法”的范畴,因为它们不像协定那样需要经过各成员代表的

---

① 梁西:《国际法》,武汉大学出版社 1993 年版,第 13 页。

② 赵维田:《WTO 司法机制的主要特征》,载《北大国际法与比较法评论》第一卷,北京大学出版社 2002 年版,第 146 页。

签字甚至需要经过国内宪法规定的批准程序。但是，如果将它们划入"软法"，似乎又委屈了这些部长宣言和决定，尤其是载入多边贸易谈判最后文件的那些宣言和决定。因为它们不仅仅具有政治上的感召力和对协定法的最终形成产生法律效果，而且直接对世贸组织及其成员具有法律拘束力。① 世贸组织作为根据各成员共同同意的条约而建立的国际多边贸易组织，其众多协定对各成员的拘束力首先来源于"有约必守"的国际法律观念，但更重要的，就是依靠具有强制性的争端解决机制，约束有关成员履行其义务。

世贸组织和欧洲联盟的建立是经济全球化和一体化发展的巨大成果，同时又是推动这一进程不断深化的主要力量。鉴于前面作者已经就欧洲法院在欧洲联盟法律制度在各成员国的直接适用和最高效力原则的确立方面的贡献论述颇多，故此处主要只就世贸组织争端解决机制的问题予以分析论述，以进一步明确在经济全球化和一体化进程中，国际法律制度的效力不断得到强化的发展趋势。

一、世界贸易组织争端解决机制的(准)司法性质

在关税与贸易总协定半个多世纪的实践中，争端解决机制所表现出来的两种倾向——外交倾向和司法倾向，或者说实力取向和规则取向，或者说法律主义方法和非法律主义方法，如潮起潮落，此消彼长，呈现出一种矛盾的态势。经过乌拉圭回合的艰难谈判，在最后形成的世界贸易组织争端解决机制中，司法裁决倾向已经完全压倒了外交解决的倾向，已经达到了一个司法性程序体制所要求的"度"，即质的规定性。即世界贸易组织在国内法上表现为各国的法院诉讼体制，在国际社会则表现为国际法院和国际海洋法法庭的诉讼体制。② 所以，可以认为，世贸组织争端解决机制是一个司法性体制。鉴于目前学者们对此问题的看法还不尽一致，以一种能为更多人接受的方式，可以认为它是一种准司法性体制。理由简要叙述如下：

我们说世贸组织争端解决机制是一个司法性机制，因为它包含了司法性机制所一般应具有的要件。第一，作为司法性机制，必须有确定的机构，这些机构应包含法律专家或全部由法律专家组成。而世贸组织争端解决机制有专门的争端解决机构，即专家小组和上诉机构。专家小组成员由合格的政府或非政府人

---

① 曾令良：《WTO法在国际法秩序中的特殊性》，载张乃根：《当代国际法研究：21世纪初的中国与国际法》，上海人民出版社2002年版，第162～163页。

② 左海聪：《国际经济法的理论与实践》，武汉大学出版社2003年版，第118页。

士，包括法律专家组成。每个具体案件的专家组(一般为三人)中一般都有一个熟悉乌拉圭回合多边贸易协议的法律专家。上诉机构的七个成员则必须是经确认擅长法律、国际贸易和有关协议事项的公认权威人士。

第二，司法性的争端解决机构的职权应当是通过解释和适用某些法律规则来解决法律性质的纠纷或争端。在世贸组织争端解决机制内，专家组的职能是调查、认定事实并依法作出裁定。具体而言，专家组必须依据事实和法律对是否存在违法行为，以及如果存在时，该违法行为是否剥夺或损害了申诉方的利益进行裁定。如果作出了肯定的裁决，则应建议撤销该行为。上诉机构的职能则是对专家组适用法律是否适当作出评审，它可以维持、修正或推翻专家组的裁定。专家组和上诉机构所适用的法律是体现为乌拉圭回合多边贸易协议的国际法。

第三，司法性的争端解决机构必须拥有某些专门的规则对所提交的纠纷或争端进行管辖的职权。世贸组织所有成员国承诺，在乌拉圭回合有关协议下产生的所有争端都提交给世贸组织争端解决机制解决。而按照该机制的要求，提交的任何争端，如经协商未能解决，均交专家组进行审查。也就是说，专家组对乌拉圭回合有关协议下产生的争端拥有排他的管辖权。当然，如果上诉程序发生，则上诉机构自然也要行使对法律适用的评审权。

第四，司法性机构在适用法律解决争端时，必须有详尽、明确、具体的程序和规则，这些程序和规则应该能够保证当事人有机会阐明事实，发表意见，保证机构正确适用法律。在世贸组织争端解决机制下，专家组、上诉机构处理案件具有明确的规则和程序。这些规则和程序由于成功借鉴了关贸总协定争端解决规则和程序近半个世纪演进的成果，具备了详尽、完备、明确、具体的特点，能够保证争端当事国充分陈述事实、阐明意见，也能够保证专家组和上诉机构客观准确地认定事实，正确公正地适用法律。

第五，司法机构所作出的关于争端解决的决定对双方当事人具有拘束力，当事双方应予以遵守或执行。在世贸组织争端解决机制下，专家组和上诉机构的报告将自动获得通过(作者还将就“反向共识”的制度设计导致专家组和上诉机构的报告自动通过的问题在后面部分进行阐述)，并对当事国具有拘束力。如果当事国不执行，那么机制还可以提供报复的救济。①

第六，司法性程序的机构应当是争端方以外的“第三者”。这是司法性程序与政治性争端解决程序的根本区别。不论是国内法律制度还是国际法律制度，

① 左海聪:《论 GATT/WTO 争端解决机制的性质》，载《法学家》2004 年第 5 期，第 156～157 页。

司法性程序的机构均有独立性，不受争端双方的制约和影响，机构本身没有争端各方的参与，因而争端各方也不能左右该机构对争端的处理结果。世贸组织的专家组和常设上诉机构符合这一要求。专家组的成员是由争端方之外的专家组成的，"专家小组成员的挑选应考虑到能确保其独立性，其政府作为争端当事方或第 10 条第 2 款规定之第三方成员的公民不得参加专家小组"，①除非争端各方同意。常设上诉机构则是由固定的七名成员组成，他们不得参与任何将产生直接或间接利益冲突的争端的审议。而在 1947 年关贸总协定当初所设立的工作组，就不符合这一要求，工作组中既有争端各方的专家，又有第三方的专家，并不是一个独立于争端各方之外的第三者。在执行裁决和建议时，是由争端解决机构（DSB）——一个独立的争端解决机构去实施监督的。

第七，司法性程序的机构人员组成不是由争端方决定的。这是司法性程序与仲裁性程序的区别。世贸组织的专家组成员是由秘书处来决定的（在关贸总协定中是由总干事决定的），争端各方除非提出令人信服的理由，否则，不得反对秘书处的提名。如果争端各方提出反对，达不成一致意见，则专家组成员的组成由总干事最终指定。上诉机构的人选则由争端解决机构（DSB）来指定，七人之中应有三人参加受理任一案件。

第八，司法性程序的发起是基于法定的管辖权和当事人单方的行为，而不是争端当事方的协议。世贸组织专家组的管辖权是自动的，一经申诉方提出，就应在 DSB 首次将该请求列入议事日程之后的最近一次会议上成立专家组，除非 DSB 一致同意不设立专家组。其管辖权的范围，就是申诉方根据具体适用协议向 DSB 投诉的事项。申诉方无须事先的协议，也无须对方的回应，即可自动进入专家组程序。而上诉程序也是如此，只要争端其中一方提出上诉，上诉机构就有对有关上诉的专家组报告中的法律问题进行审查的权利，而不论另一方是否同意。专家组的管辖权和上诉机构管辖权都是《关于争端解决规则及程序的谅解》（DSU）规定的。在各成员方以一揽子方式接受乌拉圭回合谈判所有成果的时候，已成为各成员的法定义务。执行程序主要是由 DSB 来实施监督的，亦完全具备以上特征，因此，世贸组织争端解决机制的执行程序也具有司法性。②

虽然目前国际法学界对世贸组织争端解决机制到底是不是一个司法性的机

① DSU 第 8 条。第 10 条第 2 款所指的第三方是指与争端具有实质利害关系的第三方。

② 李居迁：《WTO 上诉程序简论》，载陈安：《国际经济法论丛》第 5 卷，法律出版社 2002 年版，第 212～216 页。

制还没有达成完全的共识，比如，有人认为该机制是一种调解体制①，也有人把世贸组织专家组的审议程序称为仲裁②，等等。但是，综上所述，我们不难看出，世贸组织争端解决机制不论从哪一个方面来讲，它都是一个司法性的机制，只是它所表现出来的司法性特征具有不同于以往的司法机制之处。或可出于为了更便于被接受的考虑，可称其为准司法机制。而作为国际法律制度之一部分的世贸组织法律制度，有了这样一个司法机制来保障它的执行，无疑是国际法效力得到强化的重要体现和保障。

二、世界贸易组织有关法律文件的规定

世贸组织争端解决的国际法拘束力所依据的条约规定主要包括：《关贸总协定》(GATT)第23条、《建立世界贸易组织协定》第2条第2款与第16条第4款、《关于争端解决规则与程序的谅解》(DSU)的有关条款。

(一) GATT 第23条的规定

GATT 第23条是世贸组织争端解决的宪法性条款，因为迄今为止，所有世贸组织争端解决的司法性程序，包括专家小组审理、上诉机构复审、补偿和终止减让，无不以此为最终根据。

众所周知，1947年GATT原本只是拟订成立的国际贸易组织(ITO)所管辖的多边贸易协定，因此，GATT本身并没有任何争端解决的体制性安排条款。"ITO宪章草案要求建立一个严格的争端解决程序，以便能有效地运用仲裁手段(尽管并不总是强制性的)，甚至在某种情况下，争端解决还可以上诉到国际法院。"③ITO的不幸流产，导致1948年临时生效的GATT在实施过程中逐渐演变为一个准国际贸易组织，在实践中形成并已法典化的GATT/WTO争端解决程序仍体现了当初设计ITO争端解决程序的特点：严格性、有效性、仲裁性与强制性相结合、可上诉性。如今，1947GATT已经被完全纳入世贸组织的一揽子协议。所以，应当在世贸组织法律框架下来探讨GATT第23条的规定。

---

① P. Pescatore: The GATT Dispute Settlement Mechanism: Its Presentation and Prospects, Journal of World Trade Law, No. 1, 1993, pp. 17-18.

② 《外经贸部司长：WTO也能仲裁中日贸易争端》，载《北京青年报》2001年11月14日。

③ 约翰·H.杰克逊：《世界贸易体制》，张乃根译，复旦大学出版社2001年版，第126页。

首先，与GATT另一项争端解决的宪法性条款——第22条所赋予缔约方在涉及任何与世贸组织协议有关的事项提起磋商的权利不同，第23条规定任何缔约方只有在其利益受到损害时才能诉诸正式的争端解决程序。

第23条第1款规定：如缔约一方认为，由于下列原因，它在本协定项下直接或间接获得的利益正在丧失或减损，或本协定任何目标的实现正在受到阻碍：(a)另一缔约方未能履行其在本协定项下的义务，或(b)另一缔约方实施任何措施，无论该措施是否与本协定的规定产生抵触，或(c)存在任何其他情况。则该缔约方为使该事项得到满意的调整，可向其认为有关的另一缔约方提出书面交涉或建议。任何被接洽的缔约方应同情地考虑对其提出的交涉或建议。①

在GATT/WTO的争端解决实践中，上述a、b、c三项被分别称为违约之诉、非违约之诉和情势之诉。从条约的拘束力来看，GATT第23条第1款旨在约束各缔约方严格履行其协定项下的义务，避免违反条约义务或因其实施的任何措施而损害另一缔约方根据协定享有的权利。一旦某缔约方没有以其约束自己，其他缔约方有权启动争端解决程序要求该缔约方履行或消除损害。这就是条约拘束力的作用。

其次，GATT第23条为各缔约方提供了在磋商(或交涉)不成的情况下，诉诸具有强制性的多边争端解决的程序。第23条第2款规定：如在合理期限内有关缔约方未能达成满意的调整，或如果困难属本条第1款(c)项所述类型，则该事项可递交缔约方全体。缔约方全体应迅速调查向其提交的任何事项，并应向其认为有关的缔约方提出适当建议，或酌情就该事项作出裁定。缔约方全体在认为必要的情况下，可与各缔约方、联合国经济与社会理事会及任何适当的政府间组织进行磋商。如缔约方全体认为情况足够严重而有理由采取行动，则它们可授权一个或多个缔约方对任何其他一个或多个缔约方终止实施在本协定项下承担的、在这种情况下它们认定为适当的减让或其他义务。②

该条款在赋予世贸组织争端解决机构(原为缔约方全体)的调查、建议或裁决乃至采取授权行动的权限，类似《联合国宪章》赋予联合国安理会解决会员国之间涉及国际和平与安全的争端事项之权限。其中，调查和建议的权限委托给在GATT的争端解决实践中形成的专家小组行使，调查和建议的报告由缔约方

① 《世界贸易组织乌拉圭回合多边贸易谈判结果法律文本》(中英文对照)，法律出版社2000年版，第457页。

② 《世界贸易组织乌拉圭回合多边贸易谈判结果法律文本》(中英文对照)，法律出版社2000年版，第457页。

全体决定是否采纳。如今,世贸组织增加了上诉复审程序,不过该机构隶属于争端解决机构本身。该条款规定的采取授权行动的权限是争端解决具有国际法拘束力的最终后盾。

(二)《建立世界贸易组织协定》第 2 条第 2 款与第 16 条第 4 款的规定

由于特殊的历史条件,1947 年 GATT 本身没有任何关于该协定对各缔约方具有拘束力的明文规定,而是通过对第 23 条在争端解决实践中保证了该协定的拘束力。但是,世贸组织完全不同,作为正式建立的国际贸易组织,其宪法性文件——《建立世界贸易组织协定》第 2 条第 2 款明文规定:世贸组织的一揽子协议为"本协定的组成部分,对所有成员具有拘束力"①。这是该协定最重要的条款之一。基于这一条款,该协定第 3 条第 3 款、第 4 条第 3 款关于世贸组织争端解决机构的设立及其职权规定才顺理成章,因为该机构的全部工作就是为了保障这种拘束力的有效性。

与第 2 条第 2 款相配合,《建立世贸组织协定》第 16 条第 4 款从国际义务、国际法与国内法的关系角度进一步规定:"每一成员应保证其法律、法规和行政程序与所附各协定对其规定的义务相一致。"②该条款与 GATT 第 23 条第 1 款(a)项的违约之诉息息相关。迄今为止,经世贸组织司法程序解决的争端无一例外地涉及某成员方的法律、法规或行政程序与其国际义务相抵触。世贸组织的争端解决就是为了消除这种抵触,使所有成员在有关协定的拘束力之下,严格履行其国际义务。

(三)《关于争端解决规则与程序的谅解》(DSU)有关条款的规定

作为世贸组织争端解决的程序法典,DSU 在第 3 条"总则"中首先确认了 GATT 第 23 条为其立法依据之一(第 1 款);然后明确世贸组织争端解决机构(DSB)的职责所具有的司法性,即不能逾越其职权范围,涉足"立法",其"建议和裁决决不能增加或减少适用协定所规定的权利和义务"(第 2 款);并强调根据 GATT 第 23 条解决争端,"对 WTO 的有效运转及保持各成员权利和义务的适当平衡是必要的"(第 3 款)。这些条款界定了 DSB 在保障世贸组织各协定的拘

① 《世界贸易组织乌拉圭回合多边贸易谈判结果法律文本》(中英文对照),法律出版社 2000 年版,第 4 页。

② 《世界贸易组织乌拉圭回合多边贸易谈判结果法律文本》(中英文对照),法律出版社 2000 年版,第 14 页。

束力之有效性方面所担负的职责，对于DSB行使其无可替代的职权，至关重要。

为了进一步细化这一职权，总则第7款规定："争端解决机制的宗旨在于使争端得到积极解决。"具体地说：(1)争端各方优先考虑达成均可接受且与适用协定一致的解决方案；(2)如不能达成双方同意的解决方案，则争端解决机制的首要目标通常是保证撤销被认为与任何适用协定的规定不一致的有关措施；(3)提供补偿的规定只能在立即撤销措施不可行时方可采取，且作为在撤销与适用协定不一致的措施前采取的临时措施；(4)由DSB授权采取对某一成员终止实施适用协定项下的减让或其他义务，作为争端解决的最后手段。①

可见，世贸组织争端解决方式是"递进的"，从双方和解(settlement)，到建议或裁决撤销抵触的措施(withdrawal)，然后自愿或请求的补偿(compensation)，乃至授权报复(retaliatory suspension)，②最终目的都是为了促使世贸组织各成员切实履行其协定项下的国际义务，并且以最后可能采取的授权报复为世贸组织争端解决的强制性后盾。DSU第22条第8款规定，授权报复是临时措施，一旦被建议或裁定与世贸组织协定抵触的有关国内法律、法规或行政程序已修改或取消，就必须停止授权报复。因此，授权报复是保障世贸组织诸协定拘束力的强制手段，而不是目的。

综上所述，世贸组织争端解决的国际法拘束力有着比较完整的条约依据，不仅大大加强了其争端解决的有效性，而且促使各成员能够履行其协定项下的国际义务，避免或减少争端发生。这如同在国内法的约束下，大多数人能够依法行事，诉诸司法的争端在社会生活中毕竟只是少数。③

三、世界贸易组织争端解决机制的制度设计

世贸组织DSU取得的一项最重大成果，就是确定了争端解决机构(DSB)对案件的强制管辖权(compulsory jurisdiction)。这是对国际法里"不得强迫任何

---

① 张乃根：《试析WTO争端解决的国际法拘束力》，载《复旦学报》(社会科学版)2003年第6期，第62页。

② Chi Carmody: Compliance and Conformity under the WTO Agreement, Journal of International Economic Law, Vol. 5, No. 2, June 2002, p. 309.

③ 张乃根：《试析WTO争端解决的国际法拘束力》，载《复旦学报》(社会科学版)2003年第6期。第63页。

国家违反其本身意志来进行诉讼”①规则的重要突破，现在除了海洋法法庭外，一般国际组织包括联合国国际法院在内，司法诉讼是经争端当事国“自愿同意”，国际法院才有权受理。② 世贸组织 DSU 中对强制管辖权的表述，主要表现为对“共识”(consensus)程序的变动，即采取了“反向共识”(negative consensus)。这是加强世贸组织法律制度拘束力的重要的制度设计。

反向共识规则即把“不设专家组”或“不通过专家组/上诉机构裁决报告”为题，要大家表态，只要有一个成员方表示反对，就得设立专家组或通过裁决报告。也即是指在决策时，只有当所有成员协商一致表示不通过某项议案，该议案才能被否决，如果有一个成员表示同意，则该议案就应通过。这实际上是一种自动强制管辖权。世贸组织争端解决机制对这一规则的运用主要体现在专家组的设立、专家组的报告和上诉机构的报告的通过以及授权终止减让或其他义务的通过上。DSU 第 6 条第 1 款规定：经起诉方请求，则至迟在该请求第一次列入 DSB 会议议程的下次会议上设立专家组，除非在该会议上 DSB 以共识的方式决定不设立专家组；第 16 条第 4 款规定：从专家组报告散发给各成员方之日起 60 天内，该报告应在 DSB 会议上通过，除非争端的一个当事方将其决定上诉事项正式通知 DSB，或者 DSB 以共识决定不通过该报告。第 17 条第 14 款规定：上诉机关报告应在其散发给各成员方后 30 天内由 DSB 通过，并为当事方无条件接受，除非 DSB 以共识决定不通过上诉机关报告。第 22 条第 6 款规定：若发生第 2 款所说情况，于请求时 DSB 应于合理期限届满的 30 天内同意批准终止减让或其他义务，除非 DSB 以共识决定拒绝该请求。③ 这一规则的运用，使得世贸组织争端解决机制的所有程序从案件的受理到最后裁决的执行几乎畅通无阻。

正如世贸组织秘书处编写的一本《WTO 协议概要》中所说的：“因为请求成立专家组的成员永远不会同意不成立专家组，一般说，这种反向共识是无法达成的。因此，专家组的设立几乎是自动的。”“这种(对专家组或上诉机关的裁决报告)反向共识一般说实际上是不可能的，因为这需要得到甚至受益方(胜诉方)的

---

① 劳特派特修订：《奥本海国际法》(第一分册下卷)，王铁崖、陈体强译，商务印书馆 1972 年版，第 37 页。

② 赵维田：《世贸组织(WTO)的法律制度》，吉林人民出版社 2000 年版，第 465 页。

③ 赵维田：《世贸组织(WTO)的法律制度》，吉林人民出版社 2000 年版，第 503、509、510、513 页。

同意。因此，报告的通过实际上也是自动的。”①世贸组织司法体制的这个规定是对传统国际法的重大突破。从客观上说，随着国际经济一体化的日益普遍，适应了历史发展的需要；同时也向人们展示了世界经济领域对传统国家主权这个观念，应作出适应性变通。②

反向共识规则形成的自动通过，使得世贸组织争端解决机构对成员国在世贸组织协议下发生的争端有了强制管辖权。这种强制管辖权是对传统的GATT争端解决机制自身痼疾的一种克服。首先，在专家组的成立方面，根据反向共识规则，专家组的成立是自动的，争端双方的争端接受专家组的管辖成了无法逆转的事实。因此，世贸组织争端解决机构对争端的管辖是强制性的管辖。其次，在专家组和上诉机构的报告方面，它们的通过也是自动的，败诉国家或其联盟国家的反对会因胜诉一方的“一票同意”而被否决。因此，世贸组织争端解决机制下的专家组的报告、上诉机构的报告类似于内国法院体制中的尚未签章的判决书，对其结果的预见性是不言而喻的。另外，在裁决的执行方面，只要有胜诉方或其他成员方一票同意，判决便可得到执行，保障了世贸组织争端解决机制的判决的有效性和权威性。可见，反向共识规则的运用，使得世贸组织争端解决机制具有很强的司法性、管辖权的强制性、判决和执行的强制性，这也为成员方之间的争端能够得到及时有效的解决奠定了基础。③

四、世界贸易组织争端解决报告的效力

世贸组织争端解决报告主要是指专家组的报告和上诉机构的报告。专家组的报告和上诉机构的报告对具体案件的效力及其判例效力都是世贸组织法律制度拘束力的具体体现。

（一）专家组和上诉机构报告对具体案件的效力

根据世贸组织《关于争端解决规则与程序的谅解》(DSU)，在专家组对贸易

① 赵维田：《WTO司法机制的主要特征》，载《北大国际法与比较法评论》(第1卷)，北京大学出版社2002年版，第123页。

② Robert E. Hudec: Transcending the Ostensible: Some Reflection on the Nature of Litigation Between Governments, in Hudec: Essys on the Nature on International Trade Law, London: Cameron, May, 1999, p. 120.

③ 蔡剑波：《WTO争端解决机制的“反向协商一致”规则研究》，载《当代法学》2003年第1期，第53～54页。

争端的报告散发给全体成员之后，争端任何一方可以在 60 天之内提出上诉，上诉机构一般应在 90 天内作出上诉报告。此后，除非争端解决机构（DSB）经协商一致决定不通过报告，专家组和上诉机构的报告将在 DSB 的会议上通过。实际上是一种自动强制性通过，前面已经就此问题予以了详细阐述。因此，由于世贸组织争端解决机制实行“反向共识”原则，在迄今所有这些案件中还没有一起因为全体成员一致反对而没有通过。

专家组和上诉机构报告一经通过，就成了世贸组织成员方的决议。然而，通过对某个案件处理报告的决议并不是争端解决机制的最终目的。根据 DSU 第 21 条，“有效解决争端有利于全体成员，迅速遵守 DSB 的建议或裁决是重要的”。美国世贸组织问题专家约翰·H. 杰克逊指出：“经通过的争端解决报告对有关成员构成国际法上的义务，它必须改变其做法，使其符合 WTO 协议及附件的规定。”①然而，DSB 处理的是国家或地区之间的贸易纠纷，往往涉及一个国家的法律或法规，执行专家组和上诉机构报告需要一个成员修改自己的国内法或行政规章。这可不是一蹴而就的事情。且不说根据国际组织的决议修改国内法会产生所谓的“主权丧失感”问题②，即使是在民族情感和法律上都不存在障碍，修改国内法也需要由国内立法机关进行，并要经过一定的程序，修改行政法规同样要经过一定的程序。这无疑需要花费很多时间。DSU 规定，在无法立即遵守专家组和上诉机构的建议和裁决的情况下，允许在合理时间内执行。这一合理时间可以由有关成员提议，经 DSB 批准；如未获得批准，则争端双方在报告通过 45 天之内共同同意一个合理期限；若无法达成协议，则在报告通过 90 天内通过仲裁确定期限，这一期限一般不应超过 15 个月。

以世贸组织成立之后 DSB 处理的第一个案件——美国汽油案为例。该案专家组认定：进口汽油和国产汽油属于“相同产品”，美国修改后的“汽油规则”对国产汽油实行企业单独基准，而对进口汽油实行法定基准，使进口汽油受到了低于国产汽油的待遇，违反了 GATT 第 3 条第 4 款。而且违反第 3 条第 4 款的“基准设定规则”不是“为保护人类、动植物的生命或健康所必须”的措施，也不是“为保证某些与本协定的规则并无抵触的法令或条例的贯彻执行所必需”，因此不属于 GATT 第 20 条所述的例外。上诉机构认为专家组认定基准设定规则不

---

① John H. Jackson：The Jurisprudence of GATT and the WTO Insight on Treaty Law and Economic Relations，Cambridge University Press，2000，p. 163.

② 张向晨：《发展中国家与 WTO 的政治经济关系》，法律出版社 2000 年版，第 9～11 页。

在第20条(g)及引言的范围内，犯了法律上的错误，但同时确认美国修改后的基准设定规则没有满足第20条的要求，因此不能依据第20条享受例外。① 上诉机构建议DSB要求美国修改其基准确定方法，使其符合GATT的规定。这一报告在1996年5月20日通过，1996年12月申诉方中的委内瑞拉与美国达成协议，同意执行期限为15个月，另一申诉方巴西虽然对执行期限过长表示关注，但没有采取进一步行动。1997年8月19日，在15个月期限即将到来时，美国通知DSB，它已经履行了专家组和上诉机构的建议。修改后的“汽油规则”允许外国炼油商向美国环保署提出申请，根据其1990年出口到美国的汽油质量和数量设定“企业单独基准”，其要求与国内炼油商的要求相同。美国环保署表示：相信这样的修改既符合其保护美国公众健康和保护环境的职责，也符合美国政府应遵守WTO协议的义务。②

根据DSB的统计，经过专家组或上诉机构处理的案件，除了极少数外，专家组和上诉机构的建议都得到了执行。毋庸讳言，有极少数争端由于牵涉复杂的利益，特别是牵涉发达国家长期存在的矛盾，DSB专家组和上诉机构的报告并没有以“执行建议”的方式得到执行。在这种情况下，DSU第22条规定，可以采取补偿和中止减让的临时措施。补偿是自愿的，如双方在合理期限届满20天内无法就补偿达成双方接受的方案，则任何一方可以请求DSB授权中止对有关成员实施的减让或其他义务。中止义务的程度可以由一成员提出而得到DSB批准，也可以由原专家组或总干事任命的仲裁人通过仲裁确定。在欧共体香蕉案中，美国要求DSB授权中止5.2亿美元的义务，经过仲裁，被授权中止1.914亿美元的义务。厄瓜多尔要求DSB授权中止4.5亿美元的义务，被授权中止2.016亿美元。在授权厄瓜多尔中止义务的裁决中特别指出，厄瓜多尔可以中止GATT(不包括投资产品和用于再加工的初级产品)、GATT中与批发贸易服务有关的义务，如果这样还不足以抵消其所受到的影响，还可以中止TRIPs协议下版权及邻接权、地理标识和工业品外观设计的义务。在这样的压力下，欧共体2001年5月3日向DSB报告，它已经与美国、厄瓜多尔和其他申诉方进行了长时间讨论，最终找到了解决纠纷的手段，即从2001年7月1日起，欧共体将逐步调整和修改其香蕉进口体制，直至2006年1月1日，对香蕉进口只实行关税，取消其他措施。

---

①　朱榄叶：《世界贸易组织国际贸易纠纷案例评析》，法律出版社2000年版，第68～89页。

②　Federal Register/Vol. 62, No. 167.

由此可见，在解决具体纠纷方面，专家组和上诉机构的报告是具有强制力的。正是这样的效力使争端解决机制成为多边贸易体制可靠性和可预测性方面的重要因素，成为维护世贸组织体制正常运转，促使各成员遵守世贸组织协议的有力保证。①

（二）专家组和上诉机构报告的判例效力

一般而言，专家组报告中的裁定和结论仅适用于特定争议的当事各方。在以往的 GATT 实践中，不存在遵循先例（stare decisis）的概念，严格说来，专家组的报告并不能作为法律上的先例，尽管在专家组的报告中经常提及并遵循着以前专家组作出的报告。② 事实上，DSB 专家组和上诉机构的报告除了解决具体贸易纠纷之外，是否有解释世贸组织各项协议条文的作用，对随后的案件的专家组或上诉机构是否有拘束力，可以从不同的角度来回答。

从理论上看，DSB 专家组和上诉机构的报告除了解决具体贸易纠纷之外，没有解释世贸组织各项协议条文的作用，对随后案件的专家组或上诉机构也没有拘束力。在世贸组织成立后，上诉机构在其第二个关于日本酒税案的报告中述及已经通过的专家组报告时指出："（专家组的报告）经常被后来的专家报告所提及，它们构成世贸组织成员在法律上的期待。因此，如果这些报告与某一特定的争议有关，这些报告就应当予以考虑。" ③这就是说，DSB 通过的专家组和上诉机构的报告中的建议和裁定仅对该特定争议的当事方具有法律上的拘束力，对争议之外的第三方没有此项效力。但此类建议与裁定的确构成了 WTO 其他成员在法律上的合理期待：遇有类似案件并交由专家组和上诉机构解决时，将会适用相同法律并取得相同结果。④

《建立世界贸易组织协定》第 9 条第 2 款规定："部长会议和总理事会拥有通过对本协定和多边贸易协定所作解释的专有权力。……通过一项解释的决定应当由成员的四分之三作出。"DSU 第 3 条第 2 款指出："各成员认识到该体制适

---

① 朱榄叶：《WTO 争端解决报告的效力》，载张乃根：《当代国际法研究：21 世纪初的中国与国际法》，上海人民出版社 2002 年版，第 273 页。

② Debra P. Steger & Susan M. Hainsworth: New Directions in International Trade Law: WTO Dispute Settlement, From Dispute Resolution in the World Trade Organization, ed. By James & Karen Campbell, Cameron, May. 1998, p. 38.

③ WT/DS8/AB/R, WT/DS11/AB/R, adopted Nov. 1, 1996, p. 14.

④ 赵秀文：《论 WTO 专家组和上诉机构的建议与裁定的效力及其执行》，载陈安：《国际经济法学刊》第 11 卷，北京大学出版社 2004 年版，第 376 页。

用于……依照解释国际公法的惯例澄清这些协定的现有规定。"世贸组织将解释条约看做一项非常严肃的事情，需要成员的四分之三同意才能对协议作出正式解释，而DSB的专家组只是具体运用解释国际公法的惯例，针对具体纠纷澄清一些规定的具体含义。

从实践上来看，随着世贸组织争端解决实践的深入，专家组和上诉机构的报告越来越多地在DSB通过，尽管从理论上来说，这些报告仅对相关争议的当事方具有国际法上的拘束力，后来的专家组也没有义务遵循这些先例，但上诉机构的报告事实上已经作为国际贸易普通法而存在了。① 如果说专家组是为解决特定争议而设立的机构，那么上诉机构则是从属于DSB的常设机构，目的在于纠正专家组报告中对世贸组织规则的解释或适用法律中的错误。上诉机构在相同或者相似的案件中对某一特定问题作出的解释，应当是一致的。因此，上诉机构对以后发生的相同或相似的案件所作出的解释和审理的结果，应当是相同的。换言之，从某种意义上说，上诉机构所审理的案件，事实上对后来审理的相同或者相似的案件构成了先例。②

如果说判例就是为后来有着相同或非常相关的法律问题的案件提供权威或规定性原则的决定，那么我们可以毫不夸张地说，在世贸组织的实践中，判例已经大量存在。被通过的专家组的报告的影响力是很大的，可以视为"非约束性先例"(non-binding precedent)。③ 据有学者统计，在DSB公布的所有专家组报告和上诉机构报告中，每一个都引用了以前的专家组和上诉机构报告中的观点。其中，阿根廷鞋保障措施案、日本酒税案、美国汽油案、美国羊毛上衣案和欧盟荷尔蒙案在40个以上的报告中被引用，欧盟香蕉案和印度专利案被引用的次数也超过30次，而美国虾案、美国内衣案和澳大利亚鲑鱼案也被引用达20次以上。④

在世贸组织争端解决的实践中，关于判例的实际运用情况，还有几个值得一提的方面：一是美国汽油案是世贸组织成立后由DSB处理的第一个案件，由于

---

① Raj Bhala: The Myth about Stare Decisis and International Trade Law, American University International Law Review, Vol. 14, 1999, p. 850.

② 赵秀文：《论WTO专家组和上诉机构的建议与裁定的效力及其执行》，载陈安：《国际经济法学刊》第11卷，北京大学出版社2004年版，第377页。

③ David Palmeter and Petros C. Mavroidis: Dispute Settlement in the World Trade Organization: Practice and Precedure, Kluwer Law International, 1999, p. 40.

④ 朱榄叶：《WTO争端解决报告的效力》，载张乃根：《当代国际法研究：21世纪初的中国与国际法》，上海人民出版社2002年版，第276页。

此前不存在DSB的任何报告,其专家组和上诉机构不仅引用了大量GATT专家组的报告,包括14个已经获得通过的案件的报告和3个没有被GATT缔约方全体通过的报告。二是DSB专家组和上诉机构在自己的报告中经常引用GATT专家组的报告。以DSB通过的新西兰羊肉保障措施案为例,其专家组报告引用了8个GATT专家组报告,而上诉机构报告中也引用了3个GATT专家组报告。① 三是在引用GATT案件报告时,不仅包括那些被GATT缔约方全体通过的案件,而且也包括没有被通过的案件。由此可见,不管是GATT专家组的报告,还是DSB专家组或上诉机构的报告,都为后来有相同或相似的法律问题的案件提供了权威或规定性原则。从这一意义上说,它们已经起到了判例的作用。

即使在法律上不承认专家组和上诉机构报告的判例作用,处理国际贸易纠纷的专家都清楚自己作出决定的重要性。巴西椰子干案的专家组指出:"在相关情况下,专家组报告是有用和有说服力的指导。"日本酒税案的专家组提出,未通过的专家组报告在GATT或WTO没有任何效力,然而专家组可以从未通过的报告之分析中找到有用的参考,上诉机构赞同这一说法。② 而且可以认为,如果DSB专家组和上诉机构的报告果真只对其处理的本案件有法律效力,在不改变结论所造成之实际后果的情况下,上诉机构没有必要花费大量的精力和时间来逐一纠正专家组报告中存在的法律错误,特别是这些错误并不涉及对某个具体协议的理解时,更是如此。然而,从上诉机构的报告来看,每一个报告都用了大量篇幅来分析和论证专家组报告中的错误之处。③

世贸组织争端解决机制中存在的另一个现象也能证明,世贸组织专家组和上诉机构的报告事实上具有判例的作用。DSU允许任何对专家组审议的事项有实质利益的成员作为第三方参加争端解决程序。在争端处理过程中,第三方不仅可以提交书面陈述,而且专家组应当听取第三方的意见。从DSB处理过的案件来看,所有案件都有成员要求作为第三方介入,第三方最多的是欧共体香蕉案,有21个成员要求作为第三方;而美国是积极利用这一体制的成员,如果不是作为一个案件的申诉方或被申诉方,美国也在其所有案件中以第三方的身份介

① WT/DS/177/R,WT/DS/178/R,WT/DS177/AB/R,WT/DS/178/AB/R.

② 朱榄叶:《WTO争端解决报告的效力》,载张乃根:《当代国际法研究:21世纪初的中国与国际法》,上海人民出版社2002年版,第277页。

③ 朱榄叶:《WTO争端解决报告的效力》,载张乃根:《当代国际法研究:21世纪初的中国与国际法》,上海人民出版社2002年版,第278页。

入。在DSB实践中，第三方总是积极参与，而且专家组和上诉机构都会逐一分析第三方提出的观点（在上诉程序中，不作为上诉方或被上诉方参与案件的称为“第三当事方”）。所以可以说，如果专家组和上诉机构报告只对本案有拘束力，那么在程序中设立第三方就没有实际意义了。①

约翰·H.杰克逊教授早在1994年就曾指出：“现存的GATT法律体系已经有近200个案例报告，可以说这是一个目标和适用范围广泛的重要多边条约所发展起来的判例法经验的最重要主体。”②可见，事实上的遵循先例制度（de facto doctrine of decisis）正在世界贸易组织的司法实践中使用，而将这种事实上的遵循先例制度上升为法律上的遵循先例制度（de jure doctrine of stare decisis）势在必行。因此，有学者主张，有必要对《建立世界贸易组织协定》和《关于争端解决规则与程序的谅解》进行修订，明确规定上诉机构的报告作为国际贸易法渊源的地位。③

最后，我们也必须认识到，世贸组织争端解决机制虽然确实使国际法的效力得到大大加强，但这种影响依然还是有限的。与国内法院相比，世贸组织常设上诉机构具有以下一些不同：一是，它没有专门的机构去负责执行，只是依靠当事方或其他成员进行报复，以自力救济的形式去维护判决，依然在某种程度上体现了国际法的“软法”特征。二是国内法的最终上诉机构的判决是具有法律效力的。世贸组织常设上诉机构的最终复审报告，其效力有待于DSB通过之后才能够确认。三是世贸组织上诉审的整个过程是保密的，只进行书面审理，根据所提供的资料和陈述做出裁决。上诉机构的成员不应署名。四是，世贸组织上诉审所审查的范围仅限于法律问题和专家组对法律的诠释。由此看来，世贸组织上诉机构在组织形式上具有国内法院体制分级审理的特点，而在处理结果的执行上，具有国际法院的非强制性特点。所以有学者认为，“它是一种崭新的处理争端机制”。④ 世贸组织争端解决机制在国际法上是具有重要意义的，而且这个机制还在不断得到加强。2001年11月，在世贸组织第四次部长级会议上，世贸组

① 朱榄叶：《WTO争端解决报告的效力》，载张乃根：《当代国际法研究：21世纪初的中国与国际法》，上海人民出版社2002年版，第281页。

② John H. Jackson: The Jurisprudence of GATT and the WTO Insight on Treaty Law and Economic Relations, Cambridge University Press 2000, p. 120.

③ Raj Bhala: The Myth about Stare Decisis and International Trade Law, American University International Law Review, Vol. 14, 1999, p. 854.

④ 周忠海：《论国际法在WTO体制中的作用》，载《政法论坛》（中国政法大学学报）2002年第4期，第6页。

织成员决定在新一轮多边贸易谈判中列入改进争端解决机制的内容,并在2003年5月,也就是在第五次部长级会议决定谈判最后议程之前,先期结束有关争端解决程序修改的谈判。这表明世贸组织所有成员都希望进一步加强争端解决的国际法拘束力,使世贸组织协定得到更好的实施。①

① 张乃根:《试析WTO争端解决的国际法拘束力》,载《复旦学报》(社会科学版)2003年第6期,第69页。

第八章 国际经济一体化对国家民主法治进程的影响

法治是一种以民主作为基础的运用法律来进行国家和社会管理的手段、方式和结果的总称。它包括着社会制度状况和社会秩序状态。是一种整体化的社会模式。① 民主是法治国家必备的政治基础,完善的民主是法治国家的重要标志。法治国家是以完善的民主作为基础和目标的。民主完善最首要的内容是完善政治民主,最直接的内容是完善立法民主。② 所以,可以认为,民主与法治是一对孪生的兄弟,它们相辅相成,相立制约,相互促进。正可谓是“欲富国强兵,非民主莫属;期长治久安,舍法治其谁?”③

国际经济一体化的深入发展,对世界形势和各国发展都带来全面和深刻的影响,对推进国际关系民主化和实现国际法治,以及促进各国国内的民主法治进程,都具有重要意义。欧洲联盟和世界贸易组织是国际经济一体化的成果,同时也是推动一体化进程不断深入的主要力量。此处作者将结合欧洲联盟的扩展和世界贸易组织法律制度的要求,着重谈谈国际经济一体化对国家民主法治进程的影响。

一、欧洲联盟对国家民主法制进程的影响——以土耳其的入盟之路为分析范例

欧洲联盟对各成员国民主法治进程的影响是广泛而深刻的。从本书前面对于欧盟法律规范的直接适用和最高效力原则的论述可见这种影响已经深入到了欧盟各成员国国内生活的方方面面。对于申请加入欧盟的其他国家而言,这种

---

① 卓泽渊:《法治泛论》,法律出版社 2001 年版,第 83 页。

② 卓泽渊:《法治泛论》,法律出版社 2001 年版,第 41 页。

③ 高鸿钧:《现代法治的出路》之“心寄治邦——‘法治研究系列’序”,清华大学出版社 2003 年版,第 VIII 页。

影响似乎更加明显，甚至有点不近人情。从土耳其申请加入欧盟的漫漫征程就可见其一斑。

欧盟是重要的区域一体化组织，国家参加区域一体化安排一般是受到政治利益的驱使的。有关研究表明，在一起进行经济贸易往来的国家之间更不容易走向战争。经济转型国家、摆脱战乱或专制的国家通常利用其在区域组织的成员方资格作为巩固国内改革、维持政治稳定的手段，因为有一些区域一体化安排将致力于民主作为取得成员方资格的条件。① 欧盟就正是这样的一个区域一体化组织。根据欧盟的规定，申请国必须达到一定的条件，才能被接纳为新的成员国。申请国需要具备的主要条件包括：(1)以法治为基础的民主国家，具有制度上的稳定性；(2)保护人权；(3)尊重和保护少数民族；(4)属于市场经济，并在扩大的欧盟中具有一定的市场竞争力；(5)赞同欧盟的政治同盟和经济与货币同盟的目标；(6)接受欧盟的其他要求，如在本国立法上规定商品、服务、人员和资本的自由流动等。②

作为欲加入欧盟的国家而言，必须全部满足欧盟的上述要求，方才可以成为其成员国。而正是在这一过程中，欧盟实现其对国家民主法治进程的重要影响。

而申请入盟的国家也不得不进行“削足适履”式的自我修理，以期自己能成为欧盟看得上的“新娘”。与其他欧盟成员国的入盟历程相比，土耳其的入盟之路无疑是极其漫长而艰辛的。也正是在这一漫长而艰辛的历程中，土耳其不断地提升其民主法治的程度，使自己更接近一个现代化的国家。

从塞尔柱王朝到奥斯曼帝国，土耳其已经与欧洲结下了不解之缘。凯莫尔建立的土耳其共和国把“脱亚入欧”作为其对外的基本国策。1959年，土耳其与欧洲经济共同体建立了正式关系。1963年11月12日，土耳其与欧共体在安卡拉签订了《安卡拉合作公约》。在该公约中，欧共体就土耳其能否完全加入欧共体在原则上作出了肯定的保证。于是，土耳其正式驶入了通向欧洲的轨道。1973年，土耳其与欧共体签订了“附加草案”，确定在22年内加入关税同盟。同时，欧共体对土耳其进行财政援助，促使其在各个领域进行改革。1987年4月14日，土耳其第一次正式申请加入欧共体。当时，前苏联的势力已经衰弱，欧美忙着推行“和平演变”战略而把视线盯在了中东欧，土耳其逐步被欧洲忽视。1989年，欧共体以其经济发展水平和人权状况为由断然拒绝了土耳其的申请。

---

① WTO Secretariat：Regionalism in the WTO，2000.

② 张荐华：《欧洲一体化与欧盟的经济社会政策》，商务印书馆2001年版，第236～237页。

欧共体内部反对土耳其的呼声也高涨起来。土耳其入盟一下子变得遥遥无期。①

1993年欧洲联盟成立后，抓住时机进行东扩，积极推动欧洲的一体化进程。但是，在东扩问题上，欧盟十分谨慎。它对要求入盟的国家提出了严格的条件，并进行严格的审核。1997年，欧盟在卢森堡峰会上依然以民主和人权问题为由将土耳其排除出候选国之列。针对1997年卢森堡峰会的决定，土耳其作出了强烈的反应。认为，斯洛文尼亚、罗马尼亚、保加利亚这几个国家无论在民主问题还是在经济发展程度上都不及土耳其，但却是欧盟的候选国，而土耳其却不是，这很不公平。② 于是，土耳其政府采取了一系列针锋相对的措施，导致与欧盟的关系一度十分紧张。直到1999年12月11日欧盟在赫尔辛基峰会上宣布将土耳其纳入候选国名单，两者之间的关系才有所缓和。

2002年12月，欧盟在哥本哈根峰会上决定吸纳前华约集团的八个国家以及塞浦路斯和马耳他，但是又把土耳其挡在了门外。2002年10月9日欧盟委员会的《土耳其入盟的常规评估报告》认为，1999年赫尔辛基欧盟峰会给予土耳其候选国资格激励了土耳其进行一系列根本性改革，并取得了很大进步。但同时也指出，土耳其在人权和司法体制以及履行欧盟成员国义务的能力等方面与哥本哈根标准还相去甚远。③ 欧盟在2002年9月15日的土耳其人权评估中指出，土耳其在18项指标中就有11项未达标。虽然如此，就土耳其何时加入欧盟的问题，欧盟还是作出了新的决定：只要土耳其在2004年12月欧盟进行审议的时候在人权及民主问题上能达标，那么欧盟就可以与土耳其开始入盟谈判。④ 2004年10月6日，欧盟委员会正式建议欧盟开启与土耳其展开有关土耳其加入欧盟事宜谈判的准备工作，从而加快了土耳其艰苦的入盟谈判进程。⑤

土耳其之所以如此强烈地要求加入欧盟，除了历史、经济和外交等方面的原因外，一个很重要的原因就是加入欧盟能够加快土耳其的政治民主化进程，限制土耳其军人的权力，大大减少发生军事政变的可能性。土耳其的欧盟成员国地

---

① 唐志超：《土耳其站在欧盟的门槛上》，载《人民日报》2001年6月22日第7版。

② Mehmet Hakan Yavuz: Turk Islami Cozummu, in Zaman, March 7, 2002.

③ 2002 Regular Report on Turkey's Progress towards Accession. Brussels, Commission of the European Communities, Oct. 10, 2002. http://europa. eu. int/comm/enlargement.

④ 李满田、高哈吉：《土耳其的欧盟之路》，载人大复印资料《国际政治》2004年第6期，第150页。

⑤ 王泽平：《试论冷战后土耳其的欧盟政策》，载《国际问题研究》2005年第2期，第63页。

位还可以加强土耳其的世俗主义。① 同时，可以实现土耳其法律与欧盟法律的接轨，从而加速土耳其的法治化进程。诚可谓是“一箭多雕”。

欧盟多次拒绝土耳其入盟，有着多方面的原因，包括人口问题②、宗教问题③、文明冲突问题④、经济政治问题⑤等。集中体现在土耳其未达到哥本哈根标准。1993 年哥本哈根标准是欧盟接收成员国的主要依据。土耳其为了达到哥本哈根标准，进行了一系列的民主改革：1995 年 7 月大国民议会通过了对 15 条宪法的修正案，以减少对公民个人政治权利的限制；2001 年 10 月解除了对非土耳其语的出版禁令，尤其是减少了对库尔德人身份和语言的限制。在司法领域，土耳其表示愿意与欧盟标准保持一致，并在 2002 年 8 月大国民议会初步表决通过了在和平时期废除死刑的提案，这是土耳其为加入欧盟作出的一个重大举措。可是，欧盟认为土耳其在人权和民主方面与哥本哈根标准还是有一定的差距。在 2004 年 10 月 6 日欧盟即将就启动土耳其入盟谈判发表一份“土耳其进展报告”，主要评估土耳其在民主化、尊重法律和人权领域的改革是否已经满足欧盟的标准，并据此就是否与土耳其启动入盟谈判以及何时启动入盟谈判提出建议之前，欧盟与土耳其在有关“通奸罪”问题上的争议，无疑是最能体现欧盟对土耳其国内法治的影响的例证之一。

土耳其宪法规定，土耳其为民族、民主、政教分离和实现法治的国家。土耳其女性于 1930 年获得在地方选举中的选举权和被选举权，1934 年获得大国民议会的选举权和被选举权。这一点早于欧洲其他国家。从这个角度说，土耳其在民主化和保护人权的某些方面还是走得比较早的。但同时，土耳其有高达 99％的人口信仰伊斯兰教，伊斯兰教有着悠久的历史和深远的影响。有很长一段时间，土耳其刑法中曾经包括有“通奸罪”。

---

① Geoffrey Kemp & Janice Gross Stein：Power Keg in the Middle East：The Struggle for Gulf Security，Rowman and Littlefield，1995，p. 168.

② 相关观点可参见：Michael S. Teitelbaum：Is Turkey Ready for Europe? Foreign Affairs May 2003，p. 110；冯坚：《欧盟东扩的正负面效应分析》，载《欧洲研究》2003 年第 4 期，第 95 页；王泽平：《试论冷战后土耳其的欧盟政策》，载《国际问题研究》2005 年第 2 期，第 64 页。

③ 相关观点可参见：王泽平：《试论冷战后土耳其的欧盟政策》，载《国际问题研究》2005 年第 2 期，第 64 页。

④ 相关观点可参见：李满田、高哈吉：《土耳其的欧盟之路》，载人大复印资料《国际政治》2004 年第 6 期，第 153 页。

⑤ 相关观点可参见：王泽平：《试论冷战后土耳其的欧盟政策》，载《国际问题研究》2005 年第 2 期，第 64 页。

土耳其的现行刑法是1926年参照墨索里尼时期意大利的刑法而制定的，因此按照欧盟的“民主标准”必须进行改革。双方争议点是一项关于“通奸罪”的条款。“通奸罪”这一条本不在新刑法的修正案中，因为在1996年底就已经被取消了。但土耳其政府考虑到本国社会的特点，坚持要将其纳入刑法，认为这更符合穆斯林社会的价值观。这一“通奸罪”提案的具体设想是：当婚姻中的一方得知另一方有“通奸”行为时，要在6个月内举报，否则犯有通奸行为者不会受到惩罚，司法机关不会立案调查；离婚者与别人同居不算“通奸”；婚姻中的一方长期离家出走，另一方如果与他人同居，则不算“通奸”；对犯有“通奸罪”的男女双方，都将处以6个月到3年不等的处罚。

关于“通奸”是否为刑事犯罪，土耳其国内也有截然不同的两类观点。赞同者认为，在土耳其，通奸经常引发命案，因此不能不处罚。将“通奸”视为犯罪，有助于维护社会道德和家庭秩序，保护妇女权益。甚至土耳其总理也认为，把“通奸罪”作为修正案附加条款提出是为了制止婚姻中的欺骗行为，取消男女之间的不平等，保护人类尊严，维护女性权益。而反对者则认为，政府不应干涉公民的私生活，社会中出现的不道德行为并不可以都被执行刑事处罚。如果将“通奸”定为刑事犯罪，那么可能引起其他问题，如婚姻中的女方可能会因为举报男方通奸而遭毒打，最后不得不撤回举报。在将来，还可能在欧洲人权法庭出现针对土耳其政府的诉讼。

关于“通奸”，目前世界上只有像伊朗、阿富汗、伊拉克等相当传统的伊斯兰教国家才将其定为刑事犯罪一类，有的国家甚至量刑都非常重，并且女性往往受到比男性更重的惩罚。他们这样做似乎是“有法可依”，因为《古兰经》对“通奸”有具体的处罚规定：如果双方都未婚，则双方各打100鞭，而且不能减刑；如果双方都已婚，则各打100鞭，而且要用乱石击死。而在世界其他国家，如美国、加拿大以及欧洲国家，通奸仅仅是婚姻一方由于另一方不忠而提出离婚的一个理由。

因此，土耳其政府欲将“通奸罪”纳入刑法修正案中的做法引起了欧盟和国内女权运动组织的不满。在女权运动组织看来，在土耳其这个父系社会中，这样的刑法条款只能使妇女处于更为不平等的地位。而对欧盟来说，这个条款同样不符合欧盟的价值观，而欧盟的价值观是“不可以谈判的”。欧盟官员就土耳其的“通奸罪”提案发表看法时表示，欧盟对此非常担忧，认为土耳其政府的行为是一种倒退，其结果可能影响土耳其与欧盟国家之间的关系。并称，如果土耳其将“通奸”作出定罪决定，这将是个“历史性的玩笑”。更有欧盟官员表示，“通奸罪”违反了欧洲人权公约第8条关于保护个人及其家庭私生活的规定。

最后，在欧盟的压力之下，土耳其政府不得不作出妥协，认为，目前的实际情况是，关于"通奸罪"的说法并没有包括在刑法修正案中，也不会作为修正案的附加条款提交议会讨论。土耳其政府的基本观点是：大家应该关心如何对刑法现行条款进行修改，而不能因为一个并没有在修正案中体现的条款而影响土耳其与欧盟的接轨。①

二、世界贸易组织对成员方国内民主法治的影响——以中国为研究范例

加入世界贸易组织，对中国的影响无疑是广泛而深远的，对中国民主法治进程的影响尤为重要和深刻。从整体上来讲，加入世界贸易组织对中国的宪政变革具有不可低估的促进作用。世贸组织具体的制度安排，诸如贸易制度统一实施原则、透明度原则等，亦对我国相关法律制度的完善提出了具体要求。

首先来看加入世贸组织对我国宪政的影响。根据宪法规定，我国的根本政治制度是人民代表大会制度，根据世贸组织法律规则，加入世贸组织并不意味着要求成员方改变其宪政制度。世贸组织法律规则本身不要求成员方改变现行宪政制度是基于对各成员方的尊重，因为是否加入世贸组织依然是一个国家主权范围内的事情。但是，这并不意味着接受世贸组织法律规则将不会对一国宪政制度产生任何影响。

从宏观上讲，加入世贸组织对中国政治体制的可能影响主要将表现在以下三个方面：一是由于它引起的对国家主权、政治结构、经济体制和社会生活方面的变化；二是经济与贸易上的入世不可避免地会引入外国的——主要是民主国家的一些政治模式、观念、概念和文化理念，并将在国内引起程度不同的激荡，潜移默化地激发人们对政治体制变革的期待，由此对当前现行政治体制及其运作提出更新、更高的认识和要求；三是人们思维模式、认识水平和行为方式的转变对未来政治体制的变革将起着重要作用。具体而言，这种影响可能表现在对如下理论的冲击和反思。

其一，促使人们对"权力分立"体制的再认识和再批判。关于权力分立或分权(separation of powers)，传统的观点一般是将它与人大制度完全对立起来的。中国的传统教科书在论述此一问题时总是认为："立法机关、行政机关、司法机关

---

① 上述关于"通奸罪"的争论，综合参见：曹轶群：《土耳其"通奸罪"争议划上句号》，载《法制日报》2004年9月19日第4版；姚立：《土耳其入盟谈判可望启动》，载《人民日报》2004年9月29日第3版。

三足鼎立，互相制约，不相统一。在实行‘三权分立’的国家里，实际上存在着三个政府，要真正办成一件大事是很不容易的。”①其他一些教科书大都持有相同看法，甚至进一步认为：“我们不搞‘三权分立’，我们的政治制度不是三个政府，不是三权平衡，而是立法权高于行政权、审判权、检察权以及其他的具体权力。”②现在看来，上述认识无疑是建立在“政治正确”的先验基础上的，显得过于意识形态化。

确实，在中国人民代表大会制度下的“一府两院”所体现的是民主集中制这一宪法原则，突出的是立法权和行政效率，就立法权而言，其形式类似于西方的议会制。但人大制度并不否认分工合作，承认立法权和行政权的存在，并以检察权和审判权来取代西方国家“三权”中的司法权。从法院的职能上讲，它继承了大陆法的传统，只被要求从事审判活动，其职能范围在理论上较英美等国拥有全部司法权的法院狭窄。中国的国家权力架构是金字塔形的，在民主集中制这一宪法原则下进行集权，这当然与以分权制衡为基点的西方政治哲学和法律理念及分权实践所反映的是完全不同的宪政理念。但是，在中国目前的政治架构所允许的条件下，这并不排斥我们从分权制衡的技术优势那里吸取某些有益的要素，以丰富和完善人民代表大会制度。

其二，对“一府两院”提出变革的要求。随着世界贸易组织法律规则透过司法和行政程序的适用，外来的政治观念和政治运作方式将给中国的人民代表大会制度带来某些局部性的变革或至少是变革的要求。这种变革的必要性是显而易见。首先，要强化国家权力机关在国家政治生活中的作用，使其真正享有议会制政体中的议会的地位并能发挥相应的作用，改变人们对人大制度软弱无力的印象，从而真正实现主权在民。其次，尽快完成从强权行政到依法行政的过渡。行政权力不断膨胀被认为是一种世界范围内的趋势，行政权似乎业已成为“三权”的中心了。但对此问题的认识不能只停留在表象上，国内很多人在论及这一问题时，总是以此作为国内行政部门过多攫取权力、拒绝革新的口实。我们必须看到，发达国家行政权力的扩张首先是以议会授权为依据的，而不是掠夺立法权后得来的战利品。而中国目前政治体制中的部门利益和部门保护主义则不具有这种授权基础，它们的权力更多的是掠夺或利用行政垄断争取来的。如根据我国的法律，行政机关很长一段时间里曾拥有知识产权领域、出入境管理、反倾销领域等的终局裁决权。法律规定，行政机关对某些特殊事项拥有最终决定的权

① 许崇德：《中国宪法》（修订本），中国人民大学出版社1996年版，第149页。

② 魏定仁：《宪法学》，北京大学出版社1989年版，第148～149页。

力，行政管理相对人即使不服也不能向法院提起行政诉讼，司法机关也无法审查这种裁决的合法性。这些制度与世贸组织的有关规定是完全不符的，也不符合建设法治国家的宪政目标。当然，上述一些法律规定已经得到了一定程度的修正。

其三，审判机关应拥有更大的业务空间、独立性和更充分的权威。即使是在现行人大制度下，法院改革依然有很大的空间。世贸组织成员方在中国法院提起诉讼或应诉，既是世贸组织规则的要求，也是对法院判决的公正性、审判程序的公开性和审判活动的独立性的信任投票，虽然中国法院还远远没有达到这些要求。应该这样认为，司法审查程序正式、充分、全面确立是世贸组织法律规则的要求，也是保障世贸组织法律规则正常运作的制度保障。对此，我们除了要进行法院和审判制度改革、提高法官整体素质之外，还应该在尽可能的范围内重新界定司法权(审判权)及其与行政权的关系。①

此外，值得注意的是，加入世贸组织还将对人民代表大会制度本身带来一些影响，如人大立法的范围将会扩大，立法重点将会发生从经济立法到政治行为立法的转移，人大代表的组成将更趋专业化和职业化，②从而改变人大会议一贯为劳模、积极分子和官员聚会的固有形象。

其四，确立符合世贸组织法律规则要求的司法审查体制。世贸组织协议的大部分内容均旨在约束成员方的政府行为，特别是政府行政行为。凡是涉及世贸组织协议的争议都将会归结为某个成员方的贸易政策和措施的争议。为此，一方面世贸组织要求成员方必须接受《关于争端解决的规则和程序的谅解》(DSU)及其诉讼解决机制；另一方面，必须建立或完善相应的司法审查制度以保障世贸组织各项协议和规则的实施。就目前中国的现状而言，确立对行政行为的司法审查是当务之急。它涉及传统政体之下行政权和司法权之间的划分及行使，涉及对行政权和司法权关系理论的诠释，以及在实践中修正现行体制以确立符合世贸组织规则的司法审查机制。③

司法审查(judicial review)是指当事人对一个国家或地区的行政机关对有

---

① 朱国斌：《中国加入世界贸易组织的宪法学思考》，载《法学家》2002 年第 6 期，第 29 页。

② Dong Heping: The Impact of China's WTO Membership on China's Constitutional Law, in David Smith & Zhu Guobin eds.: China and The WTO-Going West, Sweet & Maxwell Asia 2002, p. 11.

③ 朱国斌：《中国加入世界贸易组织的宪法学思考》，载《法学家》2002 年第 6 期，第 30 页。

关贸易事项的决定不服时，由该国或地区规定的司法、仲裁或行政机关进行复议审查。审查应当及时、迅速，审查机关应当公正并独立于原作出行政决定的机关。该原则的目的在于约束成员境内行政当局滥用权力，保障境内外受害的一方当事人能够寻求公平第三方的裁判。司法审查不仅仅是如何界定和划分司法机关及权力行使范围问题，而且它首先是一个宪政问题。长期以来，西方意义上的司法审查理论一直不为中国政治氛围下的学术界所接受，甚至还被贴上了资本主义的标签。入世以后，对此问题有了全新的看法。

世贸组织法律规则体系中所讲的司法审查机制不是指世贸组织自身的司法审查制度，而是针对各成员方内部的司法审查而言的。值得注意的是，并非所有的世贸组织协议都规定了司法审查原则，只是在 TRIPs、GATT、GATS、反倾销协议、反补贴协议、海关估价协议、政府采购协议等法律文件中规定了范围不同的司法审查。世贸组织法律规则要求改革行政终局裁决的做法，将行政行为的合法性和正当性置于司法权监控之下。从我国目前的制度现状来看，虽说整体上与世贸组织的要求具有一致性，但仍然存在很大差距。主要体现在立法与行政程序的透明度、司法独立性、审查范围、法官素质等方面。现从以下两个方面来论述：

一是将部分抽象行政行为纳入司法审查范围。我国《行政诉讼法》确立了法院对行政机关具体行政行为的合法性进行审查的基本原则。《行政诉讼法》第 12 条规定，行政法规、规章或者行政机关制定、发布的具有普遍约束力的决定、命令不属于司法审查的范围。根据世贸组织有关司法审查的规定，成员方政府的抽象行政行为，如行政法规、部门规章、政府规章、具有普遍约束力的决定、命令等，都将纳入法院的司法审查范围。因此，这就必然会发生冲突。世贸组织对成员方的宪政和法律框架产生深远影响，但它仅对涉及各成员方经济利益的政府行为感兴趣，而且只规范 GATT 和其他协议中的政府行为。也就是说，它只要求将其所规定的抽象行政行为纳入司法审查的范围。那么，在此范围内，世贸组织有关规定的效力优先于国内法的规定。

如 GATS 第 1 条第 1 款规定："本协定是用于各成员方为影响服务贸易所采取的措施。"该条第 3 款(a)项规定："'成员的措施'是指由以下机构采取的措施：(1)中央、地区或地方政府和当局；(2)由中央、地区或地方政府或当局授权行使权力的非政府团体。"据此规定，作出影响服务贸易措施的主体有三类：中央政府、地方政府和行使行政权力的非政府团体。这三类主体采取的相关措施均应遵守 GATS 有关透明度和市场准入的规则。GATS 第 3 条第 1 款规定："除非在紧急情况下，各成员应迅速并最迟于其生效之前，公布所有普遍适用的有关或影响本协定实施的措施。”GATS 第 16 条第 1 款规定：“在第 1 条所确定的服务提供方式的市场准入方面，每个成员给予其他任何成员的服务和服务提供者的待遇，不得比按承诺表中所同意和明确的期限、限制和条件所规定的较为不利。”这两个条款表明，影响服务贸易的措施可能是抽象行政行为。关于司法审查的问题，GATS 第 6 条第 2 款(a)项规定：“每个成员应维持或按照实际可能，尽快地建立司法的、仲裁的或行政的法庭或程序，在受影响的服务提供者的请求下，对影响服务贸易的行政决定作出迅速审查，并在请求被证明合理时给予适当的补救。”根据 GATS 的上述规定，中央、地方或者行使行政权力的非政府团体在做出影响服务贸易的抽象行政行为时，应当接受司法审查。

二是部分终局行政裁决行为也将纳入法院的司法审查范围。我国《行政诉讼法》第 12 条第(4)款规定，“法律规定由行政机关最终裁决的具体行政行为”不属于司法审查的范围。最高人民法院《关于执行〈中华人民共和国行政诉讼法〉若干问题的解释》第 5 条专门对行政诉讼法的这一规定作了司法解释：“行政诉讼法第(四)项规定的‘法律规定由行政机关最终裁决的具体行政行为’中的‘法律’，是指全国人民代表大会及其常务委员会制定、通过的规范性文件。”根据上述法律规定和司法解释，我国有关终局裁决的具体行政行为的规定有的已作出修改(如商标法、专利法等)，有的尚未作出修改而亟待修改。我国《行政复议法》第 14 条规定与世贸组织的规定存在冲突。该条规定：“对国务院部门或者省、自治区、直辖市人民政府的具体行政行为不服的，向做出该具体行政行为的国务院部门或者省、自治区、直辖市人民政府申请行政复议。对行政复议决定不服的，可以向人民法院提起行政诉讼，也可以向国务院申请裁决；国务院依照本法的规定作出最终裁决。”根据该条规定，当事人对国务院部门或省级政府做出的具体行政行为不服的，如果向国务院申请裁决，国务院的裁决不属于司法审查的范围。根据世贸组织和中国加入议定书的规定，应当接受司法审查的行为包括获得或者颁发进出口许可证、许可或配额有关的行为，为保障措施或国际收支目的或针对不公平贸易而采取的措施，以及 TRIPs 和 GATS 有关条款所指的行政行为等。当事人如果对这些行为不服申请国务院裁决，裁决之后应当可以申请司法审查，除非国务院放弃接受申请并作出裁决的权力。①

以上是从宪政角度对世贸组织法律制度如何影响国家的法治进程进行论述的。其实，世贸组织对国家民主法治进程的影响还体现在许多其他方面，比如，

---

① 刘惠荣、徐祥民：《WTO 对我国法制建设的影响》，载《当代法学》2002 年第 4 期，第 7～8 页。

从对国内贸易保护主义集团的制衡来达到促进国内民主法治的目的。除了妨碍国际贸易之外，贸易保护主义集团还为国内民主设置了严重障碍。虽然民主依然是一个颇有争议的概念，但我们认为，民主是在全社会分散政府权力的最佳机制，即防范特殊利益把政府变成牟取私利的工具，无论特殊利益是以政治寡头或贵族的旧面目出现，还是采取聚结式压力集团的新形式。[①] 在这一民主概念之下，制度结构对于增强处于分散状态的公民力量、抑制特殊利益具有举足轻重的作用。事实上，保护主义利益集团是民主的特种毒药。一般而言，贸易保护主义集团没有能组成利益制衡集团的有效天敌。消费者不能轻易地制衡贸易保护主义集团；作为从减少国内壁垒中自然受益最大的外国生产者，在本国政府中又无代表。没有这种制衡，贸易保护主义集团常常能取得大多数民众并不支持的结果。当贸易保护主义集团真正面对强大的反向利益时，民主程序能够产生对自由贸易更有利的政策。众所周知，受到外国货物伤害的国内产业中的工人和企业主的经济利益是有所损失的，因而他们想要保持一种有效阻碍货物进口的税率。但他们又受到另一个利益集团——出口产业的制衡；出口产业因为廉价的外国进口货为其生产提供低价元件而受益。这样，当关税争论的正反两方均有聚结的集团时，立法过程就能产生更自由的贸易政策。[②]

为了达成上述目的，世界贸易组织法律制度的一个核心措施就是用互惠关税减让来制约利益集团。世贸组织体系的核心特征之一就是定期降低世界关税。在世贸组织成立之前，GATT 成员大约每隔 10 年就要在互惠基础上就降低货物关税问题进行一个回合的谈判。这些回合带来了世界关税的大幅度削减。创建世贸组织的乌拉圭回合继续坚持了互惠的关税减让方针，并通过就服务、知识产权、卫生和安全措施以及产品标准达成新的协定，扩大了该体制的范围。世贸组织体制的引擎就是互惠。互惠的关税减让对每一个国家的自由贸易造成压力。外国降低关税能使拥有比较优势的生产者获得新的市场。这种期望促使这类生产者在自己的国家游说支持进一步削减关税，因为在要求互惠的条件下，只有降低外国货物进口的国内关税，才能使外国削减对本国出口商品的关税。因此，世贸组织体系动员起那些在自由贸易中获利的利益集团——因自由

① 虽然我们依然十分不情愿地承认这些利益集团的存在，因为这毕竟跟我们一贯认为的“政治正确”相悖，但要否认它们的存在也是十分困难和不尊重事实的。

② John O. McGinnis and Mark L. Movsesian: The World Trade Constitution, in Harvard Law Review, Vol. 114, No. 2, Dec. 2000, pp. 526-528. 亦可参见[美]约翰・O. 麦金尼斯、马克・L. 莫维塞西尼:《世界贸易宪法》，张保生、满运龙译，中国人民大学出版社 2004 年版，第 25～29 页。

贸易而兴旺发达的产业中的工人和企业主——去抗衡那些在自由贸易中吃亏的利益集团。

乌拉圭回合向服务贸易的扩展,提供了以互惠原则动员利益集团争取自由贸易的生动实例。发达国家中那些肯定会从服务出口和知识产权保护中获利的产业,对自己的政府施加压力,使其同意削减纺织品和农产品关税。它们之所以这样做,是因为发展中国家要求以这种削减作为其降低自身服务关税和为知识产权提供更大保护的交换条件。这样,互惠体制为世界贸易的巨大而有益的扩张创造了动力。

通过对互惠体制的承诺而削弱贸易保护主义集团的影响,在促进自由贸易的同时增强了国内民主。如果没有互惠体制的压力,即使消费者拥有数量上的优势,贸易保护主义集团仍会对贸易政策施加比消费者更大的影响。贸易保护主义集团将会有更大的能量,通过扭曲政治过程而达到提高关税的目的,即使是大多数民众很可能并不赞成这样的结果。因此,互惠体制增强了普通民众在民主协商中的声音。①

此外,世贸组织确立的透明度原则把贸易限制一目了然地摆在了普通公民面前,从而增强了民主。在当代民主制度下,透明度是遏制利益集团的关键。透明度原则要求各成员通过在出版物上公布、设立咨询点或者通知等各种方式,及时地公开与贸易有关的法律、法规、规章和政策措施以及其他成员缔结的足以影响其贸易政策的国际协定,目的在于提高市场的可预见性,促进公平贸易和竞争。世贸组织在许多协议中都提出了透明度要求。

如 TRIPs 第 63 条规定:(1)由一成员实行的、有关本协定内容(知识产权的效力、范围、获得实施和防止滥用)的法律和条例以及普遍适用的司法终局决定和行政裁决应以本国语言予以公布,或者,如此种公布不可行时,则应予以公开,以使各政府和权利持有人对其有所了解。一成员政府或政府机构与另一成员政府或政府机构之间缔结生效的有关本协定内容的协定也应予以公布。(2)各成员应向 TRIPs 理事会通知第 1 款中所述法律和规章,以帮助理事会审议本协定的执行。理事会应设法将各成员履行这项义务的负担减轻到最低程度,并且如与建立法律和规章的共同登记处的磋商获得成功,可决定免除直接向理事会通知法律和规章的义务。在这方面,理事会还应考虑就源自《巴黎公约》(1967 年)第 6 条之 3 的规定在本协定下产生的通知义务需要采取的任何行动。(3)每一

① John O. McGinnis and Mark L. Movsesian: The World Trade Constitution, in Harvard Law Review, Vol. 114, No. 2, Dec. 2000, pp. 544-546.

个成员应随时准备按另一成员的书面请求提供第1款所述的信息。一成员如有理由认为某一在知识产权方面的具体司法或行政裁决或双边协议影响其在本协定下的权利，也可书面要求为其提供或向其充分告知这些具体司法决定或行政裁决或双边协定。

TRIPs的上述规定，一方面，要求各成员履行透明度原则所要求的通知、公布义务；另一方面，也肯定了各国维护国家主权权利的要求，因为该条规定并不要求成员方泄露机密资料，不要求成员方披露会妨碍其法律执行或在其他方面违背公共利益或有损于具体属于公私企业合法商业利益的机密信息。①

还有，《关贸总协定》规则的一个显著特点在于其有效地要求缔约方在与贸易有关的立法方面增加透明度。就贸易壁垒而言，关税具有相对透明性：对于想少花钱购买进口产品的消费者来说，它们是显而易见的。相比之下，配额和歧视性法律的作用，对消费者而言却并非那么一目了然。因此，《关贸总协定》通过"把针对进口货物的所有'边境保护措施'"纳入关税体制，要求各国采用最能唤起消费者抵制保护主义利益集团运作的那些措施。

《关贸总协定》的其他一些特征也有助于增加透明度。例如，第1条规定的最惠国待遇原则，其原理之一就是：从国内政治的观点来看，最惠国待遇承诺导致更率直、更透明的政策。世贸组织各协定中旨在防止歧视外国产品的规定，都同时提出了透明度要求，并在其他方面削弱了保护主义利益集团的权力。②

提高透明度，也削弱了利益集团劫持立法过程的可能性，从而在推进自由贸易的同时促进代议制民主。不透明的立法对利益集团有利，因为它会提高公众为理解立法条款而付出的代价。透明度要求清晰明了和便于查询，所以能阻碍利益集团的这一策略。而且，通过对进口商群体给予通知并允许他们对法律规范进行评论，透明度要求将给处于分散状态的群体实际代表权；这类群体包括消费者，他们从低成本进口货物中得益，但如果没有透明度要求，他们或许会在监管过程中无法有效地行使代表权。另外，透明度的要求将不会侵扰民族国家关于劳工、环保、卫生或公共安全决定的实质内容，因为一个国家无须改变其基本内容就可以使一项法规更加透明。确实，通过加强企业对法律的遵从，透明度要

① 刘惠荣、徐祥民：《WTO对我国法制建设的影响》，载《当代法学》2002年第4期，第6页。

② John O. McGinnis and Mark L. Movsesian: The World Trade Constitution, in Harvard Law Review, Vol. 114, No. 2, Dec. 2000, p. 548.

求能够实际促进法规目的的实现。①

可以说,透明度原则体现的是法治文明的精神。法治文明不仅表现为法律规定的内容,即对公民的权利义务的分配是正义的,而且也表现为法治程序也是正义的。法律规范公民的行为,法律只有通过公布、为公民所知,才能够成为约束公民行为的法律依据。美国法学家富勒把包括"法的公布"在内的八个要素总结为法律的"内在道德",他又将其称之为"法治原则"或"程序自然法"。他认为,有关法律的制定、解释和适用等程序上的原则或法治原则是使以规则管理人类行为的事业成为可能的道德,也就是法律能够成为法所绝对必需的前提条件。②而中国以往对法的公布以及司法判决、行政裁决的透明度关注不够,公民缺少可以了解法律、法规、规章等规范性文件的渠道,尤其是关涉其自身权益的司法、行政裁判资料无从知晓,只有被动地接受而不知其所以然。这样一来,内部信息就成为了某些特权人士牟取私利的"寻租"工具,法律缺乏透明度使政治腐败滋生。我国加入世贸组织,其透明度原则对我国的立法与司法活动提出了新的要求。透明度原则的实施,对于完善规范性法律文件的制定程序,禁止以内部文件管理公共事务,完善司法活动,防止司法腐败,无疑具有重要的促进作用。

最后,值得提到的是,世贸组织确立了贸易制度统一实施原则也会削弱贸易保护主义利益集团的权力。如果管制外国生产者的法规必须与管制同样情况下的国内生产者的法规相一致,则那些国内生产者就会从阻止给国外生产者增加不正当负担的法规的活动中获得利益。从而有助于削弱聚结式群体在损害公共利益的情况下谋取自利法规的能力。③

因为贸易制度统一实施原则要求其成员承诺在其全部关税领土范围内统一实施世贸组织法律规则,保证国内有关贸易的法律、法规、规章及政策措施与世贸组织法律规则保持一致。这一原则包括两个方面的要求:一是世贸组织要求其成员一揽子接受它的全部规则,并且要保证其国内法与世贸组织法律规则保持一致。二是世贸组织要求成员在其全部的关税领土,包括边境贸易地区、少数民族自治地区、经济特区和已经建立一些有关的关税、税收法规的特殊制度的地区,必须以统一、公正与合理的方式实施一切有关或影响货物贸易、服务贸易、与

① John O. McGinnis and Mark L. Movsesian: The World Trade Constitution, in Harvard Law Review, Vol. 114, No. 2, Dec. 2000, pp. 574-575.

② 谷春德:《西方法律思想史》,北京大学出版社 1990 年版,第 469 页。

③ John O. McGinnis and Mark L. Movsesian: The World Trade Constitution, in Harvard Law Review, Vol. 114, No. 2, Dec. 2000, p. 576.

贸易有关的知识产权或外汇管理的法律、法规、规章和其他政策措施。贸易制度统一实施原则要求各成员无保留地将其有关经贸的法律、法规、规章及其他政策措施等规范性文件按照世贸组织法律规则的要求进行立、改、废，也要求其成员方的中央政府和地方各级行政机关调整其行政管理行为。我国既然已经一揽子接受了世贸组织的法律制度，那么就必须按照世贸组织所确立的贸易制度统一实施原则进行国内法律制度的调整，按照入世承诺很好地履行各项义务。

三、结　　语

现代法治社会的构建与实现，其基本前提是民主政治与市场经济的同步进行，而法制变革则贯穿于民主政治与市场经济建设过程的始终。要实现现代法治社会，我们必须在进行法制变革的同时，大力推进现代民主政治、市场经济和文化建设。国际经济一体化发展是不以人的意志为转移的历史趋势，顺之者则能争取到较好的发展机遇和环境，实现可持续发展的目标，逆之者则有日益被边缘化的危险。中国的内部改革已经使中国的经济发展处于攻坚阶段，改革过程中的深层次固有矛盾已经十分突出和艰难，必须实现外在突破。加入世界贸易组织是使中国实现这种突破的历史性机遇。

由于我国目前政治体制改革的步伐依然步履维艰，难有根本性的突破，已经严重制约了经济改革成果的稳定和扩大，成为制约中国进一步发展的制度性瓶颈。这一现状也与广大人民群众的迫切要求相去甚远，社会不稳定情绪已日益凸显。虽然加入世贸组织是我国融入世界民主法治大潮流的重要决断，但我们不能奢望能毕其功于一役，甚至也不要奢望会有多少实质性的改善。由于多年来的政治氛围，已经逐步造就了一批既得利益集团和官僚贵族利益集团，他们已成为中国实现民主法治的巨大障碍。他们已经十分娴熟地运用“上有政策，下有对策”的做法，不断消解掉加入世贸组织所可能带来的积极影响，以维护他们的既得利益和特权。

但我们毕竟要注意到，在经济全球化和一体化深入发展的今天，任何一个国家都不可能完全脱离世界的联系而独自获得发展。与民主法治的世界潮流接轨，既是经济发展的要求，也是历史发展的必然趋势。虽说“路漫漫其修远兮”，但毕竟光明在前。

参考文献

一、中文参考书

1. 李双元、徐国建主编:《国际民商新秩序的理论建构——国际私法的重新定位与功能转换》,武汉大学出版社 1998 年版。

2. 梁西:《国际组织法(总论)》,武汉大学出版社 2001 年第 5 版。

3. 梁西:《国际法》(修订版),武汉大学出版社 2000 年版。

4. 李双元:《走向 21 世纪的国际私法:国际私法与法律的趋同化》,法律出版社 1999 年版。

5. 李双元、李赞、李娟:《儿童权利的国际法律保护》,人民法院出版社 2004 年版。

6. 王贵国:《国际投资法》,北京大学出版社 2001 年版。

7. 李琮、徐葵主编:《经济全球化、地区化与中国》,中共中央党校出版社 2000 年版。

8. 张幼文:《世界经济一体化的历程》,(上海)学林出版社 1999 年版。

9. 刘世元:《区域国际经济法研究》,吉林大学出版社 2001 年版。

10. 赵维田:《世贸组织(WTO)的法律制度》,吉林人民出版社 2000 年版。

11. 张献:《APEC 的国际经济组织模式研究》,法律出版社 2001 年版。

12. 李双元、曾炜等:《世贸组织规则研究的理论与案例》,人民法院出版社 2004 年版。

13.《世界贸易组织乌拉圭回合多边贸易谈判结果法律文本》,法律出版社 2000 年版。

14. 曾令良:《欧洲共同体法与现代国际法》,武汉大学出版社 1992 年版。

15. 胡瑾、王学玉:《发展中的欧洲联盟》,山东人民出版社 2000 年版。

16. 邵沙平、余敏友:《国际法问题专论》,武汉大学出版社 2002 年版。

17. 伍贻康等:《三足鼎立:全球竞争体系中的欧美亚太经济区》,上海社会科学出版社 2001 年版。

18. 吴兴南、林善炜:《全球化与未来中国》,中国社会科学出版社2002年版。

19.《毛泽东选集》第1卷,人民出版社1991年版。

20. 李光灿、吕世伦:《马克思恩格斯法律思想史(修订版)》,法律出版社2001年版。

21. 张文显:《新视野 新思维 新概念——法学理论前沿论坛》,吉林大学出版社2001年版。

22. 朱景文:《比较法社会学的框架和方法——法制化、本土化和全球化》,中国人民大学出版社2002年版。

23. 李彩英、竺培芬:《当代国际关系》,上海交通大学出版社2001年版。

24.《左传·僖公十四年》。

25. 肖永平:《欧盟统一国际私法研究》,武汉大学出版社2002年版。

26. 曹建明:《欧洲联盟法——从欧洲统一大市场到欧洲经济货币联盟》,浙江人民出版社2000年版。

27. 王世洲:《欧洲共同体法律的制定与执行》,法律出版社2000年版。

28. 李浩培:《国际法的概念与渊源》,贵州人民出版社1994年版。

29. 李道刚:《欧洲:从民族国家到法的共同体》,山东人民出版社2003年版。

30. 沈宗灵等:《法理学与比较法学论集》(上册),北京大学出版社1999年版。

31. 赵震江、付子堂:《现代法理学》,北京大学出版社1999年版。

32. 吕世伦:《法理的积淀与变迁》,法律出版社2001年版。

33.《西方法律思想史资料选编》,北京大学出版社1983年版。

34. 梁启超原著,范忠侦选编:《梁启超法学文集》,中国政法大学出版社1999年版。

35. 伍贻康、张幼文等:《全球村落:一体化进程中的世界经济》,上海社会科学出版社、高等教育出版社1999年版。

36. 吕世伦、谷春德:《西方政治法律思想史》上册,辽宁人民出版社1986年版。

37. 吕世伦、文正邦:《法哲学论》,中国人民大学出版社1999年版。

38.《墨子》。

39. 王曦:《国际环境法资料选编》,民主与建设出版社1999年版。

40. 卢峻:《国际私法之理论与实际》,中国政法大学出版社1998年版。

41. 高凤仙：《美国国际私法之发展趋势》，台湾商务印书馆发行。（该书出版年份因作者搜集资料时的疏忽而未记录下来，后再寻而未果。若有读者知晓，敬请赐教。）

42. 梁淑英：《国际法教学案例》，中国政法大学出版社 1999 年版。

43. 王铁崖：《国际法引论》，北京大学出版社 1998 年版。

44. 曹建明等：《国际公法学》，法律出版社 1998 年版。

45. 周鲠生：《国际法》，商务印书馆 1983 年版。

46. 慕亚平、周建海、吴慧：《当代国际法论》，法律出版社 1998 年版。

47. 慕亚平：《WTO 中的"一国四席"》，法律出版社 2004 年版。

48. 李浩培：《条约法概论》，法律出版社 1987 年版。

49. 张爱宁：《国际法原理案例解析》，人民法院出版社 2000 年版。

50. 孔祥俊：《WTO 知识产权协定及其国内适用》，法律出版社 2002 年版。

51. 刘光溪：《他山之石——WTO 成员应对入世的实践与经验》，上海人民出版社 2003 年版。

52. 张德霖：《中国加入 WTO 经济法律调整概览》，法律出版社 2002 年版。

53. 徐大同：《西方政治思想史》，天津教育出版社 2000 年版。

54. 赵建文：《国际法新论》，法律出版社 2000 年版。

55. 刘文秀、埃米尔·J. 科仕纳：《欧洲联盟政策及政策过程研究》，法律出版社 2003 年版。

56. 刘杰：《经济全球化时代的国家主权》，长征出版社 2001 年版。

57. 刘杰：《秩序重构：经济全球化时代的国际机制》，高等教育出版社、上海社会科学院出版社 1999 年版。

58. 张向晨：《发展中国家与 WTO 的政治经济关系》，法律出版社 2000 年版。

59. 朱榄叶：《世界贸易组织国际贸易纠纷案例评析》，法律出版社 2000 年版。

60. 卓泽渊：《法治泛论》，法律出版社 2001 年版。

61. 高鸿钧：《现代法治的出路》，清华大学出版社 2003 年版。

62. 张荐华：《欧洲一体化与欧盟的经济社会政策》，商务印书馆 2001 年版。

63. 许崇德：《中国宪法》（修订本），中国人民大学出版社 1996 年版。

64. 魏定仁：《宪法学》，北京大学出版社 1989 年版。

二、译成中文的外国参考书

1. [美]约翰·O. 麦金尼斯、马克·L. 莫维塞西尼：《世界贸易宪法》，张保生、满运龙译，中国人民大学出版社 2004 年版。

2. 国际货币基金组织：《世界经济展望》，康以同译，中国金融出版社 1997 年版。

3. [德]赖纳·特茨拉夫：《全球化压力下的世界文化》，吴志诚等译，江西人民出版社 2001 年版。

4.《马克思恩格斯选集》(第 1 卷)，人民出版社 1972 年版。

5. [美]阿里夫·德里克：《后革命氛围》，王宁等译，中国社会科学出版社 1999 年版。

6. [英]戴维.赫尔德：《全球大变革——全球化的政治、经济与文化》，社会科学文献出版社 2001 年版。

7. [葡萄牙]叶士朋(A. M. Hespanha)：《欧洲法学史导论》，吕平义等译，中国政法大学出版社 1998 年版。

8. [古罗马]盖尤斯：《法学阶梯》，黄风译，中国政法大学出版社 1996 年版。

9. [罗马]查士丁尼：《法学总论——法学阶梯》，张企泰译，商务印书馆 1989 年版。

10. [英]B. 尼古拉斯：《罗马法概论》，黄风译，法律出版社 2000 年版。

11. [美]E. N. 斯密：《欧洲法律发达史》，姚梅镇译，中国政法大学出版社 1998 年版。

12. [德]弗里德尼希·卡尔·冯·萨维尼：《论立法与法学的当代使命》，许章润译，中国法制出版社 2001 年版。

13. [古罗马]西塞罗：《论共和国 论法律》，王焕生译，中国政法大学出版社 1997 年版。

14. [日]大谷良雄：《欧洲共同体法概论——欧洲新法律秩序的形成》，蔡秀珍译，群众出版社 1986 年版。

15. [德]卡尔·拉伦茨：《德国民法通论(上册)》，王晓晔等译，法律出版社 2003 年版。

16. [美]E. 博登海默：《法理学：法律哲学与法律方法》，中国政法大学出版社 1999 年版。

17. [美]庞德：《通过法律的社会控制——法律的任务》，商务印书馆 1984 年版。

18. [美]E. 拉兹洛：《决定命运的选择》，三联书店 1997 年版。

19. [法]卢梭：《社会契约论》，何兆武译，商务印书馆 2002 年版。

20. [英]詹宁斯、瓦茨：《奥本海国际法》，王铁崖等译，中国大百科全书出版社1995年版。

21. [英]F. A. 哈耶克:《通往奴役之路》,王明毅等译,中国社会科学出版社1997年版。

22. [古罗马]西塞罗:《论义务》,王焕生译,中国政法大学出版社1999年版。

23. [德]英戈·冯·闵希:《国际法教程》,世界知识出版社1997年版。

24. [古希腊]亚里士多德:《政治学》,吴寿彭译,商务印书馆1965年版。

25. [美]约翰·罗尔斯:《正义论》,中国社会科学出版社1988年版。

26. [英]休谟:《人性论》,关文运译,商务印书馆1980年版。

27. [美]乔·萨托利:《民主新论》,东方出版社1993年版。

28. [美]巴巴拉·沃特等:《只有一个地球》,吉林人民出版社1997年版。

29. [美]利·布里梅耶、杰克·戈德史密斯:《冲突法:案例与资料》,中信出版社2003年英文版。

30. [美]凯尔森:《法与国家的一般理论》,中国大百科全书出版社1996年版。

31. [美]路易斯·亨金:《宪政、民主、对外事务》,生活·读书·新知三联书店1996年版。

32. [韩]柳炳华:《国际法》,朴国哲等译,中国政法大学出版社1997年版。

33. [美]杰罗姆·巴伦:《美国宪法概论》,刘祥瑞等译,社会科学出版社1995年版。

34. [德]沃尔夫刚·格拉夫·魏智通:《国际法》,吴越、毛晓飞译,法律出版社2002年版。

35. [美]乔治·霍兰·萨拜因:《政治学说史》,商务印书馆1986年版。

36. [澳]约瑟夫·凯米来里、吉米·福尔克:《主权的终结》,李冬燕译,浙江人民出版社2001年版。

37. [美]罗伯特·吉尔平:《国际关系政治经济学》,经济科学出版社1994年版。

38. [美]戴维·卡莱欧:《欧洲的未来》,冯绍雷等译,上海人民出版社2003年版。

39. [美]玛莎·费丽莫:《国际社会中的国家利益》,袁正清译,浙江人民出版社2001年版。

40. [奥]劳特派特修订:《奥本海国际法》,王铁崖、陈体强译,第一分册下卷,商务印书馆1972年版。

41. [美]约翰·H.杰克逊:《世界贸易体制》,张乃根译,复旦大学出版社2001年版。

三、参考论文

1. 王贵国:《经济全球化与中国法制兴革的取向》,载陈安主编:《国际经济法论丛》(第3卷),法律出版社2000年版。

2. 姜桂石、刘会清:《经济全球化、区域化与发展中国家的对策》,载人大复印资料《世界经济导刊》2004年第7期。

3. 马忠法:《〈海洋自由论〉及其国际法思想》,载《复旦学报(社会科学版)》2003年第5期。

4. 饶戈平、黄瑶:《论全球化进程与国际组织的互动关系》,载《法学评论》2002年第2期。

5. 韩龙:《论WTO与区域经济一体化》,载《中外法学》2003年第2期。

6. 戴德生:《世贸组织区域经济一体化法律规则与中国的对策》,载《国际贸易问题》2003年第4期。

7. 伍贻康、张海冰:《经济全球化与经济一体化》,载《求是》2004年第1期。

8. 李华:《浅析欧盟模式之争》,载《国际问题研究》2002年第2期。

9. 李向阳:《全球区域经济合作发展趋势及其对策》,载《求是》2004年第7期。

10. 夏吉生:《从非盟成立看非洲应对全球化》,载人大复印资料《国际政治》2004年第7期。

11. 夏吉生:《继往开来话非盟》,载人大复印资料《国际政治》2004年第4期。

12. 程信和、呼书秀:《东盟自由贸易区的发展模式及其启示》,载人大复印资料《国际法学》2004年第5期。

13. 尹承德:《东盟外交新走向——兼论中国与东盟关系》,载人大复印资料《中国外交》2004年第9期。

14. 杨丽艳:《关于东盟的几点国际组织法思考》,载《法学评论》2000年第5期。

15. 姚大学、李芳洲:《全球化与东亚区域经济一体化》,载人大复印资料《世界经济导刊》2004年第4期。

16. 陈小文等:《浅析东亚多层次合作现状及趋向》,载人大复印资料《世界经济导刊》2004年第1期。

17. 李罗力:《对东亚区域经济一体化发展趋势的十个判断》,载人大复印资料《世界经济导刊》2004年第7期。

18. 韩龙:《世贸组织的区域经济一体化制度刍议》,载《国际贸易问题》2003年第3期。

19. 曾令良:《欧共体对多边贸易体制的影响》,载邵沙平、余敏友:《国际法问题专论》,武汉大学出版社2002年版。

20. 薛誉华:《区域化:全球化的阻力》,载人大复印资料《世界经济导刊》2003年第4期。

21. 斯蒂格利茨:《全球化的另一面》,载《国际金融研究》2002年第5期。

22. 马春林等:《全球经济一体化还是区域经济一体化——经济全球化的发展趋势分析》,载人大复印资料《世界经济导刊》2004年第2期。

23. 曾令良:《欧共体及其成员国在WTO中的双重地位及其对中国的影响》,载《法学评论》1999年第2期。

24. 金祥荣:《世界区域经济一体化浪潮及其影响》,载《国际贸易问题》1995年第6期。

25. 李长久:《经济全球化与世界形势》,载《国际问题研究》2002年第2期。

26. 穆光宗:《经济全球化与中国人口》,载《当代世界与社会主义》1998年第3期。

27. 车丕照:《经济全球化趋势下的国际经济法》,载人大复印资料《国际法学》2001年第3期。

28. 周敏凯:《马克思"世界历史观"与全球化问题的理论思考》,载人大复印资料《世界经济导刊》2003年第3期。

29. 侯水平:《经济全球化研究观点综述》,载人大复印资料《世界经济导刊》2003年第6期。

30. 焦津洪:《经济全球化及其对国际经济法的挑战》,载陈安:《国际经济法论丛》第3卷,法律出版社2000年版。

31. 程虎:《国家主权及其当代命运——一种全球化的分析范式》,载高鸿钧:《清华法治论衡》,清华大学出版社2002年版。

32. 慕亚平、代中现:《论经济全球化进程中的国家经济主权问题》,载陈安:《国际经济法论丛》第6卷,法律出版社2002年版。

33. 何秉孟:《近年来我国经济学界的三个误区》,载《真理的追求》2001年第4期。

34. 章伟、赵可金:《全球化及其政治后果》,载《国际观察》2002年第3期。

35. 周新城:《全面认识经济全球化》,载人大复印资料《世界经济导刊》2003年第6期。

36. 宋士昌、李荣海:《全球化与建设中国特色社会主义》,载《中国社会科学》2001年第6期。

37. 施学光:《经济全球化与欧洲一体化》,载胡瑾、王学玉:《发展中的欧洲联盟》,山东人民出版社2000年版。

38. 曹文振:《经济全球化浪潮中的欧洲一体化》,载胡瑾、王学玉:《发展中的欧洲联盟》,山东人民出版社2000年版。

39. 陈泰锋:《WTO、入世、经济全球化三位一体的思考》,载《世界贸易组织动态与研究》2003年第2期。

40. 王广生:《经济国际化、经济全球化、经济一体化的区别与联系》,载人大复印资料《世界经济导刊》2003年第11期。

41. 邓瑾:《美国是全球化的输家?》,载《南方周末》2004年11月18日C18版。

42. 江平:《全球化、现代化与本土化(比较法学会2002年会议主旨发言)》,载江平主编:《比较法在中国》,法律出版社2003年版。

43. 车丕照:《法律全球化——是现实? 还是幻想?》,载陈安主编:《国际经济法论丛》第4卷,法律出版社2001年版。

44. 车丕照:《法律全球化与国际法治》,载高鸿钧等:《法治:理念与制度》,中国政法大学出版社2002年版。

45. 朱景文:《关于公法的全球化》,载夏勇:《公法》第2卷,法律出版社2000年版。

46. 朱景文:《欧盟法对法律全球化的意义》,载《法学》2001年第12期。

47. 李巍:《"法律全球化"是不以人的意志为转移的历史趋势》,载陈安主编:《国际经济法论丛》第4卷,法律出版社2001年版。

48. 谢岚:《"法律全球化"问题初探》,载陈安主编:《国际经济法论丛》第4卷,法律出版社2001年版。

49. 邓建中、刘磬:《法律全球化与共同法发现的思考》,载《法制日报》2004年10月28日第11版。

50. 曾炜:《论经济一体化对国际法和国内法的影响》,载《时代法学》2004年第5期。

51. 曾炜:《经济一体化进程中的法律全球化——兼论国际法和国内法的互动》,载《中国国际经济法学会2004年年会暨学术研讨论文集》,2004年11月

5～8日，中国厦门。

52. 刘颖：《从美国〈统一商法典〉第4A编的“全国化”看法律全球化》，载陈安主编：《国际经济法论丛》第4卷，法律出版社2001年版。

53. 李会：《法律全球化、本土化与法律多元》，载张文显：《新视野 新思维 新概念——法学理论前沿论坛》，吉林大学出版社2001年版。

54. 陈正伟：《法律全球化的前瞻和展望》，载张文显：《新视野 新思维 新概念——法学理论前沿论坛》，吉林大学出版社2001年版。

55. 赵维田、王海英：《评“法律全球化”的呓语》，载陈安主编：《国际经济法论丛》第4卷，法律出版社2001年版。

56. 沈宗灵：《评“法律全球化”的理论》，载陈安主编：《国际经济法论丛》第4卷，法律出版社2001年版。

57. 韩天森：《谈法律全球化——兼谈经济全球化》，载陈安主编：《国际经济法论丛》第4卷，法律出版社2001年版。

58. 慕亚平：《评“法律全球化”概念的科学性》，载陈安主编：《国际经济法论丛》第4卷，法律出版社2001年版。

59. 朱学山：《经济全球化与中国的国际经济法学》，载陈安：《国际经济法论丛》第5卷，法律出版社2002年版。

60. 何力：《从罗马万民法到WTO规则——对法律的普遍主义要素的历史考察》，载《复旦学报(社会科学版)》2004年第4期。

61. 朱景文：《欧盟法性质的法理学思考——欧盟法与成员国法之间关系的理论与实践及对法律全球化的意义》，载《人大法律评论》(2000卷第一辑)，中国人民大学出版社2000年版。

62. 黄卫平、程大为的《冲突与趋同：世界贸易组织法在欧盟的适用》一文，载《中国人民大学学报》2003年第2期。

63. 张若思：《WTO协定在欧共体及其成员国的适用》，载《北大国际法与比较法评论》第2卷，北京大学出版社2003年版。

64. 张若思：《WTO协定在欧共体及其成员国的适用》，载张乃根：《当代国际法研究：21世纪初的中国与国际法》(第十二章)，上海人民出版社2002年版。

65. 张若思：《WTO协定在欧共体及其成员国的适用》，载赵海峰、金邦贵：《欧洲法通讯》第4辑，法律出版社2003年版。

66. 邓晓俊等：《国际私法的趋同化及其障碍》，载《中国法学》1995年第1期。

67. 张智勇：《论关贸总协定在欧共体法中的直接效力》，载《中外法学》2002

年第2期。

68. 汤光鸿:《顺应历史潮流,维护全人类共同利益》,载《国际问题研究》2003年第2期。

69. 李慎明:《试谈新世纪的全球化指导原则与实践》,载《世界经济与政治》2001年第5期。

70. 韦经建、庞小妹:《论欧洲联盟法的效力及其对国家主权理论的影响》,载《法制与社会发展》1999年第6期。

71. 胡诚军:《共同利益:国际法本质的基石》,载《时代法学》2004年第4期。

72. 曾令良、黄志雄:《论21世纪国际法与国际秩序的应有构建》,载李龙:《珞珈法学论坛》第一卷,武汉大学出版社2000年版。

73. 林忠、钟兴国:《国际经济法中的公平互利原则与WTO体制下中国的发展中国家地位问题》,载钟兴国等译著:《世界贸易组织——国际贸易新体制》,北京大学出版社1997年版。

74. 徐坚:《和平崛起是中国的战略选择》,载《国际问题研究》2004年第2期。

75. 秦天宝:《美国拒绝批准〈京都议定书〉的国际法分析》,载李龙:《珞珈法学论坛》(第二卷),武汉大学出版社2002年版。

76. 黄志雄:《WTO"多哈发展议程"与国际发展法的新趋向》,载李龙:《珞珈法学论坛》(第三卷),武汉大学出版社2003年版。

77. 蒋新苗、郑远民:《"和平崛起"与国际私法的革新》,载《法学家》2004年第6期。

78. 李双元:《国际私法正在发生质的飞跃》,载李双元:《国际法与比较法论丛》第五辑,中国方正出版社2003年版。

79. 俞正梁:《变动中的国家利益与国家利益观》,载《复旦学报》(社会科学版)1994年第1期。

80. 韩汉卿、刘萍:《现代冲突规则解析》,载《中国国际私法与比较法年刊》(2003年),法律出版社2003年版。

81. 吴宁:《社会弱势群体保护的权利视角及其理论基础》,载《法制与社会发展》2004年第3期。

82. 甘勇:《国际条约在国内适用之研究综述》,载韩德培等:《中国国际私法与比较法年刊2003》,法律出版社2003年版。

83. 李龙、汪习根:《国际法与国内法关系的法理学思考》,载《现代法学》2001年第1期。

84. 朱晓青、张少瑜:《国际法学研究述评》,载《法学评论》2002年第1期。

85. 曾令良:《论冷战后时代的国家主权》,载《中国法学》1998年第1期。

86. 黄瑶:《世纪之交反思凯尔森的国际法优先说》,载《法学评论》2000年第4期。

87. 李兆杰:《条约在我国国内法效力若干问题之探讨》,载《中国国际法年刊1993》,法律出版社1993年版。

88. 朱志晟、张亮:《条约在国内适用的若干问题探讨》,载《现代法学》2003年第4期。

89. 余敏友、陈卫东:《欧共体围绕WTO协议直接效力问题的争论及其对我国的启示》,载《法学评论》2001年第3期。

90. 慕亚平、冼一帆:《WTO协议在我国国内适用的问题》,载张乃根:《国际法研究:21世纪初的中国与国际法》,上海人民出版社2002年版。

91. 周忠海:《WTO规则与国际法》,载《河南省政法管理干部学院学报》2002年第4期。

92. 辛崇阳:《国际条约在日本国内法体系中的作用》,载《海南大学学报(人文社会科学版)》2000年第3期。

93. 李旺:《国际条约在国内的效力及实施问题——日本的相关制度》,载张乃根:《国际法研究:21世纪初的中国与国际法》,上海人民出版社2002年版。

94. 徐杰:《欧盟条约法律制度与国际条约法的发展》,载人大复印资料《国际法学》2002年第1期。

95. 张晓东:《也论国际条约在我国的适用》,载《法学评论》2001年第6期。

96. 陈寒风、周卫国、蒋豪:《国际条约与国内法的关系及中国的实践》,载人大复印资料《国际法学》2000年第5期。

97. 肖冰:《论我国条约适用法律制度的构建》,载陈安:《国际经济法论丛》第5卷,法律出版社2002年版。

98. 陈雪梅:《香港与国际条约——香港回归对香港适用国际条约的影响》,载肖蔚云、饶戈平:《论香港基本法的三年实践》,法律出版社2001年版。

99. 黄勇:《论欧洲联盟的法律性质》,载《政治与法律》1999年第4期。

100. 张丽娟:《欧共体指令的直接效力》,载赵海峰、卢建平:《欧洲法通讯》第2辑,法律出版社2001年版。

101. 李晴兰:《欧洲共同体法院在欧洲一体化中的作用》,载赵海峰、金邦贵:《欧洲法通讯》第4辑,法律出版社2003年版。

102. 周忠海:《论国际法在WTO体制中的作用》,载《政法论坛(中国政法大学学报)》2002 年第 4 期。

103. 韩立余:《WTO 规则的适用与中国国内立法》,载陈安:《国际经济法论丛》第 4 卷,法律出版社 2001 年版。

104. 萧凯:《WTO 的制度性影响及其法律分析》,载《法学评论》2000 年第 4 期。

105. 林旋:《WTO 规则在中国法院适用的法律分析》,载人大复印资料《国际法学》2002 年第 4 期。

106. 陈安:《美国 1994 年"主权大辩论"及其后续影响》,载《中国社会科学》2001 年第 5 期。

107. 陈安:《世纪之交围绕经济主权的新的"攻防战"——从美国的"主权大辩论"及其后续影响看当代"主权淡化"论之不可取》,载陈安:《国际经济法论丛》第 4 卷,法律出版社 2001 年版。

108. 车丕照:《"入世"后我国政府履行世界贸易组织条约义务的若干问题——对我国目前的一些流行观点的质疑》,载陈安:《国际经济法论丛》第 6 卷,法律出版社 2002 年版。

109. 高江南:《论 WTO 协议在我国法院的适用——以该协议在美国的适用为借鉴》,载《法商研究》2002 年第 1 期。

110. 陈海波:《世贸组织协议在欧盟法中的法律地位——欧共体法院在区域一体化抗拒全球化过程中的作用》,载范思泓、丛林:《我们眼中的欧洲法律——中欧法律和司法合作项目学术论文精选》,中国法制出版社 2005 年版。

111. 宫保之、赵莉:《WTO 协议下国内法院在国际贸易关系中的作用》,载《东吴法学》2002 年号。

112. 曾令良:《WTO 协议在我国的适用及我国法制建设的革命》,载《中国法学》2000 年第 6 期。

113. 童兆洪、方双复:《WTO 规则审判适用的法理分析》,载《法律适用》2003 年 1~2 期。

114. 张艳:《论 WTO 协议在我国法院的适用》,载《法律适用》2003 年第 1~2期。

115. 曹建明:《WTO 与中国的法治建设》,载人大复印资料《国际法学》2002 年第 6 期。

116. 张玉卿:《健全法律体系为对外开放保驾护航》,载《国际商报》2003 年 12 月11 日。

117. 贺小勇:《我国外经贸立法与 WTO 规则接轨的现状及其问题》,载《中国国际经济法学会2004年年会暨学术研讨会论文集》上册，中国厦门，2004年5月5～8日。

118. 樊静：《经济全球化趋势下的国家主权原则》，载《法学杂志》2002年第6期。

119. 徐国栋：《国家何时产生？》，载易继明：《私法》第1辑第1卷，北京大学出版社2001年版。

120. 刘长敏：《主权理论的历史沿革及其当代思考》，载张桂琳：《政法评论》2002年卷，中国政法大学出版社2002年版。

121. 段存广：《从绝对主权到实效主权：对国家主权原则的再认识》，载《太平洋学报》2002年第2期。

122. 冯寿波：《全球化背景下国家主权理论之检讨》，载李双元：《国际法与比较法论丛》第8辑，中国方正出版社2003年版。

123. 赵建文：《关于国家主权的性质和地位的理论演进》，载《郑州大学学报》2000年第6期。

124. 朱景文：《关于法律与全球化的几个问题》，载胡元梓、薛晓源：《全球化与中国》，中央编译出版社1998年版。

125. 刘志云：《经济全球化背景下国际经济法律自由化的理论探悉》，载《中国国际经济法学会2004年年会暨学术研讨会论文集》上册，2004年11月5～8日，中国厦门。

126. 詹真荣：《欧洲一体化中的国家主权和职能的让渡现象研究》，载胡瑾、王学玉：《发展中的欧洲联盟》，山东人民出版社2000年版。

127. 戴炳然：《关于主权问题的再思索》，载人大复印资料《国际政治》2004年第2期。

128. 朱贵昌：《欧洲一体化对国家主权的影响》，载胡瑾、王学玉：《发展中的欧洲联盟》，山东人民出版社2000年版。

129. 刘文秀：《欧盟国家主权让渡的特点、影响及理论思考》，载人大复印资料《国际政治》2003年第8期。

130. 刘文秀：《界定欧盟政体性质的几个因素》，载人大复印资料《国际政治》2004年第5期。

131. 刘文秀：《欧洲一体化性质及特点》，载《国际问题研究》2004年第2期。

132. 陈力：《WTO争端解决机制与国家经济主权的新变化》，载《法治论丛》2003年第18卷第6期。

133. 蔡剑波：《WTO争端解决机制的“反向协商一致”规则研究》，载《当代法学》2003 年第 1 期。

134. 汪洋:《国际法制的艰难演进——简析 WTO 争端解决机制》,载《当代法学》2002 年第 9 期。

135. 孙国辉:《跨国公司内部贸易与全球一体化经营》,载人大复印资料《世界经济导刊》2004 年第 5 期。

136. 郑寅:《论跨国公司的发展对民族国家主权的侵蚀》,载任晓:《国际关系理论新视野》,长征出版社 2000 年版。

137. 俞可平:《论全球化与国家主权》,载《马克思主义与现实》2004 年第 1 期。

138. 彭澎:《驳"有限主权论"及"民族国家的终结"》,载《现代法学》1999 年第 4 期。

139. 徐崇利:《经济全球化与国际法中的"社会立法"的勃兴》,载《中国法学》2004 年第 1 期。

140. 李慎之:《开展全球化研究》,载《世界知识》1994 年第 2 期。

141. 张学慧、谭红:《全球化背景下对国家主权的再思考》,载《当代法学》2004 年第 6 期。

142. 刘建辉:《"新干涉主义"与"第三条道路",载《光明日报》1999 年 8 月 27 日。

143. 王献枢、王宏伟:《经济全球化时代的国家主权》,载《法商研究》2002 年第 1 期。

144. 刘仁山、徐敏:《论国家主权理论的新发展》,载人大复印资料《国际法学》2003 年第 2 期。

145. 曲波:《欧盟一体化对国家主权理论的影响》,载《当代法学》2002 年第 10 期。

146. 黄正柏:《从"辅助性原则"看欧洲一体化与国家主权的关系》,载《国际观察》2001 年第 2 期。

147. 曾令良:《论欧洲联盟法中的从属原则》,载《武汉大学学报》(哲社版)1999 年第 2 期。

148. 世界贸易组织委员会:《对世界贸易组织的十大指控及反驳》,载《国际金融报》1999 年 12 月 10 日。

149. 车丕照:《身份与契约——全球化背景下对国家主权的观察》,载《中国国际法学精粹》2003 年卷,机械工业出版社 2004 年 1 月版。

150. 潘抱存:《论国际法的发展趋势》,载《中国法学》2000 年第 5 期。

151. 李强:《全球化、主权国家与世界政治秩序》,载《战略与管理》2001 年第 2 期。

152. 王逸舟:《国家利益再思考》,载《中国社会科学》2002 年第 2 期。

153. 余敏友:《以新的主权观迎接新世纪的国际法学》. 载《法学评论》2000 年第 2 期。

154. 俞正梁:《发展中国家在主权问题上的当代选择——中国对外战略问题思考之一》,载《复旦学报》(社会科学版)1998 年第 1 期。

155. 俞正梁:《国家在全球化中的位置》,载人大复印资料《国际政治》2003 年第 2 期。

156. 孟碧国:《经济全球化时代经济主权原则的发展趋势》,载《云南大学学报(法学版)》2003 年第 2 期。

157. 科菲·安南:《人类共同面临的难题》,载《经济观察报》2002 年 9 月 9 日。

158. 唐贤兴:《国际法与主权国家的外交:全球化时代的新发展》,载人大复印资料《国际法学》2004 年第 1 期。

159. 赵维田:《WTO 司法机制的主要特征》,载《北大国际法与比较法评论》第一卷,北京大学出版社 2002 年版。

160. 李居迁:《WTO 上诉程序简论》,载陈安:《国际经济法论丛》第 5 卷,法律出版社 2002 年版。

161. 张乃根:《试析 WTO 争端解决的国际法拘束力》,载《复旦学报》(社会科学版)2003 年第 6 期。

162. 朱榄叶:《WTO 争端解决报告的效力》,载张乃根:《当代国际法研究:21 世纪初的中国与国际法》,上海人民出版社 2002 年版。

163. 赵秀文:《论 WTO 专家组和上诉机构的建议与裁定的效力及其执行》,载陈安:《国际经济法学刊》第 11 卷,北京大学出版社 2004 年版。

164. 唐志超:《土耳其站在欧盟的门槛上》,载《人民日报》2001 年 6 月 22 日第 7 版。

165. 李满田、高哈吉:《土耳其的欧盟之路》,载人大复印资料《国际政治》2004 年第 6 期。

166. 王泽平:《试论冷战后土耳其的欧盟政策》,载《国际问题研究》2005 年第 2 期。

167. 冯坚:《欧盟东扩的正负面效应分析》,载《欧洲研究》2003 年第 4 期。

168. 曹铁群:《土耳其“通奸罪”争议划上句号》,载《法制日报》2004 年 9 月

19日第4版。

169. 姚立:《土耳其入盟谈判可望启动》,载《人民日报》2004年9月29日第3版。

170. 朱国斌:《中国加入世界贸易组织的宪法学思考》,载《法学家》2002年第6期。

171. 刘惠荣、徐祥民:《WTO对我国法制建设的影响》,载《当代法学》2002年第4期。

四、外文参考资料

1. Neil King Jr, Zoellick: Trade-Deal Could undermine the WTO, The Wall Street Journal, 25 Oct., 2002.

2. A. LeRoy Bennett: International Organizations: Principles and Issues, 5th. Ed., Prentice Hall Inc., 1991.

3. Jost Debruck: Globalization of Law, Politics and markets—Implications for Domestic Law—A European Perspective, 1 Indiana Journal of Global Legal Studies 9, 1993.

4. Gordon Walker: The Concept of Globalisation, 14 Company and Securities Law Journal 59, 1996.

5. Richard N. Haass & Robert E. Litan: Globalisation and Its Discontents: Navigating the Dangers of a Tangled World, Foreign Affairs, Vol. 77, No. 3, 1998.

6. Gordon R. Walker & Mark A. Fox: Globalization: An Analytical Framework, Indiana Journal of Global Legal Studies, Vol. 3, No. 2, Spring 1996.

7. M. Shapiro. The Globalization of Law. Indiana Journal of Global Legal Studies, Vol. 1, 1993.

8. A. C. Aman, JR: Introduction. Indiana Journal of Global Legal Studies, Vol. 1, 1993. No. 1.

9. Meinhard Hilf: The Role of National Courts in International Trade Relations. Michigan Journal of International Law, 1997, Vol. 18, No. 2.

10. The WTO Secretariat: Guide to the Uruguay Round Agreements. Kluwer Law International, 1999.

11. H. Morgenthau: In Defence of the National Interest, Knopt, 1951.

12. John H. Jackson & William J. Davey: Legal Problems of Inernational

Relations(1986,2nd ed.).

13. Philipp Heck: The Formation of Concepts and the Jurisprudence of Interests, translated and edited by Magdalena Schoch, Harvard University Press,1948.

14. Alex Y. Seita: Conceptualizing Violence: Present and Future Development in International Law, Albany Law Review,1997.

15. John Dugard: Criminal Responsibility of States, International Criminal Law, Vol. 1,2nd ed., M. C. Bassiouni,1999,p. 251.

16. G. Verdirame: The Definition of Developing Countries under GATT and other International Law, German Yearbook of International Law 39,1994.

17. Hugo Grotius: The Freedom of the Seas,1916.

18. Hugo Grotius: Commentary on the Law of Prize and Booty,1995.

19. L. Henkin: International Law: Politics and Values.

20. J. Whalley: Special and Differential Treatment in the Millennium Round, The World Economy, Vol. 22,1999, No. 8.

21. C. Michalopoulos: Trade and Development in the GATT and WTO: The Role of Special and Differential Treatment for Developing Countries, World Bank working paper,2000.

22. Robert Wai: Transnational Lifftoff and Juridical Touchdown: The Regulatory Function of Private International Law in an Era of Globalization, Columbia Journal of Transnational Law Association, Inc. Columbia Journal of Transnational Law.

23. J. W. Singer: Real Conflicts, Boston University Law Review, Vol. 69,1989.

24. R. L. Felix: Laflar in the Courts: Judicial Adoptions of Choice-influencing Considerations, Arkansas Law Review, Vol. 52,1999.

25. P. J. Borchers: The Choice-of-Law Revolution: An Empirical Study. Washington and Lee Law Review, Vol. 49,1992.

26. Dicey: Conflict of Law,1932,5th ed..

27. Forde: The "Order Public" Exception and Adjudicative Jurisdiction Conventions,29 International and Comparative Law Quarterly,1980.

28. Lea Brimayer & Jack Goldsmith: Conflict of Laws: Cases and Materials, Aspen Publishers, Inc.,2002,5th ed..

29. Simson: The Public Policy Doctrine in Choice of Law: A Reconcideration of Older Themes, Washington University Law Quarterly, 1974.

30. Dolinger:World Public Policy:Real International Public Policy in the Conflict of Laws,17 Texas International Law Journal,1982.

31. Symen C. Symeonides(ed.):Private International Law at the End of the 20th Century:Progress or Regress? Kluwer Law International,2000.

32. B. Simma:Bilateralism to Community Interest in International Law, Collected Courses of the Hague Academy of International Law,Vol. 6.

33. R. Wolfrum:Law of the Sea,R. Wolfrum ed. ,United Nations:Law. Policies and Pratice,Vol. II.

34. Pescatore: The Doctrine of "Direct Effect": An Infant Disease of Community Law,European Law Review ,1983,8.

35. Winter: Direct Applicability and Direct Effect: Two Distinct and Different Concepts in Community Law,Common Market Law Review,1972,9.

36. Joost Pauwclyn:The Role of Public International Law in the WTO: How Far Can We Go?,American Journal of International Law,2001(95).

37. Moser:The Political Economy of GATT 1947,and Petersmann:Grey Area Trade Pollcy and Rule of Law,Journal of World Trade,1988,22.

38. Petersmann: Rights and Duties of States and Rights and Duties of "Their Citizens", in Thomas Cottier: Constitutional Trade Regulation in National and International Law: Structure-Substance Pairing in EFTA Experience, in Hill and Petersmann ed., National Constitutions and International Economic,Kluwer Law and Taxation Publishing,1993.

39. John H. Jackson: Status of Treaties in Domestic Legal System: A Policy Analysis,American Journal of International Law,1992,Vol. 86, No. 2.

40. United States-Sections 301-310 of the Trade Act of 1974 (WT/DS152/R),22 Dec. ,1999,paras. 7. 72-7. 73.

41. John H. Jackson: The General Agreement on Tariffs and Trade in United States Domestic Law,Michigan Law Review 1967,66.

42. Steve Peers:WTO Dispute Settlement and Community Law. European Law Review,2001,Vol. 26.

43. Geert A. Zonnekeyn:The Legal Status of WTO Panel Reports in the

EC Legal Order—Some Reflections on the Opinion of Advocate General Mischo in the Atlanta Case, Journal of International Economic Law 2, 1999, No. 4.

44. D. Frisch & R. Bhala: Chapter 10 Regulating Multinational Corporate Conduct, in Global Business Law, Carolina Academic Press, 1999.

45. R. R. Anand: International Law and the Developing Countries. Martinus Nijhoff Publishers, 1987.

46. Shah M. Tarzi: The Role of Norms and Regimes in World Affairs: A Grotian Perspective, International Relations, Vol. XIV, No. 3, Dec. 1998.

47. P. Pescatore: The GATT Dispute Settlement Mechanism: Its Presentation and Prospects, Journal of World Trade Law, No. 1, 1993, pp. 17-18.

48. Chi Carmody: Compliance and Conformity under the WTO Agreement, Journal of International Economic Law, Vol. 5, No. 2, June 2002.

49. Robert E. Hudec: Transcending the Ostensible: Some Reflection on the Nature of Litigation Between Governments, in Hudec: Essys on the Nature of International Trade Law, London: Cameron May, 1999.

50. John H. Jackson: The Jurisprudence of GATT and the WTO Insight on Treaty Law and Economic Relations, Cambridge University Press, 2000.

51. Debra P. Steger & Susan M. Hainsworth: New Directions in International Trade Law: WTO Dispute Settlement, From Dispute Resolution in the World Trade Organization, ed. By James & Karen Campbell, Cameron, May, 1998.

52. Raj Bhala: The Myth about Stare Decisis and International Trade Law, American University International Law Review, Vol. 14, 1999.

53. David Palmeter and Petros C. Mavroidis: Dispute Settlement in the World Trade Organization: Practice and Precedure, Kluwer Law International, 1999.

54. Mehmet Hakan Yavuz: Turk Islami Cozummu, in Zaman, March 7, 2002.

55. Geoffrey Kemp & Janice Gross Stein: Power Keg in the Middle East: The Struggle for Gulf Security, Rowman and Littlefield, 1995.

56. Michael S. Teitelbaum: Is Turkey Ready for Europe? Foreign Affairs, May 2003.

57. Dong Heping: The Impact of China's WTO Membership on China's Constitutional Law, in David Smith & Zhu Guobin eds.: China and The WTO—Going West. Sweet & Maxwell Asia 2002.

58. John O. McGinnis and Mark L. Movsesian: The World Trade Constitution, in Harvard Law Review, Vol. 114, No. 2, Dec. 2000.

59. [日]平井宜雄、青山善聪、菅野和夫:《六法全书》,(日本)有斐阁平成15年(2003年)版。

60. [日]谷内正太郎:《国际条约在日本的实施》,载(日本)《国际法与外交杂志》2001年第1号。